复杂地质与周边环境下地铁
施工技术与管理

——以"厦门市轨道交通 2 号线二期土建工程"为例

李维洲　主编

中国建筑工业出版社

图书在版编目（CIP）数据

复杂地质与周边环境下地铁施工技术与管理：以"厦门市轨道交通2号线二期土建工程"为例 / 李维洲主编 . —北京：中国建筑工业出版社，2020.7
ISBN 978-7-112-24991-6

Ⅰ.①复…　Ⅱ.①李…　Ⅲ.①地下铁道-工程施工-研究　Ⅳ.①U231

中国版本图书馆CIP数据核字（2020）第076374号

本书以厦门地铁2号线二期土建工程为依托，全面总结该项目的技术创新与项目管理成果。全书分三篇：第一篇综述篇，在分析我国轨道交通发展历史、我国地铁工程建设面临的工程技术难题的基础上，结合厦门地铁的规划及建设情况，着重分析项目中重点难点；第二篇技术创新篇，主要介绍工程中遇到的技术难题并开展科研攻关的相关成果；第三篇项目管理篇，主要介绍承包单位在施工项目管理的特色及亮点。

本书可供从事地铁工程或其他市政工程建设的相关人员学习参考。

责任编辑：石枫华　张　健　张　瑞
责任校对：姜小茜

复杂地质与周边环境下地铁施工技术与管理
——以"厦门市轨道交通2号线二期土建工程"为例
李维洲　主编

*

中国建筑工业出版社出版、发行（北京海淀三里河路9号）
各地新华书店、建筑书店经销
北京鸿文瀚海文化传媒有限公司制版
天津图文方嘉印刷有限公司印刷

*

开本：787×1092毫米　1/16　印张：22¾　字数：566千字
2020年10月第一版　2020年10月第一次印刷
定价：278.00元
ISBN 978-7-112-24991-6
（35872）

《复杂地质与周边环境下地铁施工技术与管理
——以"厦门市轨道交通2号线二期土建工程"为例》
编著委员会

主　任：李维洲

副主任：谷世平　张立杰　居冶安　卢玉荣

委　员：尹志清　高　辉　刘　刚　陈建山　李岳平　张洪良

　　　　胡　楠　王超之　杨艳丰　杨　庆　程祖华　郑　伟

　　　　林金华　温发培　梁启健　彭万标

主编单位：

　　　　中国交建总承包分公司/轨道交通分公司

副主编单位：

　　　　中交一公局厦门工程有限公司

　　　　中交三航（厦门）工程有限公司

　　　　中交四航局第一工程有限公司

　　　　中交四航局第五工程有限公司

审查人员：孙立强　刘伯莹　王　俊　何文胜

参编人员：胡　楠　施有志　王铁法　黄　晴　黄明峰　段岳强

　　　　谢智清　童达普　薛华坤　林志军　林　晓　郑建平

　　　　王玉亮　林四新　林双自　赵善鹏　陈达义　吴昌业

　　　　荣劲松　杨　征　王建峰　王　东　夏应平　黄红宇

　　　　曾德胜　邓家春　秦　杰　陈林家

前　言

地铁作为城市的动脉,以其安全可靠、准点高效、方便快捷、环保舒适的优势,成为许多大城市缓解道路拥堵的重要手段。然而,我国区域辽阔,地质及周边环境复杂,因此在地铁施工过程中易发生各类事故,有些重大事故还造成了较大的损失,产生了不良的社会效应。未来随着地下空间的大开发,地铁建设将进一步发展,并且与综合管廊、地下交通枢纽、地下商场等地下空间结合,成为未来城市建设与发展的主题。

厦门地处福建省南部海湾,地质条件极其复杂多变,堪称"地质博物馆"。据远期规划,厦门地铁线网将由 11 条线路组成,总长度 404km。由于地铁 2 号线二期工程沿线不同程度地存在着上软下硬、基岩隆起、孤石、富水砂层、富水断层破碎带等复杂地质情况,周边环境也是异常复杂,如下穿既有复杂建(构)筑物、运营高铁或北溪引水干渠,紧邻重要管线,区间小间距近接施工问题等,工程施工难度及风险大。

2016 年,中国交通建设股份有限公司中标厦门市地铁 2 号线二期工程土建施工总承包项目,在修建厦门地铁 2 号线过程中,中国交通建设股份有限公司在施工及项目管理等方面开展技术创新,既解决了一系列技术难题,也积累了丰富的科研成果和建设经验,经济和社会效益显著。

本书以厦门地铁 2 号线二期土建工程为依托,全面总结根据工程难点所进行的科学研究成果以及项目管理特色及亮点。全书分为综述篇、技术创新篇和项目管理篇。

综述篇论述了我国轨道交通建设的发展现状及趋势,从工程水文地质条件、周边复杂环境、海底盾构隧道设计及施工等方面论述厦门地铁工程的难点,基于厦门地铁 2 号线二期土建工程概况分析该项目建设面临的一系列工程技术问题。

技术创新篇主要从复杂地质和复杂环境两方面展开研究。在复杂地质方面,主要研究孤石的不良地质问题、适合富水高压地层的钢构套筒辅助接收技术、矿山法地铁隧道过富水断层破碎带的突水突泥等问题;在复杂环境方面,主要研究盾构隧道穿越铁路沉降控制综合施工技术、小间距盾构隧道近接施工控制技术、小空间条件下盾构的整体始发技术。此外,针对地下车站易受到地下水腐蚀和出现各种裂缝和变形问题,研究地铁车站耐久型清水混凝土施工技术和裂缝控制技术;针对 BIM 技术在地铁车站的应用尚不成熟,BIM 族库不健全等问题也展开研究,并形成了一套可供其他工程借鉴的族库。

　　项目管理篇探讨了采用集成化、精细化、专业化、标准化的管理理念，借助计算机及网络等手段，推广信息化及智能化管理，分别从工程的创优、质量、进度、成本、安全、绿色施工等方面，介绍承包单位的管理经验。

　　本书是第一本系统总结有关厦门地铁的专业著作，而厦门的地质特点在全国具有代表性，不仅可为类似地质条件的城市地铁建设提供参考，也可以对厦门地铁后续线路的建设提供很好的借鉴经验。

　　由于作者的时间和水平有限，书中难免有疏漏之处，恳请读者批评指正！

本书编委会

2020 年 2 月

目　　录

第1篇　综述篇

第1章　我国轨道交通建设发展概述 ································· 3
1.1　我国轨道交通建设发展历史 ································· 3
1.2　我国地铁工程建设面临的工程技术问题 ················· 5
1.3　我国地铁工程技术发展 ································· 9
1.4　我国地铁工程发展趋势 ································· 14
1.5　本章总结 ································· 15

第2章　厦门地铁发展概述 ································· 17
2.1　厦门地铁规划及建设概述 ································· 17
2.2　厦门地铁工程难点 ································· 18
2.3　本章总结 ································· 20

第3章　厦门地铁2号线二期土建工程概况 ················· 21
3.1　工程概况 ································· 21
3.2　项目特点 ································· 24
3.3　项目重点与难点 ································· 24
3.4　技术创新概况 ································· 27
3.5　项目管理特点 ································· 30
3.6　本章总结 ································· 32

第2篇　技术创新篇

第4章　盾构隧道穿越铁路沉降控制综合施工技术 ········· 35
4.1　引言 ································· 35
4.2　地铁盾构下穿既有高铁路基变形机理及施工参数确定 ····· 38
4.3　地铁盾构下穿既有高铁路基掘进技术与变形控制 ········· 43
4.4　本章总结 ································· 48

第5章　矿山法过富水高压断层破碎带综合施工技术 ······· 49
5.1　引言 ································· 49

5.2 不良地质体探测 ·· 52

5.3 断层破碎带加固处理措施 ·································· 55

5.4 断层破碎带隧道掘进施工 ·································· 62

5.5 矿山法过断层破碎带综合施工技术经验总结 ·········· 63

5.6 本章总结 ·· 66

第 6 章 孤石的探测及处理技术 ······························· 67

6.1 引言 ·· 67

6.2 孤石的探测技术 ··· 68

6.3 孤石处理技术 ·· 79

6.4 本章总结 ·· 84

第 7 章 小间距盾构隧道近接施工控制技术 ················ 86

7.1 引言 ·· 86

7.2 小间距盾构隧道近接施工相互影响模拟分析 ········· 88

7.3 小间距盾构隧道近接段加固技术 ······················ 90

7.4 后行隧道掘进施工控制 ···································· 95

7.5 本章小结 ·· 97

第 8 章 小空间条件下盾构的整体始发技术 ················ 98

8.1 引言 ·· 98

8.2 小空间条件下盾构的整体始发施工技术 ·············· 102

8.3 综合效益分析 ·· 108

8.4 本章总结 ·· 108

第 9 章 富水高压地层盾构接收技术 ························ 110

9.1 引言 ·· 110

9.2 富水高压地层钢构套筒辅助接收装置设计 ··········· 113

9.3 富水高压地层钢构套筒辅助接收施工工艺 ··········· 118

9.4 本章总结 ·· 124

第 10 章 地铁车站耐久性清水混凝土施工技术 ·········· 125

10.1 引言 ·· 125

10.2 清水混凝土室内试验研究 ······························ 127

10.3 清水混凝土模型试验研究 ······························ 131

10.4 清水混凝土施工技术 ····································· 138

10.5 清水混凝土综合效益分析 ······························ 142

10.6 本章总结 ·· 142

第 11 章　地铁车站大体积混凝土裂缝控制技术 ················· 144

　11.1　引言 ··· 144

　11.2　车站混凝土配合比设计研究 ····················· 146

　11.3　车站混凝土布设冷却水管控裂施工技术 ············· 157

　11.4　车站混凝土无缝分仓施工技术 ····················· 170

　11.5　本章总结 ····································· 174

第 12 章　BIM 技术在地铁车站建设中的应用 ············· 176

　12.1　引言 ··· 176

　12.2　地铁车站 BIM 建模技术研究 ····················· 178

　12.3　BIM 技术在地铁车站施工阶段中的应用 ············· 185

　12.4　本章总结 ····································· 196

第 3 篇　项目管理篇

第 13 章　项目实施管理策划 ························· 199

　13.1　引言 ··· 199

　13.2　总承包项目部组织机构及管理方案 ················· 200

　13.3　工区项目部组织机构 ··························· 204

　13.4　施工总体方案 ································· 205

　13.5　本章总结 ····································· 208

第 14 章　创优管理 ······························· 209

　14.1　引言 ··· 209

　14.2　创优的指导思想 ······························· 210

　14.3　创优的策划 ··································· 212

　14.4　创优的重要途径：技术创新 ····················· 216

　14.5　创优的基础工作：档案管理 ····················· 217

　14.6　本章总结 ····································· 220

第 15 章　合同管理 ······························· 221

　15.1　引言 ··· 221

　15.2　合同评审与订立 ······························· 222

　15.3　合同实施控制 ································· 224

　15.4　本章总结 ····································· 227

第 16 章　技术管理 ······························· 228

　16.1　引言 ··· 228

16.2 技术管理计划 ·· 229

16.3 施工技术方案 ·· 233

16.4 "四新"成果的应用 ·· 235

16.5 本章总结 ·· 239

第 17 章 质量管理 ·· 240

17.1 引言 ·· 240

17.2 质量目标、管理原则与管理体系 ···································· 241

17.3 施工质量控制 ·· 245

17.4 动态的质量管理 ·· 250

17.5 本章总结 ·· 252

第 18 章 进度管理 ·· 253

18.1 引言 ·· 253

18.2 施工进度计划 ·· 254

18.3 施工进度控制 ·· 255

18.4 本章总结 ·· 260

第 19 章 成本管理 ·· 261

19.1 引言 ·· 261

19.2 成本计划 ·· 263

19.3 成本控制 ·· 264

19.4 成本核算 ·· 267

19.5 成本分析 ·· 268

19.6 成本考核 ·· 269

19.7 本章总结 ·· 270

第 20 章 安全风险管理 ·· 271

20.1 引言 ·· 271

20.2 安全风险基础管理 ·· 273

20.3 安全生产过程管理 ·· 279

20.4 安全风险提升管理 ·· 282

20.5 本章总结 ·· 288

第 21 章 绿色施工管理 ·· 289

21.1 引言 ·· 289

21.2 绿色施工管理 ·· 290

21.3 环境保护实施情况 ·· 293

21.4 节材与材料资源利用情况 ·· 300

21.5 节水与水资源利用情况 ································· 302
21.6 节能与能源利用情况 ································· 306
21.7 节地与施工用地保护情况 ····························· 308
21.8 绿色施工实施效益分析 ······························· 308
21.9 本章总结 ··· 309

第 22 章 项目资源管理 ··································· 311
22.1 引言 ·· 311
22.2 人力资源管理 ····································· 312
22.3 工程材料管理 ····································· 317
22.4 施工机具管理 ····································· 319
22.5 项目资金管理 ····································· 320
22.6 本章总结 ··· 321

第 23 章 信息化与智能化施工管理 ····················· 323
23.1 引言 ·· 323
23.2 BIM 协同信息化管理平台开发及应用 ················ 324
23.3 盾构管片智能化生产技术 ··························· 335
23.4 盾构集群化监控与异地决策管理系统的开发与应用 ······ 342
23.5 本章总结 ··· 347

参考文献 ··· 349

第**1**篇

综 述 篇

第1章　我国轨道交通建设发展概述

第2章　厦门地铁发展概述

第3章　厦门地铁2号线二期土建工程概况

第 1 章　我国轨道交通建设发展概述

1.1　我国轨道交通建设发展历史

　　根据《城市公共交通分类标准》（CJJ/T 114-2007），城市轨道交通可分为地铁系统、轻轨系统、单轨系统、有轨电车系统、磁浮轨道交通系统、自动导向轨道系统、市域快速轨道系统 7 种类型。截至 2019 年底，我国累计有 40 个城市投运城轨交通线路 6730.27km，我国地铁和其他制式运营长度变化如图 1-1 所示。

图 1-1　截至 2019 年底我国地铁和其他制式运营长度变化情况

　　我国城市轨道交通的建设发展历史，可以追溯到 20 世纪 60 年代。在之后半个多世纪的时间里，城市轨道交通的建设发展几经起伏。按照国务院、国家发展改革委员会颁布的 3 个具有里程碑意义的文件：《国务院办公厅关于暂停审批城市地下快速轨道交通项目的通知》（国办发〔1995〕60 号）（简称"60 号文"）、《国务院办公厅关于加强城市快速轨道建设管理的通知》（国办发〔2003〕81 号），（简称"81 号文"）《国务院办公厅关于进一步加强城市轨道交通规划建设管理的意见》（国办发〔2018〕52 号）（简称"52 号文"），将我国城市轨道交通建设发展分为 3 个阶段：起步阶段、初始发展阶段和高速发展阶段。

　　1. 起步阶段（1965 年～1995 年）

　　我国第一条地铁——北京地铁一期工程于 1965 年 7 月 1 日正式开工，1969 年 10 月 1 日，公主坟站至北京站正式通车试运营（图 1-2（a））。1984 年 9 月 20 日，北京地铁二期工程投入使用，其运营线路从复兴门起，经过西直门、鼓楼大街、东直门，到达建国门，呈"马蹄"形。1987 年 12 月 28 日，北京地铁一期工程的运营区段由南礼士路站沿复兴门外大街向东延伸至复兴门站，并在复兴门站后进行折返运行，使得长椿街至北京站区间组合形成环线，成为北京地铁 2 号线（图 1-2（b））。

(a) 北京地铁1号线   (b) 北京地铁2号线

图 1-2 北京地铁

在我国城市轨道交通建设起步阶段的 30 年时间里，除了北京，上海、广州、天津也开始筹划地铁的规划和建设。1984 年 12 月 28 日，天津市新华路站至天津西站的地铁开工试运营，共设 8 座车站，全程 7.4km，天津成为全国第 2 个开通地铁运营的城市。1993 年 1 月 10 日，上海首列地铁列车驶入新龙华至徐家汇区间上行正线，进行试车调试，同年 5 月 28 日南段双线开通试运营。广州市于 1993 年开始地铁 1 号线的建设。

在起步阶段，受制于生产技术不足、建设标准缺失、经济水平不够等原因，城市轨道交通建设多依赖于国外的先进技术和贷款支持，也因此造成工程造价过高（在 20 世纪 90 年代上海市地铁建设每公里综合造价高达 1.4 亿元人民币）的问题，给地方政府带来了沉重的债务压力。因此，国务院办公厅于 1995 年出台了"60 号文"，以暂缓城市轨道交通的建设进度。

2. 初始发展阶段（1995 年～2003 年）

随着国内经济形势的发生变化，以及 1998 年亚洲金融危机的影响，我国经济的宏观调控政策转向为扩大内需，城市轨道交通的建设迎来了新一轮的审批和建设高潮。1999 年后，大连、长春、武汉、深圳、重庆、南京等城市相继获批建设城市轨道交通项目并开工建设，部分特大城市相继建成了多条线路，使交通状况有了明显改善，但出现了一些不顾自身财力，盲目建设地铁项目的现象，于是国家出台了"81 号文"，从发展方针、审批程序、建设标准、安全管理、管理体制以及装备国产化 6 个方面规范了我国的城市轨道交通建设，着力强调规划的重要性，使城市轨道建设更加科学、合理。因此，满足基本条件的大批城市申请建设并获批，全国掀起了城市轨道交通的建设高潮。

3. 高速发展阶段（2003 年至今）

从 2003 年"81 号文"颁布至 2009 年底，我国累计开通轨道交通的时间如图 1-3 所示，我国已步入城市轨道交通大国的行列。

经过轨道交通发展高潮后，发现有些城市，人口、经济等发展指标已经远超过了基本条

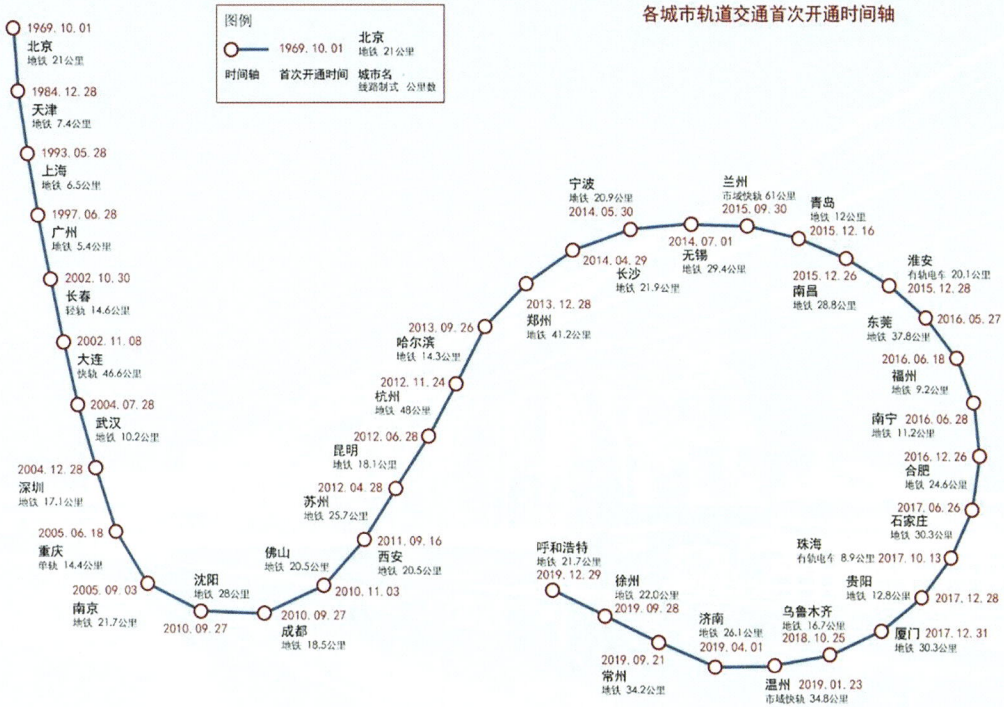

图 1-3　我国各城市轨道交通首次开通时间

件的要求，获批建设城市轨道交通，但实际运营效果却不佳。这是因为社会经济的快速发展，整体社会背景相比于"81 号文"制定时已差异较大。于是，国务院办公厅于 2018 年下发了《国务院办公厅关于进一步加强城市轨道交通规划建设管理的意见》（国办发〔2018〕52 号），进一步提高了轨道交通建设准入门槛，并增加了初期客流负荷强度作为申报条件，以确保城市轨道交通发展规模与实际需求相匹配。"52 号文"的出现，标志着我国城市轨道交通的建设从"重数量"向"重质量"进行转变，科学发展、健康发展将是今后的主旋律。

1.2　我国地铁工程建设面临的工程技术问题

1.2.1　地质条件复杂

我国城市所处的地层条件大多为第四纪残积、冲积、洪积或滨相沉积层。沿海发达城市大多含有滨相沉积形成的软土层，另有一些地区存在交互的砂、砾石、卵石层并常含承压水；中西部城市则以粉土、黄土并夹砂卵石以及地层断裂带等为主；南部城市则以黏土、粉土、卵石、软硬岩以及溶洞、膨胀岩等为主。由于我国地质条件的复杂性和差异性，影响着工程建设的工期、造价、质量和安全。复杂多变的地质条件，给工程建设带来极大的困难。

根据岩土特性，从全国范围内大体可分为：软土地区、冲洪积土地区、黄土地区、膨胀岩土地区、基岩或地质单元复杂地区等。

1.2.1.1 软土地区

含有软弱土层的地区主要包括宁波、杭州、上海、天津等城市。软土地层是以海相沉积和河湖淤积的淤泥、淤泥质土为主,力学性质较差,同时地下水丰富,地层中含有多层地下水,其中承压水对工程影响突出。软土具有高含水量、高流变性、高孔隙比、高压缩性、高灵敏度、低渗透性、低强度等特点。2008 年 11 月 15 日,杭州萧山湘湖段地铁施工现场发生塌陷事故,见图 1-4。该工程所处的地形地貌为湖沼相沉积地貌,地表以下分布有厚度较大的滨海沼泽相淤泥及淤泥质黏土层。

图 1-4 杭州萧山湘湖站地铁基坑坍塌事故

1.2.1.2 冲洪积土地区

冲洪积地层在我国分布较广,典型冲洪积地区主要包括北京、石家庄、郑州、长春、沈阳、成都等城市。冲洪积地层主要以冲洪积相的砂土、卵石、粉土、黏土为主,土层特点是颗粒由粗到细、中低压缩性、孔隙比、抗剪强度中等,渗透性差异大、力学指标变异大,不同土层岩土的稳定、变形及渗透特征差异大。如卵石层中无胶结体时,呈松散状,坍塌过程极短,当胶结体的含量达到一定比例时,可以形成致密的整体性非常好的地层,如图 1-5(a)所示,该类地层具有极好的自稳性,而且周边地表几乎不发生沉降变形;但当砂卵石层中缺少胶结物或比较松散时,则极易坍塌,如图 1-5(b)所示。

(a)整体性较好的砂卵石地层   (b)砂卵石地层的路面坍塌

图 1-5 砂卵石地层中的工程开挖

盾构机在砂卵石层中施工的最大困难是掘进和出渣。图 1-6（a）是盾构机在砂卵石中掘进引起的刀具磨损情况，图 1-6（b）是卵石在螺旋输送机中导致主轴折断的情况，但更为普遍的情况是卡机。盾构机在砂卵石层掘进的另一大难题是超挖控制问题。

（a）　　　　　　　　　　　　　　　　　（b）

图 1-6　砂卵层中地铁工程技术问题

1.2.1.3　黄土地区

含有黄土地层的地区包括西安、兰州等城市。黄土的特点是地层以风积黄土为主，土层直立性和稳定性较好，但黄土具有遇水湿陷的特点，容易出现隧道和边坡失稳。

1.2.1.4　膨胀岩土地区

典型膨胀岩土地层主要包括南宁、合肥等城市。膨胀岩土具有吸水膨胀和失水收缩的特点。地表降雨、地下水位变化，或施工原因导致土体含水率发生变化，都可能引起隧道底部隆起、围岩开裂、支护结构变形破坏、围岩膨胀坍塌等危害。

1.2.1.5　基岩或地质单元复杂地区

基岩或地质单元复杂地区包括广州、深圳、重庆、大连、青岛、福州、厦门等，呈现基岩突起、软硬不均、内含较多孤石等现象。各个城市基岩岩性不同，岩体完整程度、岩石强度和矿物的水理性质不同，带来的工程问题也不同。如大连的板岩遇水崩解，石灰岩、石灰岩的岩溶水突涌会给隧道施工带来灾难。

1.2.2　周边环境复杂

1.2.2.1　基坑紧邻既有建（构）筑物

基坑紧邻既有建（构）筑物的情况包括：坑底以下存在隧道，如图 1-7（a）所示；基坑旁存在隧道，如图 1-7（b）所示；基坑周边存在地铁车站，如图 1-7（c）所示；基坑紧邻地铁车站，如图 1-7（d）所示；基坑周边存在浅基础建筑物，如图 1-7（e）所示；基坑周边存在桩基础建筑物，如图 1-7（f）所示；基坑周边存在防汛墙，如图 1-7（g）所示；基坑紧邻地下管线，如图 1-7（h）所示。由于既有建（构）筑物的存在，使基坑的变形受到严格的限制，设计和施工必须采取措施保护既有建（构）筑物。

1.2.2.2　下穿建（构）筑物

当地铁隧道下穿建（构）筑物设施时，对控制地层沉降的要求比普通区间更为严格，在掘进过程中尽可能地减小或控制对建（构）筑物的影响，是地铁隧道建设的难点。如杭州地铁 1 号线婺江河至城站区间小半径曲线连续下穿 157 栋建筑物，曲线下穿建筑群，在空间几何关系上会造成各种非对称的斜穿、侧斜穿等形式（图 1-8），使得建筑物对施工产生的附加荷载难以计算，同时也造成对建筑物差异沉降的控制难度变大；另一类下穿问题需要从建筑物的桩基础中穿越或者需要直接从桩体上穿越，如图 1-9 所示。

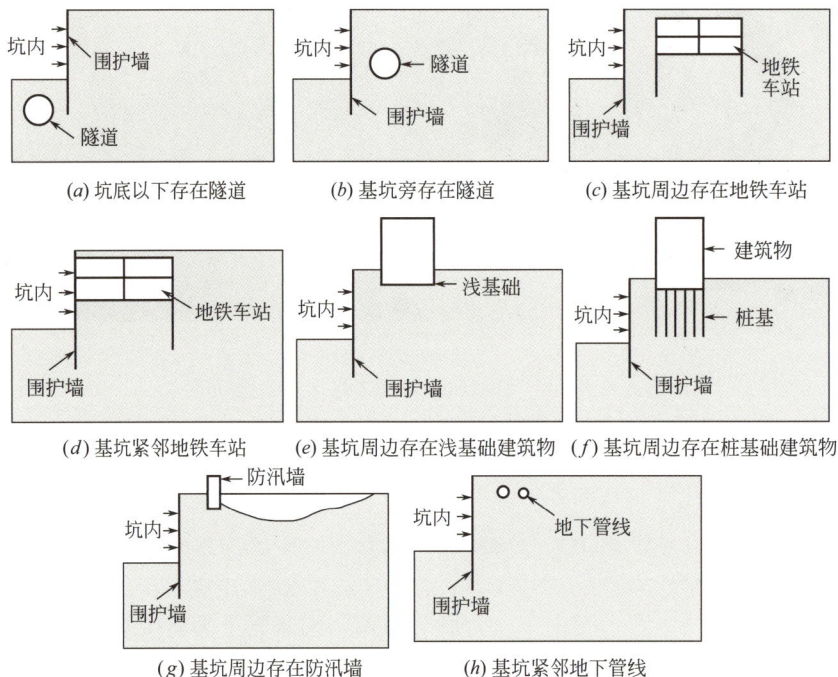

(a) 坑底以下存在隧道　　　　(b) 基坑旁存在隧道　　　　(c) 基坑周边存在地铁车站

(d) 基坑紧邻地铁车站　　(e) 基坑周边存在浅基础建筑物　　(f) 基坑周边存在桩基础建筑物

(g) 基坑周边存在防汛墙　　　　(h) 基坑紧邻地下管线

图 1-7　基坑紧邻既有建（构）筑物

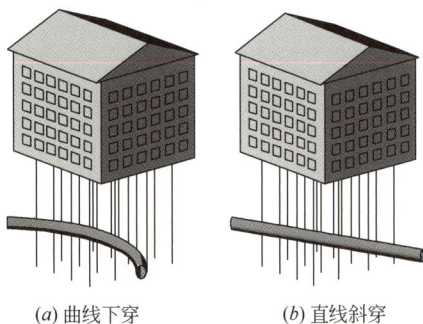

(a) 曲线下穿　　　　(b) 直线斜穿

图 1-8　非对称下穿建筑物（群）

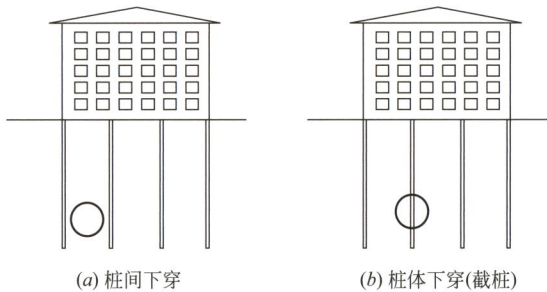

(a) 桩间下穿　　　　(b) 桩体下穿(截桩)

图 1-9　盾构穿越桩基础

1.2.2.3　下穿既有轨道交通线路

地铁下穿既有轨道交通线路将引起周围土体产生变形，列车的动荷载亦会加剧变形的发展，致使轨道线路产生较大的沉降变形，可能使轨道与路基相互脱离，产生空轨现象等。采用矿山法或盾构法穿越，其土体变形特征不同，控制变形的方法也不同。所面临的共同问题是：控制上覆轨道交通线路的变形量；施工期确保既有轨道交通线路行车安全，并经受既有轨道交通线路高频次行车荷载的作用。

1.2.2.4　下穿江河湖海等水体

地铁隧道穿越江河湖海等水体，由于地质条件的复杂、高水压以及地层强透水性，将给施工带来很大的困难和安全风险。

1.3　我国地铁工程技术发展

1.3.1　车站建设技术发展

1.3.1.1　地铁车站盖挖法施工技术

地铁车站大部分采用明挖法施工，需封闭交通或修建临时交通，对交通的影响较大。在道路交通不能长期中断的情况下，可采用盖挖法。盖挖法较明挖法的区别是"先盖后挖"，先用连续墙、钻孔桩等形式作围护结构，然后做钢筋混凝土盖板，在盖板、围护墙、中间桩保护下进行土方开挖和结构施工，能够确保一定交通流量的要求。盖挖法在施工路面板的时候会占用场地，在前期对道路交通有一定的影响，但它相对于明挖法来说影响时间短。通过加快上部面板结构的施工速度，可迅速恢复市政道路、地下管线的正常使用，能够把对地面的干扰时间压缩到最低限度。相对于暗挖法，盖挖法是在结构顶板或临时路面系统下进行暗挖作业，施工风险小，在一般的地质条件下都适用。盖挖法先后在北京、上海、深圳、南京、沈阳等城市地铁车站工程建设中得到广泛的应用。2006 年，上海地铁 7 号常熟路站采用路面盖挖新工法，研制并应用了多种标准化、可重复利用的钢盖板，表面铺设钢丝网并浇筑 3cm 纤维混凝土作防滑面层，具有安装拆卸简便、平整耐磨、减振降噪的优点。

1.3.1.2　地铁车站浅埋暗挖法施工技术

地铁车站浅埋暗挖法适用于岩土稳定性好、地下水位低的地层，可以有效地解决地面交通干扰问题，在北京地铁复八线多座车站工程中得到应用。浅埋暗挖按工艺技术的不同，可以分为中洞法、侧洞法、双眼镜工法、柱洞法、洞桩法等工法，其关键问题是如何控制地表沉陷。洞桩法的现场施工图如图 1-10 所示。

图 1-10　洞桩法现场施工图

1.3.1.3　地铁车站装配式施工新技术

装配式建造技术是建筑工程建造方式的重大变革，但在地下工程领域，一般仅用于盾构隧道。长春地铁 2 号线袁家店站率先采用了预制装配技术建造车站。预制装配技术将传统的钢筋加工、模板施工、混凝土施工在厂内形成流水线作业模式,构件成品生产后在厂区内存放,根据地铁车站施工需求,随时外运至车站施工现场进行拼接,使现场部分施工实现工厂化生产。装配式地铁站施工流程如图 1-11 所示。

(a) 工厂预制   *(b)* 现场吊装

(c) 拼装   *(d)* 建成后的车站

图 1-11 装配式地铁站施工流程

1.3.2 区间隧道建设技术发展

1.3.2.1 适合不同地层条件掘进机的研发

隧道掘进机的常见形式有土压平衡盾构、泥水平衡盾构、复合型盾构、TBM 掘进机。新型双模式盾构机同时具备泥水平衡掘进模式和土压平衡掘进模式,可根据不同地质、地层的变化,利用可拆卸的刮料装置和互换型承压隔板,实现土压平衡模式和硬岩敞开模式两种不同掘进模式之间的切换。由于地层的差异性及复杂性,需要有针对性地研制适合不同工程地质与水文地质条件的掘进机。

1. 软土地层

在上海、南京、苏州等城市,地铁盾构主要穿越软土地层,土压平衡式盾构与加泥式土压平衡盾构都可以采用。盾构的装配扭矩和推力均低于砂卵石地层及复合地层,刀盘结构仍然以面板式为主,刀盘开口率可以进一步加大,达到 40% 以上,如图 1-12 所示;刀具则主要以齿刀、刮刀等切削刀具为主。软土地层进行盾构施工的难点在于施工扰动及后期沉降的控制,故对于盾构注浆系统的配置要求较高。

2. 砂卵石地层

在成都、北京、天津、沈阳等城市,地铁盾构主要穿越砂卵石地层,由于内摩擦角较大,流动性较差,一般选用加泥式土压平衡盾构,并采用"以排为主、以碎为辅"的掘进理念。从刀盘设计上，首先采用较大开口率的面板型刀盘，刀盘开口率可达 30％～40％，如图 1-13 所示；其次，应进行合理的刀具配置，从单一以破碎卵石为主的单刃或多刃盘形滚刀，转变为多种不同功能的刀具组合配置。

图 1-12　上海土压平衡盾构机

图 1-13　成都地铁采用的刀盘

3. 复合地层

以广州、深圳、福州、厦门为代表，盾构机在施工过程中主要穿越上软下硬的复合地层，纵断面上地质情况变异性较大，且存在断层、溶洞、花岗岩球状风化体等大量不良地质体。复合地层中盾构施工面临的主要问题包括盾构姿态控制困难、刀具磨损及更换、孤石处理、开挖面稳定性控制、刀盘结泥饼等。复合地层刀盘结构宜采用面板型，如图 1-14 所示；刀盘应具有较大的开口率，宜达到 30％～40％，尤其需提高中心部位的开口率，以防止结泥饼；为了同时适应软土地层和硬岩地层，应配置两种及以上类型的刀具。

图 1-14　广州地铁采用的刀盘

4. 硬岩地层

对于地质条件以岩石为主的地层相对单一的城市（如重庆），宜采用掘进速度高且对环境影响小的 TBM 施工。例如，重庆轨道交通 6 号线 TBM 试验段工程全长 12.1km，沿线地层岩性主要为砂岩、砂质泥岩，其中砂质泥岩和泥岩占 88％，共 7 个区间采用 TBM 掘进，平均掘进进度达到了钻爆法的 3 倍以上；重庆地铁 9 号线鲤鱼池站—刘家台竖井区间全长 452m，地层主要分布为砂岩和泥质砂岩，岩层平均强度达到 60MPa，采用双模盾构敞开式 TBM 进行施工，始发竖井深 48m，是目前在建盾构施工最深的地铁项目。

1.3.2.2 特种断面盾构机的研发

随着地铁施工断面的多元化，盾构机断面从常规的单圆形向双圆形、三圆形、马蹄形、矩形及类矩形断面发展，如图 1-15、图 1-16 所示。

图 1-15　双圆、三圆断面盾构机

(a) 马蹄形盾构

(b) 类矩形盾构

(c) 矩形盾构

图 1-16　特殊形状断面盾构机

1.3.2.3　盾构性能的发展

在新型驱动技术方面，开发了永磁同步驱动和电液混合驱动技术，为提高驱动效率和驱动性能提供了新的解决途径；在刀盘刀具修复技术方面，研究了带压动火、常压换刀以及机器人辅助作业技术，为盾构技术突破高压瓶颈提供了新方法；在快速出碴技术方面，提出了大粒径卵石高效破碎和碴料垂直运输技术，为提高盾构的掘进速度创造了条件。

1.3.2.4　地铁隧道长距离穿江越海施工技术发展

我国武汉、南京等地，多条地铁线路长距离穿越长江，见表 1-1。

长距离穿越长江的盾构隧道　　　　　　　　　　　　　　表 1-1

序号	时间	工程名称	水下段长度	盾构类型及特点
1	2009	武汉地铁 2 号线	3100m	2 台 ϕ6.3m 泥水平衡盾构
2	2012	南京地铁 2、10 号线	3600m	ϕ11.64m 泥水平衡盾构，单洞双线
3	2016	武汉地铁 8 号线	3186m	ϕ12.2m 复合泥水平衡盾构，单洞双线

越海地铁隧道主要出现在厦门、青岛、大连等临海城市。针对地质条件，选用矿山法、盾构法或 TBM 法，在实践中发展新型掘进设备及配套技术，尽可能实现机械化作业，减少施工风险。

厦门地铁 2 号线海沧至东渡区间隧道是国内首条地铁过海盾构隧道，全长 2.8km，海底段长达 2.1km，最大埋深 60m。过海隧道采用"盾构法＋矿山法"的组合施工方案，其中盾构机采用 ϕ7.05m 泥水平衡盾构机施工。厦门地铁 3 号线过海通道工程五缘湾站—刘五店站区间隧道长 1.419km，采用 2 台 ϕ7.05m 泥水盾构施工，海域段长度 1.1km。2017 年 3 月始发掘进，先后穿越了约 200m 孤石群、全断面砂层、风化深槽、上软下硬等复杂地层；长距离穿越强度高达 204MPa 全断面花岗岩地层。

青岛地铁 1 号线海底隧道具有水深大、断层破碎带多、地质情况复杂、风险极高等特点。工程采用钻爆法施工，研究了海底地铁隧道钻爆及机械化配套技术，解决了复杂海底地质条件下隧道超前探测预报、预加固，以及海水涌入和岩土体流塌预警、断层破碎带的加固及穿越等技术难题。青岛地铁 8 号线过海段全长 7.8km，其中海域段长度 5.4km，采用矿山法、盾构法及单护盾双模式 TBM 分别施工。

大连地铁 5 号线火车站至梭鱼湾站区间越海段全长 2.87km，其中海域段长 2.31km，最大埋深 49m，采用 ϕ12.26m 泥水盾构机掘进。

1.3.3　BIM 与信息化技术的发展

BIM 技术具有可视化、协调性、模拟性、优化性、可出图性五大特点。现阶段通过三维模型的可视化演示，实现对建设工程项目的碰撞检测、施工进度模拟、工程质量分析和安全风险防控等；以 BIM 平台为核心，集成全专业模型，并以集成模型为载体，关联施工过程中的进度、合同、成本、质量、安全、图纸、物料等信息，为项目提供数据支撑，实现有效决策和精细管理，如图 1-17 所示。

图 1-17　BIM 集中管理平台

1.4　我国地铁工程发展趋势

1.4.1　地铁与其他地下空间综合开发利用

国外城市，如日本东京、法国巴黎、加拿大蒙特利尔和多伦多等，从很早以前就开始了对地下空间利用的研究和实施，至今已形成了相当的规模。国内城市如香港、上海、南京、深圳和广州等多个城市结合地铁，对开发利用地下空间资源进行了探索和实践，建设以城市地铁交通枢纽为主，地上地下商业、金融、办公、住宅等一系列沿线空间综合利用系统。地下空间的综合利用开发具有重要的意义：一是提高土地利用效率；二是丰富地下空间的功能层次，形成"地下商业＋地下交通＋地下市政＋其他"的综合体，形成更有综合、联系更为密切的综合功能；三是丰富地铁服务功能，把地铁站点与周边建筑统一起来，让市民便利地出行。

1.4.2　新型基坑支护技术

传统的地下连续墙工程造价较高，工艺较为复杂。随着新材料、新工艺的发展，新型地下连续墙的设计方法、施工工艺、防渗漏措施以及整体性能等方面都有了进一步的发展和完善。叠合墙、TRD 工法、CSM 工法等新技术将是深大基坑支护技术的主要发展趋势；预制装配式地下连续墙、预应力地下连续墙符合现代社会倡导绿色施工需求，在深基坑支护领域将是一个新的研究方向。

1.4.3　绿色地铁的发展

地铁的绿色建造与运营也将是以后发展的趋势。建设"绿色地铁"，需要减少温室气体的排放，采用雨污水分流处理及排放，减少耗用非自生资源；合理布局，科学规划，尽量减少对沿线住宅，建筑物的水污染、固体废物、噪声污染、振动污染、电磁干扰；建设绿化带、旅游区，重视城市地铁对城市文物、绿地、城市景观的影响。

1.4.4　盾构机技术的发展

在盾构机适应性方面：要求盾构具有更高的地层适应性，在复杂地层中，盾构穿越地层既有岩石，又有软土和砂砾层，地层变化频繁，要求盾构设计特别是刀盘刀具必须能够适应各种不同地层，要求盾构有更长的使用寿命。

在盾构机性能方面：由于穿江越海隧道越来越多，对盾构机的性能提出更高的要求，盾构密封性能挑战更高的水压极限；长距离隧道越来越多，要求盾构连续掘进长度越来越长；施工工期要求越来越紧，要求盾构掘进速度越来越快。

在智能化方面：实现数字化设计、模块化制造、智能化掘进、远程化管理，即输入地质参数和隧道结构参数，就能设计出适应工程地质和水文地质的盾构；盾构的施工则实现无人化智能掘进，直接从计算机屏幕上获取远程施工的盾构施工图像和参数，并发出指令进行盾构的控制和操作。

1.4.5　地铁建设的信息化、智能化、智慧化管理技术

1.4.5.1　BIM 技术的发展

BIM 技术正在与 GIS（地理信息系统）、3D 打印、RFID（无线射频识别）技术等融合，应用范围和深度都在不断增强。随着三维模型的深度和精度不断提升，将 BIM 技术贯穿于地铁设计、施工、运营阶段，实现全生命周期的应用，将是未来的发展趋势。

1.4.5.2　智能化管理

大数据技术对提高地铁的智能化施工具有重要的促进作用。例如，通过大数据技术对以往掘进施工参数进行统计挖掘，分析不同地质条件下不同类型盾构掘进参数的变化规律，得到适用性强的经验公式，为优化国产盾构选型参数提供技术支持；通过对不同地层内掘进时的掘进参数与地层变形进行统计来控制掘进，分析盾构掘进参数与地层变形之间复杂的规律性关系，为有效预测复杂条件下地层变形、防治地面隆起或坍塌事故提供依据。

结合 BIM、物联网、数据融合等前沿信息技术的应用，开发地铁工程施工智能管理系统，将是以后发展的趋势。例如，武汉地铁开发了安全风险实时感知及实时预警系统，提高地铁施工过程中安全信息的采集、传输、分析和挖掘能力，对地铁越江隧道联络通道施工过程的风险控制起到重要作用。

1.4.5.3　智慧化管理

基于物联网、大数据及云计算技术发展地铁的智慧化管理是未来的发展趋势。首先，它通过互联网把被植入隧道本体或周围地层中的智能化传感器、实时跟踪移动目标的 GPS 定位单元以及无线射频识别单元连接起来形成物联网，以此实现对物理隧道（隧道本体和环境）、隧道建设者和设备的全面感知；除此之外，智慧隧道利用云计算技术能对感知信息进行智能处理和分析，实现网上"数字隧道"与物联网的融合；最后，在分析处理后发出对包括超前地质预报、设计方案和修改、施工方案的实施（如盾构推进的操作参数的确定等）、预警信息的发布、应急防治方案的实施等做出智能化响应和决策支持的指令，实现智慧化管理。

1.5　本章总结

本章概述了我国轨道交通工程建设发展历史、地铁面临的工程技术问题、修建技术发展以及未来技术的发展趋势，主要得出以下结论：

（1）复杂多变的地质条件，给地铁工程建设带来极大的困难，需要结合不同的地质条件，考虑其施工风险，采取适当的措施予以防范。周边环境复杂也是地铁工程建设的另一难题，如基坑紧邻既有建（构）筑物、下穿建（构）筑物、下穿既有轨道交通线路、下穿江河湖海等水体，施工中需要考虑周边环境与地铁的相互影响，采取措施减少对周边环境的影响，并确保地铁施工的安全。

（2）在地铁的大规模建设阶段，地铁技术也得到了快速发展。在地铁车站修建技术方面，发展了装配式技术，显著提高工程质量，大幅度提高现场施工作业效率和施工的安全性，推动地铁地下车站结构建造技术的变革。在区间隧道建设技术方面，针对性设计和配置适应不同地层条件下（软土、砂卵石、复合、硬岩）的掘进机类型；研制并应用特种断面盾构机以适应城市不同的断面需求；根据穿越水体及地质特点，不断创新地铁隧道长距离穿江越海施工技术。在 BIM 与信息化技术方面，BIM 技术正在与 GIS、3D 打印、RFID 技术等融合，应用范围和深度也都在不断增强。

（3）在地铁未来发展中，地铁与其他地下空间综合开发利用，新型基坑支护方法，地铁的绿色建造与运营，掘进机技术进一步发展，地铁建设的信息化、智能化、智慧化管理技术等都将是以后我国地铁工程发展的趋势。

厦门市位于福建南部海湾，地铁建设中较难的上软下硬、淤泥质土、软土层、基岩隆起、透水层、孤石等情况，在厦门都不同程度存在，堪称"地质博物馆"；周边环境也是异常复杂。本书将以厦门地铁 2 号线二期工程为例，详细阐述地铁施工技术和项目管理成果。

第 2 章　厦门地铁发展概述

2.1　厦门地铁规划及建设概述

2012 年 5 月，厦门市的地铁建设规划得到了国务院的批准，国家发展改革委印发了《厦门市城市轨道交通近期建设规划（2011～2020 年）》，至 2020 年，建成 1、2、3 号线一期工程 3 条线，长约 75.3km，形成放射状的轨道交通基本骨架；2016 年 10 月，厦门市得到国务院的第二轮地铁建设规划批准，国家发改委印发了《厦门市城市轨道交通第二期建设规划（2016～2022 年）》，建设 2 号线二期、3 号线二期、4 号线和 6 号线一期共 4 个项目，总长度 152.2km，如图 2-1 所示。到 2022 年，形成 5 条线路、总长约 224km 的轨道交通网络，这标志着厦门市城市轨道交通已进入网络化建设时代。根据远期规划，厦门地铁线网将由 11 条线路组成，总长度 404km，共设车站 188 座，含换乘站 42 座，与漳州市、泉州市轨道交通线网对接。

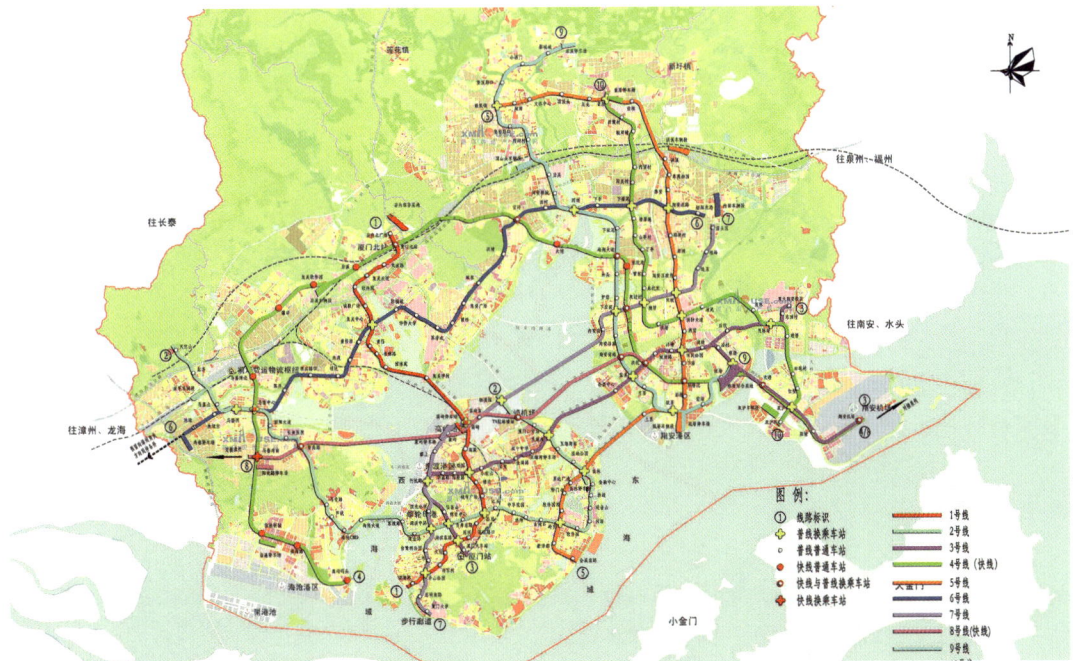

图 2-1　厦门轨道交通线路图

2.2　厦门地铁工程难点

2.2.1　工程地质条件复杂

厦门地铁地质条件极其复杂，含低山丘陵基岩区段、残积台地残积土区段、山前洼地硬土区段、溪沟谷地松散土区段、滨海海积区段等，工程地质条件复杂多变。各土层由于形成的时期不同，中粗砂、淤泥质土、粉质黏土、残积砂质黏土、全/强风化花岗岩、全风化辉绿岩等岩性变化很大，已揭露的岩浆岩种类有凝灰岩、花岗岩、辉绿岩、闪长岩和正长岩，是迄今国内地质条件最复杂的地区之一。厦门复杂地质中软硬不均复合地层、含孤石地层、硬岩地层是影响地铁施工的重要因素。

1. 软硬不均匀地层

软硬不均匀地层盾构掘进存在以下风险：

（1）增加刀具磨损率，甚至导致刀盘损坏；

（2）掘进速率缓慢，出碴量不易控制，极易造成地表不规则沉降，影响邻近建（构）筑物的地基稳定性；

（3）盾构姿态控制难度较大；

（4）边缘滚刀、超挖刀严重磨损，造成开挖洞径缩小，导致盾构机卡壳。

2. 含孤石地层

厦门地层中的孤石来源于花岗岩的自然风化产物及漂石的搬迁。含孤石地层条件下盾构掘进存在以下风险：

（1）盾构掘进姿态控制困难；

（2）掘进时孤石易随刀盘转动，造成刀具磨损或损坏，亦可能卡住刀盘；

（3）地层被反复扰动，造成地表沉降或坍塌，甚至造成建筑物变形、开裂；

（4）含孤石地层自稳性差，换刀风险大。

3. 全断面硬岩地层

全断面硬岩地层条件下盾构掘进存在以下风险：

（1）增加刀盘刀具磨损率，见图 2-2（a）；

（2）刀具磨损超限，未及时更换配套设备，或者盾构开挖直径过小，刀盘的作业回旋空间有限，极易导致刀盘卡在岩体间，见图 2-2（b）；

（a）盾构刀具磨损　　　　　　　　　　　　（b）硬岩卡住盾体

图 2-2　全断面硬岩地层掘进

（3）在掘进作业过程中，刀盘振动频率过大，会导致刀具螺栓松弛，影响刀具的稳固性，甚至掉落至高速运转的螺旋机上，增加施工风险。

2.2.2　水文地质条件复杂

厦门市地下水分为松散岩类孔隙水、风化残积孔隙裂隙水、基岩裂隙水三大类：

（1）松散岩类孔隙水可分为冲洪积层和海积层孔隙水。位于同安湾、杏林湾、马銮湾、厦门篔筜湖等区域的地层单位涌水量 $20\sim200m^3/$（d·m）；厦门岛内北部、东北部地层的单位涌水量小于 $20m^3/$（d·m）。

（2）风化残积孔隙裂隙水分布较广，厚度一般为 $10\sim20m$，含水贫乏，一般单位涌水量均小于 $10m^3/$（d·m）。

（3）基岩裂隙水的富水性受构造断裂控制，含水性极不均一，一般单位涌水量均小于 $10m^3/$（d·m），但在断裂构造发育部位，存有较丰富的基岩裂隙水，单位涌水量大于 $10m^3/$（d·m）。

可见，厦门地层的富水性差异较大，给地铁盾构的选型及施工控制增加难度；特别是断裂破碎带存在较丰富的地下水，施工中需要注意管涌、流砂、涌水等问题。

2.2.3　周边环境复杂

2.2.3.1　穿越既有复杂建（构）筑物

厦门地铁线路穿越复杂的建（构）筑物，例如地铁 1 号线沿线约有上千幢各类建（构）筑物，局部路段对建筑物均为老旧多层建筑物，如 1 号线鹭江道段，周边大多是 20 世纪 20～30 年代建造的老旧多层建筑物，其基础为木桩基础，对沉降影响非常灵敏；湖滨南路段（湖滨中路—莲坂），大多是 20 世纪 80～90 年代建造的多层房屋，上部为预制板，结构形式差，桩基为小口径沉管灌注桩（桩径 350～450mm、桩长小于 20m 的摩擦桩）。周边复杂建（构）筑物给地铁施工带来很大的困难。

2.2.3.2　穿越既有铁路

厦门地铁多条线路穿越既有铁路，如地铁 2 号线东孚站—马銮北站盾构区间下穿鹰厦铁路、厦深铁路；厦门轨道 4 号线下穿杭深高铁、福厦铁路、厦门北站动走线等。下穿既有铁路需要通过合理的盾构选型及施工控制，确保既有铁路的变形控制在允许范围内；除了穿越既有铁路外，在区间盾构叠合段，也存在后行隧道对先行隧道的影响问题，如 2 号线马銮西站与马銮中心站区间。上述问题均给施工带来很大的困难。

2.2.3.3　紧邻重要管线

在厦门市城市中心区分布复杂的地下管线，有些管线年代已久，如厦门 SM 城市广场站附近分布较多管线，包括大型供水管、电力、通信、燃气等重要管线。施工前需对部分管线进行迁改、加固，施工过程需要采取措施减少对邻近管线的影响。

2.2.4　越海地铁隧道施工难度大

厦门地铁 2 号线、3 号线均穿越了海域，穿越地层条件复杂，包括淤泥、土层（黏土、残积土）、全风化花岗岩、辉绿岩、安山岩、全、强风化泥岩、砂岩、中、微风化变质石英砂岩、上软下硬地层及多孤石地层等。

厦门地铁 2 号线过海隧道全长 2784m，双洞双线，采用两台复合式泥水平衡盾构机施工，盾构直径 7.043m。在海底盾构掘进中，克服海底孤石群、叠落石等巨大障碍，在盾构机适用性配置、孤石处理、高频次带压开仓以及衡盾泥保压综合技术、海底联络通道冷冻法施工等施工技术进行研究和创新。

厦门地铁 3 号线过海五刘区间左线长 1415.218m，右线长 1419.928m，采用 2 台泥水盾构施工。除了面临复杂地质条件外，带压换刀是另一个挑战，施工人员于海平面下 60 余米的海域作业，承受高达 5.38 个标准大气压条件下的非饱和气压换刀作业，创造了过海泥水盾构掘进施工国内最新纪录。

2.3　本章总结

本章概述了厦门地铁规划情况，并从工程地质条件、水文地质条件、周边复杂环境、海底盾构隧道设计及施工等方面论述厦门地铁工程的难点，主要得出以下结论：

（1）厦门工程地质条件极其复杂，是迄今国内地质条件最复杂的地区之一。各条线路岩土体分布不均匀，存在软硬不均匀地层、含孤石地层、全断面硬岩地层等多种特殊地层。在这些特殊地层条件下进行盾构施工，掘进作业难度大，风险系数高。

（2）厦门地层的富水性差异较大，给地铁盾构的选型及施工控制增加难度，特别是断裂破碎带存在较丰富的地下水，施工中需要注意管涌、流砂、涌水等问题。

（3）厦门地铁施工遇到穿越既有复杂建（构）筑物、穿越既有铁路，紧邻重要管线等问题，施工中需要采取措施减少对周边环境的影响，增加施工难度。

（4）厦门地铁 2 号线、3 号线穿越海域，穿越地层条件复杂，需要克服海底孤石群、带高压换刀等技术难题。

第 3 章　厦门地铁 2 号线二期土建工程概况

3.1　工程概况

3.1.1　工程简介

厦门轨道交通 2 号线线路全长 41.63km，设站 32 座，投资 176.2 亿元，规划建设期为 2015～2019 年。2 号线一期芦坑站—五缘湾站线路长度为 26.10km，车站数量 23 座，平均站间距 1118m；2 号线二期天竺山站—马青路站线路长度 15.53km，包括 9 站 9 区间（含东孚车辆段出入场线），平均站间距 1750m，全地下敷设，二期工程站线示意图如图 3-1 所示，其中矿山法隧道长为 2.7km，盾构法隧道长为 12.3km。2015 年 12 月 28 日，举行项目奠基仪式；2016 年 4 月 4 日，首个车站（新阳大道站）开工；2018 年 12 月 19 日，全线洞通；2019 年 9 月 5 日，区间和车站正式通过实体验收；2019 年 11 月 6 日，厦门地铁 2 号线工程竣工验收。

图 3-1　厦门轨道交通 2 号线二期工程站线示意图

3.1.2　工程结构形式

2 号线二期土建工程结构形式详见表 3-1。

厦门地铁 2 号线二期土建工程结构形式   表 3-1

施工单位	名称	结构形式及尺寸	结构形式	备注
中交四航局 （一工区）	天竺山站	地下两层单柱双跨 352.8m×19.9m	排桩＋内支撑	明挖顺筑
	东孚站	地下两层双柱三跨 207.35m×20.7m	排桩＋内支撑	明挖顺筑
	马銮北站	地下两层单柱双跨 348.88m×20.7m	放坡＋地连墙＋内支撑	明挖顺筑
	天竺山站—东孚站	盾构法 （长度 1529.036m）	外径 6.2m，内径 5.5m	埋深 5.68～21.2m
	东孚站—马銮北站	盾构法 （长度 2097.615m）	外径 6.2m，内径 5.5m	埋深 5.19～30.8m
	马銮北站—东孚车辆段	盾构法＋明挖法 （857m＋115m）	外径 6.2m，内径 5.5m	埋深 1.94～18.6m
中交一公局 （二工区）	马銮西站	地下两层三柱四跨 378.45m×46.2m	放坡＋地连墙＋内支撑	明挖顺筑
	马銮中心站	地下三层三柱四跨 220m×47.6m	放坡＋地连墙＋内支撑	明挖顺筑
	新阳大道站	地下两层单柱双跨 209.45m×19.7m	地连墙＋内支撑	明挖顺筑
	马銮北站—马銮西站	盾构法＋矿山法（1135m）	外径 6.2m，内径 5.5m	埋深 9.85～21.81m
	马銮西站—马銮中心站	盾构法（1027.24m）	外径 6.2m，内径 5.5m	埋深 9.8～20.6m
	马銮中心站—新阳大道站	盾构法（1368.55m）	外径 6.2m，内径 5.5m	埋深 9.8～20.6m
	新阳大道站—长庚医院站	盾构法（1028.82m）	外径 6.2m，内径 5.5m	埋深 9.07～16.85m
中交三航局 （三工区）	长庚医院站	地下两层双柱三跨 485.25m×20.7m	地连墙＋内支撑	明挖顺筑
	翁角路站	地下两层双柱三跨 211.5m×21.7m	地连墙＋内支撑	明挖顺筑局部盖挖
	马青路站	地下两层局部三层双柱 三跨 219.5m×21.8m	排桩＋内支撑	明挖顺筑局部盖挖
	长庚医院站—翁角路站	盾构法（990.561m）	外径 6.2m，内径 5.5m	9.76～14.76m
	翁角路站—马青路站	盾构法＋矿山法（斜井） 1087.861m＋正线 2703m （斜井 488m）	外径 6.2m，内径 5.5m	盾构段：11.8～27.3m 矿山法段：27～238m

3.1.3　工程主要施工方法

3.1.3.1　车站工程

本工程含 9 个地铁车站。车站地基基础及支护结构主要施工项为：地下连续墙施工、钻孔灌注桩施工、SMW 工法桩及搅拌桩施工、高压喷射注浆施工、降水井施工。地下车站施工主要由基坑开挖、结构施工两个环节组成，基坑开挖为明挖法和盖挖法，地下车站工程施工主要环节分为：地下车站土方开挖、地下车站及附属结构结构工程、防水工程及砌体结构工程。

3.1.3.2　盾构法区间

　　厦门地铁地质条件复杂多样，增大了盾构选型的难度。根据"掘得进、稳得住、出得来、成形快、环保好"的选型原则，配置 15 台复合式土压平衡盾构机。由于地层中岩石单轴抗压强度高，局部存在中/微风化花岗岩，单轴抗压强度分别为 30～50MPa、62～140MPa，对刀盘强度、刚度和刀具破岩能力要求高。因此，刀盘应充分考虑软弱不均地层受力不均、球状风化体碰撞刀盘等不利因素，必须有足够的刚度、强度，刀盘面板和边缘应加强耐磨保护设计；刀盘开口率在 30%～40%，刀盘开口均匀布置，适当增大中心部位的开口，防止频繁结泥饼。复合式地层中软弱地层和硬岩特性差别巨大，采用破岩能力较强的单刃滚刀、宽刃齿刀和刮刀的刀具组合形式。

　　综上考虑，本项目采用 CTE 6450 盾构机及技术参数见表 3-2。

CTE6450 盾构机主要参数表　　　　　　　　　　　表 3-2

序号	位置	项目名称	参数
1	主机总长（不包括刀盘）	主机总长（不包括刀盘）	8658mm
		总重（主机＋后配套）	约 500t（包括后配套）
		开挖直径	$\phi6480$mm
		前盾外径	$\phi6450$mm
		中盾外径	$\phi6440$mm
		尾盾外径	$\phi6430$mm
		前盾盾壳厚度	60mm
		盾尾间隙	30mm
		装备总功率	1818kW
		最大掘进速度	80mm/min
		最大推力	4086t
		盾尾密封	3 道钢丝刷
		包括后配套总长	70.5m
2	刀盘	形式	辐条加面板式
		驱动形式	液压驱动
		最大转速	3.7r/min
		扭矩	6000kN·m（100%）
		刀盘开口率	35%
		最大超挖量	125mm
		超挖刀数量	1
		直径	$\phi6480$mm
		出碴量	334.8m³/h（100%）
		最大转速	3.7r/min
		双层闸门配置	双层闸门
3		同步注浆系统	泵流量 10×2m³/h×压力 6MPa×功率 30kW
4		泡沫系统	泡沫泵：流量 5～300L/h×0.9MPa×功率 0.75kW
5		盾尾油脂系统	流量 8.25L/min，压力 315bar

　　注：1bar＝0.1MPa。

3.1.3.3　矿山法区间

　　矿山法区间均采用复合支护结构。翁—马矿山法区间隧道开挖方法采用台阶法和全断面法；天竺山站折返线暗挖隧道采用 CRD 法施工。

3.2 项目特点

项目特点如下：

（1）施工专业多，工法多样，管理集成要求高

本工程施工专业多，只有有效地集合技术、物资、组织、行为、信息等，加强施工过程的统筹协调，方能有序推进工程建设；车站及区间隧道涉及明挖法、盖挖法、矿山法和盾构法等多种工法，主要辅助工法有地下水控制、注浆加固等，只有结合工程特殊地质条件与周边环境，加强施工工艺控制，才能有效减少工程风险。

（2）地质条件复杂多变，施工难度及风险大

本工程所涉地质地层主要为第四纪地层，经过海积、海冲击、河湖相等多种地貌单元，常位于"软硬交错"地层（上部为人工填土、黏性土、淤泥质土、砂类土及残积土，下部为花岗岩、微风化岩等坚硬岩石层或者孤石），还经常遇到各种不同和不良地质条件（断裂破碎带、卵石层等），穿越或邻近各类水系，地下水丰富、水位高。复杂的地质条件将增加工程的施工难度和风险。

（3）周边环境复杂，工程受环境制约大，施工难度增大

本工程地铁线路距离长，沿线上部和周围有大量的建筑物、轨道交通设施、桥梁、隧道、道路、管线、地表水体等，工程周边环境的类型多、结构复杂、敏感性强、资料不易掌控，不可预见因素较多，同时在建设过程中，工程受周边环境制约大，对周边环境影响也大。

（4）社会关注度高，环境保护与文明施工方面要求高

地铁施工社会影响大，民众关注度高，且厦门作为全国著名旅游城市之一，在环境保护、文明施工方面有着比其他城市更高的要求。

（5）台风、暴雨等灾害性天气较多，对工程可能产生较大的不利影响

厦门地区属南亚热带海洋性季风气候，台风、暴雨等灾害性天气较多，强降雨、强台风及天文大潮等恶劣气候呈规律性出现。雨季集中在 4～8 月，每年 7～10 月为台风季节，防台防汛任务艰巨。例如，2016 年"莫兰蒂"台风正面登陆厦门，给厦门造成直接经济损失 102 亿元。

3.3 项目重点与难点

3.3.1 复杂地质对工程的影响

3.3.1.1 孤石地层对盾构隧道施工的影响

马銮北站—马銮西站盾构区间全长 1134.814m，主要穿越地质为中粗砂、残积黏性土、强至中风化岩，为软硬复合地层，区间中分布有孤石群，并有基岩凸起区域。根据全线的详勘结果显示：钻孔遇基岩比例为 44.2%，岩芯高度为 0.3～9m，单轴抗压强度值在 134.2～144.7MPa 之间。不均匀地层及坚硬的岩石将会严重影响盾构的掘进速度及姿态控制等，加剧刀具磨损及破坏，加大地层的扰动，易产生地面沉降等问题。施工前需要进一步加强对孤石的探测，并采用爆破的方式预处理，确保盾构隧道的顺利掘进。

3.3.1.2 富水砂层对盾构接收的影响

盾构接收端常见的端头加固方法有水泥土搅拌桩加固、高压旋喷桩加固、素混凝土钻孔桩加固等。本工程新长区间位于马銮湾片区，地层主要为富水砂层，受马銮湾水系影响，水头压差较大，砂层中采用旋喷或搅拌加固时，由于砂层渗透系数较大注浆加固范围难以控制，导致加固体不连续，抗渗性能不能满足要求。通过降水无法达到预期水位，端头加固效果也难以保证，因此，需研究适合富水高压地层的钢构套筒辅助接收技术。

3.3.1.3 富水断层破碎带对矿山法隧道施工的影响

翁角路站—马青路站区间矿山法段隧道为单线单洞矿山法隧道，左右线间净距为13.8m，穿越地层主要为散体状强风化、碎裂状强风化、中风化及微风化花岗岩，最大埋深240m。区间共穿越 7 条断层破碎带，断层带宽约 10～15m。全、强风化花岗岩分部广泛，岩层遇水易崩解，易引发突泥涌水风险，且区间中存在尚未探明断层，施工安全风险高。因此，需针对断层破碎带及出现的险情情况，确定相应的加固措施及穿越技术。

3.3.2 复杂周边环境对工程的影响

3.3.2.1 既有重要建筑物或管线对工程的影响

马青路站站位东侧为天乙广场 D 楼和娱乐城以及名仕园 2 号楼，西侧为海沧生态花园住宅小区，东侧为大金门花园 8 号楼，与车站基坑距离较近，距离车站主体约 4.9m，其中海沧生态花园小区距离 1 号出入口最近约 3.8m，距离 2 号出入口最近约 2.3m。除了建筑物外，车站附近分布较多管线，如图 3-2 所示。因此，基坑施工应采取控制措施减少对邻近建筑物或管线的影响。

(a) 马青路站基坑毗邻老旧建筑物　　　　　　(b) 周边管线影响

图 3-2　紧邻重要建筑物或管线

翁角路站—马青路站临近马青路出蔡尖尾山段区间隧道两侧紧临军事区，长度约140m。军事区主要为消防训练中心和边防大队，均为低矮建筑物，其中隧道侧穿消防训练中心三层办公大楼，平面最近距离 4.9m，隧道埋深约 30m，办公楼为柱下独立浅基础。区间隧道穿越地层主要为中风化和微风化花岗岩，考虑到军事区的敏感性，区间爆破施工需采取措施，减少爆破施工对邻近建筑物的影响。

翁角路站—马青路站区间矿山法隧道穿越古刹石室禅院（图 3-3（a）），新阳大道站—长庚医院站盾构区间盾构隧道侧穿既有建筑物（图 3-3（b））。隧道施工对地层的扰动，必然影响建筑物，易导致建筑物开裂，因此施工中必须采取控制措施减少对建筑物的影响。

| (a)翁—马区间矿山法段穿越古刹石室禅院 | (b)新—长盾构区间侧穿海投第一湾 |

图 3-3　下穿既有建筑物

3.3.2.2　既有铁路对盾构隧道施工的影响

东孚站—马銮北站盾构区间线间距为 13.0～59.7m，隧道埋深 5.0～30.8m，区间全长 2097.615m（双线）。线路出东孚站后，依次下穿鹰厦铁路、厦深铁路。其中厦深铁路采用有砟轨道，设计时速 200km/h，为双线电气化铁路，沉降控制需在 2mm 内。列车的运行对沉降、隆起和铁轨间的差异沉降有着特殊的严格要求，施工中应通过掘进参数控制等措施减小盾构施工对上覆高铁线路的影响。

3.3.2.3　北引干渠对盾构隧道施工的影响

北引干渠全称为北溪引水左干渠，为从九龙江引水的主要管道之一，全长 44km，每天供水量在 100t 左右，厦门全年供水量的 60% 由该渠提供。东孚站至马銮北站区间及东孚车辆段出入段线区间下穿北引干渠，东马区间与干渠最小净距为 4.45m，穿越地层位于凝灰熔岩残积黏性土和全风化凝灰熔岩地层；出入段线区间干渠的最小净距为 1.87m，穿越地层位于凝灰熔岩残积黏性土和全风化凝灰熔岩地层，如图 3-4 所示。隧道施工时应通过参数控制等措施减少对引水渠的影响。

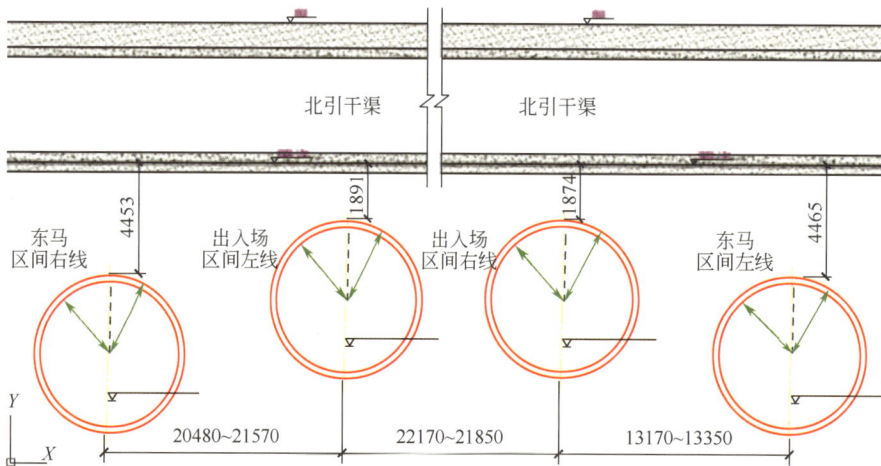

图 3-4　区间隧道与北引干渠立面位置关系图

3.3.2.4　先行隧道与后行隧道近距离施工的相互影响

地铁 6 号线与 2 号线在马銮西站—马銮中心站区间出现近接施工问题，6 号线 AK3＋587.924～AK3＋803.706 及 AK4＋515.706～AK4＋633.706 为区间水平平行小间距段，最小净距为 2.3m；AK3＋803.706～AK3＋972.276 为区间交叉叠行段，最小净距为 2.5m。竖向交叉叠行段，小净距叠行隧道盾构施工夹土体厚度较小，受隧道开挖扰动影响严重，地层承重不足，上洞隧道施工过程中盾构姿态控制难度加大，易引发盾构机"栽头"现象，同时影响隧道的稳定性，引起上下洞盾构隧道变形。施工中应采取加固措施，并通过掘进参数的调整，减少对先行隧道的影响。

3.4　技术创新概况

3.4.1　盾构隧道穿越铁路沉降控制综合施工技术

本工程东孚站—马銮北站盾构区间盾构下穿鹰厦铁路、杭深铁路，沉降控制需在 2mm 内，施工难度较大。通过研究穿越地层变形的控制要点，合理设定目标土压力、严格泥土塑流化管理、精心调整控制盾构姿态，采用同步注浆和多次补注浆技术，加强地表变形监测，采用信息化施工等综合技术，将盾构法施工对土体的扰动降低到很小的水平，施工后最大沉降量 1.98mm，成功实现了安全穿越铁路群，形成了一套盾构法穿越铁路施工的沉降控制综合技术。

3.4.2　矿山法过富水高压断层破碎带综合施工技术

本工程翁角路站—马青路站区间为盾构＋矿山复合区间，其中矿山法区间长约 2.7km，径向穿越厦门海沧区蔡尖尾山，斜穿高山水库及龟山水库，矿山法隧道最大埋深约为 218m，该区域围岩等级变化频繁，节理发育，地下水丰富，地质板块作用活跃，岩体内应力较高，穿越断层破碎带较多。2017 年 11 月 9 日，正线隧道右线在掘进过程中出现突泥涌水险情，经过探测及原因分析后，提出处理措施，主要包括右线坡脚反压加固→左线套拱加固→左线隧道径向注浆加固→右线塌腔内堆积体加固处理→右线断面范围滑移体注浆加固（WSS 工法）→右线空腔处理的系列处理措施。

险情处理后，对断层破碎带段通过 ϕ89 中管棚＋ϕ42 小导管等超前预支护，采用短台阶法开挖，顺利穿越了蔡尖尾山其余各条富水高压断层破碎带。结合本次险情处理经验，形成了一套系统的穿越富水高压断层的综合施工技术。

3.4.3　孤石的探测及处理技术

为了减少孤石对盾构施工的不利影响，采用微动探测方法及三维地震波映像法对孤石进行勘探；结合钻孔验证后，对发现的孤石采用深孔松动控制爆破法进行处理。实践表明，孤石的探测方法一定程度上揭示了孤石的分布情况，结合钻探方法，可以精确确定孤石的边界，采用的深孔爆破方法效果较好，保证爆破处理后盾构的顺利掘进。

3.4.4　小间距盾构隧道近接施工控制技术

马銮西站—马銮中心站区间为小净距且上下叠加盾构区间，最小净距为 2.3m。小间距段后施工的盾构机开挖易对先行施工的成型隧道产生扰动，造成管片位移、变形；交叉叠行段除存在以上问题外，上部盾构机自重对下部成型隧道还附加一个外部荷载，更容易引发安全质量问题。

为减少新建隧道对既有隧道的影响，采用隔断桩＋二次注浆＋洞内支撑方案进行加固小间距段，采用洞内径向注浆＋洞内支撑方案加固竖向交叉叠行段。其中自主设计的"盾构区间叠加隧道管片支撑台车"（图 3-5）可行走可装配加长，且可同步跟随上方隧道盾构机，保证了盾构掘进机前方和后方的一定距离内均有支撑。实践表明，先行隧道在后行隧道施工过程中，变形处于安全范围，控制效果良好。

图 3-5　盾构区间叠加隧道管片支撑台车

3.4.5　小空间条件下盾构的整体始发技术

新阳大道站—长庚医院站区间采用盾构法进行施工，从新阳大道站始发，到达长庚医院站接收。由于新阳大道站左线侧墙与立柱净宽小于 5m，现场无法满足整体始发的条件；若采用分体始发，加大地面围挡不能满足地面交通行车双向 4 车道的要求。经研究，提出利用临时支撑立柱体系代替设计原有中立柱，拓宽始发净宽，待盾构机械整体进入区间隧道后，进行混凝土中立柱后浇筑的施工技术（图 3-6）。实践表明：小空间条件下盾构的整体始发技术，成功完成盾构机整体始发，并且节省了造价、加快了工程进度，具有良好的推广应用价值。

图 3-6　盾构机小空间整体始发

3.4.6　富水高压地层盾构接收技术

本工程新阳大道站—长庚医院站盾构区间位于马銮湾片区，毗邻新阳排洪渠，水头压较大，地层条件主要为富水砂层，采用传统的三轴搅拌桩、旋喷桩等加固法，施工质量难以保证，易引发因端头加固质量不良导致施工安全事故。为解决这一难题，在新阳大道站—长庚医院站区间盾构接收时采用富水高压地层钢构套筒辅助接收施工技术（图 3-7），该技术最大的特点在于利用钢构圆环套筒作为辅助接收结构，在地面组装焊接完成后分上下部分整体吊装至工作井内部与洞门进行连接，连接完毕后往内部填充改良渣土，在掌子面形成反力以平衡端头土层产生的水土压力，确保接收时不会产生水土流失现象。与常规地层加固后盾构接收技术相比，该技术不仅降低了施工成本，而且对缩短工期方面效果明显，具有十分大的经济与社会价值。

图 3-7　富水高压地层盾构钢套箱辅助接收技术

3.4.7　地铁车站耐久性清水混凝土施工技术

采用清水混凝土不仅可以提高结构的表观质量，而且能够大大提高工程质量和使用寿命，同时免去了各种装饰涂料的使用，有利于节约资源、保护环境。马青路站作为耐久性清水混凝土的试点车站，进行清水混凝土配制、施工工艺、耐久性等问题研究。研究成果配制出的清水构件无明显色差，90% 以上的气泡直径小于 2mm；立柱和侧墙整体效果偏冷灰色，蝉缝顺直，手感光滑细腻，达到清水混凝土对外观高要求的标准。

3.4.8　地铁车站混凝土裂缝控制技术

地铁车站大体积混凝土在其施工浇筑过程中，混凝土由于水化反应需要释放出大量的热量，使混凝土在固有干缩特性和环境温度变化等因素的共同作用下，出现各种裂缝和变形。地铁车站混凝土结构的开裂渗漏现象会危及地铁运营及设备的安全，缩短混凝土结构使用寿命。

结合马青路站、马銮湾西站，研究 C45 高性能抗裂混凝土配合比设计，优化确定配合比。同时，对新型混凝土裂缝控制工艺展开了研究，提出了地铁车站混凝土温度平衡系统，该系统可以平衡新旧混凝土温度差，大幅度降低新浇筑混凝土的约束应力，有效地解决了因温度应力而在施工缝附近产生大量裂缝的历史性难题。除此之外，还进行无缝分仓法浇筑混凝土的现场试验，施工实践表明，采用上述措施，混凝土裂缝控制效果良好。

3.4.9 BIM 技术在地铁车站建设中的应用

翁角路站采用明挖顺作（局部盖挖）法施工，主体基坑采用地下连续墙＋内支撑体系。运用 BIM 软件进行该地铁车站地质建模、支护结构及主体结构建模；模拟车站土方开挖、支护结构、永久结构的施工过程，统计工程量，完成车站从开挖到回填整个施工过程的模拟，实现开挖与支护、支护与结构的同步管理；对模型进行碰撞检查和深化设计，模拟施工方案，实现城市地铁施工现场的场地仿真；模拟关键施工方案，探索地铁车站施工碰撞检查技术；形成一套地铁车站的基本 BIM 族库，为今后的地铁项目、隧道项目及市政项目提供借鉴。

3.5 项目管理特点

中国交通建设股份有限公司对每个工程项目制定"334"工程总体要求，即"三基"（重基础、强基础、苦练基本功）、"三全"（全面预算、全成本核算、全面绩效考核）、"四化"（专业化、标准化、数字化、精细化）。按照股份公司的总体部署，结合厦门地铁管理要求，总承包项目部确定了集成化、专业化、精细化、标准化、信息化、智能化的管理方针，并制定相应的实施细则，对工程的创优、质量、进度、成本、安全、绿色施工进行全面管理，取得了较大的管理成效。

3.5.1 集成化管理

集成化管理是将多个管理要素集合成为一个有机的整体，其过程和行为不是简单集合不同的单元和管理因素，而是通过集成化管理理念展开构造，从而更大程度地提高集成的整体功能和效益。本工程组建项目总经理部、项目经理部两级管理组织架构，项目总经理部由中国交通建设股份有限公司直接派出；项目经理部由参建单位（二级公司）派出。项目总经理部共设置 6 个职能部门，分别为财务管理部、工程技术部、安全质量环保部、物资设备部、计划合同部、综合办公室，组织机构图如图 3-8 所示。

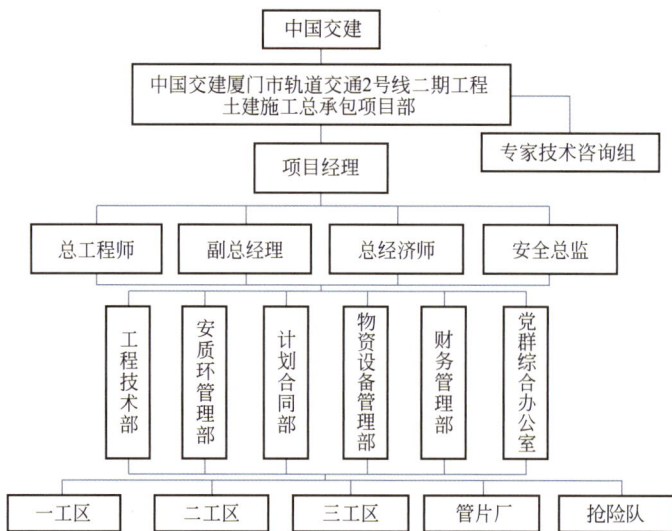

图 3-8 厦门轨道交通 2 号线二期工程项目组织机构图

总承包项目部借助信息化手段，实现组织的集成化；通过合同模式的集成，实现施工多要素的集成化，对各工区项目部的施工质量、安全、进度、成本等方面实施全面的指导与监督，对本项目的人员、机械设备、物资材料、资金等资源进行合理配置和使用，确保本工程优质、安全、按期完成。

3.5.2 专业化管理

拥有专业的技术管理团队是实现专业化施工的重要途径，本工程通过管理团队专业化及作业人员专业化来实现管理的专业化。

总承包项目部及各工区项目部的人员均拥有丰富的管理经验及专业技能；施工队伍由经验丰富的施工人员组成。此外，总承包项目部引入专家技术咨询团队，提高技术方案决策的专业性，并且在日常管理中，加强对管理人员、作业人员的技术指导与培训。

3.5.3 精细化管理

精细化管理就是落实管理责任，将管理责任具体化、明确化，要求每一个管理者都要到位、尽职。总承包项目部按精细化的管理理念，细化各项工作，做到合理分工、细化责任、量化考核。合理分工是指将总承包项目部及各工区项目部管理人员，根据工程特点及专业要求，合理划分工作任务，实现对项目的全面管理；细化责任是指按照工作任务分解将岗位职责和责任落实到人，落实到节点；量化考核是对各项工作的管理目标，如质量、成本、工期、安全、绿色施工等进行量化考核，最终落实到绩效上，形成良好的反馈与促进机制。

3.5.4 标准化管理

本工程的标准化管理体现在质量管理标准化、安全管理标准化、绿色施工标准化。

质量标准化包括质量行为标准化和工程实体质量控制标准化。通过样板引路管理，对分项工程易出现的质量问题提前进行识别，从工序、工艺、材料等方面进行样板审核策划、实施验证，形成统一操作验评标准，正确指导后续施工。

安全管理标准化通过建立安全生产责任制，制定安全管理制度和操作规程，排查治理隐患和监控重大危险源，建立预防机制，规范生产行为，使各生产环节符合有关安全生产法律法规和标准规范的要求。

绿色施工标准化指建立绿色施工责任制，制定相应的制度及具体操作细则，确保在工程建设和建（构）筑物拆除等活动中，保障施工现场作业环境、市容环境卫生和施工人员身体健康，并有效减少对周边环境的不利影响。

3.5.5 信息化管理

在传统工程管理中普遍存在信息交流和沟通障碍等问题，造成工程建设中的信息孤岛现象，即信息不共享互换、信息与业务流程和应用相互脱节，从而破坏管理的有效性，降低工作效率。信息化技术借助计算机及互联网技术，使信息被高度应用，信息资源被高度共享，从而达到项目资源的充分发挥，进而优化资源配置效率，提高管理成效。

总承包项目部为了减少项目劳务人员管理工作的成本，提升项目管理深度，开发了

"中交劳务人员管理系统",涵盖劳务人员档案、岗前培训情况、工作经验技能审核、作业场所安全风险提醒、工资发放、行为记录五大版块;开发了"BDIP建筑数据集成平台"应用于文档(资料管理和日程管理)、流程(工作流程和数据处理)、模型(信息模型管理、工程量统计、4D工程进度管理、场地漫游及三维技术交底、移动端平台管理)等方面,提高了质量管理水平,取得了良好的经济和社会效益。

3.5.6 智能化管理

地铁施工的智能化管理指通过提升自动化系统的信息化程度,提高全局及整体的自动化水平,在提高服务能力和服务水平的同时,降低工作人员的劳动强度,减少人员配置数量,降低人工成本。开发了"管片实时监控系统"和"盾构集群化监控与异地决策管理系统",实现管片生产与施工的智能化管理。

盾构管片智能化生产技术通过设置中心监控系统、构件二维码管理、PLC温控系统、拌和水加热系统、喷雾降温系统等,形成一整套基于管片全生命周期各生产要素的实时监控系统,实现对管片信息的实时自动采集、追溯、分析和自动处理,有效提升产品质保资料组织效率,加强产品质量管控和追溯。

盾构集群化监控与异地决策管理系统分为数据采集及信息管理两大子系统,主要功能包括:盾构实时监控功能(如推进参数实时监控、导向数据实时监控、施工现场视频监控)、数据储存分析功能(如盾构机施工效率查询与分析)、施工安全预警功能、项目安全评估功能。该系统解决盾构施工的集群化监控与管理层的异地决策问题,具有数据化、自动化的优点,对盾构施工大数据库的建立有很好的支持,具有极高的推广应用价值。

3.6 本章总结

本章介绍了厦门地铁2号线二期土建工程概况,总结如下:

(1)厦门轨道交通2号线二期天竺山站—芦坑站线路长度15.53km,包括9站9区间(含东孚车辆段出入场线)。项目存在以下特点:施工专业多,工法多样,管理集成要求高;地质条件复杂多变,施工难度及风险大;周边环境复杂,工程受环境制约大,施工难度增大;社会关注度高,环境保护与文明施工方面要求高;台风、暴雨等灾害性天气较多,对工程可能产生较大的不利影响。

(2)本工程的地质与环境增加了项目实施的难度。其中,孤石、富水砂层对盾构的施工产生较大影响,富水断层破碎带对矿山法隧道施工产生较大的影响;既有的重要建筑物、管线、铁路、北引干渠都对隧道施工制约很大;小间距的平行隧道或叠行隧道,后行隧道亦会对先行隧道产生影响。针对上述问题,总承包项目部开展技术创新,既解决了技术难题,同时产生了较多科技成果。

(3)厦门地铁2号线二期工程线路长、工法多、地质复杂、周边环境制约大,给施工管理带来很大的难度。总承包商采用集成化、精细化、专业化、标准化的管理理念,借助计算机及网络等手段,推广信息化及智能化管理,取得了较大的成效。

第 2 篇

技术创新篇

第4章　盾构隧道穿越铁路沉降控制综合施工技术

第5章　矿山法过富水高压断层破碎带综合施工技术

第6章　孤石的探测及处理技术

第7章　小间距盾构隧道近接施工控制技术

第8章　小空间条件下盾构的整体始发技术

第9章　富水高压地层盾构接收技术

第10章　地铁车站耐久性清水混凝土施工技术

第11章　地铁车站大体积混凝土裂缝控制技术

第12章　BIM技术在地铁车站建设中的应用

第4章   盾构隧道穿越铁路沉降控制综合施工技术

4.1   引言

4.1.1   地铁盾构隧道下穿既有铁路研究现状

近年来，随着地铁网络的进一步扩大，地铁线路从市中心不断向郊区发展，因此不可避免穿越既有铁路工程。隧道的下穿施工会引起周围土体及路基的变形，将影响铁轨的变形，进而影响列车运行的平稳性、舒适性和安全性。在盾构穿越铁路施工过程中，为确保既有铁路列车的安全、正常运营，必须做好盾构掘进过程中施工参数的控制，必要时对站内铁路的路基土进行加固处理，尽量避免和减小施工引起的地层扰动，最大程度上降低对既有铁路的影响。

4.1.1.1   盾构施工地表沉降规律

盾构隧道施工产生地表沉降的机理主要是源于开挖面的应力释放、附加应力等引起地层产生的弹塑性变形。盾构施工时，隧道横向所产生的地表变形范围受隧道埋深和其所处的地质状况影响较大，基本上接近土的破坏棱体范围，大致上近似于 Peck 提出的沉降槽形状，Peck 沉降槽形状可采用 Peck 经验公式计算，但该公式是基于单线盾构隧道引起的地表沉降规律；双线隧道沉降规律，则是在 Peck 经验公式的基础上，按照叠加原理进行计算的。Peck 沉降槽形状和隧道纵向沉降规律如图 4-1～图 4-3 所示。

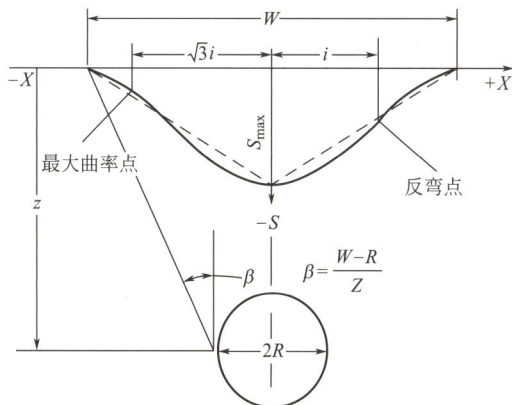

图 4-1   Peck 沉降槽形状（单线）

Peck 经验公式法的局限性在于缺乏理论依据，通常适用于经验所获得的局部地区，对于工程地质条件或施工技术差异较大的地区，应用前需对其实用性进行验证。由于数值模拟分析在材料弹塑性分析、大变化分析及过程中的变形、应力变化等方面都有独特的优点，目前广泛应用于工程施工前的模拟分析。

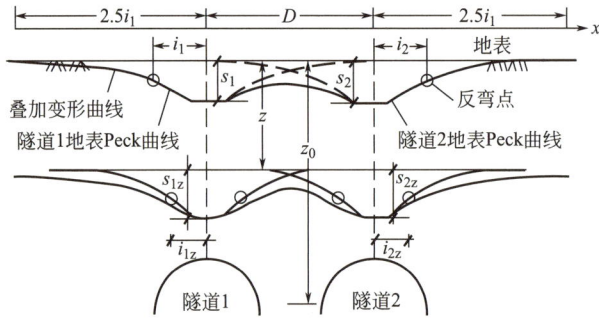

图 4-2　基于 Peck 公式和叠加原理沉降槽形状（双线）

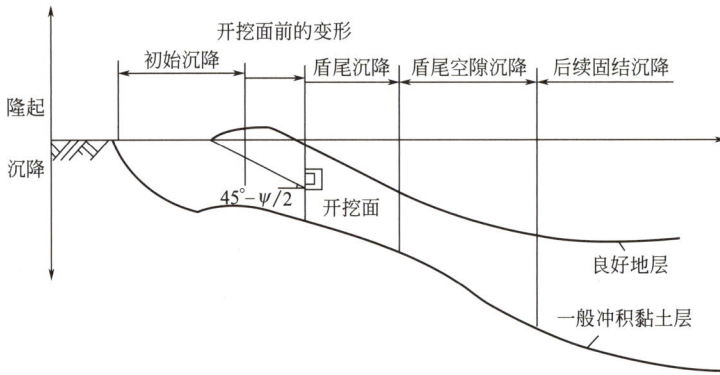

图 4-3　盾构隧道地表沉降规律纵断面图

4.1.1.2　盾构施工铁路沉降控制技术

盾构施工铁路沉降控制技术主要采用控制盾构掘进参数、地基加固及限速的措施。

其中的地基加固根据不同情况及要求，确定不同的预加固措施：

（1）在盾构隧道通过位置预先对地基进行加固处理，加固方式可为全方位高压喷射工法（MJS）、注浆和板桩联合加固方案、设置 CFG 桩基等类似加固方案。

（2）对于变形控制要求较严的路段，可采用全方位高压喷射工法（MJS）。

（3）对于有砟轨道铁路或沉降控制不甚严格的既有铁路，可采用袖阀管注浆、深层注浆、搅拌桩或旋喷桩等常规土体加固方案。

（4）对于地层较好或铁路路基底部已进行软基处理的既有铁路，可采用钢便梁加固轨道、加强洞内同步注浆和多次补浆等措施。

4.1.2　依托工程概况

4.1.2.1　工程基本情况

厦门轨道 2 号线东孚站—马銮北站区间隧道采用厦工中铁装备生产的复合式土压平衡盾构机施工，刀盘直径为 6.48m，隧道外径为 6.2m，内径为 5.5m，一环管片长 1.2m，厚 35cm，由 6 片管片组成。该盾构区间依次侧穿"鹰厦铁路"左线桥桩、下穿在建的"前场货车联络线"和"厦深铁路"路基、侧穿"鹰厦铁路"右线桥桩。区间隧道侧穿的鹰厦铁路为桥梁形式，桥梁跨度为 32m，设计时速 120km/h，电气化铁路，采用有砟轨道；下穿的前场货车联络线为路基形式，目前已建成通车；下穿的厦深铁路等级为Ⅰ级，设计时速 200km/h，采用双线有砟轨道，线间距 5m。下穿段平面图如图 4-4 所示。

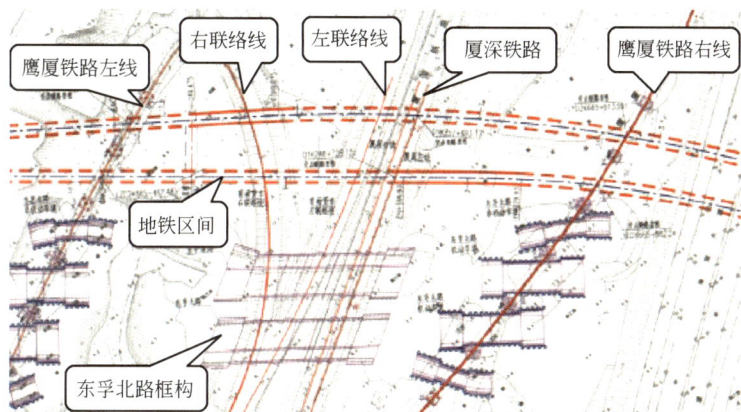

图 4-4　盾构区间下穿铁路平面图

下穿厦深铁路段的区间隧道埋深 18.8～24.6m，影响长度约 330 双线米，于里程右线 DK3＋425.68 和左线 DK3＋423.33 下穿，下穿处对应的厦深铁路左、右线里程分别为 K1124＋232.23、K1124＋195.20。区间隧道左、右线与厦深铁路的路基夹角分别为 71°和 69°，距铁路路基顶部最小水平距离 24.5m，下穿处厦深铁路路段平面为直线，路基形式为路堤。路堤施工时采用 ϕ500mm@9500mm（正三角形布置）搅拌桩对基底土体进行加固，加固深度为伸入全风化凝灰岩层下 1m，在搅拌桩顶部铺设一层 0.4m 厚的碎石垫层，并夹一层双向 80kN/m 的土工格栅。盾构隧道与厦深高铁路基关系如图 4-5 所示。

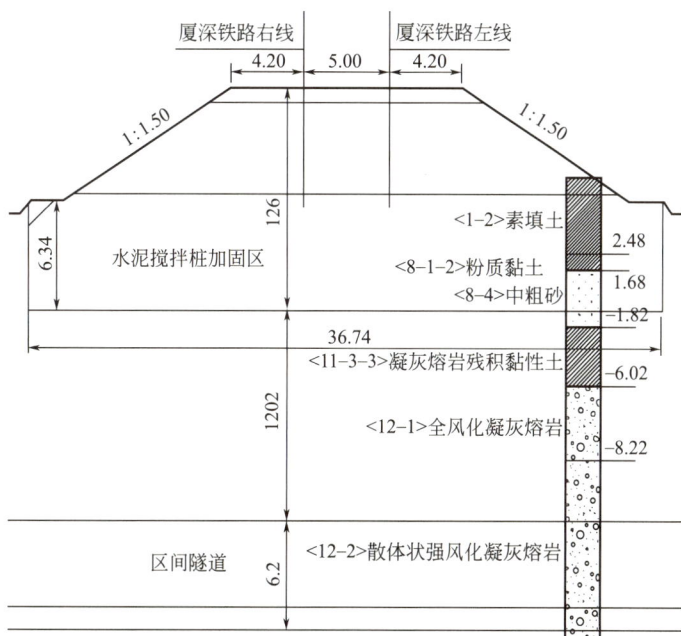

图 4-5　东马盾构区间下穿厦深高铁路基断面关系图

4.1.2.2 风险等级确定

盾构隧道拱顶与厦深铁路轨道结构的距离为 $2.0D < d < 3.5D$，盾构区间所在地层为散体状强风化凝灰熔岩，富水性较强，稳定性差，盾构掘进时开挖面稳定性较难保持，虽然铁路路基下方一定厚度的土体采用搅拌桩加固，对盾构掘进的扰动有一定的隔阻作用，但厦深铁路的等级较高，设计时速和运营时速快，对轨道结构的沉降和变形较为敏感。

参照地铁风险管理相关规范中的分级标准和地铁下穿工程的风险接受准则可知，厦深铁路的风险等级评定为Ⅳ级，即"非常严重"，必须高度重视并规避。盾构下穿铁路风险源的控制应遵循一定的原则：规避原则、降低原则、控制原则。其处理措施主要从周边环境和工程自身两方面着手，具体做法见表 4-1 所示。

盾构下穿铁路风险源的控制原则　　　　　　　　　　　　　　表 4-1

原则类别	周边环境	工程自身
规避原则	对Ⅳ、Ⅴ环境风险工程优先对线路走向的布置方案进行分析比较,使重要周边环境处在新建隧道的显著影响之外	在工法上遵从"区间能短则短"的原则,尽量减少工程规模
降低原则	对于处在新建隧道的强烈影响区内的周边环境,优先考虑采取改移、拆除、补强等方式将风险降至最低	应针对工程的具体特点及所处的地质条件,选择安全合适的施工方法
控制原则	对于处在新建隧道影响区内的无法规避的周边环境或者无法降低风险等级的Ⅳ、Ⅴ环境风险工程,需要从工程自身方面得到解决	针对新建隧道的施工方法及施工参数进行分析比较,确定对周边环境影响较小的设计方案。另外,需对周边环境的保护措施和自身风险控制措施进行技术经济分析,制定出安全、经济、合理的具体技术措施

因此，由于厦深铁路路基在施工时已进行加固，因此盾构下穿厦深铁路的施工风险控制措施主要从盾构自身参数的优化方面入手。

4.1.3 本章主要内容

本章依托于厦门市地铁 2 号线东孚站—马銮北站盾构区间下穿杭深高速铁路路基工程，研究盾构下穿高铁路基的沉降变形规律和关键控制技术，解决下穿高铁路基影响段盾构掘进参数控制问题。

(1) 首先，分析地表沉降对厦深高铁的影响；

(2) 其次，通过设置试验段，研究盾构掘进参数；

(3) 最后，通过对列车限速、盾构参数的动态控制，确保上覆铁路路基的变形控制在安全范围内。

4.2 地铁盾构下穿既有高铁路基变形机理及施工参数确定

4.2.1 地表沉降对厦深高铁的影响分析

列车运行对地表沉降或者隆起、铁轨间的差异沉降都有着特殊的严格要求，较小的变化都会对列车的行车安全构成灾难性的威胁。

4.2.1.1　地表沉降对列车运行的影响

厦深高铁列车铁轨是一条以混凝土轨枕为弹性多支座的连续承重梁，属多支点超静定结构。列车通过时，车轴下的轨枕受压后向碎石道床产生弹性沉陷，然后恢复稳定。当土体发生沉降时，轨枕的支撑面会随之下沉，相应铁轨的多支座超静定系统遭到破坏。在列车的动荷载作用下，这些支撑面下沉的轨枕带着铁路产生较大的变形量，导致铁轨中应力大大升高，土体沉降过大时可导致铁轨变形。当轨枕的支撑面形成沉陷坑时，列车通过就会受到来自下方的冲击，这种垂直向上的冲击可同列车的自振结合，引起更大的列车振动，严重时造成出轨事故，列车速度越快，沉陷坑的高长比越大，危险性越高。

4.2.1.2　铁轨的差异沉降对列车运行的影响

盾构穿越铁路时两条铁轨可能产生铁轨间的差异沉降，特别是当盾构推进轴线和铁路轴线之间的夹角较大时，同一条铁轨以及同一条断面上的两条铁轨下方的土体沉降量不同，这会加大铁轨之间的差异沉降。这些差异沉降和列车的自振相结合，使得列车振幅增大，列车会发生摇摆运动（特别是货车）。

4.2.1.3　盾构推力对列车运行的影响

当盾构穿越既有线时，盾构推力的大小对盾构穿越铁路有较大的影响。当盾构推力不足时，静止土压力大于正面土压力，切口前的土体处于主动状态，前上方的土体会下沉造成轨道沉降。反之，盾构推力过大时，切口前的土体处于被动状态，切口前上方的土体会隆起，造成轨道的隆起。不论盾构推力过大还是过小都会对铁路的行车安全造成威胁。由于上部列车动载的存在，在穿越段盾构推力应当稍微提高。

4.2.1.4　列车车速对地表沉降的影响

研究资料表明，盾构穿越铁路施工时，上方列车行驶会产生动应力，对地面和铁路结构的沉降有一定的影响。当列车速度低于 150km/h 或者高于 300km/h 时，列车形成的动应力与速度关系不大。在列车速度处于 150~300km/h 范围时，动应力与列车速度呈线性增加的关系，列车速度越高，动应力越大（以 300km/h、20T 的列车轴重为例，此时路基顶面的动应力约为 100kPa）。因此，为减小列车动应力对地表和铁路结构的影响，对列车进行限速能够起到一定控制沉降的作用。

4.2.2　盾构下穿厦深高铁试验段分析

4.2.2.1　盾构下穿厦深高铁路基试验段情况

为确保盾构机安全顺利通过铁路路基，在到达铁路前进行试验段研究（DK3＋450~DK3＋500、DK3＋550~DK3＋600）。在试验段的施工过程中，以控制地表沉降变形、盾构土仓压力为主要目标，得到盾构下穿厦深高铁路基推进参数。试验段地质参数见表 4-2，平面及纵断面如图 4-6~图 4-8 所示。

盾构隧道下穿厦深高铁试验段地质参数表　　　表 4-2

序号	岩层类型	重力密度 （kN/m³）	弹性模量 （kPa）	卸载再回模量 （kPa）	泊松比	不排水抗剪强度 （kPa）	标贯修正基数 （击/30cm）
1	素填土	18.1	48960	146880	0.25	40.8	6.8
2	粉质黏土	18.6	81360	244080	0.40	67.8	11.3

续表

序号	岩层类型	重力密度 (kN/m³)	弹性模量 (kPa)	卸载再回模量 (kPa)	泊松比	不排水抗剪强度 (kPa)	标贯修正基数 (击/30cm)
3	中粗砂	19.0	26800	80400	0.30	—	18.5
4	凝灰熔岩残积土	20.2	205920	617760	0.25	171.6	28.6
5	全风化凝灰熔岩	20.2	205920	617760	0.25	171.6	28.6
6	散体装强风化凝灰熔岩	24.6	342720	1028160	0.20	285.6	47.6
7	水泥土搅拌桩	19.0	100000	300000	0.20	—	—

图 4-6　盾构隧道下穿厦深高铁试验段平面布置图

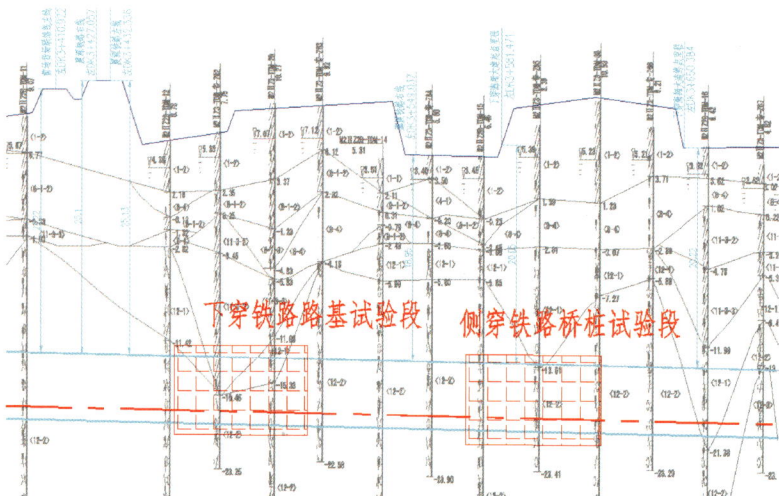

图 4-7　盾构隧道下穿厦深高铁试验段右线纵断面

4.2.2.2　路基试验段监测方案

在盾构试验段范围内每 20m 布设一监测断面，沿盾构中心线每 5m 设置一个测点，局部位置根据场地情况调整；横向布设 11 个监测断面，其中左线和右线共用监测点 3 个，左、右线单独监测点各 4 个，每条区间线路有独立可供采集的地表沉降监测点 7 个，深层沉降测点在轴线处沿纵向布置，如图 4-9～图 4-11 所示。

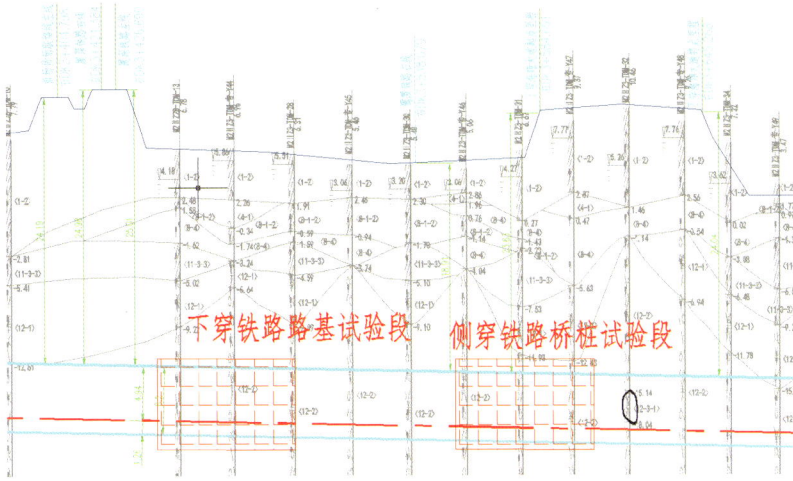

图 4-8　盾构隧道下穿厦深高铁试验段左线纵断面

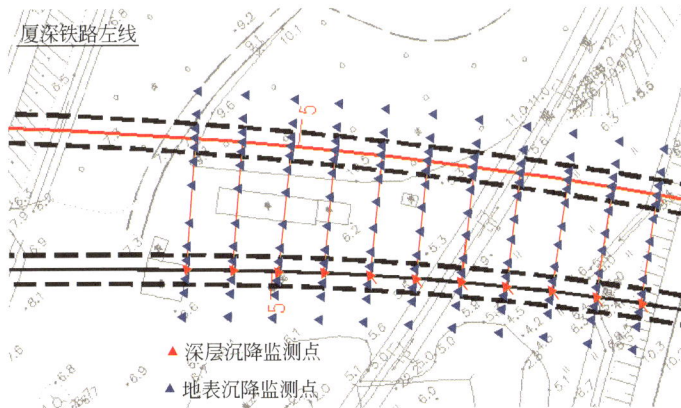

图 4-9　盾构隧道下穿厦深高铁试验段监测点平面布置图

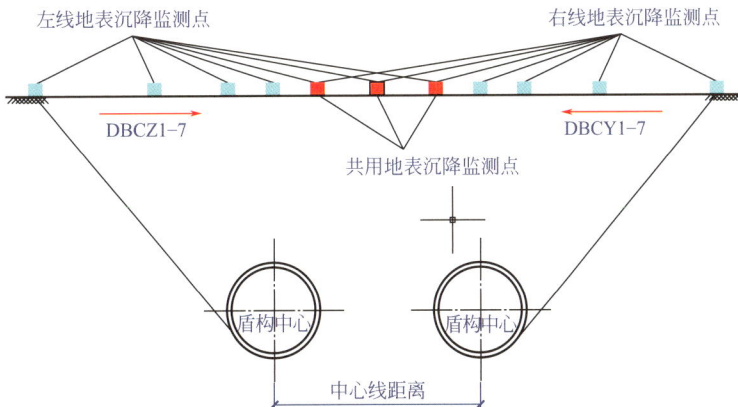

图 4-10　盾构隧道下穿厦深高铁试验段监测点布设示意图

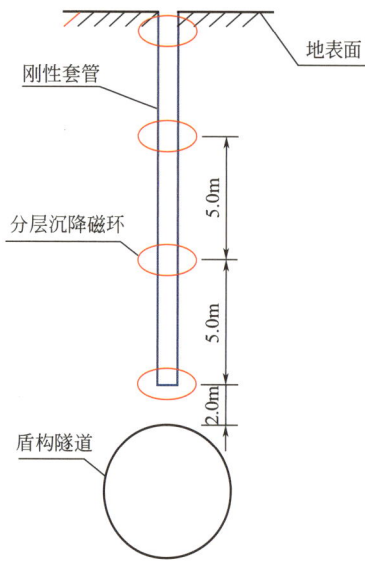

图 4-11　盾构隧道下穿厦深高铁试验段深层沉降监测布置图

4.2.2.3　路基试验段效果分析

CET 6450 盾构机的最大推进速度为 80mm/min，根据前期掘进经验，在全风化凝灰熔岩地层，该盾构机最佳推进速度为 40±5mm/min，所以试验段按 35～40mm/min 的速度推进，在盾构掘进过程中，隧洞轴线和折角变化控制不超过 0.4%。对初始出现的小偏差应及时纠正，尽量避免盾构机走"蛇"形，盾构机一次纠偏量不超过 4mm/环，以减少对地层的扰动。根据试验段监测数据，分别得到土仓压力和注浆压力与地表沉降关系如图 4-12 和图 4-13 所示。

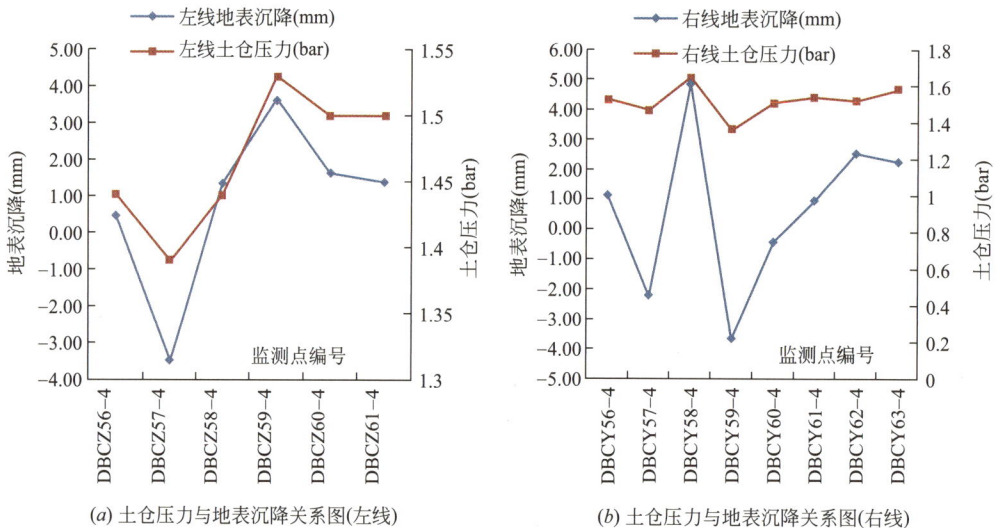

(a) 土仓压力与地表沉降关系图(左线)

(b) 土仓压力与地表沉降关系图(右线)

图 4-12　土仓压力与地表沉降关系图

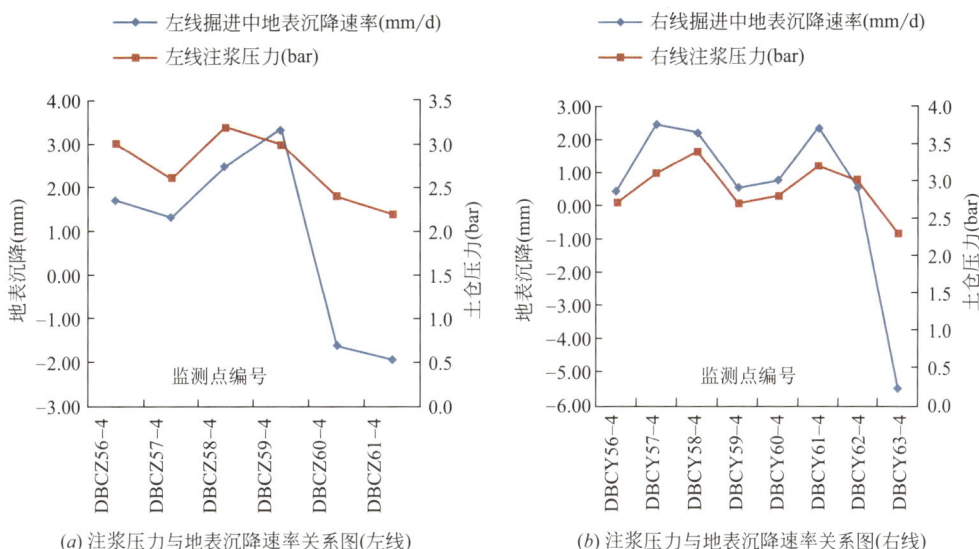

(a) 注浆压力与地表沉降速率关系图(左线)　　　(b) 注浆压力与地表沉降速率关系图(右线)

图 4-13　注浆压力与地表沉降速率关系图

4.2.3　盾构下穿厦深高铁施工参数确定

根据前文得出如下结论：

（1）盾构推进速度为：35～40mm/min；

（2）按厦门地层掘进经验，出土量控制在 51～53m³，对应同步注浆量为 5.2～5.4m³；

（3）由图 4-12 可知，左、右线土仓压力分别在 1.45bar、1.55bar 可使盾构刀盘前方土体出现约 1.0mm 微隆起，可推荐为土仓压力参数；

（4）由图 4-13 可知，左、右线同步注浆压力 2.5～3.0bar、终压 3.0～3.3bar 可使掘进过程中产生的地层损失得到较好补偿；

（5）根据监测数据，确定的盾构下穿厦深高速铁路路基推进参数如表 4-3 所示。

盾构下穿厦深高速铁路路基参数表　　　　　表 4-3

序号	项目	土仓压力（bar）	千斤顶总推力（kN）	推进速度（mm/min）	刀盘转速（r/min）	同步注浆压力（bar）	同步注浆量（m³）	出土量（m³）
1	左线	1.45	15000～17000	35～40	1.20	3.0～3.2	5.2～5.4	51～53
2	右线	1.55	18000～20000					

4.3　地铁盾构下穿既有高铁路基掘进技术与变形控制

4.3.1　盾构下穿厦深高铁施工时列车限速设置

受条件限制，施工现场不具备加固条件，且原厦深高铁路基下部软基部分已采取过搅拌桩加固措施，因此在不采取加固措施的前提下，对厦深高铁采取限速措施。根据列车车速对地表沉降的影响规律，在下穿铁路前，提出限速措施，降低盾构下穿铁路路基期间列车运行速度至 80km/h。

4.3.2　盾构下穿厦深高铁路基主要技术措施

4.3.2.1　掘进姿态控制技术

盾构掘进施工过程中的轴线控制是穿越铁路路基沉降控制的一个重要环节，所以，盾构在试验段掘进过程中提前调整好盾构掘进姿态，将上下、左右轴线偏差控制在±5mm（根据已掘进经验，全风化凝灰熔岩地层管片后期上浮量在20mm以内、按±5mm控制轴线姿态满足成型后管片轴线偏差在±100mm的要求）；同时调整前盾和中盾掘进趋势与线路纵坡一致（盾体不出现"V"形或倒"V"形）。

4.3.2.2　土仓压力控制技术

通过试验段总结得到的下穿铁路路基段土仓压力详见表4-3所示，盾构掘进采取满仓掘进，通过控制螺旋机出土速度，使得土仓压力波动范围保持在±0.3bar。

4.3.2.3　渣土改良及出土量控制技术

下穿铁路路基段采用泡沫进行渣土改良，使土体达到的流塑状为理想状态，在掘进过程中严格控制泡沫注入量（根据注入量确定出土量），泡沫的组成如表4-4所示。

盾构下穿厦深高速铁路路基泡沫参数表　　　表4-4

序号	项目	泡沫品牌	泡沫原液量（L/环）	水量（L/环）	压缩空气量（L/环）	泡沫发泡率（倍）	泡沫混合液注入量（L/环）
1	左线	康达特	75	1570	14020	18	1676
2	右线	康达特	75	1600	14088	18	1757

根据泡沫注入量，在掘进过程中做到进尺量和出土量均衡，出土过程中安排专人进行观察记录，同时记录出土龙门吊每斗土重量。此外，在掘进过程中，在螺旋机出口采用红外线测温仪测量渣土温度，确保渣温在35～40℃，防止温度过高结泥饼。

4.3.2.4　同步注浆压力及注浆量控制技术

同步注浆是尽快封闭填充盾尾空隙，使管片尽早与地层共同作用，防止地表沉降扩大的重要手段。同步注浆采用单液浆，在试验段掘进过程中，根据注浆效果对下穿高铁路基段的同步注浆配合比进行优化，配合比详见表4-5。根据掘进速度，采取四路注浆的方法，实行注浆量与注浆压力双控的措施，控制指标详见表4-3。

盾构下穿厦深高速铁路路基同步注浆配合比表　　　表4-5

序号	项目	水泥 kg/m³	粉煤灰 kg/m³	膨润土 kg/m³	砂 kg/m³	水 kg/m³	流动度 s	凝结时间 min	泌水率 %(24h)
1	左线	175	395	100	552	518	10.8	322	4
2	右线	175	395	100	552	518	10.8	322	4

4.3.2.5　二次及多次补浆控制技术

二次注浆和多次补浆措施是控制地表沉降后期发展的重要手段，盾构管片脱离盾尾10环后进行二次注浆，二次注浆以压力控制为主，注浆压力控制在3.2～3.5bar，注浆位置为管片顶部两侧的左上11点位和右上1点位（时钟方向）。二次注浆配合比如表4-6所示。

盾构下穿厦深高速铁路路基二次注浆配合比表　　表 4-6

序号	项目	水泥：水	水泥浆液：水玻璃	相对密度	浆液流动度(s)
		质量比	体积比		
1	左线	1：1	1：0.5	1.515	8.9
2	右线	1：1	1：0.5	1.515	8.9

　　盾构通过后，根据监测数据对沉降继续发展的部位进行多次补浆，多次补浆采用水泥浆，同二次注浆一样以压力控制为主。在多次补浆过程中，密切关注地表监测数据，防止出现地表隆起。

4.3.2.6　盾尾间隙控制技术

　　盾构下穿过程中，控制盾尾间隙，防止出现尾刷与管片碰撞，导致尾刷损坏，漏浆和管片变形。根据"勤纠偏、小纠偏"的原则保持盾构姿态平稳，对盾尾间隙测量 3 次（盾构推进前、千斤顶行程 80cm 时和每环推进完成时），盾尾间隙控制在 30～40mm（因下穿铁路基本处于直线段，控制盾尾间隙值以保证在下穿高速铁路段管片对拼）。

4.3.3　盾构下穿厦深高铁路基监测方案

4.3.3.1　监测内容及监测网布设

　　为减少监测与铁路之间的干扰，盾构区间下穿高铁路基沉降监测采用自动化监测手段。下穿影响区域内铁路路基及相关设施的监测内容及项目为：铁路路基沉降监测、地表沉降监测、轨道平顺性监测、支墩沉降监测、既有基础网杆沉降及倾斜监测。其中铁路路基沉降监测、地表沉降监测、轨道平顺性监测为本次监测的重点。

　　根据施工现场及周边情况，在路基上设置 2 排铁路路基沉降监测点、地表沉降监测点（L01～L14）和轨道平顺性监测点（1G-1 等），监测点布置如图 4-14 所示，监测点实景图如图 4-15 和图 4-16。

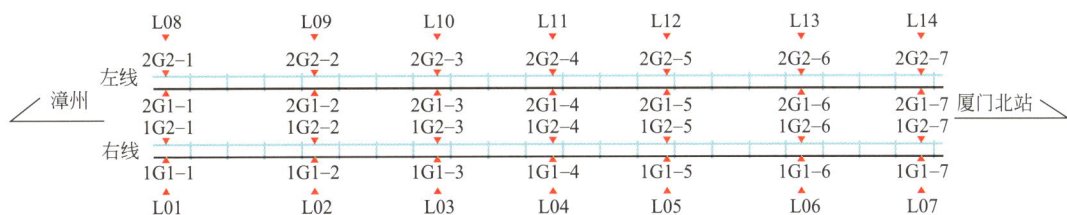

图 4-14　盾构下穿厦深高速铁路路基监测点布置平面图

图 4-15　盾构下穿厦深高速铁路路基沉降监测点实景图

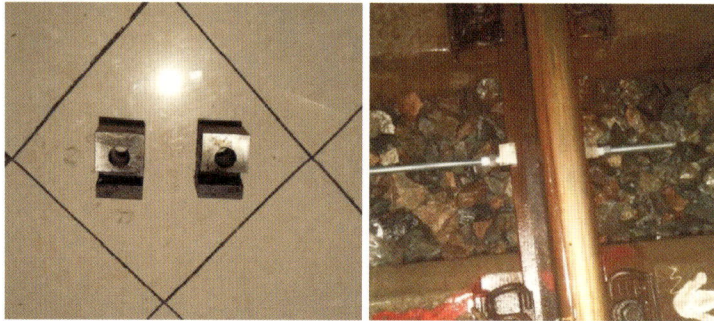

图 4-16　盾构下穿厦深高速铁路路基轨道监测点实景图

在盾构下穿高铁段采用深圳大铁自动化监测软件 IMC-M，建立全自动监测系统，实现计算机软件对全站仪的自动化控制。全自动全站仪在电脑安装采集软件和测量机器人，通过无线连接采集数据实时上传服务器数据库，经云平台管理软件解算、分析、输出报表、图形，使用手机或电脑登录服务器实时查看监测数据及参数变化。

4.3.3.2　监测周期、频率及标准

监测周期以盾构下穿铁路试验段开始时间为起点，直至施工完成下穿后。监测频率见表 4-7。

盾构下穿厦深高速铁路路基监测频率表　　　表 4-7

序号	监测项目	监测频率
1	轨道平顺性监测	试验段开始前完成初始值测量，盾构掘进面距离既有线铁路 50m 范围内，自动监测频率为 1 次/2h；盾构掘进面距离既有线铁路 50m 范围外，自动监测频率为 1 次/4h
2	地表沉降监测(路基外)	
3	铁路路基沉降监测	
4	支墩沉降监测	
5	既有接触网杆沉降、倾斜监测	随时根据监测结果调整监测频率
6	检测基准点复测	每 15 天对监测基准点进行复测

依据《高速铁路有砟轨道线路维修规则》(铁运〔2013〕29 号)，结合现场具体情况，确定盾构下穿厦深高铁控制标准，见表 4-8。

盾构下穿厦深高速铁路路基监测控制值表　　　表 4-8

序号	监测项目	累计值		变化速率(mm/d)
		绝对值(mm)	局部倾斜	
1	轨道平顺性监测	5		≤2
2	地表沉降监测(路基外)	10		≤2
3	铁路路基沉降监测	5		≤2
4	支墩沉降监测	5		≤2
5	既有接触网杆沉降监测	5		≤2
6	既有接触网杆倾斜监测		0.002	≤2

监测预警值取监测控制值的 70%、85% 和 100% 三个等级，预警标准见表 4-9。

盾构下穿厦深高速铁路路基监测预警标准表　　　　表 4-9

序号	监测项目	黄色预警值			橙色预警值		
		累计值		变化速率 (mm/d)	累计值		变化速率 (mm/d)
		绝对值 (mm)	局部倾斜		绝对值 (mm)	局部倾斜	
1	轨道平顺性监测	3.5		>1.4	4.25		>1.7
2	地表沉降监测(路基外)	7.0		>1.4	8.50		>1.7
3	铁路路基沉降监测	3.5		>1.4	4.25		>1.7
4	支墩沉降监测	3.5		>1.4	4.25		>1.7
5	既有接触网杆沉降监测	3.5		>1.4	4.25		>1.7
6	既有接触网杆倾斜监测		0.0014			0.0017	≤2

4.3.4　盾构下穿厦深高铁路基效果分析

通过 4.2.3 节的盾构下穿高速铁路路基推荐参数、4.3.1 节和 4.3.2 节盾构下穿高速铁路路基主要技术措施,盾构下穿高速铁路路基、轨面时间-沉降曲线如图 4-17 和图 4-18 所示。

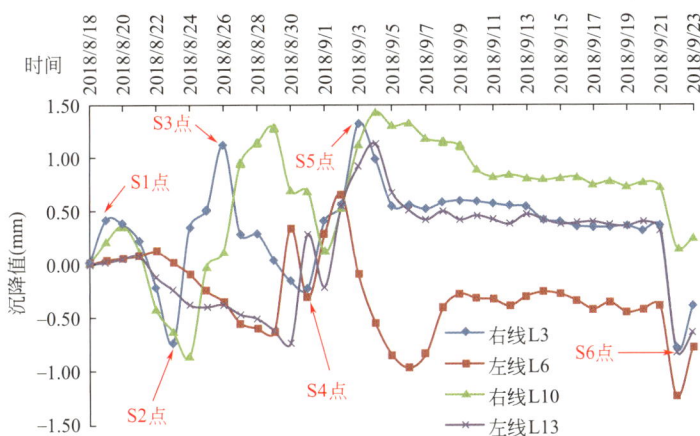

图 4-17　盾构下穿厦深高速铁路路基时间-沉降曲线图

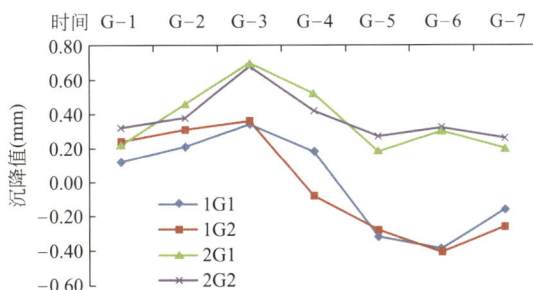

图 4-18　盾构下穿厦深高速铁路轨面时间-沉降曲线图

由图 4-17 和图 4-18 可知:

(1) 经过多次补浆等措施,高铁路基最大隆起为 1.43mm、最大沉降为 0.97mm,反映到铁路轨面最大隆起为 0.7mm、最大沉降为 0.41mm,满足铁路运营要求。

（2）以图 4-17 中右线 L3 时间-沉降曲线为例，适当调高土仓压力，使刀盘前方土体微隆起出现 S1 点，掘进完成后出现较快沉降值 S2 点，同步注浆和二次注浆完成后出现隆起值 S3 点，待浆液凝固后自收缩出现二次沉降值 S4 点，根据监测数据的变化采取补浆措施出现 S5 点，后续沉降趋于稳定，图中 S6 点为盾构通过后大机养护扰动导致的。

（3）由图 4-17 实测沉降曲线可知，试验段选取的盾构推进参数合理，多次补浆措施有效地减少了后期地表沉降。

（4）图 4-18 是经过多次补浆完成后（大机养护前）的最终沉降量，数值有一定的差异，但在 ±1.5mm 内。

4.4　本章总结

结合盾构下穿厦深高速铁路路基的工程实例，通过试验掘进、现场监测等手段，分析了盾构穿越施工对既有铁路的影响规律，总结出盾构施工参数优化和沉降控制措施。得到以下结论：

（1）上覆铁路的限速，对下穿隧道施工的影响具有一定的效果，因此在下穿铁路前，提出限速措施，降低盾构下穿铁路路基期间列车运行速度至 80km/h。

（2）盾构下穿既有铁路路基的主要技术措施包括：掘进姿态控制、土仓压力控制、渣土改良及出土量控制、同步注浆压力及注浆量控制、二次及多次补浆控制、盾尾间隙控制技术。通过试验段选取合理的盾构参数是控制路基沉降的关键。

（3）盾构穿越前适当调高土仓压力使刀盘前方土体微隆起约 1.0mm，并采取多次补浆措施直至日变化速率小于 0.2mm/d，对控制路基沉降效果明显。

第 5 章　矿山法过富水高压断层破碎带综合施工技术

5.1　引言

5.1.1　富水高压破碎带矿山法隧道致灾机理

复杂多变的地质环境致使隧道建设过程中不可避免地遇到断层、岩溶、软岩，其中断层是隧道修建过程中重要的灾害源。地壳岩层因受力达到一定强度而发生破裂，并沿破裂面产生明显相对移动的构造称为断层。断层通常表现为宽度不一的断裂带形式，根据断层带的形成过程和内部变形程度，可将断层内部结构划分为破碎带和诱导裂缝发育带两种类型的结构单元。破碎带处于断层的中心地带，是断层形成和发育过程中受应力最大和最集中的部位，它消耗了断层形成过程中的大部分能量和变形，形式上表现为一定岩石体积内成组、复杂、交叉排列的断层滑动面与相应断层体的组合。

富水断层常发育在厚层含水岩层中的张性断层，透水性一般比两盘岩石的透水性好；当断层与含水层发生直接的水力联系、水源补给丰富时，该断层含水量充足；脆性透水岩层中的张性断层，若空隙不被后期物质充填胶结，一般均为富水断层。断层带富水特征具有分段性和分带性。断层各部位受力不均匀，导致裂隙发育存在差异，地下水的赋存也就不均匀，表现为断层往往只是某些部位含水，不一定全部含水，即存在富水的分段特征。断层内部结构在水平和垂直方向上均呈现出明显的分带性，故地下水在断层带内的赋存会出现与之相应的分带规律。

断层破碎带具有以下特点：

（1）岩体强度低

断层岩体结构松散、破碎，充填物多为胶结不够紧密的泥质、炭质等岩屑碎块，其力学强度较低，相关研究表明，断层带内岩体的单轴抗压强度仅为完整岩体的1/7左右。可见，断层的存在破坏了岩体的完整性，大大降低了岩体的力学强度，隧道开挖后围岩的稳定性极差，容易造成塌方、涌水突泥等地质灾害的发生。

（2）岩体抗水性差

断层带岩体不仅强度低，而且抗水性极差，主要表现为其饱水强度低和易被地下水冲刷掏空两方面特征。破碎软弱岩石的强度受含水量的影响更大，有些软弱岩石被水浸泡后会崩解破坏并丧失强度。隧道开挖后，断层破碎带的岩石往往处于饱水状态，在地下水的长期浸泡、软化作用下，导致原本强度不高的岩体其力学强度进一步降低，很大程度上影响了围岩的稳定性，有利于涌水突泥灾害的发生。

另外，隧道开挖后，地下水渗流加剧，由于断层带岩体中充斥着大量的细颗粒，它们抗水流冲刷能力很弱，在渗流作用下，易被水流带出，并不断剥落、带走岩石碎片。随着地下水的不断作用，断层带内裂隙张开度增加，岩体强度急剧下降，并不断破坏，为地下水提供了更大的流动空间，创造了涌水突泥的有利条件，增加了灾害发生的可能性。

涌水又称突水，是指地下工程施工或运营过程中，围岩含水层中的地下水克服隔水层、裂隙、断层带等的阻力，以股流或涌流形式突然集中流出的现象；以地下水携带有大量泥砂（或饱水的泥砂）形式突出的，则称之为突泥。涌水、突泥破坏性极强，预测预报难度大，并会造成工程损失和环境破坏等问题。

5.1.2 依托工程概况

5.1.2.1 工程基本情况

翁角路站—马青路站区间采用矿山法施工，隧道埋深 11.8m～238m，左线长度 2696.559m、右线长度 2702.726m，左、右线间净距 13.8m。中间设置 1 座通风竖井、1 座通风斜井（长 485m）、1 座施工竖井，共 10 个工作面施工。隧道共穿越 7 条断层，Ⅱ～Ⅲ级围岩采用全断面开挖法施工，Ⅳ～Ⅴ级围岩采用台阶法开挖。翁—马矿山区间周边环境及地质剖面图如图 5-1 所示。

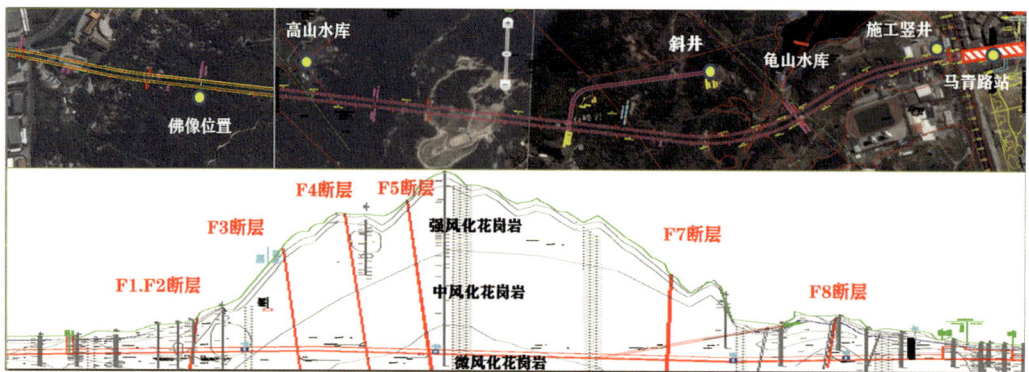

图 5-1 翁—马矿山区间周边环境及地质剖面图

5.1.2.2 设计变更情况

1. 原施工图设计依据的地质条件

翁—马区间矿山法段（右线 DK13＋962～DK13＋980、左线 DK13＋974～DK13＋992），该段洞身围岩为微风化花岗岩，块状构造，岩体完整～较完整，局部见有辉绿岩脉侵入；地下水主要为基岩裂隙水，一般不发育，局部基岩破碎地段较发育，围岩级别为Ⅱ级。

2. 施工勘察揭示的地质条件

通过施工现场实地查看右线小里程方向 DK13＋980 掌子面情况，结合左线超前水平钻探成果，判定掌子面前方 0～3m 为中风化花岗岩，节理裂隙较发育，岩体较破碎，局部岩体风化强烈，掌子面前方 3～21m 为断层破碎带，围岩稳定性差；超前探孔呈股状流水，地下水主要为构造裂隙水。因此，右线 DK13＋962～DK13＋980 及左线 DK13＋

974～DK13+992 的围岩级别由Ⅱ级变更为Ⅴ级，变更长度 18m。

3. 施工阶段的设计变更

断层破碎带隧道增设全断面帷幕注浆，采用 ϕ89 中管棚超前预支护，内插 ϕ42 超前小导管，台阶法施工，初期支护及二次衬砌变更为Ⅴ级围岩（1.2MPa）断面施工。初期支护完成后，如局部还有渗漏水情况发生采用顶水注浆等局部注浆方式止水。

5.1.2.3　涌水突泥情况

施工现场从隧道大里程往小里程方向开挖，开挖时发生的涌水突泥情况见表 5-1，涌水突泥后的现场照片如图 5-2 所示，涌水突泥土体侵入隧道示意图如图 5-3 所示。

涌水突泥情况　　　　　　　　　　　　　　　　　　　表 5-1

时间	隧道情况
2017/10/19-19：40	爆破施工,发现右线小里程方向 DK13+980 掌子面主要为中风化花岗岩,褐黄色,节理裂隙发育,岩体破碎,局部岩体风化强烈呈砂土状,地下水发育,呈雨淋状
2017/10/19-22：46	出渣施工,发现掌子面右侧拱腰处有掉块现象,并存在涌水现象,施工现场立即停止出渣,组织人员挂网、喷混凝土封闭
2017/10/20-04：00	拱部溜坍进一步加大,范围涉及整个拱部,形成一纵向长度约 4m 的空腔,涌水量进一步增大,同时带有强风化粗颗粒流出,水质较浑浊
2017/10/20-8：00	回填洞渣反压,封闭掌子面
2017/10/21	对 YDK13+980～YDK14+985 段按Ⅲ级断面施工,进行初支加固
2017/10/22～2017/11/2	打设 ϕ89 中管棚,长度 9m,环向间距 0.4m,共计 18 根,水泥用量 26t
2017/11/3～2017/11/8	斜向上(角度 45°)打设 3 个钻孔,注浆回填空腔,水泥用量达到 279t
2017/11/9	由于注浆效果不明显,计划斜向上(角度 45°)继续打孔,泵送混凝土回填,孔钻未上平台时,再次发生突泥涌水现象,涌泥长度约 136m,涌泥量约 2600m³,涌水 480～840m³/d

图 5-2　涌水突泥后的现场照片

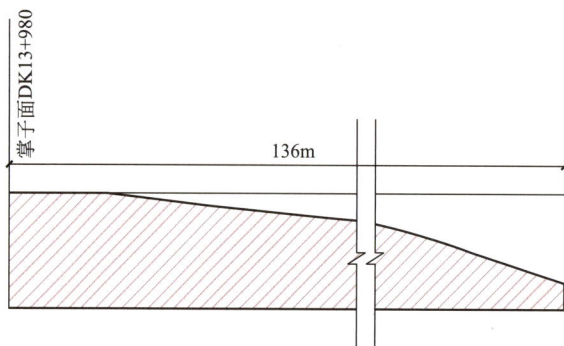

图 5-3　涌水突泥土体侵入隧道示意图

5.1.2.4　突泥涌水原因初步分析

地质勘察物探显示该断层位于另外两条断层之间，属于地勘未揭示的断层。附近两条断层与线路相交，为压扭性断层，岩体破碎，泥质和砂质全风化花岗岩堆积多，围岩稳定性差，推断该断层也有与已知断层相同或相似的特征。

断层上方山体植被发育，地表汇水面积大。山顶（埋深约200m）地势呈盆地形，存在高山水库，周边裸露地层为颗粒状全风化花岗岩，外观与隧道内涌出物一致，判断断层与隧道顶山体、地表水系可能存在渗透性高的导水通道，水压较高，为基岩裂隙水的丰富储存提供了条件。

当通过断层破碎带部位时，隧道的开挖使内部压力突然释放，拱部围岩被上部巨大水压击穿，产生突泥涌水。

5.1.3　本章主要内容

本章依托厦门市轨道交通2号线翁角路站—马青路站矿山法区间，针对该区间断层破碎带矿山法施工技术展开研究。首先对突涌水源和塌腔进行探测，提出断层破碎带的加固处理措施，评价加固效果，确定隧道开挖工法及支护结构，总结矿山法过富水断层破碎带综合施工技术。

5.2　不良地质体探测

5.2.1　突涌水源分析

5.2.1.1　左、右线涌水量统计分析

根据10d涌水量监测，未见减小趋势，证明地下水补给充足，基本稳定在450～550m³/d。

5.2.1.2　高山水库监测分析

高山水库距险情位置水平距离约300m，高差约200m，水库失水量平均150m³/d，水库有泄水口自行泄水，水库水位无突然下降现象，而隧道内涌水量为450～550m³/d。初步判定高山水库与隧道内涌水无直接联系。

5.2.1.3 洞内外水质分析

2017 年 11 月 16 日，在左线、右线洞内和高山水库取样进行水质检测分析，认为高山水库与隧道内涌水无直接联系。

综上可知，高山水库与隧道内涌水并无直接联系。

5.2.2 塌腔探测

5.2.2.1 地表物探

2017 年 11 月 18 日至 19 日进行地表物探工作，探测范围见表 5-2。

大地电磁法勘探工作量统计一览表

表 5-2

构筑物名称	测线名称	桩号位置	长度(m)
翁角路站—马青路站 区间隧道	W1-W1′	YK13+780～YK14+180	400
	W2-W2′	YK13+940 左 60～YK13+940 右 60	120
	W3-W3′	YK13+980 左 60～YK13+980 右 60	120
	W4-W4′	YK14+020 左 60～YK14+020 右 60	120
合计			760

物探采用高频大地电磁测深法，仪器为 Stratage TMEH-4 电导率成像系统。现场测线布置图和物探结果如图 5-4 和图 5-5 所示。

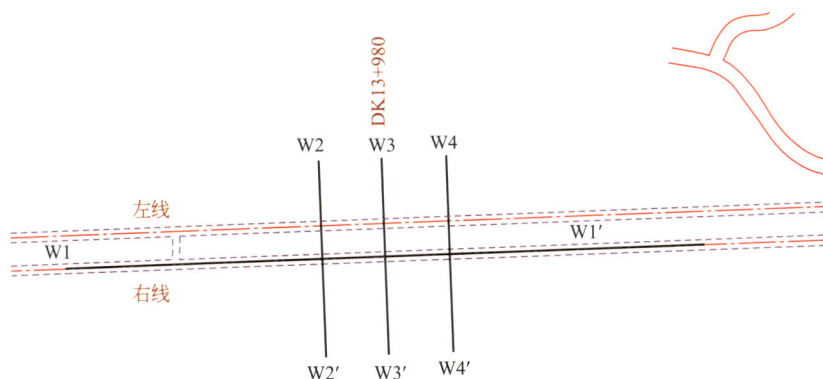

图 5-4　现场测线布置图

探测结论表明：在 W1-W1′、W2-W2′、W3-W3′测线均发现低阻异常区，推断为节理裂隙密集带（或断层），受其影响，洞身围岩破碎至较破碎；其中 W1-W1′测线结合现场掌子面情况分析，推断在 YK13+920～YK13+980 段可能存在因地下水的裹挟作用形成的局部空腔，空腔高度范围自设计洞底向上约 25m 内；W4-W4′测线里程范围为未发现低阻异常，推断围岩完整至较完整。

5.2.2.2 洞内探孔

从左洞左上方朝向右线打设 3 个探孔，探测塌腔体情况。其中探孔 1 从左洞 DK13+992 打设，探孔 2 从左洞 DK13+997.3 打设，探孔 3 从左洞 DK13+996.6 打设，记录每钻进 3m 的钻进时间、出水量大小、钻孔流出物等特性。横断面图和总平面布置图如图 5-6 和图 5-7 所示。

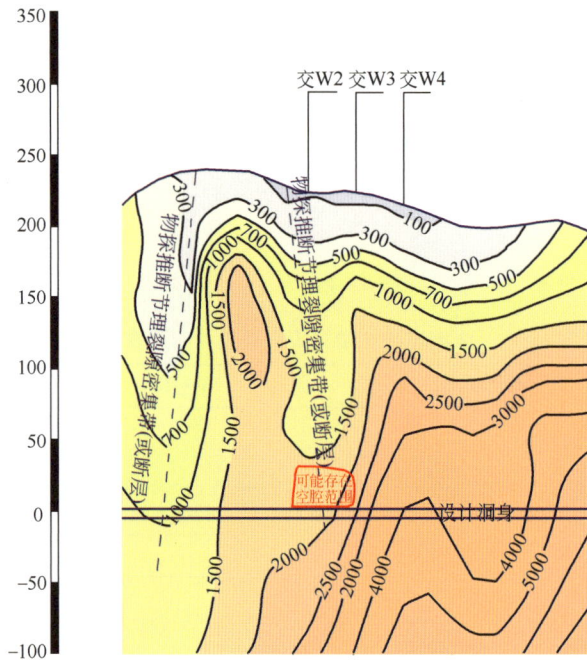

图 5-5　W1-W1′大地电磁测线物探解译剖面（比例尺 1:2500）

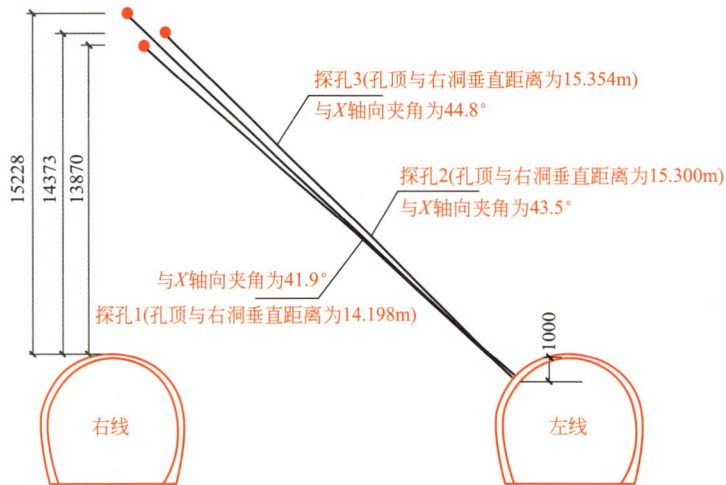

图 5-6　探孔横断面图（单位：mm）

1. 探孔 1

由探孔 1 的记录可以推断，DK13＋985～DK13＋981.026 区间，出水泛黄，围岩较好，初判为原状散体状强风化岩体；DK13＋981.026～DK13＋967.117 区间，进尺加快，流出黄色泥浆夹杂粗砂，初步判定为破碎带；DK13＋967.117～DK13＋965.13 区间，进尺困难，且出水较清澈，初步判定为原状散体状强风化岩体。

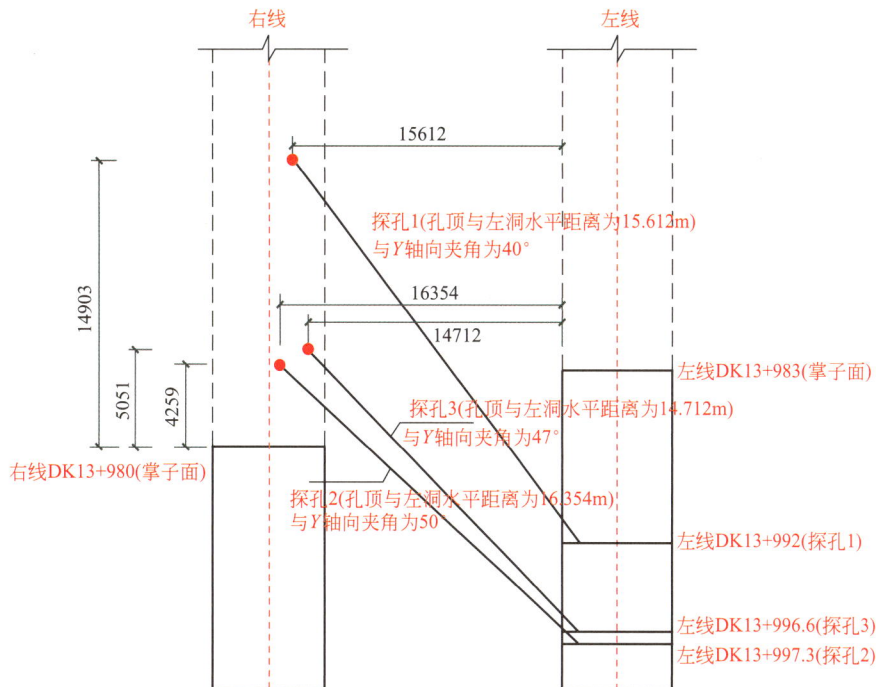

图 5-7　总平面布置图（单位：mm）

2. 探孔 2

从探孔 2 的记录可以推断，DK13＋990.3～DK13＋980.472 区间，进尺缓慢，无出水，围岩较好，初步判定为原状微风化花岗岩体；DK13＋980.472～DK13＋975.741 区间，流出泥砂混合物，初步判定为坍塌松散体，钻进困难。

3. 探孔 3

由探孔 3 的记录可以推断，DK13＋989.6～DK13＋981.46 区间，进尺缓慢，无出水或少量出水，围岩较好，初步判定为原状微风化花岗岩体；DK13＋981.46～DK13＋979.832 区间，进尺缓慢，且流出黄色泥浆夹杂粗砂，初步判定为原状散体状强风化；DK13＋979.832～DK13＋974.948 区间，钻进加快，泥砂混合物流量变大，卡钻，拔钻时涌出大量泥浆，初步判断为坍塌松散体。

通过洞内探测，确定了坍塌松散体的堆积范围。

5.3　断层破碎带加固处理措施

5.3.1　加固总体方案

断层破碎带加固顺序为：右线坡脚反压加固→左线套拱加固→左线隧道径向注浆加固→左线 DK13＋983～DK13＋974 区间采用无收缩双液（WSS）注浆工艺进行全断面帷幕注浆→右线塌腔内堆积体加固处理→右线断面范围滑移体注浆加固→右线空腔处理。施工步骤平面示意图见图 5-8。

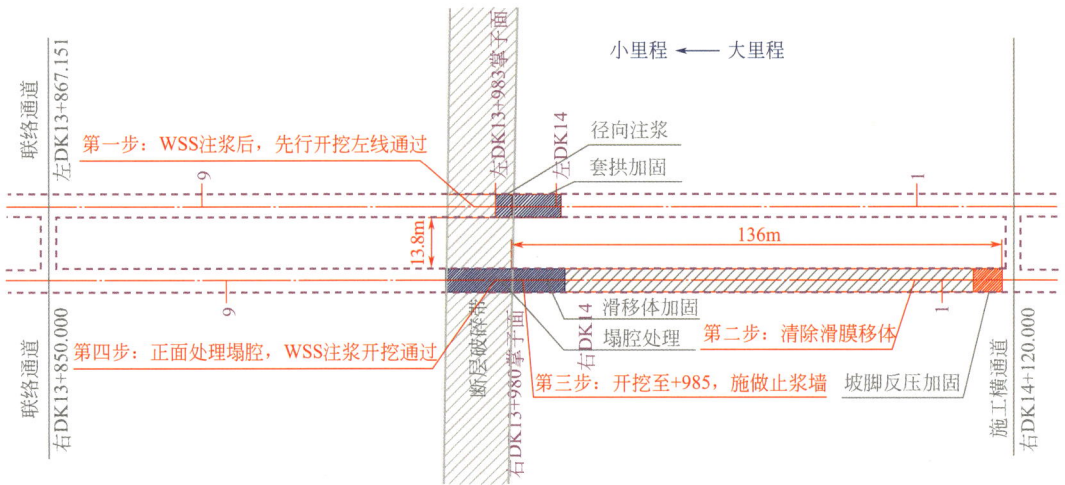

图 5-8　施工步骤平面示意图

5.3.2　加固技术

5.3.2.1　右线坡脚反压加固

为了能保持排水畅通，通过反压，防止滑移体进一步向前滑移，采用Ⅲ级围岩洞渣反压加固，并作为反滤层，保持排水畅通，如图 5-9 所示。

5.3.2.2　左线套拱加固

为了加强左线的预支护及初期支护的强度，在左线掌子面后方 22m 范围内，采用套拱加固，即在初支内侧采用 18♯型钢进行初支加强，拱架间距 50cm；纵向采用 ϕ22 螺纹钢筋连接，并在掌子面上挂网喷射厚度 50cm 的 C25 混凝土，如图 5-10 所示。

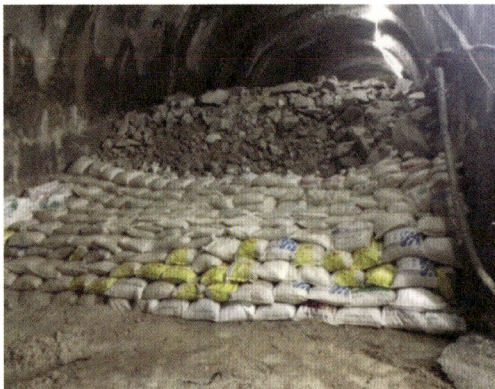

图 5-9　右线坡脚反压加固

图 5-10　左线套拱加固

5.3.2.3　左线隧道径向注浆加固

为防止右线险情影响左线安全，采取径向双液注浆加固，注浆加固圈范围为开挖轮廓线外 5m；从左线掌子面向后径向注浆，长度约 10m，如图 5-11 所示。

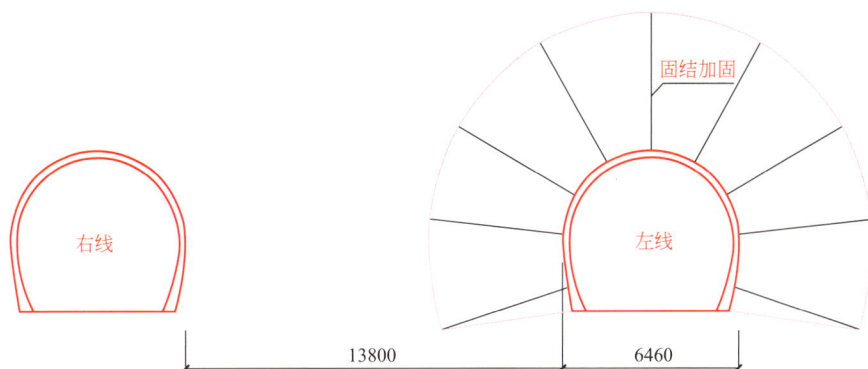

图 5-11　左线隧道径向注浆加固示意图（单位：mm）

径向注浆施工工艺流程如图 5-12 所示。

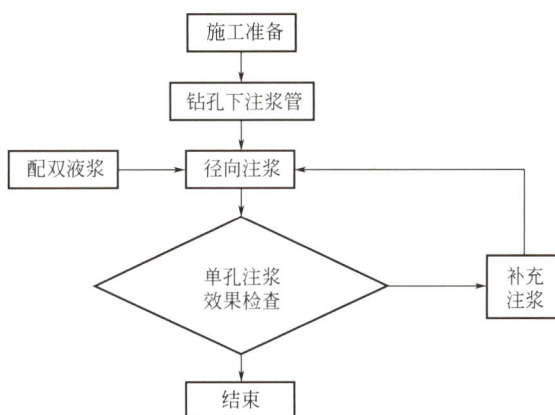

图 5-12　径向注浆施工工艺流程图

具体施工方法如下：利用台架，人工手持风钻钻孔，先用 ϕ38 钻头施钻深度 5m 的孔，然后退钻安装镀锌管，管口安装止浆阀和注浆便接头，通过双液注浆机注浆。

径向注浆施工参数：

（1）钻孔深度 5m，注浆孔按浆液扩散半径 2m 布设，梅花形布置，孔底环向间距 300cm，纵向间距 260cm；

（2）注浆材料采用水泥-水玻璃双液浆，水泥浆与水玻璃体积比为 1∶1～1∶0.6；浆液中水泥强度等级 R42.5，水玻璃浓度采用 40 玻美度；

（3）注浆压力 1.5～2.5MPa；

（4）注浆孔采用风机钻开孔，孔径 38mm，孔口管采用长度 1m 的 ϕ25mm 镀锌钢管。

注浆顺序应由下往上，由少水处到多水处，隔孔钻注。注浆段的注浆孔全部注完后，进行注浆效果检查和评定，不合格者应补钻孔注浆；设置检查孔，每循环设 2～3 个检查孔，检查孔钻取岩芯，观察浆液充填情况，并检查孔内涌水量是否小于 0.2L/（m·min）。

5.3.2.4　右线塌腔内堆积体加固

根据物探结论，塌腔内堆积体高度大于拱顶以上 15m，为保证清除滑移体时塌腔内堆积体不再涌出，采取注浆加固方式稳定堆积体。由于不具备正面处理塌腔条件，所以通过左线以相应的水平角、仰角打设到右线塌腔内，进行注浆加固处理，共打设 9 个钻孔（图 5-13），注浆完成后进行取芯和压水试验验证。

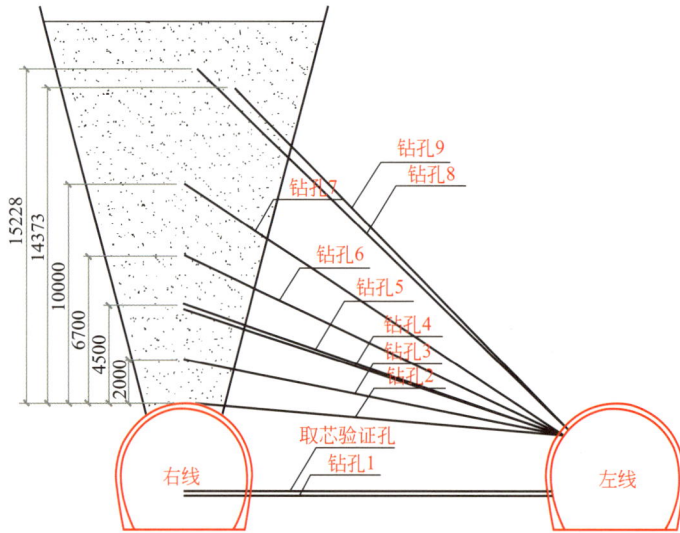

图 5-13　钻孔示意图（单位：mm）

5.3.2.5　右线断面范围滑移体注浆加固

为保证右线滑移体的稳定，防止滑移体发生滑动，采用无收缩双液（WSS）后退式双液浆注浆加固，如图 5-14 所示。首先，对滑移体上方进行平整，采用 20cm 厚混凝土硬化作为施工便道；其次，在掌子面横向设置钢架支撑，钢架前后挂设 $\phi 8mm$ 钢筋网片，逐层喷出 50～150cm 厚的 C25 混凝土作为止浆墙；最后，对 DK13＋975～14＋025 区间的滑移体进行注浆加固，每循环加固 15m，开挖 8～10m，留 5～7m 止浆圆盘，如此循环开挖至 DK13＋995，如图 5-15 所示。

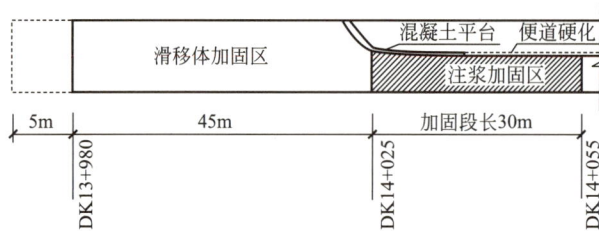

图 5-14　注浆加固示意图

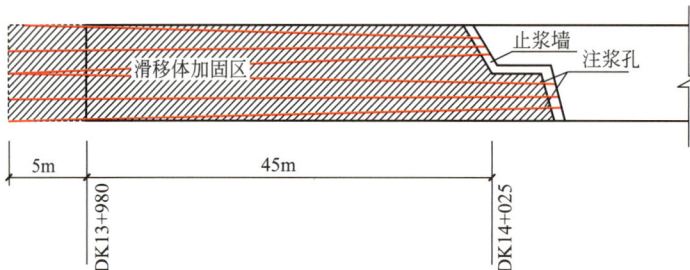

图 5-15　滑移体注浆加固

WSS 注浆是采用二重管钻机钻孔至预定深度后，利用一台同步注浆机进行后退式注浆，注浆施工工艺流程为：定孔位→钻机就位→钻孔至设计深度→高压注浆→提升（冲洗管汇）→移位，重复上述流程。以下简要介绍注浆工艺。

1. 注浆参数

隧道注浆参数如表 5-3 所示，浆液配比见表 5-4。

注浆参数　　　　　　　　　　　　　　　　　　　　表 5-3

序号	项目	内容
1	注浆加固范围	结构轮廓外 5m 全断面帷幕
2	扩散半径	1～2m
3	长度	前进方向 30m（一次性通过断层）
4	注浆孔间距	环向间距 0.5m，径向间距 0.6m
5	注浆材料	水泥浆～水玻璃双液浆等
6	注浆速度	5～90L/min
7	注浆压力	1～2MPa
8	注浆方式	后退式注浆

浆液配比　　　　　　　　　　　　　　　　　　　　表 5-4

序号	项目	内容
1	水泥单浆液	水泥（42.5R 普通硅酸盐水泥）：水＝1：1
2	水泥-水玻璃双浆液	A 液＝水玻璃（45Be'）：水＝1：1 B 液＝水泥（42.5R 普通硅酸盐水泥）：水＝1：1 A 液：B 液＝1：1

2. 注浆孔布置

在隧道掌子面处理成上下台阶形状，施作上下台阶止浆墙后，沿隧道前进方向投影面（断面）布置 5 个钻孔中心圆环，圆环轮廓与隧道开挖轮廓线相近。钻孔参数为：孔径 110mm，环向间距 0.5m，径向间距 0.6m，外圈孔中心距开挖轮廓线 0.3m，浆液扩散半径 1～2m，单次最大深度 30m，下一循环预留 5m 搭接长度。由此形成的上半断面第一环为 13 孔，第二环为 11 孔，第三环为 9 孔，第四环为 5 孔，第五环为 3 孔。钻孔采取长短结合并呈伞形辐射状布置，注浆范围为开挖轮廓外 5m，前进方向 30m。掌子面孔位布置图见图 5-16，注浆孔剖面示意图见图 5-17。

3. 注浆

WSS 后退式注浆遵循"先外圈后内圈，同一圈先上部孔后下部孔、间隔跳孔，逐渐加密，先注无水区，后注有水区"的原则。注浆过程中，边注浆边提拉，每步为 0.3～0.4m，严格控制提升幅度，回抽匀速，注意注浆参数变化；注浆压力严格控制在 1～2MPa，采取注浆压力与注浆量的双重控制。实际注浆量达到或接近预估注浆量，注浆量逐渐减少至小于 1L/（min·m），并维持 10min 以上即可结束注浆及封孔。

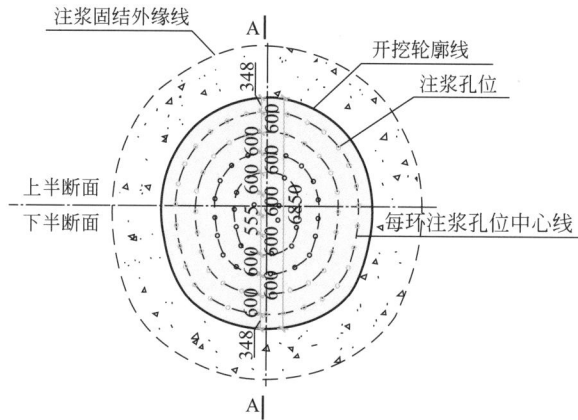

图 5-16　掌子面孔位布置图（单位：mm）

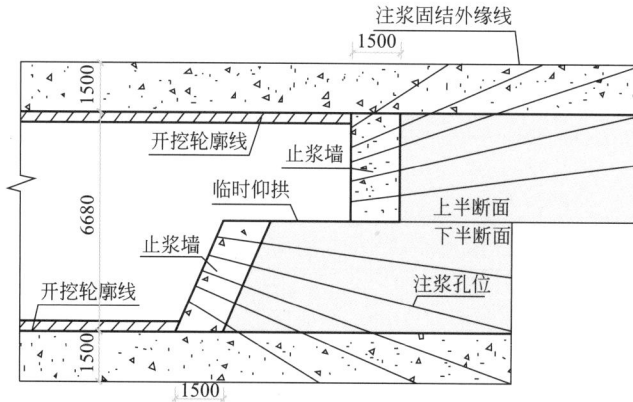

图 5-17　注浆孔剖面示意图（单位：mm）

4. 封孔

封口浆液采用磷酸-水玻璃浆液。磷酸浓度 85%，浓磷酸∶水＝1∶15～1∶20（体积比），调配出磷酸稀释液；水玻璃原浆浓度 45 波美度，模数 2.4～3.0，水玻璃原浆∶水＝1∶1～1.2∶1（体积比），调配出水玻璃稀释液 20～22 波美度；磷酸稀释液∶水玻璃稀释液＝1∶1（体积比）。

待钻孔完成后，注入水玻璃-磷酸混合浆封口，封口浆凝结后注入水泥-水玻璃双液浆，压力达到 1.5MPa 且持续 5min，或不再吸浆后，后退钻杆，进行下一段的注浆作业，如此循环，直至该孔结束。

5. 检查注浆效果

注浆段的注浆孔全部注完后，应进行注浆效果检查和评定。首先，通过对注浆过程中的各种记录资料，分析注浆压力和注浆量变化是否合理，是否达到设计要求；其次，打检查孔来判断注浆质量，通过钻取的芯样观察浆液充填情况，并检查孔内涌水情况，综合判断注浆效果。注浆达到效果后方可进行开挖，否则应进行补充注浆。

5.3.2.6　右线空腔处理

右线注浆加固完成，清除滑移体至 DK13＋995，采用潜孔钻钻 2 个孔至空腔处，一个作为泵送孔，一个作为排气、排水孔，采用 C20 泵送混凝土填充，厚度 2.5m，如图 5-18 所示。如不能探测到空腔，则对塌腔内淤积体进一步进行注浆加固。加固效果符合要求后采用设计变更后的施工方法通过断层。

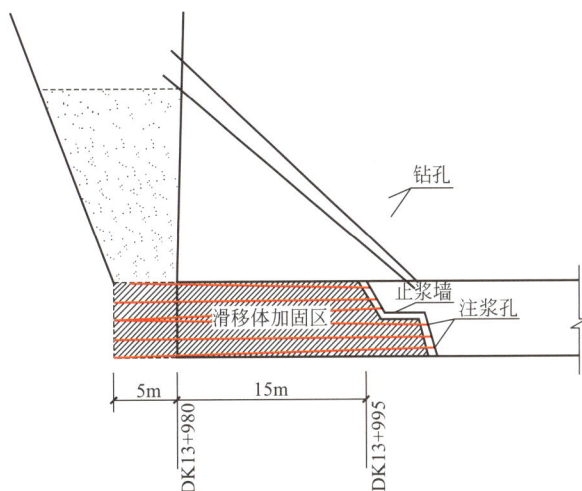

图 5-18　空腔处理示意图

5.3.3　加固效果评价

在掌子面钻 5 个检查孔并取岩芯，其中上导 3 个，下导 2 个。每个检查孔无涌水、涌砂，且成孔好；检查孔放置 1h 后，仍无坍孔、无涌水、无涌砂等现象。取出的芯体有一定强度，外表滑腻，正是双液浆终凝所形成的固体。因此，可以判定注浆效果良好，满足安全开挖要求。注浆加固体芯样照片如图 5-19 和图 5-20 所示。

图 5-19　注浆加固效果体芯样照片

图 5-20　右线后退式 WSS 注浆加固效果及芯样照片

5.4　断层破碎带隧道掘进施工

5.4.1　预支护方法

为了提高围岩强度，确保隧道开挖安全，采用超前预支护的方法。断层破碎带段超前预支护采用 ϕ89 中管棚＋ϕ42 小导管，如图 5-21 所示。

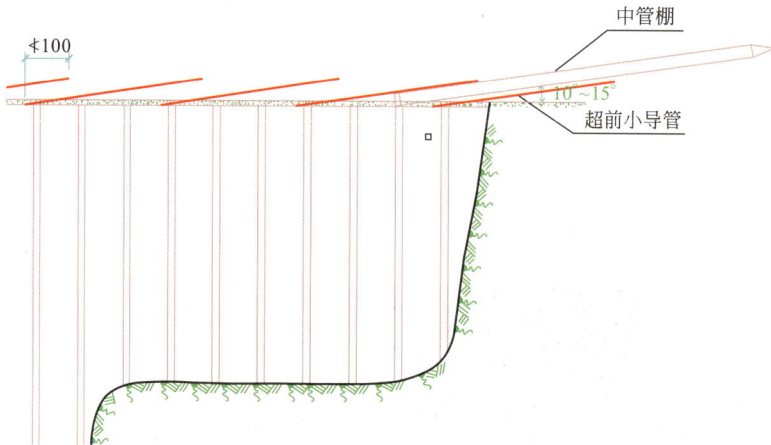

图 5-21　超前预支护示意图（单位：mm）

中管棚为壁厚 6mm 的无缝钢管，钢花管管壁上开注浆孔，呈梅花形布置，管尾部 1m 范围不开孔；长 9m，环向间距为 0.4m，纵向搭接长度不小于 3m。小导管壁厚 3.5mm，长 4m，间距 40cm，小导管纵向设置间距结合钢架情况调整，搭接 1.0m，外插角 10°～15°。

5.4.2　开挖及支护

开挖工法采用短台阶法，如图 5-22 所示。施工工序为：开挖 Ⅰ 部台阶→开挖 Ⅱ 部台阶→施工 Ⅲ 部仰拱→灌注 Ⅳ 部二次衬砌。

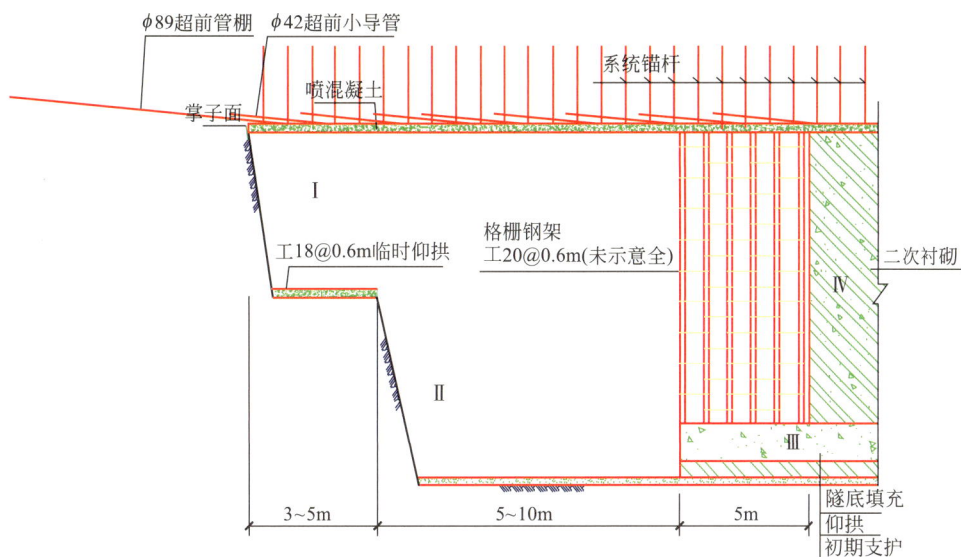

图 5-22　短台阶法施工示意图（单位：mm）

1. 上台阶拱部开挖及支护

开挖上半台阶，环形开挖预留核心土。上台阶每循环开挖支护进尺不大于 1 榀，下台阶每循环开挖支护进尺不大于 2 榀，仰拱每循环开挖支护进尺不大于 3m。开挖完初喷 5cm 混凝土，施打锚杆、立拱架（采用 I20 型钢，间距 60cm）和临时仰拱（I18 型钢，间距 1m）、铺设钢筋网，打设注浆锁脚锚管、补喷混凝土至设计厚度。

2. 下台阶土体开挖及支护

台阶长度控制在（1～1.5）D（D 为隧道净跨）以内，即上下断面的距离控制在 5～10m。拱部初期支护结构基本稳定且喷射混凝土达到设计强度的 70％以上时，方可进行下部台阶开挖。

环形开挖下台阶，台阶周边部分初喷混凝土，铺设钢筋网，接长钢架，钻设径向锚杆后，复喷混凝土至设计厚度，及时进行初期支护背后注浆，使初期支护与地层密贴。下台阶推进后仰拱快速成环，及时填充。

3. 二次衬砌

断层处二次衬砌采用 600mm 厚的 C45、P12 模筑钢筋混凝土（扩挖 30cm）。二次衬砌与初期支护之间全包防水卷材，防水卷材与二次衬砌间设置纵向排水盲管及环向排水板，将衬砌背后渗漏水导入隧道侧沟后排走。

5.5　矿山法过断层破碎带综合施工技术经验总结

5.5.1　断层破碎带地质探查

断层地质信息综合探查阶段的总体目的是探明掌子面前方的地质条件，为设计和优化提供依据。该阶段主要工作包括：借助地质分析研究方法，掌握治理区域致灾含水构造特征、地下水径流规律、突涌水水压及水量等基础地质数据利用综合地球物理探测手段，探查治理区域断层突水突泥的通道及水源信息；通过探查钻孔和岩芯室内试验确定水力联系、岩体的可注性以及可钻性等特征。

1. 综合地球物理探测

注浆设计施工与致灾水源及其通道密切相关，为保证治理效果，常常需要在水源和通道区域进行强化，因此，采用地球物理探测手段判识致灾水源及其通道，对注浆治理具有重要作用。地球物理探测方法包括探测法、地质雷达探测法、瞬变电磁法、激化电极法、红外超前探水法等。各探测方法都有各自的适用条件和优缺点，注浆治理前，根据工程的具体情况和探测条件，综合采用地球物理探测方法，发挥不同方法的优势，取长补短，可以较好地实现对致灾水源和导水通道的探查。

2. 钻孔探测

钻孔探测可以直观有效地揭示地层的地下水情况和岩性条件。钻探过程中详细记录揭露的地层岩性、地下水变化情况、岩体完整性等信息；取出岩芯，进行土工试验和渗透性测试等试验。进而，确定断层岩的颗粒级配、力学强度、渗透性、可注性、可钻性和区域水力联系等信息，指导注浆材料和钻孔施工设备选用。

断层突水突泥后，地层稳定性变差，在扰动下易失稳诱发灾害。因此，钻孔探测施作前，应研究评估钻孔数量、钻探距离以及施工风险性等情况，并制定合理的应急措施，防止因钻孔揭露而再次引发突水突泥灾害。建议在施作止浆墙或者其他防突结构后，根据现场条件，进行钻孔探测，以确保施工安全。

3. 施工过程资料分析

根据施工过程研究断层特征及与周围含水层的水力联系，获取突水突泥量、地下水压力以及突水突泥发生过程等突水突泥特征信息。

5.5.2 过断层破碎带治理方法

隧道过富水断层破碎带发生突水突泥等地质灾害时，一般采用注浆法。过富水断层破碎带的注浆可分为掘进前的预加固注浆及掘进过程发生突泥时的加固注浆两种情况。注浆设计主要包括注浆终压、注浆孔距、注浆速率及注浆加固范围等参量的确定。

5.5.2.1 掘进前的预加固注浆

注浆施工工艺流程如图 5-23 所示。

注浆方式分为全段注浆和分段注浆两种。施工时，应视地层岩性特征、地下水情况、浆液类型以及钻孔注浆设备性能等确定。

注浆顺序可以结合地层条件、地下水情况和施工条件等因素综合确定。一般来说，宜采用先外圈后内圈，先下部后上部，跳孔施工的原则。

单孔注浆结束标准常以注浆量和注浆压力两个指标确定，当达到注浆压力设计值时，且注浆速率小于 5L/min 能持续 20min 以上，可以结束该孔的注浆。

5.5.2.2 涌水突泥时加固措施

1. 注浆前处理

隧道突水突泥后，围岩稳定性差，为保障钻探注浆施工平稳、安全，注浆实施前应做一定的安全强化工作，如排水处理和支护加强等。

```
                    ┌─────────────────────┐
                    │   钻机就位并定孔位    │
                    └──────────┬──────────┘
                               ↓
                    ┌─────────────────────┐
                    │ 钻进一定深度，下入孔口管 │
                    └──────────┬──────────┘
                               ↓
                    ┌─────────────────────┐
                    │    注浆封固孔口管     │
                    └──────────┬──────────┘
                               ↓
                    ┌─────────────────────┐
                    │   重新钻孔至设计深度   │
                    └──────────┬──────────┘
                               ↓
     ┌──────────────────────────────────────────┐
     │                ┌─────────┐                │
 ┌───┴───────┐        │   注浆   │                │
 │连接注浆管路│       └────┬─────┘                │
 └─────┬─────┘             ↓            差        ┌──────────────┐
 ┌─────┴──────┐   ◇─────────────────◇───────────▶│  重复钻孔注浆  │
 │检查管路是否通畅│  │    单孔效果检查    │            └──────────────┘
 └─────┬──────┘   ◇─────────────────◇
 ┌─────┴─────┐          │ 好
 │  配制浆液  │          ↓
 └─────┬─────┘   ┌──────────────────────┐
 ┌─────┴──────┐  │ 达到注浆标准，单孔注浆结束 │
 │ 调试注浆设备 │  └──────────┬───────────┘
 └─────┬──────┘             ↓
       └───────────▶┌──────────────────────┐
                    │ 开始下一钻孔注浆及其效果检查 │
                    └──────────┬───────────┘
                               ↓
                    ┌──────────────────────┐
                    │  所有钻孔达到注浆结束标准  │
                    └──────────────────────┘
```

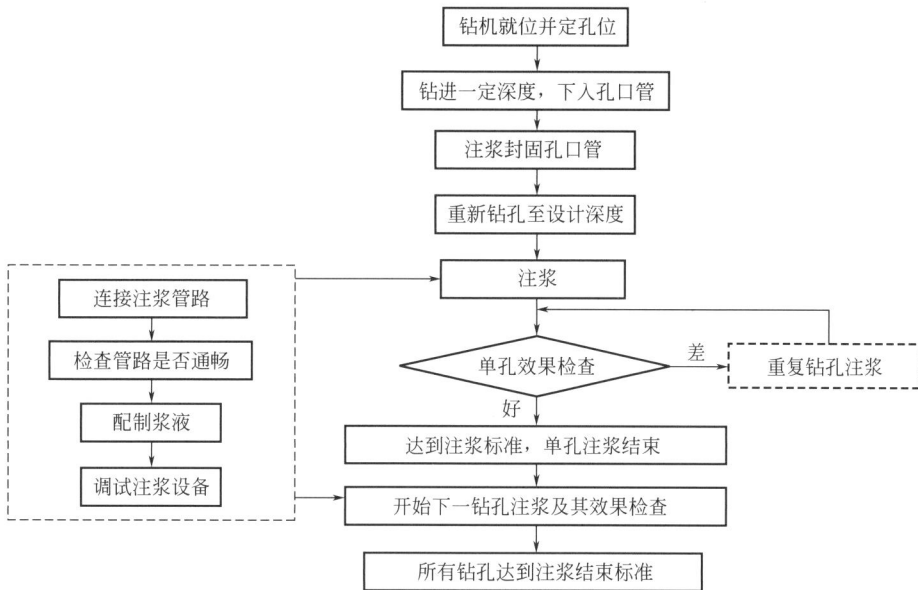

图 5-23　注浆施工工艺流程图

（1）深部引流排水

注浆过程中，随着浆液不断填充围岩的空隙，地下水通道逐渐被堵塞，可能会造成围岩由于承受不住较高的水压，而发生次生灾害。若在围岩浅部进行引排泄压，由于突水突泥后断层带围岩条件极其恶劣，浅部的引排反而可能会造成围岩的渗流失稳。因此，注浆过程中宜采用深部引流泄压的排水方式，即在围岩较为稳定的区域向致灾水源上游或断层带深部地下水主要径流通道上施作引流排水钻孔，以分流断层揭露处涌水量，减少注浆过程中施加在围岩上的水压力。

（2）支护加强

注浆过程中，注浆压力会对止浆墙后方的围岩产生一定影响，导致围岩变形加剧。因此，为防止注浆压力增加时围岩坍塌，保证注浆人员和设备安全，在注浆实施之前，应对止浆墙后方一定范围内的围岩支护进行补强和加固。支护补强加固范围视围岩破碎情况而定，一般取至止浆墙至洞口方向处。支护的补强加固方式，可以采用增设套拱和补充径向加固注浆等多种措施，同时，在注浆过程中应进行实时观测，确保注浆施工安全。

（3）反压加固

对滑移体进行反压加固，防止滑移体进一步向前滑移，具体见第 5.3.2.1 节。

2. 注浆加固措施

富水断层破碎带发生涌水突泥时，需要堆积体和滑移体加固、深部定域注浆加固。

（1）堆积体加固

为保证清除滑移体时塌腔内堆积体不再涌出，采取注浆加固方式稳定堆积体，具体见第 5.3.2.4 节。

（2）滑移体加固

为保证滑移体的稳定，防止滑移体发生滑动，可对滑移体进行 WSS 后退式双液浆注浆加固处理，具体参见第 5.3.2.5 节。

（3）深部定域注浆工艺

富水断裂带突水突泥发生后，在破碎带岩体内部产生许多隐伏承压腔体，钻孔揭露后，涌水量急剧增大，涌水压力高；若采用分段注浆工艺，浆液在注浆压力作用下，更加倾向于在已加固区域内扩散无涌水或涌水压力小，承压腔体注浆加固不理想，往往形成反复涌水。这种情况下应采用深部定域注浆加固工艺，利用已有的前进式分段注浆钻孔或新开补充钻孔，通过模袋的止装作用，对开挖揭露的承压水囊区进行定点注浆加固。深部定域注浆工艺模式图如图 5-24 所示。

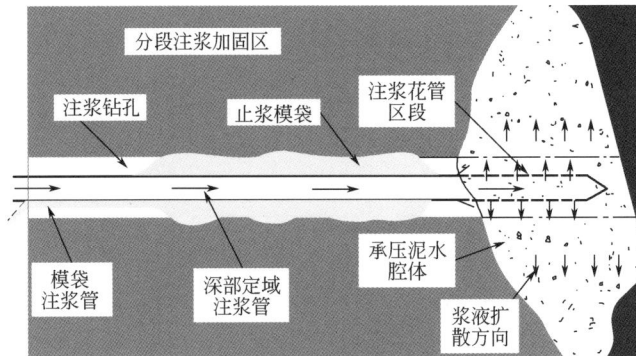

图 5-24　深部定域注浆工艺模式图

5.6　本章总结

本章论述了矿山法过富水高压断层破碎带综合施工技术，结论如下：

（1）通过对突涌水源的分析，发现洞内突涌水与地表水体并无直接联系；从地表物探和洞内探孔两方面探测塌腔，确定了坍塌松散体的堆积范围，为加固方案的确定提供依据。

（2）断层破碎带加固方案包括：右线坡脚反压加固→左线套拱加固→左线隧道径向注浆加固→右线塌腔内堆积体加固处理→右线断面范围滑移体注浆加固（WSS 工法）→右线空腔处理。

（3）断层破碎带采用帷幕注浆、$\phi89$ 中管棚内插 $\phi42$ 小导管等超前支护措施，开挖工法采用短台阶法，施工实践表明，翁—马区间高压富水断层破碎带经全断面 WSS 注浆加固后，掌子面出水得到较好的控制，超前探孔成孔好，无坍孔、涌水、涌砂等现象，注浆浆脉清晰，断层地质改良效果良好，满足安全开挖条件。超前支护和两台阶临时仰拱法开挖施工过程顺畅，经循环作业，顺利穿越断层破碎带。

第6章　孤石的探测及处理技术

6.1　引言

6.1.1　孤石的成因

孤石的成因主要有两种：花岗岩自然风化产物和漂石搬运沉积于地层，由于与周围岩土体在性质上有明显区别，且以孤立形式存在，故被称为"孤石"。自然风化成因指花岗岩风化带由于差异风化，在残积层及全、强风化带中存在的中等～微风化球状风化体；漂石搬运沉积指强度较大的漂石经过搬迁、沉积在相对软弱的地层中。孤石大小迥异，直径一般在 0.5～8.0m，形态复杂，强度可达 200MPa 以上。

6.1.2　孤石对盾构施工的影响

孤石对地铁的盾构施工影响最大，主要表现在：

（1）刀具、刀盘严重磨损

孤石与四周地层强度差异大，相对较难被盾构刀具破碎，易随盾构的推进在刀盘前方滚动，长期与刀具、刀盘摩擦，加速了刀具、刀盘的磨损。

（2）盾构姿态难以控制

孤石随盾构的推进在刀盘前方滚动，导致盾构机刀盘受力不均，盾构姿态波动较大。

（3）易造成较大地表变形

孤石随盾构的推进在刀盘前方滚动的过程中，对周边地层产生很大的扰动，易引起地表隆起或沉降。

6.1.3　孤石的物理探测方法研究现状

孤石的物理探测方法可分为两大类：即：①弹性波探测方法，包括反射法、面波法、地脉动法以及弹性波跨孔 CT；②电磁参数测量法，包括直流电阻率法、电磁法、地质雷达法以及电阻率跨孔 CT。这些方法在实际应用中都显示出一定的有效性。但是，由于城市地下管线等基础设施分布密集、市区内各种电磁干扰大，另外降雨及地下水位浅等原因，造成各种基于电阻率法以及电磁法的应用受到极大限制。在弹性波勘探方法中，地脉动法虽然受城市噪声影响较小，但是分辨率低，难以探测到直径数米以下的孤石，而且观测时间长、效率低；跨孔 CT 虽然探测精度好、分辨率高，但是需要密集钻孔，成本高、效率低。孤石与周围的土层相比，波阻抗较高，对弹性波的传播有很大影响，为地震映像法（包括反射法）以及瑞雷面波法提供了有力的基础。徐佩芬等尝试采用微动视 S 波速度剖面法探测高速异常体（孤石），取得初步探测效果，但对于微动探测方法，目前对解译方法的研究仍很少，应用实例亦不多。

6.1.4 本章主要内容

基于上述研究现状，本章介绍采用微动探测法及三维地震波映像法探测孤石的基本原理、实施步骤及效果评价，总结这两种探测方法在厦门地区的适应性；最后通过深孔松动控制爆破法处理孤石，确定其爆破控制参数，形成一套适用厦门地区的孤石探测及处理技术。

6.2 孤石的探测技术

6.2.1 微动探测技术

6.2.1.1 微动探测方法基本原理及步骤

1. 微动探测基本原理

微动探测是一种基于微动台阵探测的地球物理探测方法，又称为"类空间自相关法"（spatial auto correration method，SPAC 法），基本原理是发射体波和面波产生振动后，通过提取微动信号的频散曲线，并对频散曲线进行反演，以获得所需探测介质的横波速度结构特征，该特征能够有效反应介质的物理属性。

微动信号频散曲线是关于时间 t 和位置矢量 η（x，y）的函数，可以表示为 $X [t, \eta(x, y)]$，其频散曲线方程为：

$$X[t, \eta(x,y)] = \oint \exp(i\omega t + iH\eta)\, dZ'(\omega, H) \tag{6-1}$$

式中：ω 为角频率，$\omega = 2\pi f$；H 为波数矢量，$H = (hx, hy)$；Z 为平稳随机过程。

获取了频散曲线后，再计算横波（S 波）速度，即可解译被探测介质。

2. 微动探测步骤

微动探测的基本步骤是从微动台阵记录中提取瑞雷波频散曲线，计算视 S 波速度 V_x，再经插值光滑计算获得二维视 S 波速度剖面，视 S 波速度剖面能够直观地反映地层岩性变化，是地质解释的基本依据。解译的基本步骤见图 6-1。

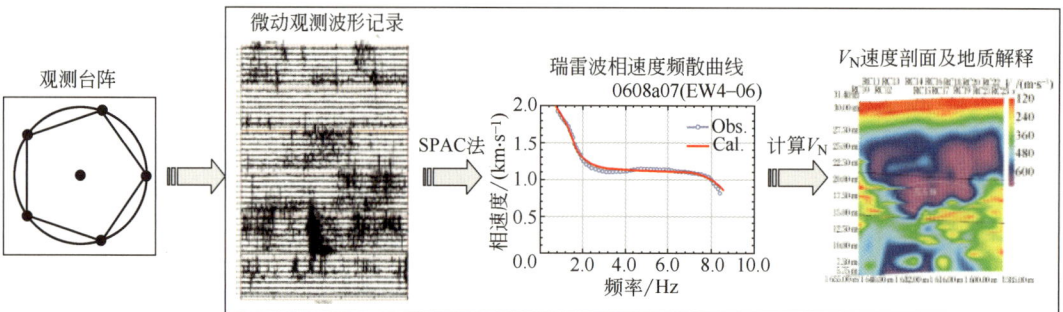

图 6-1 获取视 S 波速度基本流程

对视 S 波速度剖面进行地质解译后，再获取台阵平均 H/V 曲线，H/V 曲线通过水平分量和垂直分量的频谱比值得到，是各分量进行傅里叶变换所得到的频谱，其获取流程如

图 6-2 所示，它反映的是地层的波阻抗界面，是寻找土层的分界面的依据之一。

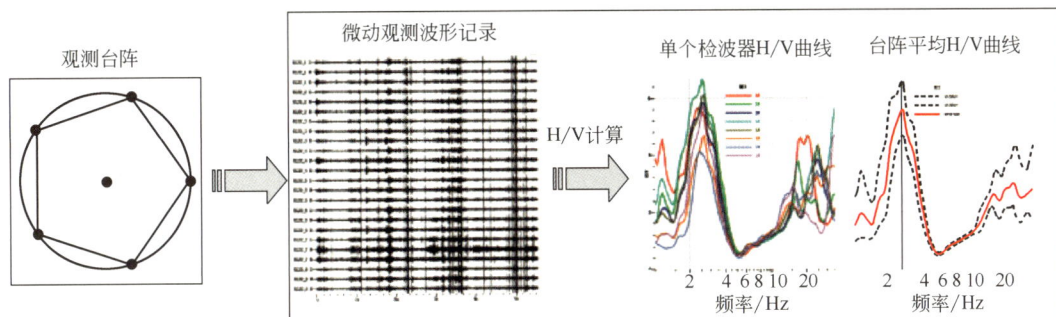

图 6-2　获取 H/V 曲线基本流程

6.2.1.2　微动探测孤石的解译方法

1. 微动探测中孤石的地球物理特征

孤石与周围的包裹花岗岩风化土体有如下差别：①密度差别；②S 波速度差别，可以由计算的视 S 波速度剖面反映；③S 波波阻抗差别，可以由测点的 H/V 曲线定性反映出来。

2. 视 S 波速度剖面解释原则

视 S 波速度剖面直观显示速度分层及其纵横向变化，是解释岩性及不良地质体的基本依据。无论基岩面凸起还是孤石，因为其致密、坚硬的物理特性，相对于围岩而言均为高速体。因此，微动剖面解释需重点关注高速异常体，圈出隧道范围内被低速围岩"包裹"或"半包裹"的高速异常体，揭示隧道深度上高速界面的起伏情况，可为地铁盾构施工提供"预警"信息。

3. H/V 曲线解释

微动 H/V 谱比法又称 Nakamura 方法或准转换函数谱方法。H/V 曲线根据曲线的形态大致可以分为 6 类，如表 6-1 所示，不同类型的曲线形态反映了不同的地层结构。

H/V 曲线形态的分类表

表 6-1

类型	曲线形态特征
尖单峰 (Sharp Peak)	一般对应二阶介质结构，即较软的覆盖层下伏基岩，分层界面处的波阻抗比大
缓单峰 (Broad Peak)	一般表示基岩界面有倾斜或接近基岩时有阻抗较接近的地层，如公路标准的破碎块状强风化岩
双峰(Dual Peak)	表示在不同深度有两处波阻抗比大的地层
前台阶型	表示在波阻抗比相对较大的地层深度下面还有阻抗比相对较小的地层
后台阶型	表示在波阻抗比相对较大的地层深度上面还有阻抗比相对较小的地层
杂乱型	采集信号不可靠

对于孤石判断而言，应关注 H/V 曲线的峰值频率 f_0 和幅值 A_0，通过 H/V 曲线结合频散曲线反演计算分层速度结构，同时特别关注 H/V 类型中双峰型、多峰型、后台阶型及前台阶型的微动测点。

根据以上孤石的地球物理特征及 S 波剖面和 H/V 曲线的解释原则，可以将测试结果的异常（存在孤石的可能性）大致分为四大类（表 6-2）来分析。

测试成果异常（存在孤石的可能性）分类统计表　　　表 6-2

异常分类	分类依据	评价
Ⅰ 类	局部速度(稍)偏高； 速度无明显偏高，但 H/V 曲线中出现小峰值频率对应较好	该类异常对应的可能是岩土层分界面或者不均匀风化，出现孤石的可能性极小
Ⅱ 类	局部速度(稍)偏高，且 H/V 曲线中出现小峰值频率对应较好或大峰值频率对应较差； 速度无明显偏高，但 H/V 曲线中出现大峰值频率对应较好	该类异常对应的可能是阻抗比较大的岩土层分界面或者不均匀风化，出现孤石的可能性较小
Ⅲ 类	速度明显偏高； 局部速度(稍)偏高，且 H/V 曲线中出现大峰值频率对应较好	该类异常对应的可能是速度较高的岩土体或不均匀风化，出现孤石的可能性较大
Ⅳ 类	速度明显偏高，且 H/V 曲线中出现大峰值频率对应较好	该类异常对应的可能是速度较高的岩土体或不均匀风化核，出现孤石的可能性极大

为了对比测区内不同岩土层对应的 H/V 曲线形态特征，并利用这些特征为微动测试成果的解释提供参考，选择某一区段，在已揭露孤石的施工补勘钻孔 3 个孔进行圆形台阵试验，获得了 3 条 H/V 曲线。

钻孔 1 揭示在 23.6～28.8m 处遇孤石，厚度为 2.8m；在 26.0m 上方的土层主要为素填土、残积砂质黏性土、全风化花岗岩。钻孔 1 对应的 H/V 曲线如图 6-3 所示。

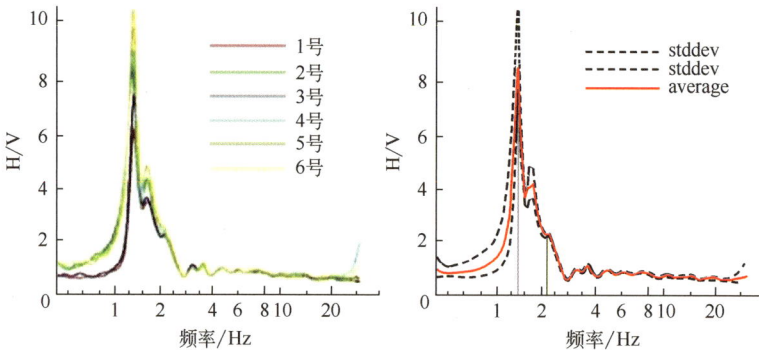

图 6-3　钻孔 1 对应的 H/V 曲线

由图 6-3 可知，该类型 H/V 曲线呈后台阶形态，最大峰值频率低（1.429Hz）；在 2.418Hz 处出现一段较明显的缓次峰值，推断其中心频率 $f_1=2.418$Hz 对应埋深 26.0m 处的孤石，估算孤石上覆土层的平均剪切波速为 223m/s，这与钻孔揭露的实际土层情况相符；最大峰值频率 $f_0=1.429$Hz 推断对应钻孔未揭露的基岩顶截面。

钻孔 2 揭示在 21.5～25.0m 处遇孤石，厚度为 3.5m；在 21.5m 上方的土层主要为素填土、残积砂质黏性土、全风化花岗岩及强风化花岗岩。钻孔 2 对应的 H/V 曲线如图 6-4 所示。

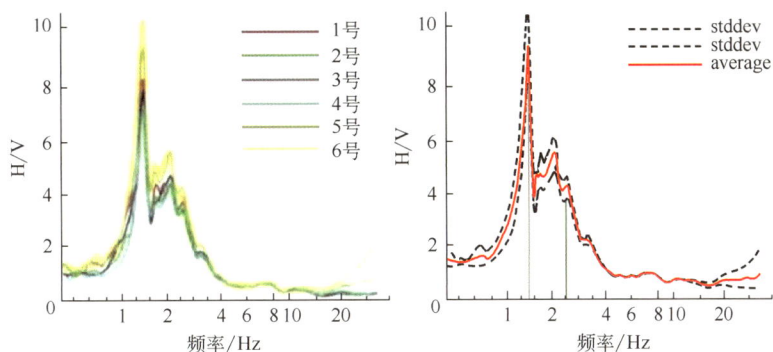

图 6-4　钻孔 2 对应的 H/V 曲线

由图 6-4 可知，该类型 H/V 曲线呈后台阶形态，最大峰值频率低（1.435Hz）；在 2.407Hz 处出现一段较明显的缓次峰值，推断其中心频率 f_1=2.407Hz 对应埋深 21.5m 处的孤石，估算孤石上覆土层的平均剪切波速为 207m/s，这与钻孔揭露的实际土层情况相符；最大峰值频率 f_0=1.435Hz 推断对应钻孔未揭露的基岩顶截面。

钻孔 3 揭示在 23.6～25.3m 与 26.3～27.8m 深度处均遇孤石，厚度分别为 1.7m 与 1.5m。该孔在 23.6m 上方的土层主要为素填土、残积砂质黏性土、全风化花岗岩及强风化花岗岩。钻孔 3 对应的 H/V 曲线如图 6-5 所示。

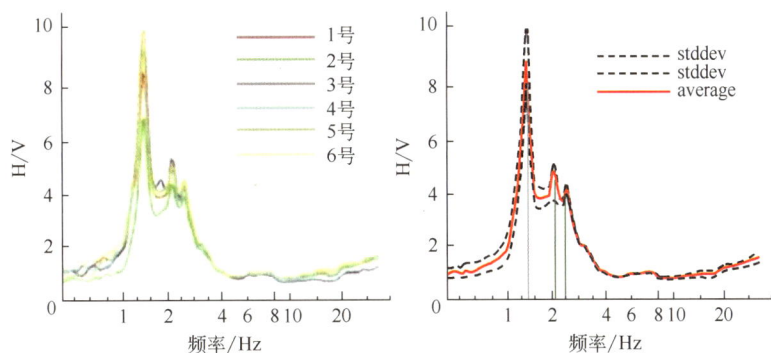

图 6-5　钻孔 3 对应的 H/V 曲线

由图 6-5 可知，该类型 H/V 曲线呈后台阶形态，最大峰值频率低（1.399Hz）；在中心频率 2.102Hz 与 2.301Hz 处各出现一段较明显的次峰值，推断 f_2=2.391Hz 对应埋深 23.6m 处的孤石，估算孤石上覆土层的平均剪切波速为 217m/s；推断 f_1=2.116Hz 对应埋深 26.3m 处的孤石，估算孤石上覆土层的平均剪切波速为 223m/s，这与钻孔揭露的实际土层情况相符；最大峰值频率 f_0=1.399Hz 推断对应钻孔未揭露的基岩顶截面。

上述分析经验可为本地区的孤石探测成果解译提供科学参考依据，积累必要的经验。

4. 盾构掘进安全性分析原则

根据探测结果及对盾构施工的影响，将探测区域划分为安全区、警示区、危险区。

①安全区：基本无速度及 H/V 异常，孤石存在的可能性极小的测试区域；存在局部速度异常经少数验证孔排除的测试区域。

②警示区：存在局部异常，建议钻孔验证而未验证的测试区域；验证结果不能排除基

岩凸起或者孤石的测试区域；

③危险区：存在明显异常，建议钻孔验证而未验证的测试区域；验证孔揭露孤石或者基岩凸起的测试区域；验证孔揭露岩脉侵入隧道洞身的测试区域。

6.2.1.3　案例分析

1. 工程概况

本工程马銮北站—马銮西站盾构区间全长 1134.814m，隧道最大覆土 21.8m，最小覆土 9.9m，隧道纵向形状大致成"V"形结构，主要穿越地质为中粗砂、残积黏性土、强～中风化岩，为软硬复合地层，区间中分布有孤石群，并存在基岩凸起区域，马銮北站—马銮西站区间地质剖面图和始发井孤石群如图 6-6 和图 6-7 所示。

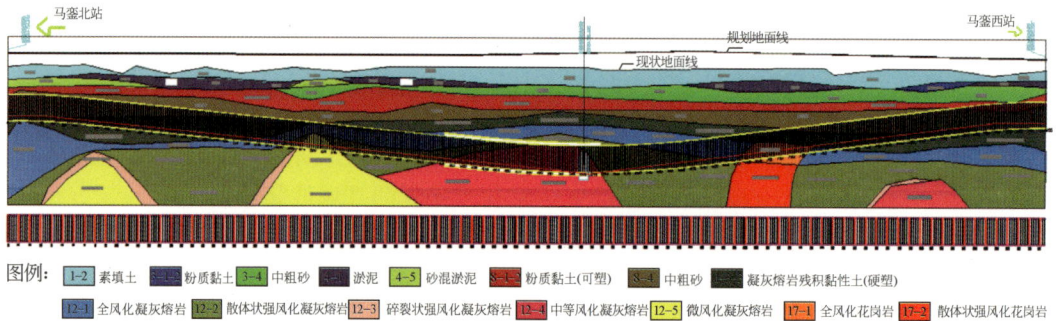

图 6-6　马銮北站—马銮西站区间左线地质剖面图

图 6-7　马銮北站—马銮西站区间始发井孤石群

2. 微动探测现场试验方法

（1）仪器

采用 SWS-6 工程地震仪结合三分量检波器完成微动数据采集。该系统由 2Hz 拾震仪（速度型、三分量）和地震仪组成，用一个记录仪同时记录一个台阵 6 个拾振器（摆）的微动数据。探测前需将全部仪器放置到同一点处同步记录 10min 左右，由该记录计算各台仪器的功率谱、功率谱之比、相干系数和相位差，以对仪器的一致性做出评价，确保观测资料可靠、有效。

（2）探测台阵布置

微动圆形台阵观测系统采用五边形阵列形式进行观测，如图 6-8 所示。每个圆形阵列由放置于五角形顶点和中心点的 6 个拾振器和数据采集系统组成，五角形顶点到中心点的距离称为观测半径 R。根据现场场地条件的不同，分别采用了 2m、2.5m 不同半径的台阵进行观测，数据采集以 5m 为点距进行，由此形成二维观测剖面。

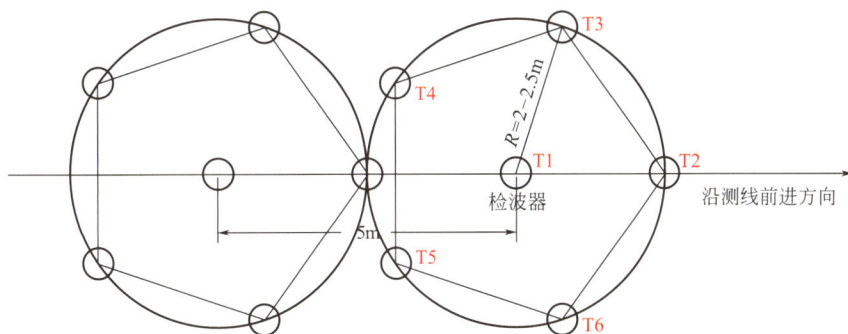

图 6-8　探测台阵布置示意图

（3）数据采集

数据正式采集之前，对记录仪进行采集参数设置。当仪器放置到位、确保进入正常工作状态后，尽量保持周围环境相对安静，以利于有效记录数据；然后按照设计的观测系统沿测线逐点进行观测，单点每次观测时间为 10～20min；观测结束后将整个台阵移动到下一个勘探点观测。图 6-9 为微动探测数据采集现场照片。

图 6-9　微动探测数据采集现场照片

3. 微动探测成果解译

分别以其中一段 200m 的探测成果为例，对测得的结果进行解译。图 6-10～图 6-12 为微动探测成果图，图中的红色圆点、平行蓝色双虚线均表示隧道洞身边线，红色竖线表示建议验证的微动测点位置。

由图 6-10～图 6-12 可以看出，K30＋800～K30＋825 段 H/V 曲线多以后台阶形态呈现，峰值频率较低；该段洞身范围内面波相速度与视 S 波速度均存在明显高速异常。在 K30＋805～K30＋820 段洞身范围内可能存在孤石或不均匀风化体，建议在微动测点（K30＋815）处布置钻孔验证，钻孔深度 28m。综合判断，该段区间盾构安全评价暂定为危险区。

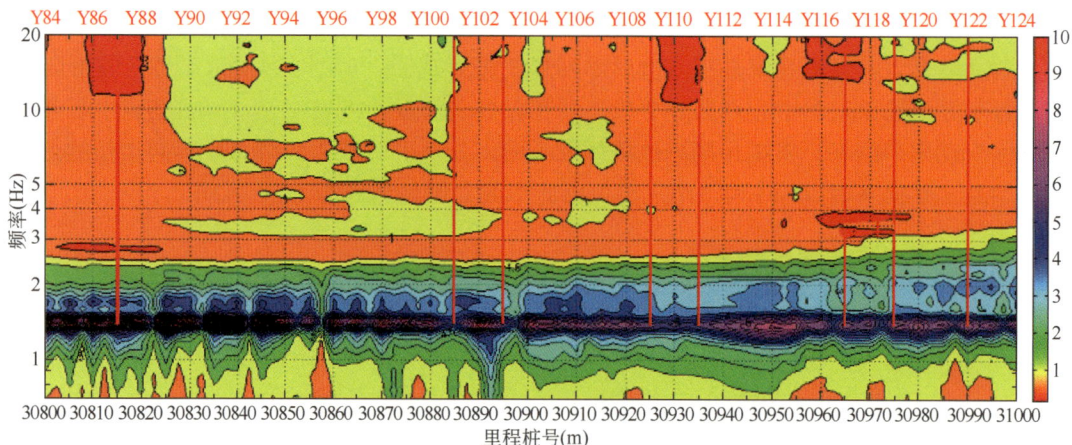

图 6-10　K30＋800～K31＋000 H/V 等值线图

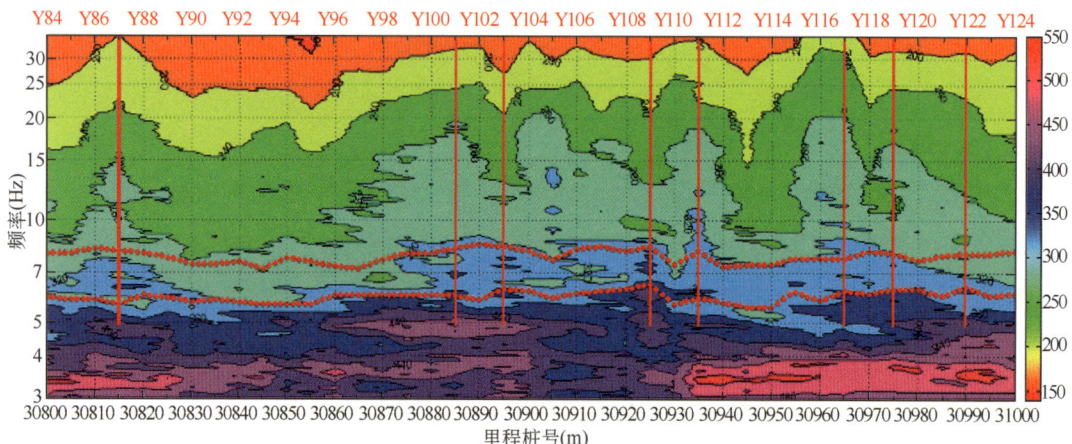

图 6-11　K30＋800～K31＋000 面波相速度等值线图

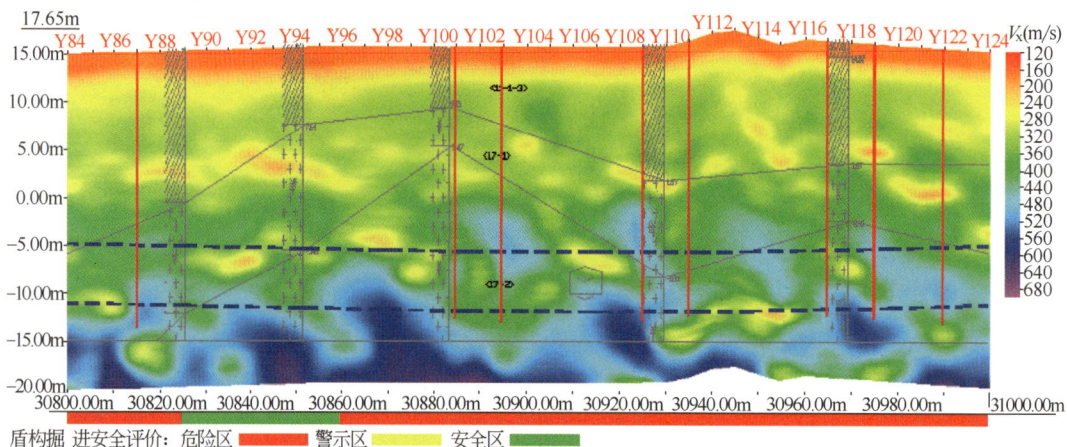

图 6-12　K30＋800～K31＋000 视 S 波速度剖面图

　　由于微动探测只能确定孤石群或基岩的范围，无法精确确定孤石的位置及空间分布，因此需要拟定钻探验证建议进一步确定孤石的位置及边界，为后面的孤石爆破处理提供准确范围。

4. 钻孔辅助探测孤石边界

钻探验证分两个步骤，第一先探出孤石的位置，第二再探出孤石的边界。孤石的位置探测可按图 6-13 布孔。

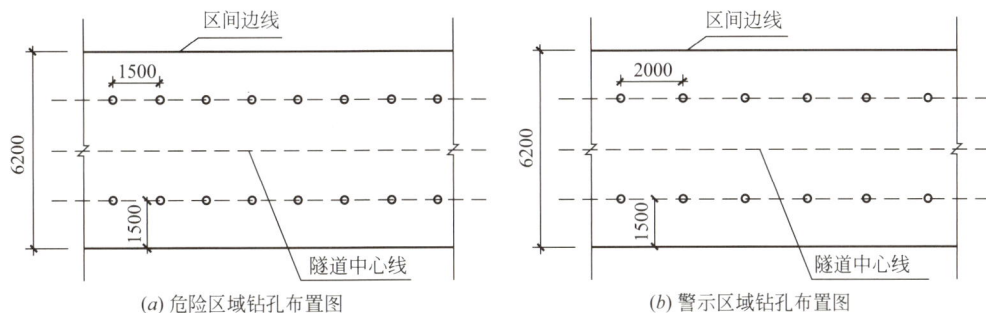

(a) 危险区域钻孔布置图　　　　　　　　　(b) 警示区域钻孔布置图

图 6-13　孤石钻孔辅助探测布置图（单位：mm）

由于孤石一般为圆形，其宽度和厚度相差不大，考虑到尽量使钻孔在处理孤石时可以重复利用以降低成本，所以布孔方案如下（图 6-14）：

（1）以探到孤石的点位为中心点向外布置钻孔圈，每圈等距布置 4 个钻孔；

（2）第一圈以探明孤石厚度的 1/2 为半径，以中心点向外布置；如第一圈钻孔还不能找到孤石的边界，则距第一圈圆周向外 0.4m 布置第二圈钻孔；如第二圈钻孔还不能找到孤石的边界，则距第二圈圆周向外 0.4m 布置第三圈钻孔。

以此类推，直到找到孤石边界为止。

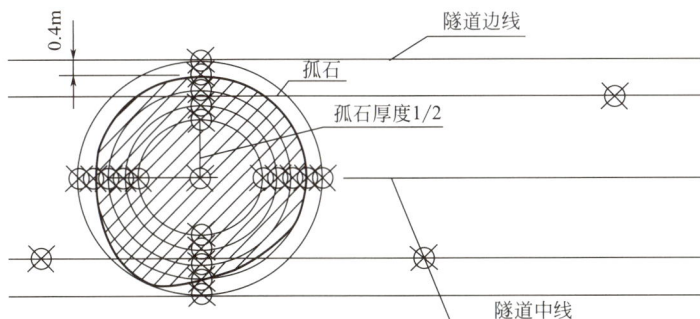

图 6-14　探测孤石大小钻孔布置图

通过钻探发现，区间存在多个孤石群，个体孤石直径 0.3～3.5m 不等，最多 1 个钻孔发现 4 个孤石存在。孤石位置的精确确定将大大提高孤石的处理效果。

以下介绍孤石的另一种探测方法——三维地震波探测法。

6.2.2　三维地震波探测法

6.2.2.1　三维地震映像法原理及分析方法

1. 三维地震映像法基本工作原理

工程物探中的弹性波技术是利用介质传递弹性波的特点来揭示地下介质界面，当地下介质的界面物性差异较大时，弹性波就会从运动学和动力学两个方面表现出异常。

通常的弹性波勘探数据采集是把多个检波器以一定间隔埋入或插入地下，然后激发弹性波并接收和记录数据，最后回收检波器，移动到下一个位置重复以上过程，直到一条测线采集完毕。检波器设置、回收和移动花费巨大的人力和时间，严重影响作业效率。如图6-15 所示，三维地震映像法采用动圈式垂直成分速度型检波器组成 $n×m$ 矩阵，行距为 R_i，列距为 R_j。为保证检波器与接触面的耦合，每个检波器下设置大于检波器面积并有足够重量的固定装置，固定装置间采用无拉伸的连接带进行连接。在地层表面设置一系列的激发-接收系统，采用牵引式的方式进行移动。S_i 为激发偏移距，以 $T_i（t）$ 来表示每个检波器接收到的弹性波响应信号。通过对采集波形进行数据处理及可视化处理，评价地层下部的孤石分布。相对于地层，孤石埋深浅、自身结构尺度小、弹性波传播速度很大，传播所需要的时间很短，击打时产生的各种弹性波（纵波直达波、纵波反射波、横波-纵波转换波、面波等）相互混合在一起，很难区别开来，需要一定的数据分析手段进行处理。

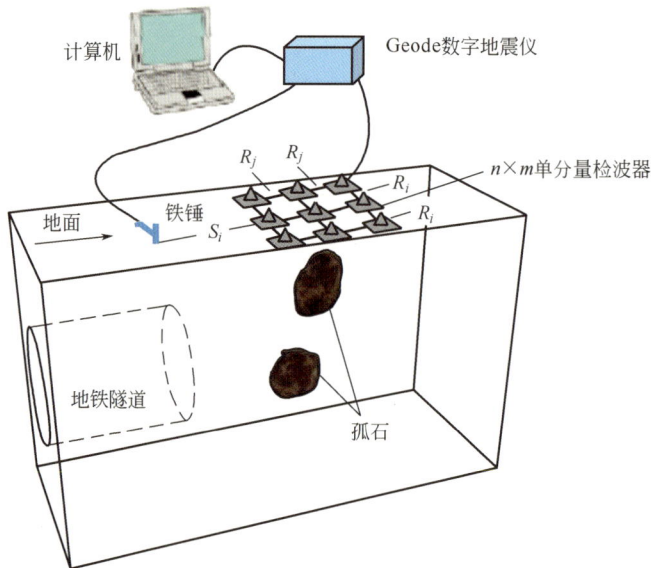

图 6-15　三维地震映像法示意图

2. 数据处理及成像方法

地震映像方法数据分析采用波形分析法，主要按照检波器的坐标排列得到共偏移距波形剖面，通过反射波成像和绕射波提取等手段，定位地下异物的空间位置和大小。分析步骤可分为：预处理、波形处理、可视化处理、三维成像。

（1）预处理

首先对采集到的数据进行有效数据提取、格式变换、加入检波器位置信息；然后通过滤波、降噪、频带范围等方法去除由于现场环境等原因引起的干扰波。

（2）波形剖面

对同一条测线的数据进行预处理后，把处理结果按照实际位置进行排列绘制波形剖面。从波形剖面上可以直观看出波形形态及持续时间等变化。

（3）成像剖面

以同一条测线距离为横轴，波形采样时间为纵轴，以等高线或者颜色深浅来表示波形振幅值的大小，绘制成二维成像剖面图，提取反射波和绕射波，从而快速直观地推断地下异物的分布。

（4）三维成像

通过反射波的时间及表层土的平均横波速度确定孤石的埋深，结合多条测线成像剖面评价的孤石平面位置结果，得到检测区域的孤石三维空间分布图。

6.2.2.2　案例分析

案例工程场地位于马銮北站—马銮西站盾构区间，选择其中一段作为试验段。

1. 三维地震映像法数据采集系统

数据采集系统由数字地震记录仪、阵列式检波器组合及耦合装置、笔记本电脑、连接电缆、激发装置、电源等组成。采集设备主要技术参数见表 6-3。检波器阵列为 2×6 矩阵形式，共 12 个检波器，每列检波器行间距为 0.5m，纵间距也为 0.5m。为保证检波器与接触面的耦合，每个检波器下设置 15 cm×15 cm 的铝板固定装置，固定装置间采用无拉伸的连接带进行连接。震源的频率大小由锤子的形状、重量以及与地面的接触状态等因素决定，一般来说震源的频率大小与锤子的质量大小成反比。选用 5kg 铁锤作为激发源，激发频率范围为 50～1500Hz。

采集设备主要技术参数　　　　　　　　　　　　　　　　表 6-3

设备名称	主要技术参数
Geode 数字地震仪	记录通道:24 道;模数转换:24bit;最小采样间隔:0.02ms;高截频:1000Hz;低截频:10Hz
单分量检波器	CDJ-S100,固有频率 100Hz,灵敏度:0.25VS/cm;内阻:1020Ω;阻尼系数:0.5
激发装置	5kg 铁锤

2. 测线布置及数据采集

根据检波器阵列形式，试验场地内勘探区域分为两组测区，共布设 8 条测线，如图 6-16 所示。道间距为 0.5 m，偏移距为 2.0 m；采样间隔 20.833 μs，记录时长为 0.05 s，采样延迟为 −0.0027 s，每一道采集的数据为 45 个，共 8 道。数据采集时，按一定的激发顺序依次用铁锤锤击地面进行激发，并记录检波器阵列采集到的数据。每个测线激发一次，当 4 列检波器分别对应的激发点全部激发完，检波器阵列向前移动 0.5 m，并重复上述采集过程直至整个勘探区域全部扫描完成。为提高勘探速度，数据采集设备集成在推车

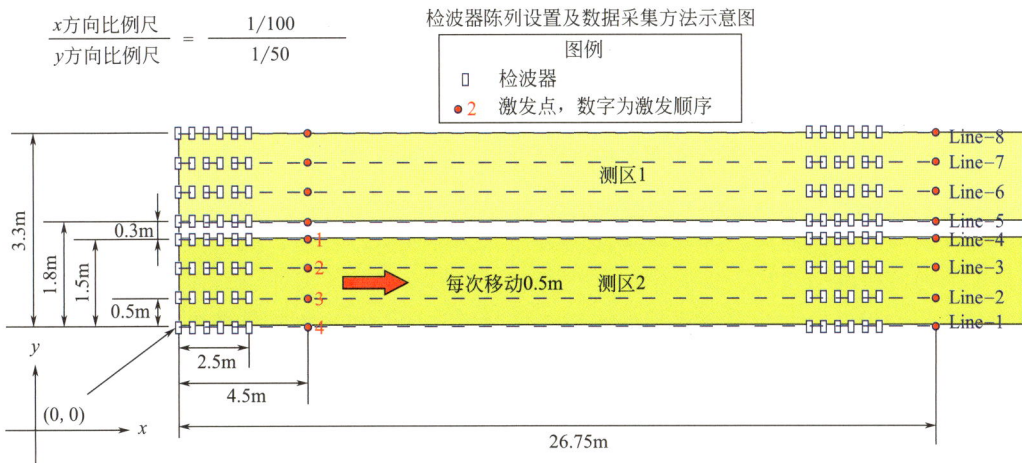

图 6-16　测线布置图

里，检波器阵列由硬质木材牵引，如图 6-17 所示。由于使用了阵列三维数据采集技术，勘探效率大大提高。

图 6-17 数据采集系统

3. 数据分析

当地下存在孤石时，地表观测到的波形响应会呈现明显的反射、绕射以及振幅增强等现象，根据波形响应综合判断地下孤石的分布状态。通过试验得到与 8 条测线相对应的 8 组波形分布。典型测线共振源偏移距波形剖面如图 6-18 所示。

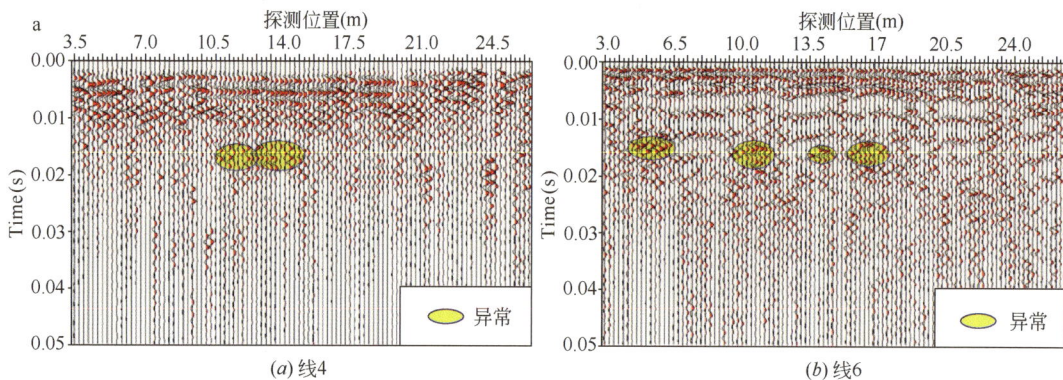

图 6-18 共震源偏移距波形剖面图

由图 6-18 中可知，弹性波通过表层覆盖松软土层（传播时间 $t=0\sim0.01$ s）后迅速衰减。假设下部土层为均质介质，在 $t=0.01\sim0.02$ s 范围内，认为存在明显的波形放大以及类似于短弧形同相轴的异常响应的区域为孤石区域。通过比对，将其中呈现圆弧状波列的部分标出，判断此处孤石的存在可能性大。从图中还可以看出，除土层分布信息以及可能存在的地下管线信息外，剖面中仍存在多处波形异常区域，异常波形揭示反射频率明显变低、振幅增强，有振荡现象和类似于短弧形的同相轴，初步判断为地下孤石。

根据波形异常可以判断孤石可能存在的深度及平面位置。孤石的范围需根据反射弧的大小以及结合多条相邻测线的波形响应进行描绘。根据周边区域地质勘查资料，上覆地层为中粗砂，其平均剪切波速度为 240 m/s。根据异常波形的传播时间，以及上覆地层的纵波、横波传播速度，就可以获取孤石的埋深。综合分析后的孤石空间分布如图 6-19 所示。

$$\frac{x方向比例尺}{y方向比例尺} = \frac{1/100}{1/50}$$

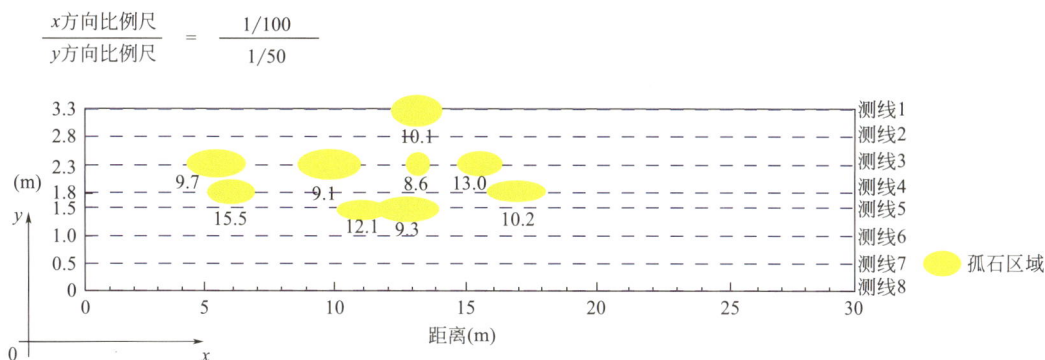

图 6-19　分析结果图

4. 钻探验证

根据波形成像剖面以及地质资料的综合判断，假设孤石为圆形，将孤石的空间分析分步绘制在三维地层空间内，结果如图 6-20 所示。其中"绿色"孤石表示根据波形分析判断孤石可能存在的位置并经过钻孔证实确实存在孤石的情况；"黄色"孤石表示根据波形分析判断孤石可能存在的位置而经过钻孔并未发现孤石的情况；"灰色"孤石表示根据波形分析判断不存在孤石但经过钻孔证实实际存在孤石的情况。

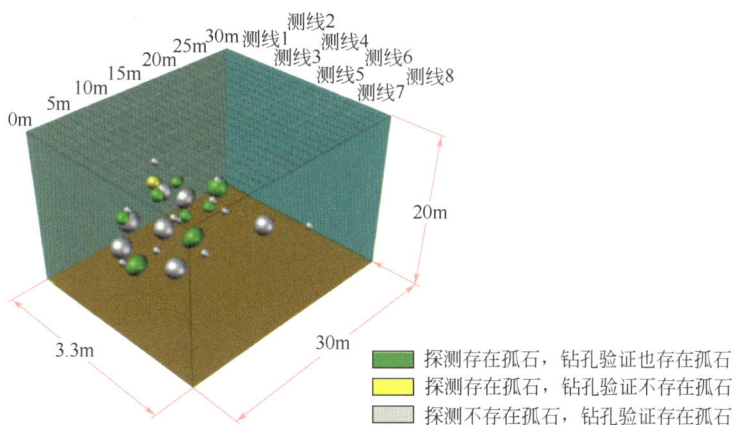

图 6-20　孤石三维空间分布结果

从图 6-20 可以看到，孤石分布比较集中，其直径在 1～2m 范围内，埋深在 8～15m 范围内。根据地震映像法所获取的波形分布图，在疑似存在孤石的区域钻孔取芯，取芯结果与三维地震映像法勘探结果一致性较高。可以认为，利用三维地震映像法勘探地层内的孤石分布，勘探效率高、勘探空间位置准确率高。在勘探结果揭示的 9 处可能存在的孤石位置中，有 8 处与钻探结果一致。但同时该检测区域仍有局部孤石并未被探测发现，也说明由于地质状况复杂，波形反射、绕射及其叠加波场的判断困难。

6.3　孤石处理技术

孤石处理可采用地面处理和地下处理两种方法。

6.3.1 地面处理技术

6.3.1.1 地面钻孔对孤石进行爆破

利用地质钻机在地表垂直钻孔,钻孔可采用矩形或梅花形布置。装药结构可以根据孤石的厚度确定,当孤石厚度小于 2m 时,采用径向集中装药结构,如图 6-21（a）所示,行距 a＝排距 b＝0.8～1.0m,c＝0.1～0.2m,d＝0.3～0.6m;当厚度大于 2m,则采用间隔装药,如图 6-21（b）所示,行距 a＝排距 b＝1.0～1.2m,药卷间堵塞长度为 0.5m。炸药单耗经过计算,并结合现场试验确定。

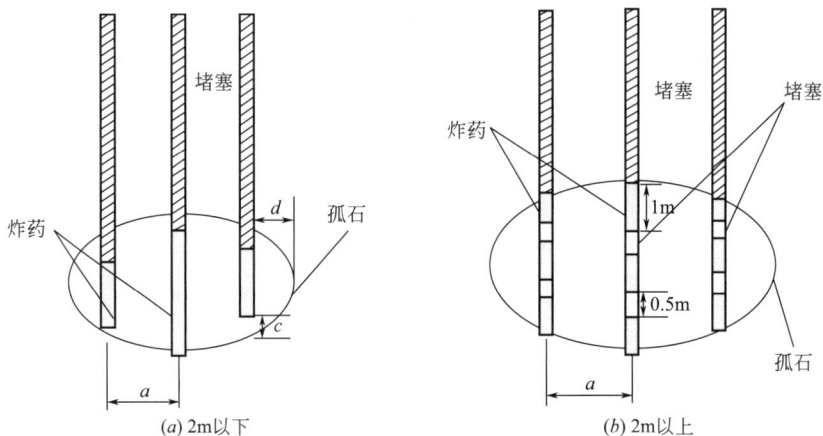

图 6-21　孤石爆破示意图

6.3.1.2 冲击钻破碎

根据孤石的形状大小及强度特征,选择锤头尺寸及钻孔的合适间距,在地面采用十字冲击锤对孤石进行破碎处理。破碎后的孤石碎块可通过泥浆带出,待孔内孤石破碎完成后,对钻孔进行分层回填或注浆加固处理。

6.3.1.3 人工挖孔直接破除或爆破处理

人工利用铲、镐或锹对上方土层进行开挖,直至孤石上截面。然后根据孤石的大小,采用直接破除或爆破等方法。在处理过程中,应防止孔壁失稳而引起的坍塌,必要时应采用超前注浆、超前支护等措施。处理后,应对挖孔进行分层回填或注浆加固。

6.3.2 地下处理技术

当地面缺乏进行孤石处理的条件时,可采用地下处理,但需要花费很长时间,期间盾构机需要停机。

盾构机掘进距离孤石较近的地段,可采用注浆加固或开仓处理等方法。当掌子面前方地质条件较好时可直接开仓,而地质条件较差时需提前对地层加固,有必要时,需带压进仓。对于小直径孤石,可人工采用风枪或岩石分裂机直接破除;当孤石体积较大,强度较高时,可采用人工爆破处理。当孤石所在的盾构区间具有敏感建筑物或构筑物,如地下管线较多,对振动、飞石、有害气体等要求比较严格时,可采用岩石静态破碎技术,通过静态破碎剂与水发生反应后产生巨大径向压力,当压力孔壁切向的拉应力大于岩石的抗拉强度时,岩石就被拉裂破碎,待反应完成后将破碎石块清除。

　　施工中应结合工程实际情况，从工期、成本、风险、处理效果等方面进行综合考虑，选择最适合的孤石处理方法。

6.3.3　案例分析

6.3.3.1　孤石处理技术

　　本工程位于马銮北站到马銮西站盾构区间，采用深孔松动控制爆破法进行孤石处理，爆破后重新取芯检测，若碎石粒径>300mm则重新进行二次爆破。处理技术如图 6-22 所示。

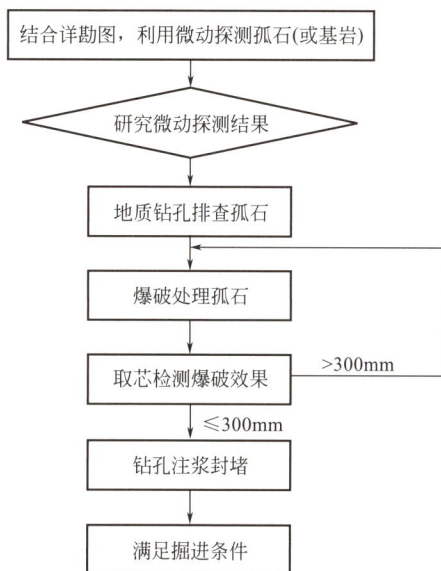

图 6-22　孤石处理技术流程

　　1. 爆破法施工流程

　　爆破法施工流程如图 6-23 所示。

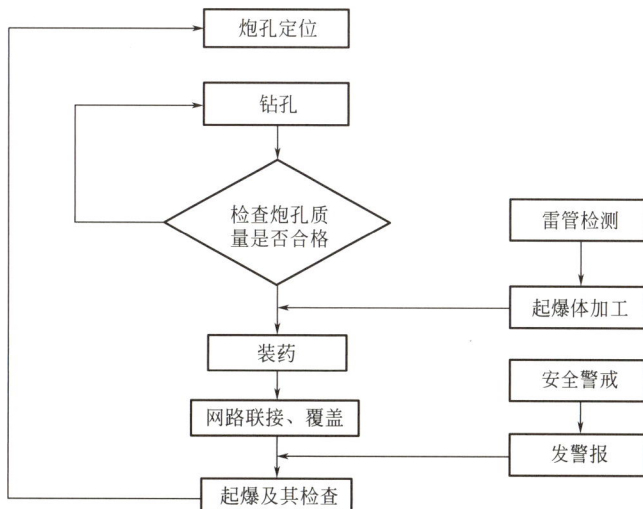

图 6-23　孤石爆破施工流程

81

2. 装药量设计

根据探测所揭示的孤石边界范围（体积），确定相应的装药量，如表 6-4 所示。

不同体积孤石总装药量 表 6-4

岩石体积(m³)	0.8	1.0	1.5	2.0	2.5	3.0	3.5	4.0
装药量(kg)	1.80	2.0	2.2	2.4	2.6	2.8	3.0	3.2

3. 装药结构与布孔平面

装药钻孔孔径为 91mm，钻孔过程中采用泥浆护孔，必要时下钢套筒。因为孤石厚度不均，考虑到测量及药包吊装过程中产生的误差（误差累计不得超过 10cm），所以要求每一个炮孔都钻至隧道底面超 1m，装药至炮孔底部 1m 处，顶面留 10cm 不装药。具体装药结构、布孔平面如图 6-24 所示。

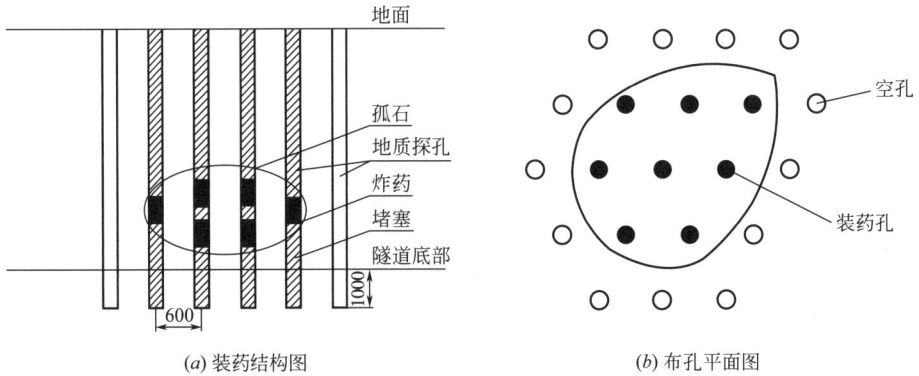

(a) 装药结构图　　　　　　　　(b) 布孔平面图

图 6-24　装药结构与布孔平面

4. 火工器材选择

孔内雷管选用毫秒导爆管雷管；炸药选用乳化炸药，标准直径为 $\phi32mm$，具体根据现场的需要加工。

5. 药包加工

根据实际的钻孔参数，计算好单孔装药量和药包长度。由于炸药与孔内的泥浆水比重相近，可能使药包无法下沉或下沉后受浮力作用而无法固定，所以需对药包进行配重抗浮。炸药密度约为 $1.00g/cm^3$；孔内泥浆水密度约为 $1.15g/cm^3$，配重采用粒径 0.5cm 的碎石，密度约为 $1.50g/cm^3$，如图 6-25 所示。当 $L_{1i}/L_{2i}<0.7$（i 表示分段药包的分段数），药包会顺利下沉。

6. 药包就位及防护

药包加工后，需要装入直径 75mm 的 PVC 管内，药包悬吊的位置误差控制在 10cm 之内，药包就位后，用铁丝把绳索固定在套管壁上，使其不再移动。

药包就位且固定后，套管内外均用碎石堵塞密实，防止泥浆喷出和套管的突起。地下爆破不会有飞石产生，只有在爆破后产生的高压气体会将炮孔内的泥浆压出孔外，为了防止涌出的泥浆飞溅，陆地上采取联合防护体系，如图 6-26 所示。

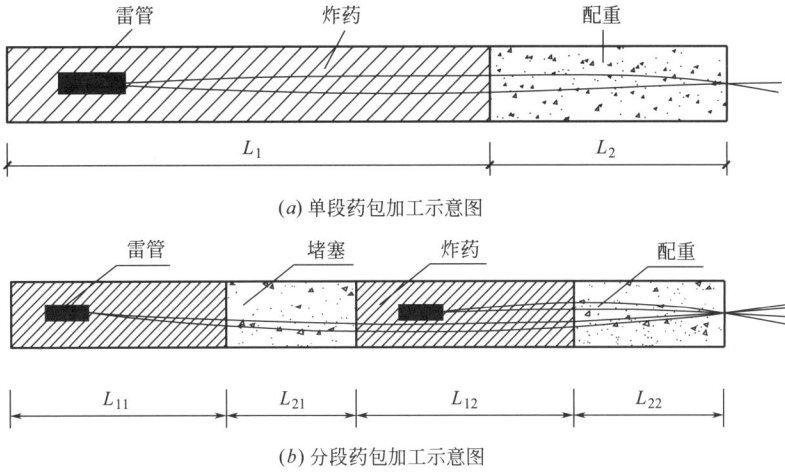

雷管　　　　炸药　　　　　　　配重

L_1　　　　　　　　　　L_2

(a) 单段药包加工示意图

雷管　　　　堵塞　　　炸药　　　　配重

L_{11}　　　L_{21}　　　L_{12}　　　L_{22}

(b) 分段药包加工示意图

图 6-25　单段、分段药包加工示意图

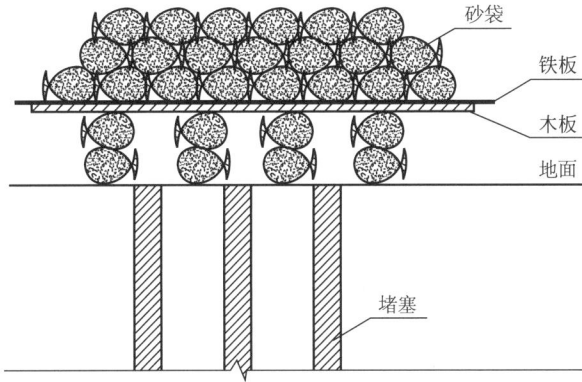

砂袋

铁板
木板

地面

堵塞

图 6-26　爆破防护示意图

7. 起爆网络

起爆选用非电爆破网路，如图 6-27 所示。采用激发针起爆，每个炮孔装两发雷管，且分别属于两个爆破网路，两套网路并联后起爆。

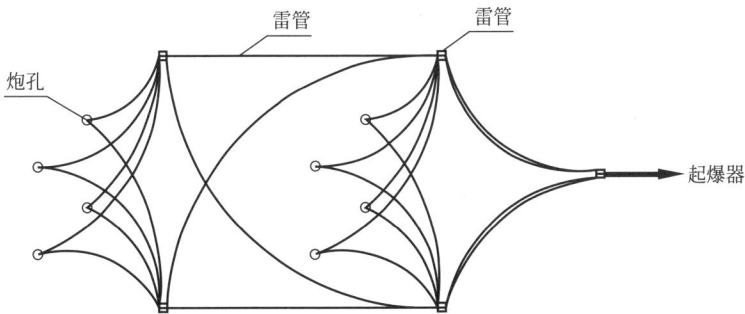

雷管　　　　雷管

炮孔

起爆器

图 6-27　爆破网络示意图

8. 钻孔封堵

为保证盾构掘进过程中地面的安全，对钻孔采用水泥砂浆封填，并保证钻孔位封堵后的密实性。

6.3.3.2　施工效果评价

马銮北站—马銮西站区间共进行110次爆破，仅有1次进行二次爆破，一次爆破成功率为98.7％。区间左线掘进过程中搜集孤石渣样232块，其中发现渣样最长边长度大于30cm的共有20块，孤石爆破处理完全率为91.4％，爆破后取芯如图6-28所示。

图6-28　孤石爆破后取芯检测图

隧洞贯通后，路面未发生因盾构施工产生的裂缝，刀盘中心双刃滚刀磨损量在0.5～8mm之间；正面单刃滚刀磨损量在0.5～10mm之间，边滚刀磨损量在1.5～10mm之间，存在偏磨等非正常磨损。盾构刀具掘进前后对比如图6-29所示。

图6-29　盾构刀具掘进前后对比

6.4　本章总结

孤石的探测及处理技术总结如下：

（1）微动法探测孤石

①根据S波速度及H/V异常情况，可大致判断岩土层风化程度，初步判断"孤石"或基岩的位置，并据此对盾构通过的区间划分为安全区、警示区或危险区。

②利用微动剖面结果，对可能存在孤石的地方进行补充钻探验证，结果表明准确率高达80％。通过该方法可以减少钻探工程量，节约工程造价。

③微动探测方法存在一些弊端，如随着探测里程的增大，探测准确率有所降低；复杂多变的地层，其探测异常增多，给解译工作增加了难度。针对这些问题需开展更为深入的研究工作。

（2）三维地震波映像法探测孤石

①采用了阵列式检波器排列方式，提高数据的采集效率；通过不同测线的反演结果对孤石的平面形状进行描绘，可以比较准确地反映孤石的位置和平面形状。

②通过查阅当地工程地质资料，得到弹性波剪切波波速，结合波形图第一道反射波所对应的时间，估算出孤石的埋深，并与钻孔结果进行对比分析，可以较准确地推断孤石的实际埋深。

③通过上述获取孤石的平面位置及埋深信息，可实现孤石的三维成像，提高探测结果的可视化程度。

（3）深孔爆破技术处理孤石

①通过加密钻孔勘探，确定孤石的分布范围，以利于计算装药量及合理布置药包，提高爆破处理效果。

②药包加工时，若炸药与孔内的泥浆水比重相近，需对药包进行配重抗浮；爆破后，为了防止涌出的泥浆飞溅，陆地上应采取相应的联合防护体系。

③通过深孔松动控制爆破后，取芯检测碎石芯样大小均在 $100 \sim 300\text{mm}$ 之间，满足盾构掘进条件；通过调整盾构施工参数，顺利完成区间的盾构施工；贯通后对盾构刀具进行统计，发现滚刀存在一定量的磨损，但总体可控，证明爆破处理效果较佳。

第7章 小间距盾构隧道近接施工控制技术

7.1 引言

7.1.1 地铁盾构隧道小间距近接问题

随着地铁隧道的快速发展，经常出现多条地铁线路近距离并行或交叠的现象，尤其是在换乘车站附近，如图7-1所示。日本京都Misasagi的East地铁某区间的4条盾构隧道近距离施工，最小间距仅0.6m；广州地铁二期工程中的越秀公园车站和江南新村车站，采用了三孔隧道方案，三孔隧道净距最小仅为2.7m；北京地铁10号线11标段左右隧道最小间距仅为1.7m，平行净距小于2m的长度达80.1m；深圳地铁7号线笋岗—洪湖区间总长约1045m，其中从笋岗站出发的前504m为上下重叠隧道，随后左右线隧道逐渐分开又闭合，最后到达洪湖站的160m又变为上下重叠隧道，重叠隧道最小净距仅2.0m。

图7-1 多条地铁线路近距离交叠或并行

若两个隧道的间距较近，影响区域发生重叠，将会产生一定程度的相互影响，不仅包括对围岩应力和位移的影响，而且包括对地表沉降的影响。如台北捷运地铁隧道由于近接开挖的影响，发生了衬砌管片脱落事故。对小间距平行隧道施工引起的围岩应力、位移的影响因素，除了两个隧道的间距外，布置方式、隧道半径、地质条件、地应力条件、开挖的不同顺序、施工方法、支护方式等，都是重要的影响因素。由此可见，小间距近接隧道的相互影响是个非常复杂的问题。

小间距近接隧道施工力学行为研究方法主要有经验分析法、数学力学解析法、随机介质理论、数值分析法、室内模型试验法、现场试验法。主要从以下几个方面开展：近接隧道开挖围岩的应力及变形；近接隧道净间距的优化；新建隧道施工对邻近既有隧道的影响；邻近既有隧道对新开挖隧道的影响；岩柱的加固措施及快速施工方法。研究目的主要还是对先行既有隧道的加固保护，以及后行隧道施工工序、间距及参数的控制，减少对既有隧道的不利影响。如天津地铁3号线金狮桥站—中山路站区间，在后行隧道盾构到达小净距段之前，先行隧道内壁背后二次双液注浆及安装实时在线监测系统；在先行隧道内安设临时支架，增加先行隧道强度，减小隧道的变形。

目前对地铁隧道近接施工研究，以理论研究为多，并侧重于后行隧道的施工工序、间距优化等分析为多，而结合现场实例，采用理论分析、现场试验对先行隧道的洞内、洞外、中夹岩加固方法的研究仍偏少。

7.1.2　依托工程概况

厦门地铁 2 号线马銮西站—马銮中心站的两站一区间工程与地铁 6 号线同步设计，即 2 号线的马銮西站与马銮中心站同样为 6 号线的 2 个站点，区间总平面图见图 7-2。区间 6 号线设置于 2 号线左、右线中间，2 号线与 6 号线线间距为 13～16m。6 号线 AK3＋587.924～AK3＋803.706 及 AK4＋515.706～AK4＋633.706 为区间水平平行小间距段，最小净距为 2.3m；AK3＋803.706～AK3＋972.276 为区间交叉叠行段，最小净距为 2.5m。水平平行小间距段后行隧道开挖易对先行隧道产生扰动，造成管片位移、变形；交叉叠行段除存在以上问题外，上部盾构机自重对下部成型隧道还附加一个外部荷载，更容易引发安全质量问题。隧道主要穿越中粗砂、粉质黏土、凝灰熔岩残积黏性土、全风化凝灰熔岩。左、右线地质纵断面图分别见图 7-3 和图 7-4，可见起层起伏变化大，软硬不均，更加大了隧道的施工控制难度。

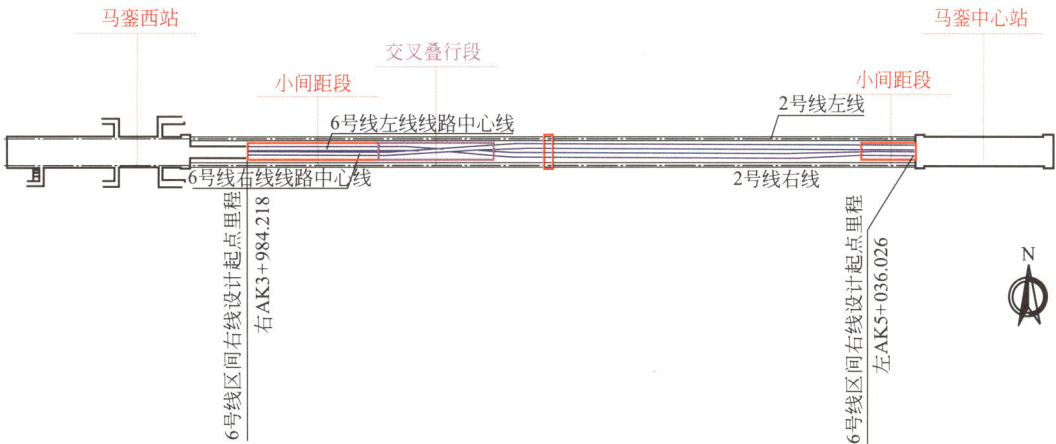

图 7-2　马銮西站—马銮中心站区间总平面图

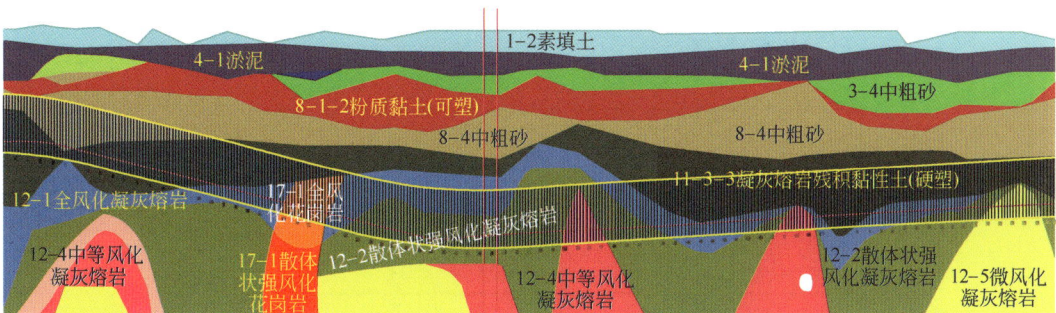

图 7-3　马銮西站—马銮中心站区间 6 号线左线地质纵断面图

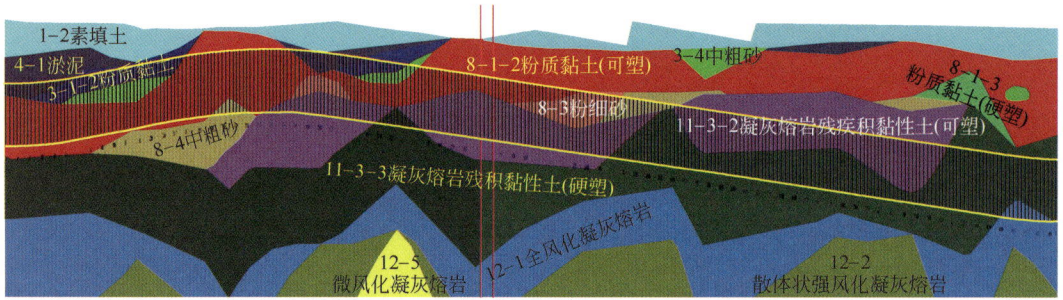

图 7-4　马銮西站—马銮中心站区间 6 号线右线地质纵断面图

根据《城市轨道交通地下工程建设风险管理规范》（GB50652-2011）和《厦门轨道工程安全风险技术管理体系（试行）》，综合评定这两段的工程风险等级为Ⅱ级。

7.1.3　本章主要内容

本章依托于厦门地铁 2 号线、6 号线马銮西站—马銮中心站区间工程，通过数值模拟分析小间距盾构隧道近接施工的相互影响程度；采用先行隧道围岩加固、洞内台车支撑加固、中夹岩加固等多种联合的加固方法；研究后行盾构隧道掘进的施工参数，结合监测数据动态控制隧道施工，减少后行隧道对先行隧道的影响。

7.2　小间距盾构隧道近接施工相互影响模拟分析

7.2.1　三维数值模型

利用 Midas-GTS NX 模拟盾构施工的过程中，先行隧道与后行隧道间的相互影响。取左线隧道顶部覆土为 1.5 倍洞径，右线隧道位置可通过其相对于左线处于不同的角度和距离进行考虑，共模拟水平平行、竖向叠加、斜向施工 3 种工况及不同距离条件，如图 7-5 所示，其中水平平行隧道有限元模型见图 7-6。模型中土体采用实体单元，管片采用壳体单元。

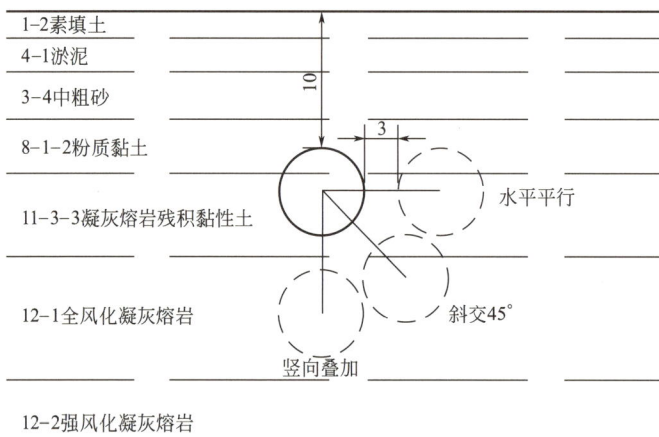

图 7-5　地层简化及左右线位置分布示意图

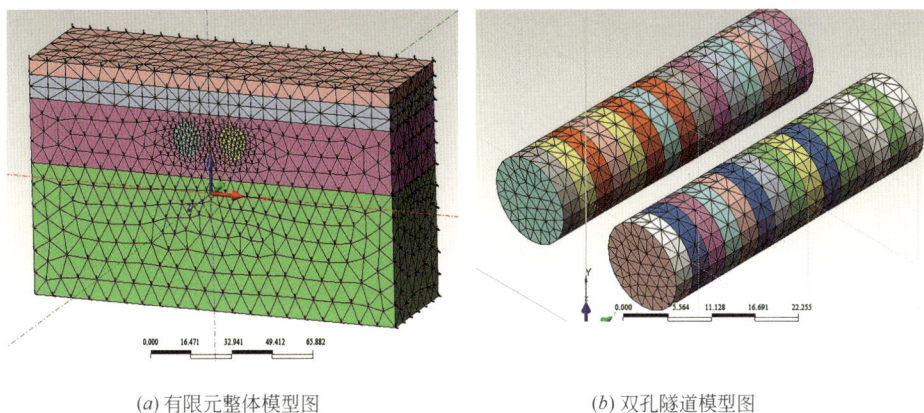

(a) 有限元整体模型图　　　　　　　(b) 双孔隧道模型图

图 7-6　并行隧道有限元模型图

盾构机直径为 6.5m，每次开挖进尺为 1.2m。以左右线先上后下、先下后上两种施工顺序，模拟各工况下盾构隧道叠加段的力学特性，具体计算工况见表 7-1。

横断面计算工况　　　　　　　　　　　　　　　表 7-1

计算工况	左右线位置	相互净距
工况 1	水平平行	$0.5D$、$1.0D$、$1.5D$、$2.0D$
工况 2	斜交 $45°$	$0.5D$、$1.0D$、$2.0D$
工况 3	竖向叠加	$0.25D$、$0.5D$、$1.0D$、$1.5D$、$2.0D$、$2.5D$

三维数值模型的物理力学参数取值如表 7-2 所示。

三维模型物理力学参数　　　　　　　　　　　　表 7-2

土层名称	土层号	E（GPa）	θ	γ（kN/m³）	c（MPa）	φ（°）	厚度（m）
素填土	1-2	0.035	0.25	19.5	0.015	23.0	2
淤泥	4-1	0.015	0.3	19.0	0.015	23.4	2.5
中粗砂	3-4	0.020	0.22	19.3	0	28.0	3.5
粉质黏土	8-1-2	0.045	0.25	19.0	0.025	23.5	4
残积土	11-3-3	0.045	0.23	18.8	0.026	23.5	6
全风化凝灰熔岩	12-1	0.070	0.20	19.4	0.022	23.0	8
强风化凝灰熔岩	12-2	0.110	0.17	25.0	0.022	22.0	10
背后注浆		0.200	0.20	22.0	0.020	30.0	
管片衬砌		26.250	0.18	25.0			

7.2.2　数值分析结果

摩尔-库仑屈服准则符合土体及混凝土的屈服破坏特性，故作为影响区的划分依据。摩尔-库仑屈服面方程表示为：

$$F = p\sin\varphi + \frac{q}{\sqrt{3}}\left(\cos\theta - \frac{1}{\sqrt{3}}\sin\theta\sin\varphi\right) - c\cos\theta \tag{7-1}$$

其中：

$$p = \frac{1}{3}(\sigma_1 + \sigma_2 + \sigma_3) \tag{7-2}$$

$$q=\frac{1}{\sqrt{2}}\sqrt{(\sigma_1-\sigma_2)^2+(\sigma_2-\sigma_3)^2+(\sigma_3-\sigma_1)^2} \tag{7-3}$$

式中：F 为加载面；θ 为罗德角；$\tan\theta=\frac{1}{\sqrt{3}}\mu_\sigma$；$\mu_\sigma=2\frac{\sigma_2-\sigma_3}{\sigma_1-\sigma_3}-1$；$c$ 为黏聚力；φ 为内摩擦角；p 为平均应力；σ_1 为第一主应力；σ_2 为第二主应力；σ_3 为第三主应力；q 为等效应力。

三维模拟过程中，将开挖前的地层主应力代入式（7-1）中，得到 F_∞；隧道施工完毕后，地层主应力为 F，当 $F\geqslant0$ 时，表示周围地层已经发生屈服。因此，可将力学影响分区划分如下：①$F\leqslant F_\infty$ 的区域，为相互无影响区；②$F_\infty\leqslant F<0$ 的区域，为影响较弱区；③$F\geqslant0$ 的区域，为影响较强区。综上分析结果如表 7-3 所示。

横断面左右线施工影响表　　　　表 7-3

施工顺序	相对位置	强	弱	无
先上后下	水平平行	≤1.0D	1.0D~2.0D	>2.0D
	斜交 45°	≤1.25D	1.25D~2.0D	>2.0D
	竖向叠加	≤1.5D	1.5D~2.5D	>2.5D
先下后上	水平平行	≤1.0D	1.0D~1.5D	>1.5D
	斜交 45°	≤1.0D	1.0D~1.75D	>1.75D
	竖向叠加	≤1.25D	1.25D~2.0D	>2.0D

以表 7-3 绘制盾构隧道叠加段强影响范围，如图 7-7 所示。

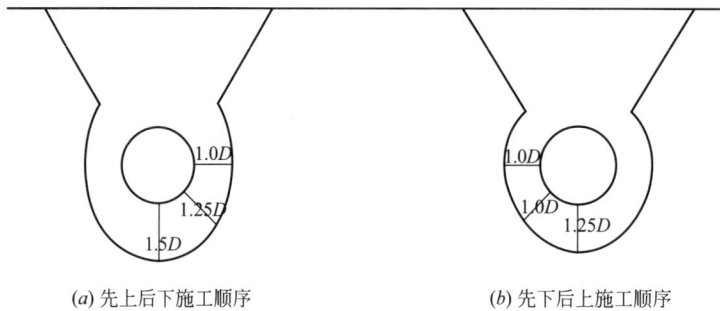

(a) 先上后下施工顺序　　　　　(b) 先下后上施工顺序

图 7-7　盾构叠加段强影响区域图

由上述分析可知，马銮中心站—马銮西站区间隧道叠加段处于强影响区范围内，必须采用一定措施进行防护，以保证先行隧道的安全。

7.3　小间距盾构隧道近接段加固技术

7.3.1　小间距段盾构施工组织方案

从马銮西站大里程端始发，按照先施工叠行段下方隧道后施工上方隧道的顺序，先始发左线，再始发右线，最后先后到达马銮中心站小里程端头，如图 7-8 所示。为减少两个隧道先后掘进的相互影响，左、右线盾构机纵向距离大于等于 100m。

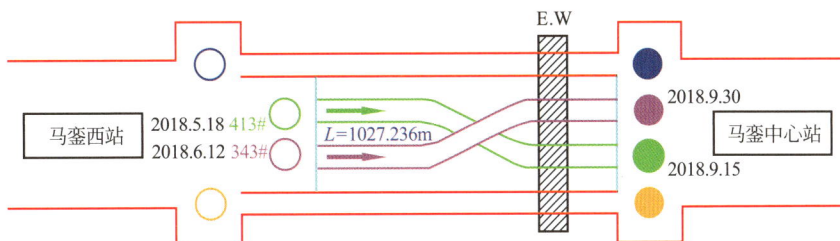

图 7-8　小间距区间盾构施工安排图

7.3.2　小间距段加固方案

7.3.2.1　水平平行小间距段

区间左 AK3＋587.924～左 AK3＋803.706 及左 AK4＋515.706～左 AK4＋633.706 为水平平行小间距段，采用"隔断桩＋二次注浆＋洞内支撑"加固方案。区间未施工前，进行区间左右线中部的隔断桩施工，利用排桩形成隔断效应，削弱右线盾构机掘进对左线成型隧道的影响。待隔断桩混凝土达到设计强度及车站始发段成型后，进行区间左线施工；对脱出盾构机台车的小间距段管片进行二次注浆；待管片成型后，对左线进行洞内支撑，洞内支撑采用自主研制的支撑台车。全部加固工作结束后方可进行右线掘进施工。

施工流程为：隔断桩施工→区间左线始发、掘进→左线隧道二次注浆→洞内台车支撑→区间右线掘进。

7.3.2.2　竖向交叉叠行小间距段

区间左 AK3＋803.706～左 AK3＋972.276 为竖向交叉叠行小间距段，采用"洞内径向注浆＋洞内支撑"方案。施工顺序为"先下后上"。先行施工处于竖向叠行段下部的区间左线，左线管片除正常预留的吊装孔兼注浆孔外，还在管片上预留注浆孔；待左线隧道成型后，采用径向注浆进行左线隧道上部土层的加固；最后采用洞内支撑，洞内支撑仍采用自主研制的支撑台车。全部加固工作结束后，再进行竖向叠行段右线的掘进施工。

施工流程为：区间左线始发、掘进→左线隧道洞内径向注浆→洞内台车支撑→区间右线掘进。

7.3.3　小间距段加固施工技术

7.3.3.1　隔断桩施工

水平平行小间距段左右线中部的隔断桩采用 $\phi 800mm@1000mm$ 的 C20 素混凝土钻孔灌注桩，桩底深度至隧道底部以下 1m，如图 7-9 所示。钻孔灌注桩施工选用旋挖钻成孔，隔桩施工，在灌注混凝土 24h 后施工邻桩，钻孔灌注桩施工顺序见图 7-10，图中 1、2、3 表示施工顺序。

7.3.3.2　地层注浆加固

地层注浆加固包括两部分，其一是竖向交叉叠行段的洞内径向注浆，其二是管片二次注浆。

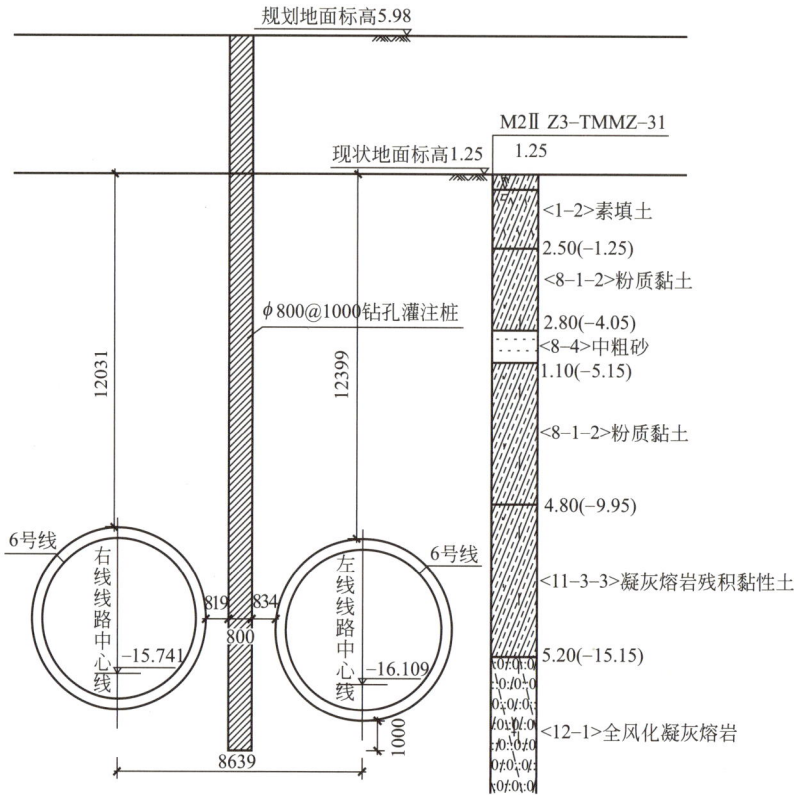

图 7-9　区间小间距段钻孔灌注隔断桩示意图（单位：尺寸 mm，高程 m）

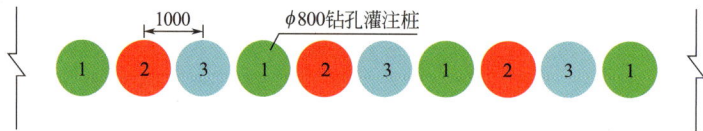

图 7-10　钻孔灌注桩施工顺序图（单位：mm）

1. 竖向交叉叠行段的洞内径向注浆

对竖向交叉叠行段的下线隧道采用洞内径向注浆加固，加固范围为下部管片上半环轮廓线外 3m，见图 7-11。

注浆加固采用水泥浆，初凝时间控制在 30～60s，体积收缩率小于 5%。所用原材料水泥强度等级为 P·O42.5 级，水灰比 1∶1；注浆终压控制在 0.5～1.5MPa；注浆流量宜控制水泥浆浆液流量在 20～25L/min，具体通过每桶浆的压注时间来控制压注浆液流量。各孔段注浆压力达到设计终压并稳定 10min 后，观察进浆速度，进浆速度小于开始进浆速度的 1/4 时，可结束注浆。

2. 管片的二次注浆

在以下情况下必须进行二次注浆：

（1）水平平行小间距段右线掘进施工前，为了尽快稳定管片，防止泥浆或同步注浆浆

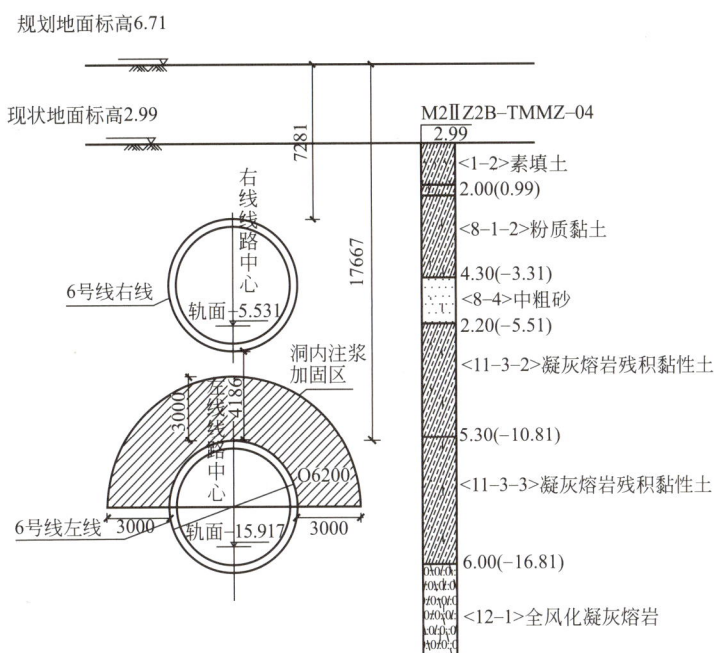

图 7-11 洞内径向注浆示意图（单位：尺寸 mm，高程 m）

液沿管片外侧缝隙窜到井内，应对洞口的管片壁后进行二次补浆；

（2）竖向叠行段受上部掘进扰动荷载及盾构自重荷载影响，沉降较大，为了其安全可在盾构顶部的 3 块管片处补充注浆；

（3）若推进过后的隧道漏水较严重，可在漏水管片外侧进行补注双液浆止水；

（4）因推进偏差较大或盾尾密封性能较差造成的盾尾漏浆、同步注浆量不足时，可采用二次注浆补充空隙；

（5）如果盾构上浮严重，可对隧道上部的管片进行注浆稳定管片；

（6）为防止盾构前方浆液后窜，每推进 10 环在管片外侧注双液浆打箍。

二次注浆采用单液水泥浆或双液浆（水泥＋水玻璃），注浆压力一般为 0.2～0.4MPa，可根据不同地层地质及水文地质采取不同注浆材料。

7.3.3.3 洞内台车支撑

本工程通过自主设计及制造一种洞内支撑台车，用于水平平行小间距段及竖向叠行段左线成型管片临时支撑加固。该支撑台车适用于内径为 5500mm 的地铁隧道，过车净空尺寸为 $B \times H = 1880$mm$\times 2850$mm，共由 12 节组成，每节长 4m，单节台车有 15 个支撑轮组，台车总长 48m。台车能在轨道结构上分节不卸载顶推移动。台车分组制作并采用螺杆连接，能确保支撑台车在小半径曲线内行走。设计时根据盾构机自身重量，岩层特性，上下隧道净距，盾构机掘进中的推力等，计算出作用至下部隧道管片上的荷载，由此确定台车长度及最大顶推力。

洞内支撑台车横、纵剖面图见图 7-12、图 7-13，具体参数如表 7-4 所示。

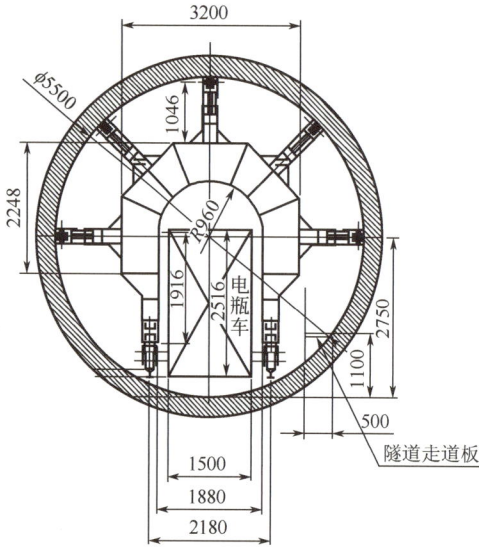

图 7-12　洞内支撑台车横剖面图（单位：mm）

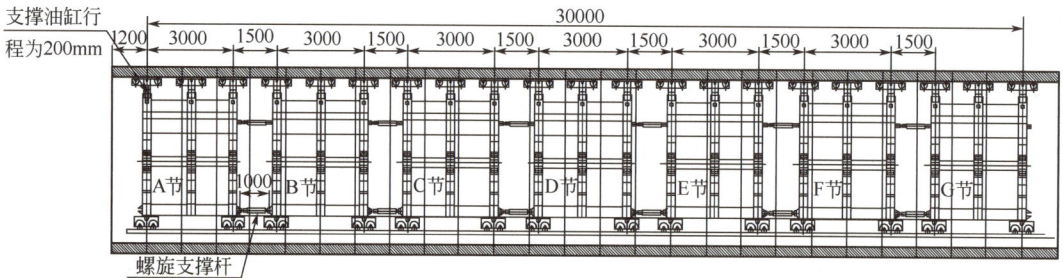

图 7-13　洞内支撑台车纵剖面图（单位：mm）

台车主要参数表　　　　表 7-4

序号	项目	参数	设计值
1	轨道中心距		2180mm
2	轨道到门架顶部高度		3884mm
3	油管油压		20MPa
4	液压油缸最大行程		200mm
5	液压泵	额定功率（kW）	5.5
6		额定压力（MPa）	20
7		缸径（mm）	125
8	液压缸	缸径（mm）	90
9		最大行程（mm）	200
10		最大理论推力（t）	21

　　台车由行走机构总成、门架总成、支撑轮组总成、液压系统四大部分组成。

　　①行走机构总成：轮子采用 ϕ300 钢轮组成，适用于 50 轨道；

　　②门架总成：门架采用 16mm 钢板经过卷、拼焊和螺栓连接为一体，每个门架通过支撑梁连接，提高整体刚性，各部件的连接均采用螺栓结点板连接，容易拆装，运输方便；

　　③支撑轮组总成：支撑轮组为直径 200mm 的尼龙轮，每个轮子可承载 15t 的径向压

力，整套轮组可以承载 25t 的压力；

④单节台车共有 15 支 125/90-200 的液压缸，每 5 个液压缸由一个手动方向阀控制油缸伸缩，每组液压缸配有 1 个液压锁和 1 块液压表。

支撑台车在盾构掘进半环或者一环换车的时间间隔进行无卸载移动。当左线作业人员接到移动指令后，松掉各节台车间的连接螺杆，利用电瓶车进行台车移动。对照管片上的里程标记，每次移动距离为 0.6/1.2m。

7.4　后行隧道掘进施工控制

7.4.1　后行隧道施工参数控制

右线掘进过程中，土仓压力不仅要根据覆土性质、厚度确定，并结合出土量、地表沉降情况适时调整，还需要考虑对左线成型隧道的影响，以刀盘前方不产生隆起为土仓压力设定原则，右线实际施工时最大土仓压力达到 1.75bar。具体参数控制范围：土仓压力 1.0～1.5bar，刀盘转速 1.0～1.5r/min，刀盘贯入量 15～50mm/r，刀盘扭矩 1200～1500kN·m，总推力 9000～15000kN，掘进速度 20～30mm/min。

严格以理论出土量为盾构出土控制值，每环出土量偏差不得超过 2m³。每掘进 30cm 检查一次出土量。避免大幅度的轴线纠偏动作，盾构纠偏原则为"勤纠、少纠"，施工阶段隧道轴线偏离设计轴线不得大于 50mm。同步注浆采用水泥砂浆硬性浆液，每环注浆量不少于 5.5m³，并根据地表沉降情况适时调整注浆量；根据地表沉降及出土量情况采用水泥水玻璃浆液及时进行二次注浆。

7.4.2　施工监测内容

水平平行小间距段及竖向叠行段施工时洞内监测项目为拱顶下沉、水平收敛，拱顶下沉采用水准仪及塔尺进行观测；水平收敛采用 JSSA30 数显隧道收敛仪进行观测。拱顶下沉控制值为 10mm，水平收敛位移控制值为 20mm。交叉叠行段洞内监测平面如图 7-14 所示，观测频率及点位布置如表 7-5 所示。

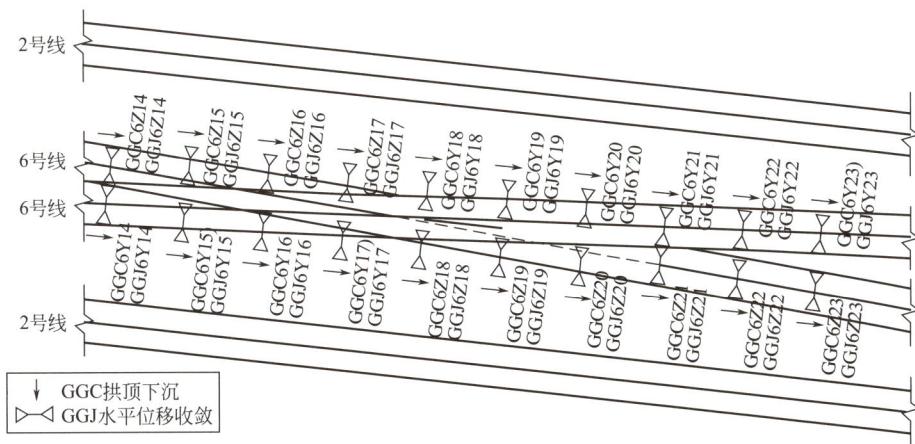

图 7-14　交叉叠行段洞内监测平面图

交叉叠行段监控量测频率表　　　　　　　　表 7-5

序号	监控项目名称	测点布置	量测间隔时间			
			1～15d	16d～1M	1～3M	>3M
1	拱顶下沉	每 12m 一个断面	1～3 次/d	1～2 次/2d	1～2 次/W	1～3 次/M
2	水平收敛位移		1～3 次/d	1～2 次/2d	1～2 次/W	1～3 次/M

　　除了洞内监测，还需要对沿线地面的沉降隆起监测、盾构隧道施工影响范围内的建筑物沉降和倾斜监测、地下管线的沉降监测，根据监测数据调整盾构掘进参数。

7.4.3　掘进效果分析

　　下面通过对交叉叠行段既有隧道的拱顶下沉及水平收敛位移来评价后行隧道的掘进效果。

　　（1）拱顶下沉

　　在后行盾构掘进过程中，交叉叠行段先行隧道（下线）拱顶下沉变化曲线如图 7-15 所示。

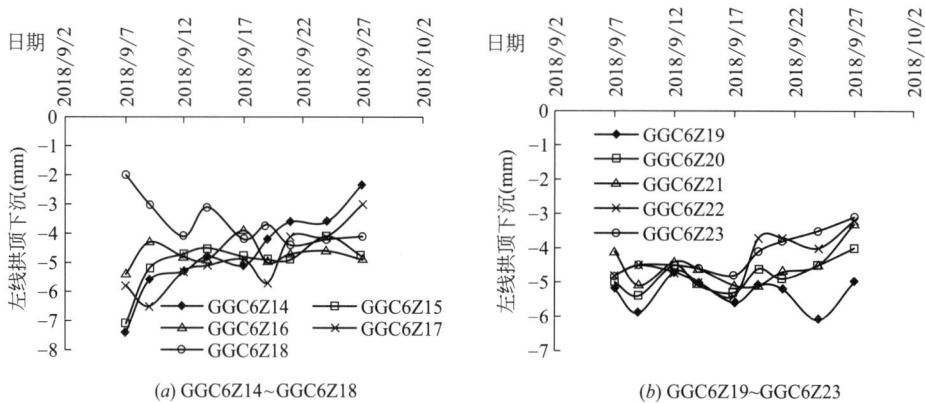

(a) GGC6Z14~GGC6Z18　　　　　　　(b) GGC6Z19~GGC6Z23

图 7-15　拱顶下沉曲线

　　从图 7-15 可以看出，先行隧道（下线）拱顶最大沉降为 -7.4mm，出现在 GGC6Z14 测点区域，总体上拱顶下沉曲线变化起伏不定，较无规律可言，但各测点拱顶沉降值均小于 10mm，处于安全范围。

　　（2）水平收敛位移

　　在后行盾构掘进过程中，交叉叠行段先行隧道（下线）水平收敛位移变化曲线如图 7-16 所示。

　　由图 7-16 可知，在后行盾构掘进过程中，先行隧道（下线）水平收敛累计变化量保持在 -2.9～-6.0mm 范围内波动，极值为 -6.0mm，远小于控制值 20mm，处于允许范围内。

　　由上可知，在盾构穿越期间，先行隧道（下线）的支撑体系起到良好的加固作用，拱顶沉降及隧道净空收敛均在允许范围内，后行的上方隧道对既有的下方隧道的影响较小。

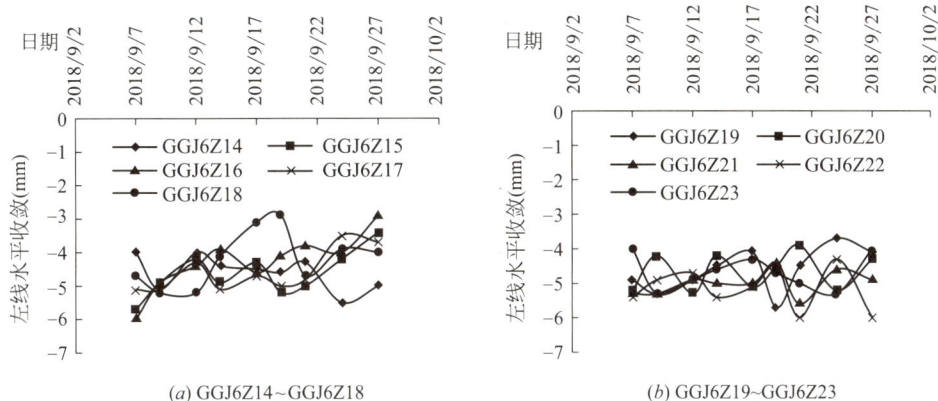

图 7-16　水平收敛位移曲线

7.5　本章小结

本章以厦门地铁 2 号线、6 号线马銮西站—马銮中心站区间工程为背景，通过数值模拟分析小间距盾构隧道近接施工的相互影响，研究盾构隧道近接加固技术，控制后行盾构隧道施工参数，结合现场监测进行效果评价，主要得到以下结论：

（1）数值模拟结果表明，交叉叠行段施工时，后施工隧道对地层扰动大，容易造成先施工隧道的管片变形及隧道偏移等问题，需对先施工隧道进行防护。

（2）水平平行小间距段采用"隔断桩＋二次注浆＋洞内支撑"方案进行加固。在盾构掘进前，先施工区间左、右线中部的隔断桩，利用排桩形成隔断效应，削弱后期盾构机掘进对已成型隧道的影响，施工过程中对脱出盾构机台车的小间距段管片进行二次注浆，结合洞内台车支撑已成型隧道。

（3）竖向交叉叠行段采用"洞内径向注浆＋洞内支撑"方案加固。以"先下后上"的施工顺序，先行施工处于竖向叠行段下部的区间。竖向叠行段的先行隧道成型后，通过径向注浆加固先行隧道上部土层，加固完毕采用洞内支撑台车临时支撑管片。洞内支撑台车对部分成型隧道进行动态防护，相对于"工效低、工期长、成本高"的临时型钢支撑工艺，大大节约了工期和成本。

（4）后行盾构隧道通过合理的参数控制实现成功掘进，而且在掘进过程中，先行隧道拱顶下沉和水平收敛位移极值均小于控制值，处于安全范围，近接施工控制技术方案合理可靠，效果良好。通过该工程的建设最终形成"小角度、近间距、长距离"空间立交隧道的加固方案和施工方案，对今后修建类似交叠穿越形式的地铁隧道施工具有重要的指导意义。

第8章　小空间条件下盾构的整体始发技术

8.1　引言

8.1.1　盾构始发的重要性

盾构始发是指利用反力架和负环管片，将始发基座上的盾构，由始发竖井推入地层，开始沿设计线路掘进的一系列作业。盾构始发是盾构施工的关键环节之一，其主要内容包括：始发前竖井端头的地层加固、安装盾构始发基座、盾构组装及试运转、安装反力架、凿除洞门临时墙和围护结构、安装洞门密封、盾构姿态复核、拼装负环管片、盾构贯入作业面建立土压和试掘进等，其流程见图8-1。

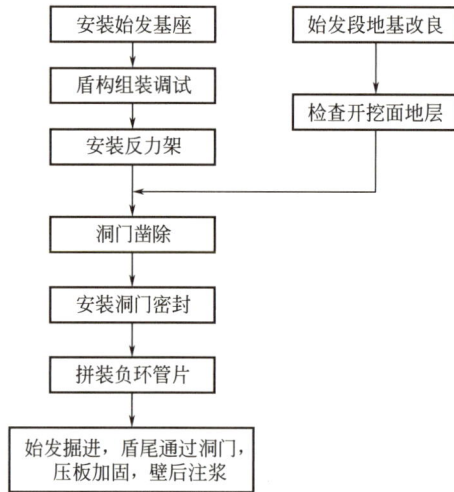

```
┌──────────────┐        ┌──────────────┐
│  安装始发基座  │        │  始发段地基改良 │
└──────┬───────┘        └──────┬───────┘
       │                        │
┌──────┴───────┐        ┌──────┴───────┐
│  盾构组装调试  │        │  检查开挖面地层 │
└──────┬───────┘        └──────┬───────┘
       │                        │
┌──────┴───────┐               │
│  安装反力架    │               │
└──────┬───────┘               │
       │◄──────────────────────┘
┌──────┴───────┐
│   洞门凿除     │
└──────┬───────┘
       │
┌──────┴───────┐
│  安装洞门密封  │
└──────┬───────┘
       │
┌──────┴───────┐
│  拼装负环管片  │
└──────┬───────┘
       │
┌──────┴────────────┐
│ 始发掘进，盾尾通过洞门，│
│  压板加固，壁后注浆    │
└───────────────────┘
```

图 8-1　盾构始发流程图

盾构工程中的始发施工，在施工中占有相当重要的位置。盾构始发风险因素多、风险概率高，普遍存在土体坍塌、涌水涌砂、地下管线破裂等工程事故，且事故后果严重，安全问题较为突出。

8.1.2　盾构的整体始发和分体始发

盾构机掘进设备沿长度方向划分为盾体、连接桥、后部配套设备台车三部分，整体结构如图8-2所示。盾构始发通常是在已建好的车站或者专为盾构始发而修建的竖井中进行。始发方式主要分为两种：整体始发和分体始发。

图 8-2　盾构的整体结构

8.1.2.1　整体始发

当地铁车站或始发竖井长度大于盾构及后配套设备长度时，将盾构连同后配套台车一起吊入始发端，连成整体并调试完成后一起始发掘进。要满足盾构机整体始发条件，车站始发端站台层施工长度需大于盾构机械长度，且站台层净宽满足放置后部配套设备台车条件。示意图如 8-3（a）所示。

(a)整体始发　　　　　(b)分体始发

图 8-3　整体始发和分体始发

8.1.2.2　分体始发

当盾构始发井尺寸较小不能满足整体始发时，将盾构盾体或一部分主要的后配套台车吊入始发端，另一部分台车或全部后配套台车安装在地面上，在盾构掘进长度达到能使所有的后配套台车放入的长度后，再按整体始发的模式将后配套台车吊装下井进行始发，称为分体始发，示意图如 8-3（b）所示。

受车站地处位置、建筑设计因素影响，越来越多的车站始发端空间过小，无法让盾构机械全部放置于车站内部，因此采用盾构机部分台车地面放置的分体始发技术。但与整体始发相比，分体始发存在以下不足：

（1）在设备方面主要增加了断开台车之间连接所需延伸的水、气、液压、电气等线路，以及对注浆设备或者出渣结构的挪移改造；

（2）地面场地要求面积大；

（3）在施工方面主要体现在工序组织的变化，并且由于部分机械放置于地面，对盾构施工有较大影响，隧道施工质量不可控；

（4）成本增大，而且断开的台车数量越多，成本越高；

（5）工期增长。

鉴于分体始发技术存在以上不足，若能在现有车站施工条件不能满足盾构机整体始发的情况下，研究临时措施实现整体始发，将能带来较大的工期及成本效益。

8.1.3 依托工程概况

厦门地铁2号线新阳大道站—长庚医院站区间线路起点位于新景路与马銮湾大道交叉口段，沿新景路—新阳北路前行，进入长庚医院站。该区间采用盾构法进行施工，从新阳大道站始发，到达长庚医院站接收。区间纵断面为V形坡，最大纵坡25.0‰，最小纵坡2‰，隧道埋深范围为9.07~16.85m。区间右线全长1028.8m，左线全长1005.2m。

新阳大道站为地下二层岛式站台车站，单柱两跨框架结构，车站总长209.45m，扩大段宽度为24.2m，标准段19.7m，深度约为16.4m，采用明挖顺作法施工。新阳大道站19~23轴（立柱5~立柱1）立柱尺寸700mm×1000mm，侧墙厚度为700mm。在19~23轴范围内，左线侧墙与立柱之间横向间距为4.05m，盾构机连接桥及台车的最大宽度为4.87m，无法完成整体始发。盾构机与新阳大道站负二层相对位置示意图如图8-4所示。

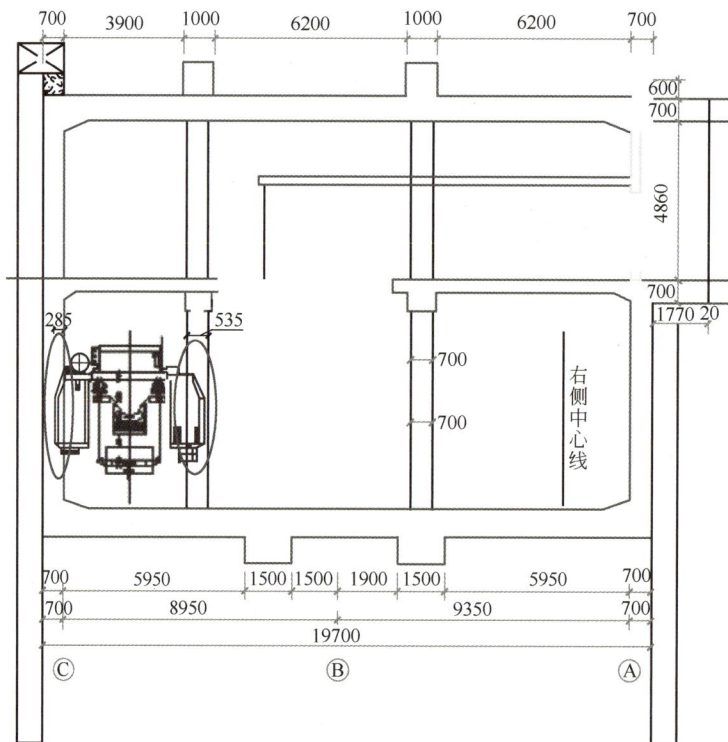

(a) 盾构机与新阳大道站负二层相对位置横断面示意图

图 8-4 盾构机与新阳大道站负二层相对位置示意图（单位：mm）（一）

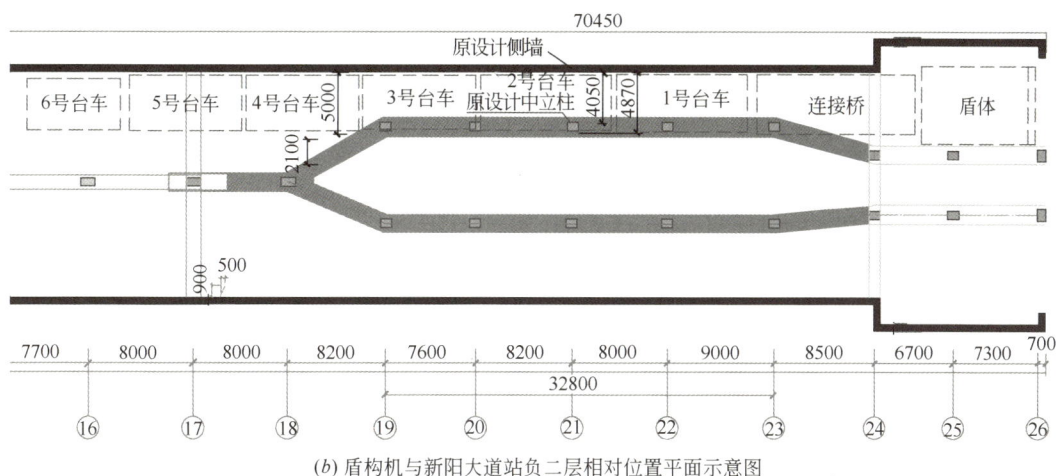

(b) 盾构机与新阳大道站负二层相对位置平面示意图

图 8-4　盾构机与新阳大道站负二层相对位置示意图（单位：mm）（二）

如采用分体始发，需要将无法放置于车站内部的机械放置于车站周边地面，施工场地面积大，且施工成本高、工期长，在始发施工过程中隧道质量不可控。而且，本项目的工期不允许采用分体始发，地面的围挡加大也不能满足地面交通行车双向 4 车道的要求，因此必须采取其他措施来解决小空间盾构整体始发的问题。

若要满足整体始发，则新阳大道站左线侧墙与立柱净宽应大于或等于 5m。在始发空间过小条件下，为了保证盾构机的整体始发，必须先将始发空间拓宽，然后将盾构机设备放置于车站内部，待盾构机始发完毕后，再进行车站设计的施工。

鉴于站台层车站立柱阻碍盾构机整体始发，拟定将型钢及钢管组成临时立柱支撑体系代替设计原有混凝土立柱，临时立柱外移，空出足够的净宽供盾构机整体始发，待盾构机台车整体进入区间隧道后，浇筑混凝土立柱，待混凝土立柱达到设计强度后，拆除临时钢结构立柱体系。临时立柱与设计立柱位置关系示意图见图 8-5。

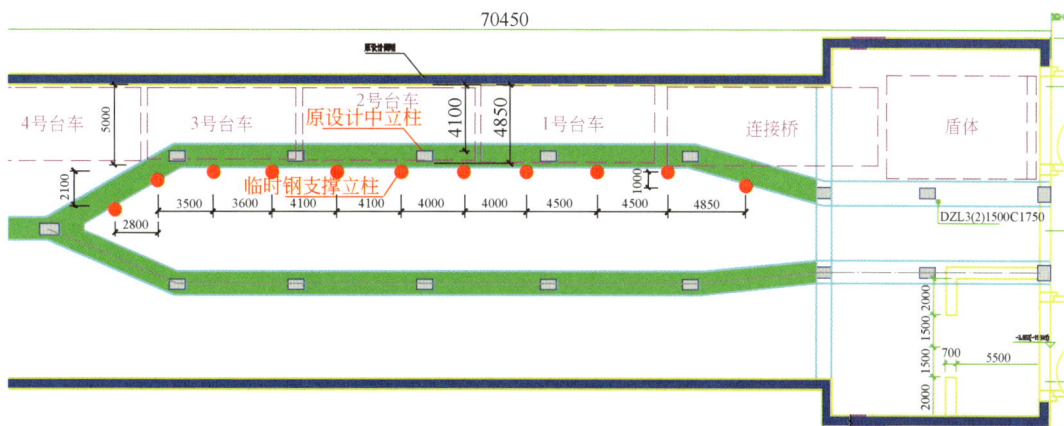

图 8-5　临时立柱与设计立柱位置关系示意图（单位：mm）

8.1.4　本章主要内容

本章主要论述临时立柱支撑体系的设计与施工、盾构的始发施工、永久立柱的施工及临时立柱支撑的拆除，最后从经济、工期、技术三个方面进行综合效益的分析。

8.2　小空间条件下盾构的整体始发施工技术

8.2.1　临时立柱支撑结构的设计与施工

8.2.1.1　临时立柱支撑结构的设计

站台层上部荷载主要通过中板纵梁分配传递给站台层立柱，再由立柱传递至地层。临时立柱外移则需采用横梁体系，将上部荷载传递给临时立柱，再传递至地层。设计中，临时立柱与底板通过预埋的钢板进行刚性连接，形成固定端；型钢横梁通过预埋的钢板进行连接，形成固定端，保证整体临时立柱体系的稳定。

临时立柱采用 $D=800mm$，$t=16mm$ 的钢支撑；扁担梁及角部斜撑采用 I40c 工字钢；钢材采用 Q235 号钢材，具体结构形式见图 8-6。

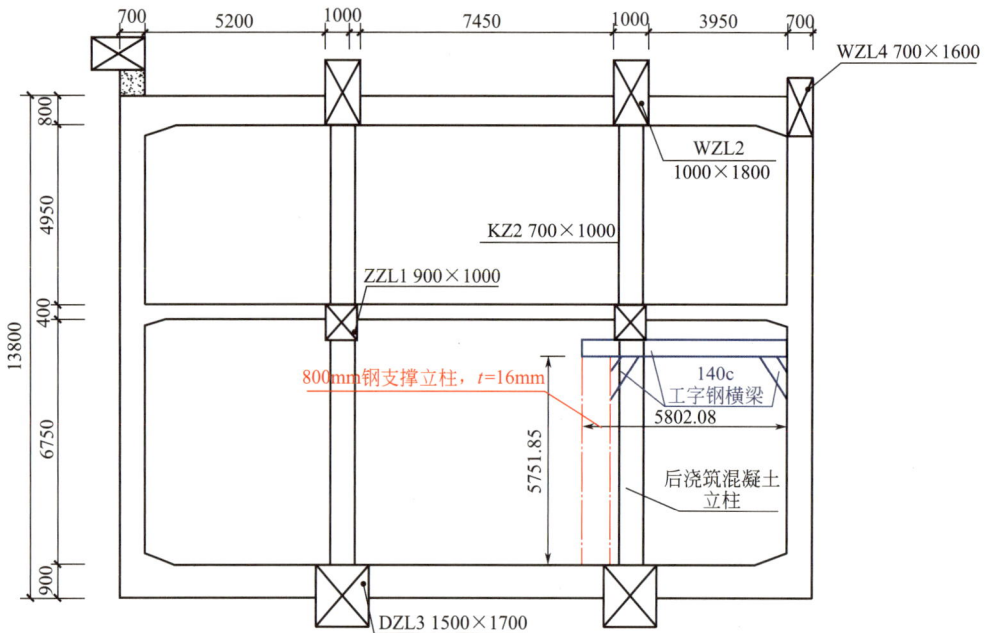

图 8-6　临时立柱支撑结构立面示意图（单位：mm）

为了验算临时立柱支撑体系受力的安全性，通过 Midas Civil 进行三维数值模拟，计算过程如下：

（1）材料

材料相关数据如图 8-7 所示。

（2）荷载

取 2 根立柱之间的车站结构作为计算范围，顶板、顶板梁、站厅层立柱、中板、中板

(a) 钢支撑截面特性图　　　　　(b) I40c 工字钢截面特性图

图 8-7　材料相关数据

梁重力荷载为临时立柱体系所受的主要荷载。根据计算，传递至中板纵梁与型钢横梁接触面的总荷载 $P = 2167.425 \text{ kN/m}$，故每根临时立柱受力 $P' = P/2 = 1084 \text{ kN/m}$。在中板纵梁位置处设置 $P = 1084 \text{kN/m}$ 的均布荷载。

（3）单元、边界条件

钢支撑立柱模型划分为 10 个单元，工字钢扁担梁划分为 13 个单元，斜撑划分为 8 个单元，总计 31 个单元。在钢支撑立柱模型最下方节点设置一固结端边界条件，在扁担梁最右侧节点及右侧斜撑设置固结端边界条件。

（4）计算模型及模拟结果

计算模型及模拟结果如图 8-8 所示。模型中位于斜撑与钢支撑交界点出现应力最大值，为 146.5MPa，小于 215MPa，满足安全要求。

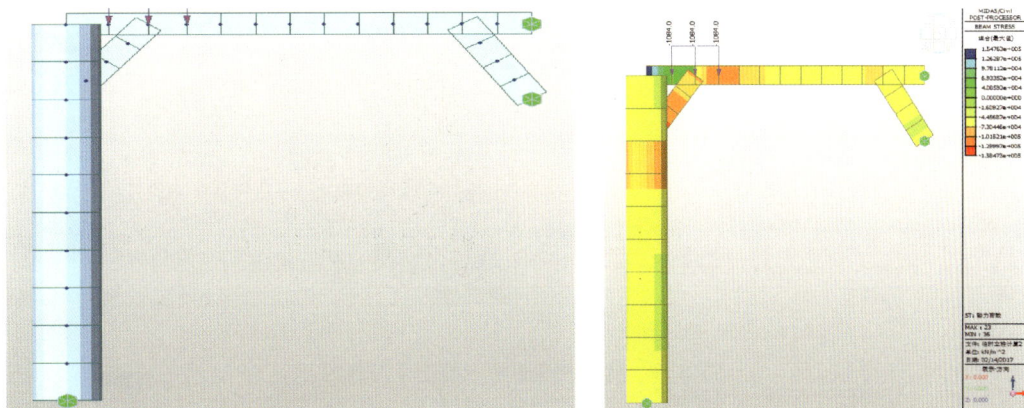

(a) 计算模型图　　　　　　　(b) 三维数值模拟结果图

图 8-8　临时立柱支撑结构计算模型及模拟结果图

8.2.1.2 临时立柱支撑结构的施工

1. 固结端钢板预埋

在侧墙及底板预埋钢板，作为临时中立柱支撑结构的固结端。将斜撑及扁担梁焊接于侧墙，钢支撑焊接于底板，使上部结构荷载小部分传递至侧墙，大部分传递至底板，形成稳定、可靠的结构体系，如图 8-9 所示。

图 8-9　临时立柱支撑结构图

每一临时立柱支撑体系有三个固结点。底板处一个，为钢管立柱底部固结点；侧墙处两个，分别为工字钢横梁与侧墙连接点、右斜撑与侧墙连接点。借助三个固结点将临时立柱支撑与车站主体结构结合形成一稳定的钢结构体系。侧墙连接点采用侧墙预埋钢板，型钢焊接侧墙钢板的方式。钢板预埋件尺寸为 800mm×500mm×20mm。施工顺序如下：

（1）底板钢筋绑扎完毕后浇筑前，测量队将钢管立柱位置测量放点并标明位置，取钢板预埋件放置于钢管立柱位置，采用电弧焊将钢板与底板钢筋焊接在一起，混凝土浇筑完毕后进行二次测量并用红色喷漆标出预埋钢板位置。

（2）计算侧墙固结点与侧墙钢筋笼相对位置，钢筋笼制作完毕后，取钢板预埋件放置于固结端位置，采用电弧焊将钢板与底板钢筋焊接在一起，侧墙模板拆除后，进行二次测量并用红色喷漆标出预埋钢板位置。

侧墙预埋钢板示意图及现场图见图 8-10。

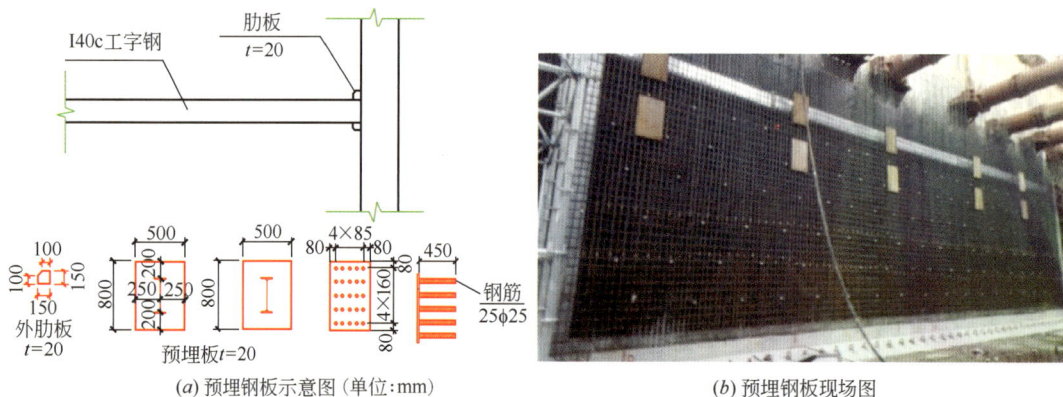

(a) 预埋钢板示意图（单位：mm）　　　(b) 预埋钢板现场图

图 8-10　侧墙预埋钢板示意图及现场图

2. 临时支撑搭设

临时支撑的施工顺序如下：

（1）首先搭设钢管立柱，钢管立柱采用 ϕ800mm，壁厚 16mm 的钢管支撑作为材料，利用 15T 龙门吊吊运至底板预埋钢板位置，将底部与预埋钢板焊接；

（2）其次搭设中板满堂支架，待满堂支架搭设完毕后下放工字钢横梁；

（3）搭接工字型钢横梁，横梁采用 I40c 工字钢作为材料，利用 15t 吊门吊运至侧墙预埋钢板位置，采用电弧焊将横梁与侧墙预埋件焊接，横梁另一端放置于钢管立柱上，并将两者相互焊接；

（4）最后搭接左右斜撑，斜撑采用 I40c 工字钢作为材料，利用门吊将斜撑吊运至横梁下部，将斜撑分别与钢管立柱、横梁及侧墙预埋件焊接。

临时立柱支撑结构拼装焊接图如图 8-11 所示。

图 8-11　临时立柱支撑结构拼装焊接图

3. 中板、中板梁施工

始发端车站结构施工步骤如下：

（1）临时钢结构立柱支撑体系搭设完毕后，进行中板及中板纵梁的满堂支架搭设。采用盘扣式支架，结合临时立柱支撑结构作为上部结构的浇筑支架，见图 8-12（a）。

（2）上部结构模板搭设，钢筋绑扎，钢筋绑扎时在立柱与中板纵梁交接点预留 φ150mmPVC 管作为混凝土中立柱后浇筑口，然后浇筑混凝土，见图 8-12（b）。

（3）待上部结构混凝土强度达到 100% 后，拆除上部结构模板，如图 8-12（c）所示。

（4）模板拆除过程中，临时立柱支撑结构与上部混凝土结构的接触面木模作为柔性接触面，不予拆除，见图 8-12（d）。其主要目的是避免上部混凝土结构与临时立柱支撑结构的接触面因上部荷载作用导致崩角裂缝。

8.2.2　盾构的始发施工

通过设置临时钢管支撑，使支撑与侧墙距离为 5m，满足盾构机整体始发的要求。台车下放后，利用电瓶车牵引，将台车移动至车站内部，如图 8-13 所示。盾构机台车自带行走轮，可沿轨道进行移动，测量定位台车轨道，确保台车行走时不触碰侧墙及钢管支撑，台车及电瓶车轨道在安装完成后进行复测。

(a) 临时立柱施工

(b) 绑扎钢筋，浇筑混凝土

(c) 拆除模板

(d) 接触面木模不予拆除

图 8-12　车站上部中板、中板梁施工流程

图 8-13　后配套台车在车站内走行图

经过采取严格的质量控制手段后，始发段隧道的管片错台最大 4mm，轴线偏差最大＋56mm，始发段隧道管片施工质量优良，实施效果良好。

8.2.3　永久立柱的施工及临时立柱支撑的拆除

8.2.3.1　永久立柱的施工

永久立柱的浇筑选用钢模板，于中板预留浇筑口，直接由中板预留口浇筑混凝土。施工注意事项如下：

（1）中板纵梁钢筋绑扎时，立柱与梁交界处设置预埋钢筋，待立柱钢筋绑扎时与梁预埋钢筋相连，接头采用电渣压力焊连接，使后浇筑的混凝土立柱与中板纵梁形成整体结构；

（2）采用钢模板及钢管斜撑进行混凝土浇筑，确保模板体系的牢固稳定；

（3）中板施工前设置直径 150mm 的 PVC 管作为预留浇筑口，通过浇筑口进行立柱浇筑，保证立柱的整体性；

（4）搭设模板完毕后，通过预留的浇筑口进行分层浇筑，确保立柱模板不因左右受力不均倾斜或倒塌，采用附着式振捣器进行振捣，保证混凝土立柱质量。

8.2.3.2　临时立柱支撑的拆除

待车站后浇筑中立柱混凝土强度达到 100% 后，进行临时立柱支撑结构的拆除。此时，车站主体结构已全部完成，拆除施工场地处于半封闭状态，无法使用龙门吊配合拆除。经研究，采取以下措施：

（1）在型钢横梁左右两侧顶部各设置一葫芦吊，利用钢丝绳将型钢横梁两侧绑在葫芦吊上；

（2）先行切割固定在侧墙预焊钢板上的型钢，后切割与钢管立柱焊接的型钢，切割完毕后，利用葫芦吊徐徐将工字型钢缓缓放下，利用盾构电瓶车运送至盾构井，通过门吊吊运至地面；

（3）拆除钢管支撑，利用盾构电瓶车运送至盾构井并吊至地面；

（4）打磨固结点，将多余钢材打磨至与侧墙面及底板面的平整度一致；

（5）涂抹防锈剂于固结点，待防锈剂干后涂抹水泥砂，使固结点表观与车站混凝土主体结构相一致。

通过上述措施，安全拆除了临时支撑结构。临时结构拆除后车站内部如图 8-14 所示。

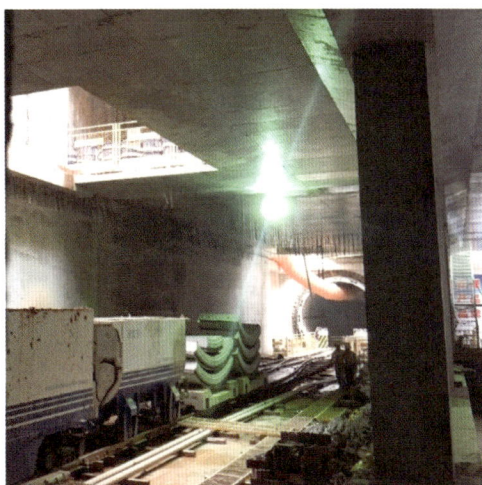

图 8-14　临时结构拆除后车站内部图

8.3 综合效益分析

8.3.1 经济效益

通过临时立柱支撑体系替代混凝土中立柱，拓宽了侧墙与钢管支撑的距离，实现了盾构的整体始发，与分体始发相比，可节省分体始发所需的机械改造费、管线延长费及劳务费约 241.68 万元。经济效益分析表见表 8-1。

经济效益分析表

表 8-1

施工技术	成本计算	总费用
立柱后浇筑（整体始发）	钢管立柱:投入约 70m 长 ϕ609mm 钢管支撑,4.56 万元; 型钢横梁:投入约 55m 长 I40c 工字钢,2.87 万元; 预埋连接件:投入 33 块钢板,共约 13.2m² ,0.89 万元	8.32 万元
立柱顺作（分体始发）	盾构分体始发机械改装及管线延长,共计 220 万元; 延长工期 60 天,施工人员劳务费及管理费,共计 30 万元	250 万元

8.3.2 工期效益

（1）采用整体地下始发，临时立柱支撑结构的安装可与上部结构满堂支架的安装同步进行，并不耽误施工进度，较分体始发的管线延长时间、盾构机改造时间及盾构机分节段下放时间，节约了约 60 天工期。

（2）设计混凝土立柱采用上部结构预留 ϕ150mm 浇筑口，相比传统的顶部浇筑后封模板减少 5 天工期。

（3）临时结构拆除利用手拉葫芦配合电瓶车运送，整根切除装运，相比传统分段切除装运，减少 10 天工期。

单次盾构始发共节约工期 75 天。

8.3.3 技术效益

本项目采用的临时中立柱体系具有以下技术创新：

（1）利用型钢材料组成的临时中立柱体系代替设计混凝土结构中立柱，拓宽车站地下空间，保证盾构的整体地下始发，节省大量的施工工期及成本。

（2）永久立柱与梁交界处需设置预埋钢筋，待立柱钢筋绑扎时与预埋钢筋相连，使后浇筑的混凝土立柱与中板纵梁形成整体结构。

（3）在永久立柱顶模板预留浇注口，进行混凝土分层浇筑，确保立柱模板不因左右受力不均倾斜或倒塌，采用贴模振捣器进行振捣，保证混凝土立柱质量；浇筑完毕后封孔。

8.4 本章总结

（1）在始发空间过小条件下，为了保证盾构机的整体始发，通过临时立柱支撑体系代替设计原有混凝土立柱，临时立柱外移，空出足够的净宽供盾构机整体始发，待盾构机台车整体进入区间隧道后，浇筑混凝土立柱，待混凝土立柱达到设计强度后，拆除临时钢结构立柱体系。

（2）在临时支撑体系下，顺利实现了盾构机的整体始发，节约了大量的施工成本及施工工期，其施工安全，质量可控，创造了良好的经济效益和社会效益，具有推广应用价值。

第 9 章　富水高压地层盾构接收技术

9.1　引言

9.1.1　富水高压地层盾构接收问题

盾构法隧道中，盾构机由地层进入接收工作井称之为盾构接收。由于接收端为土层与临空面交界处，存在水土流失的可能，故盾构接收一直是盾构法隧道的最大风险源之一。盾构接收端常采用地面注浆、素混凝土桩、水泥土搅拌桩、高压旋喷桩等工法加固端头地层，如图 9-1 所示。常规加固工法一方面能够在接收端形成隔水帷幕，保证端头土层不会将地下水渗流进入工作井内；另一方面对地层强度进行改善，提高端头土体的抗剪强度。总的目的在于保持土层稳定性，盾构接收时不产生水土流失现象。在地下水特别丰富的情况下还可以采用冷冻法对地层进行加固（图 9-2）。

(a)地面注浆　　　　　　　　(b)高压旋喷桩地面加固　　　　　　　　(c)三轴搅拌桩地面加固

图 9-1　地层加固

在富水高压地区的接收端如果采用地面加固法，加固水泥浆液在初凝之前往往随地下水流失，加固后的土体强度及抗渗性无法满足盾构接收的要求；由于水源供给丰富，降水井也无法降低地下水位。在这种情况下，盾构机掘进通过加固体并破除洞门围护结构后，洞门处土体有极大的可能产生涌水、涌砂，水土由土层流向临空面，也就是工作井内部，急剧变化的应力直接使工作井原有结构发生变形、开裂，严重时甚至发生端头土体坍塌、整个工作井结构的破坏。如果采用冷冻法加固，不仅工期长、成本高，且在施工完毕后进入一段地层的融沉期，在融沉期地表沉降较为严重，影响地表建筑物的安全。

图 9-2　冷冻法地层加固

因此，需要一种新型的施工技术，辅助富水高压地层下的盾构机接收，保证端头土体的稳定性。富水高压地层钢构套筒辅助接收施工技术就是基于这种背景下提出来的，其最大的特点在于利用钢构圆环套筒作为辅助接收结构，在地面组装焊接完成后，分块吊装至工作井内部与洞门进行连接，连接完毕后往内部填充改良渣土，在掌子面形成反力以平衡端头土层产生的水土压力，确保接收时不会产生水土流失现象。

9.1.2　依托工程概况

新阳大道站—长庚医院站区间的左、右线全长分别为 1005.25m 和 1028.82m，线路最小曲线半径 $R = 400$m，区间纵断面为 V 形坡，最大纵坡 25.0‰，最小纵坡 2‰，隧道埋深范围 9.07～16.85m，总平面图如图 9-3 所示。区间左线共计管片 837 环，盾构推进 812 环之后进入接收段；区间右线共计管片 857 环，右线盾构推进 832 环之后进入接收段。区间线进洞段 30m 以 12.02‰、2.0‰ 的上坡直线进洞，接收端隧道中心埋深 14m。

区间接收端端头从上至下土层为素填土、粉质黏土、中砂、粉质黏土、残积砂质黏性土、全风化花岗岩。盾构接收井围护结构设计为 800mm 厚地下连续墙（C35 水下混凝土），隧道洞身范围内采用玻璃纤维筋，接收井侧墙采用 800mm 厚 C45 钢筋混凝土。

按照设计要求采用 $\phi 850$mm@600 三轴搅拌桩＋$\phi 800$mm@600 旋喷桩加固工作井端头的土体，先施工搅拌桩，后施工靠近车站端头的旋喷桩。加固长度 10m，宽度 12.2m，隧道洞身及上下 3m 范围内采用 20% 的水泥掺量强加固，隧道 3m 以上至地面采用 7% 的水泥掺量弱加固。区间接收平面图和纵剖面图如图 9-4 和图 9-5 所示。

接收站长庚医院车站北侧靠近排洪渠，地下水位较高。盾构接收前对洞门进行水平探孔，发现靠近排洪渠一侧有大量泥水涌出，前期施工的加固体已受地下水压作用失去止水

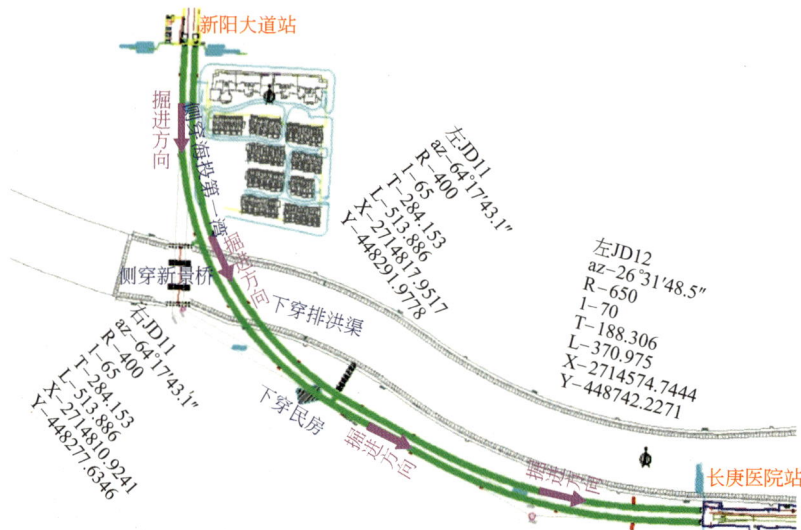

图 9-3　新阳大道站—长庚医院站区间总平面图

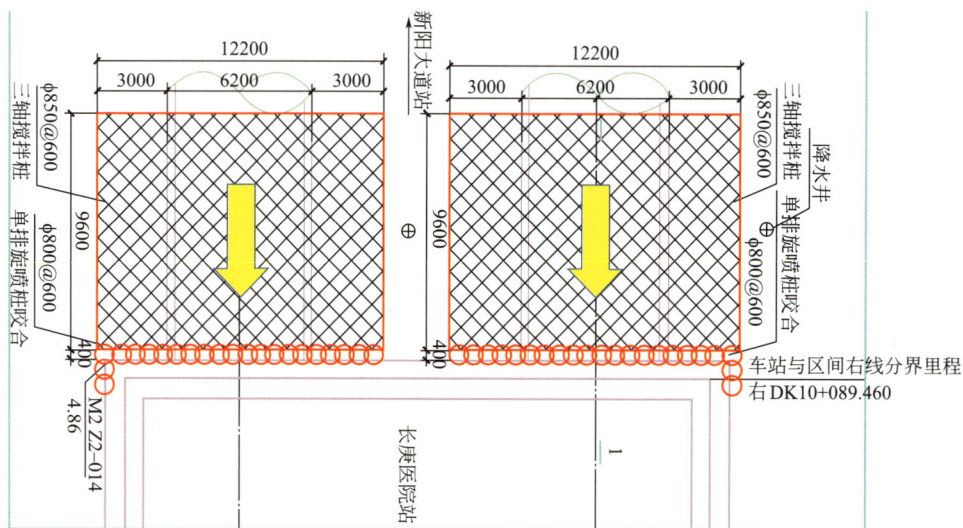

图 9-4　区间接收平面图（单位：mm）

效果，洞门的密封性很难抵抗地下水压力。一旦盾构掘进出洞时，地下水击穿洞门，密封失效，地下水将夹杂地层中的砂土漏出，引起地层流失，造成地面塌方等事故。因此，盾构出洞接收存在较大风险。为规避风险、确保施工安全和施工质量，对原接收方案进行了变更，提出了钢套筒辅助接收技术。

9.1.3　本章主要内容

钢构套筒辅助接收技术主要是在洞门外采用特制钢套筒与洞门预埋钢套筒连接；安装完钢套筒后，在钢套筒内回填砂土压实，并在接收钢套筒内预加一定压力，与土仓切口压力相同；待盾构机掘进至钢套筒内，在盾尾补充注浆，等浆液凝固后，依次拆解钢套筒和盾构机。

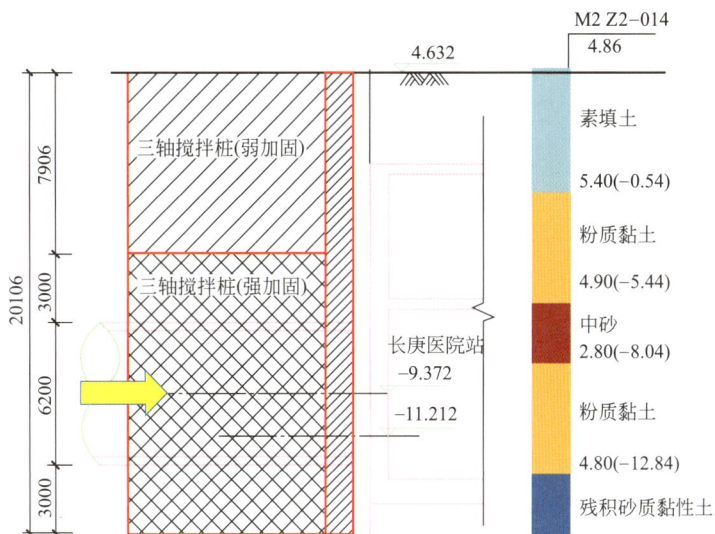

M2 Z2-014
4.86

4.632

7906

20106

3000

三轴搅拌桩(弱加固)

三轴搅拌桩(强加固)

6200

3000

长庚医院站
-9.372

-11.212

素填土

5.40(-0.54)

粉质黏土

4.90(-5.44)

中砂

2.80(-8.04)

粉质黏土

4.80(-12.84)

残积砂质黏性土

图 9-5　区间接收纵剖面图（单位：尺寸 mm，高程 m）

　　本章通过对钢构套筒结构进行受力分析，研究特定条件下如何有效地保证盾构接收，确保在富水高压地层条件下钢构套筒辅助盾构接收的施工方法，具体包括钢构套筒安装、密封性检查、套筒内填充填料、洞门密封、盾构接收、套筒拆除等关键技术。

9.2　富水高压地层钢构套筒辅助接收装置设计

9.2.1　主要套筒结构

9.2.1.1　筒体

　　每节筒体长度 2.5m，全长 10m。过渡筒体长 800mm，直径（内径）6780mm，每段又分为上、下两块（图 9-6），筒体材料采用 20mm 厚的 Q235B 板卷制，在每段筒体的外周焊接纵、环向筋板形成块状分隔状，纵、环向筋板厚 20mm，高 120mm，间距 610mm。每段筒体的端头和上下两半圆接合面均焊接圆法兰，筒体纵向及上下均采用法兰连接，环法兰 20mm 厚，平法兰 50mm 厚；上、下两段连接处以及两段筒体之间均采用 M30×150mm 高强度螺栓连接，连接部分采用丁腈橡胶进行密封。

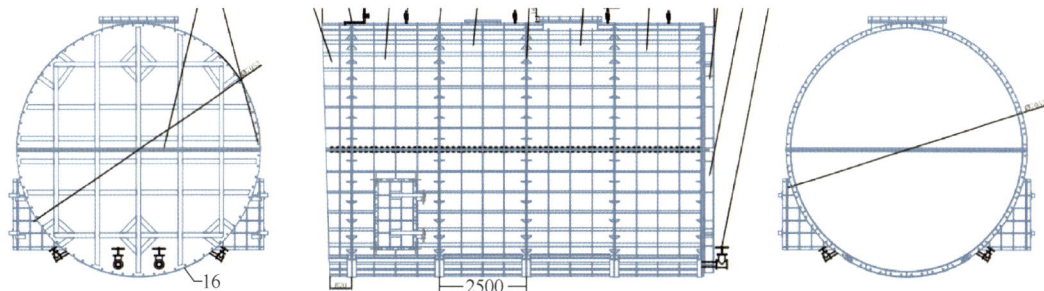

图 9-6　钢套筒筒体示意图

在筒体底部框架分四块制作。底部框架承力板、筋板和底板均采用 20mm 的 Q235B 钢板，接收钢套筒底部框架示意图见图 9-7。

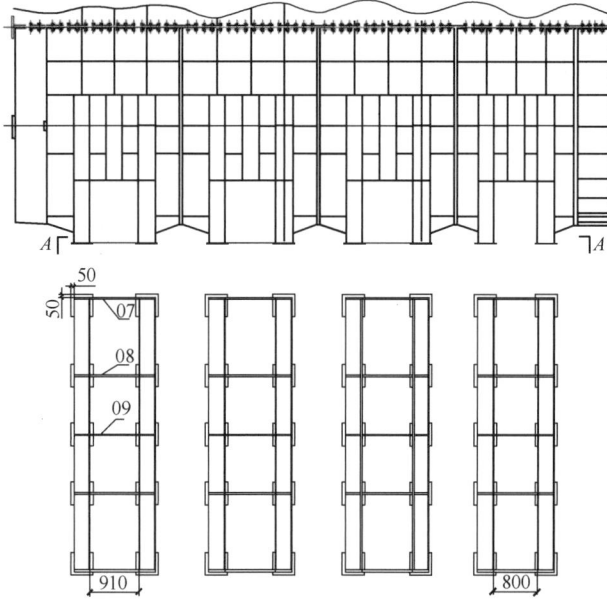

图 9-7　接收钢套筒底部框架示意图

托架与下部筒体焊接连成一体，焊接时托架板先与筒体焊接，再焊接横向筋板，焊接底板和工字钢。托架组装完后，工字钢底边与车站底板预埋件焊接，托架需用型钢与车站侧墙顶紧，钢套筒上部采用槽钢与中板梁顶紧。

9.2.1.2　后端盖

后端盖为平面盖，上下盖板材料采用 5cm 厚的 Q235B 钢板，分别加焊 5 道纵向和 3 道横向 $300^\#$ 工型钢，焊接在后端盖上。后盖边缘法兰与钢套筒端头法兰采用 M35×160（8.8 级）螺栓连接。在后端盖平面板上设置 1 个压力表；设置 1 个泄料闸门，1 个带球阀注排浆管，第 2 次洞门凿除的渣土和盾构接收完成后，最后残留的回填料都需要从泄料闸运出。后端盖设计如图 9-8 和图 9-9 所示。

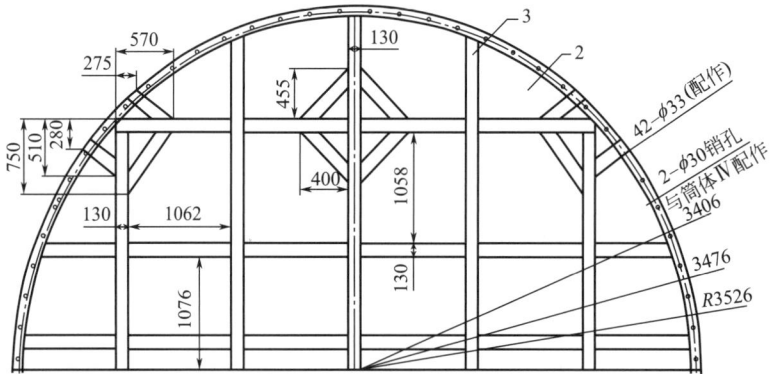

图 9-8　后端盖上盖板（单位：mm）

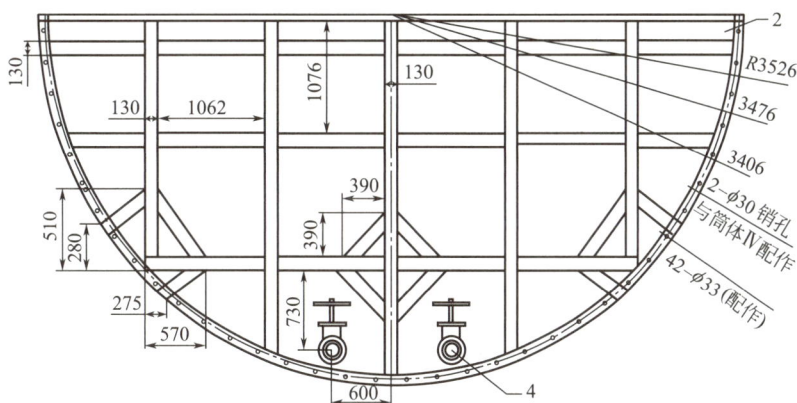

图 9-9　后端盖下盖板（单位：mm）

9.2.1.3　反力架

盾构接收反力架紧靠在端头井负一层环框梁和底横梁上，由端盖及钢支撑组成。反力架用 $\phi529\text{mm}$（壁厚 10mm）钢管支撑提供盾构掘进时的后座反向力，通过钢支撑传递至主体结构的底板上，钢支撑焊接在车站底板的植筋钢板上。上端盖采用 3 道横向钢支撑与车站中板紧靠，上下端盖连接部分采用 3 道斜支撑与底板顶紧，下端盖采用 3 道横向钢支撑与车站底横梁紧靠。反力架定好位置后，先用千斤顶顶平面盖和反力架，消除洞门到后盖板的安装间隙后，反力架顶部及底部分别使用 3 根 HW250×250 钢支撑均匀分布加固，钢支撑加固后与后钢支撑平面板顶紧，承力工字钢管两端用楔形块垫实并焊接。反力架支撑示意图如图 9-10 所示。

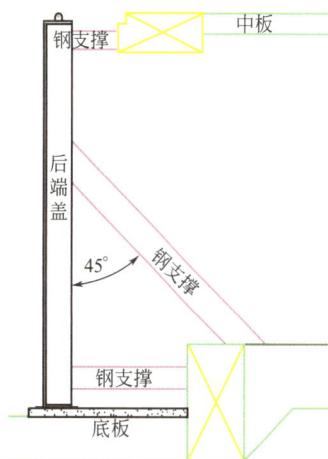

图 9-10　反力架支撑示意图

9.2.1.4　筒体与洞门的连接

在钢套筒与原洞门预埋钢环之间设置一个过渡连接筒（图 9-11），过渡连接筒的长度可以根据现场实际情况进行调整，洞门环板与过渡连接筒采用烧焊连接，钢套筒的法兰端与过渡连接筒采用 M35×150mm（8.8 级）螺栓连接。在过渡连接筒上平均分布有 8 个观测孔兼注浆孔，在标准节钢套筒正上方设置 1 个观察孔兼注浆孔，在钢套筒的过渡连板上安装应力计，用来检查洞门密封质量。在钢套筒的过渡连板上安装应力计，以检测过渡连接板的受力情况。

9.2.1.5　进料口

为了满足盾构接收需求，钢套筒上预留 2 个下料口，直径为 870mm，第 1 个下料口位于第 2 节筒体位置，第 2 个下料口位于第 3 节筒体位置，进料口位于筒体正上方。进料口示意图如图 9-12 所示。

115

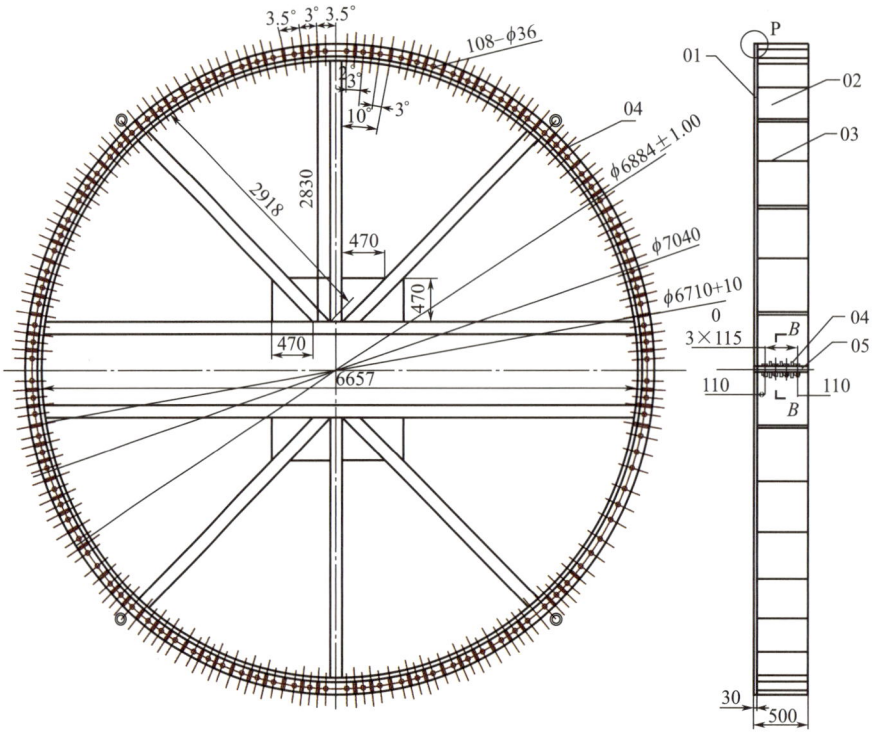

图 9-11 过渡连接筒示意图（单位：mm）

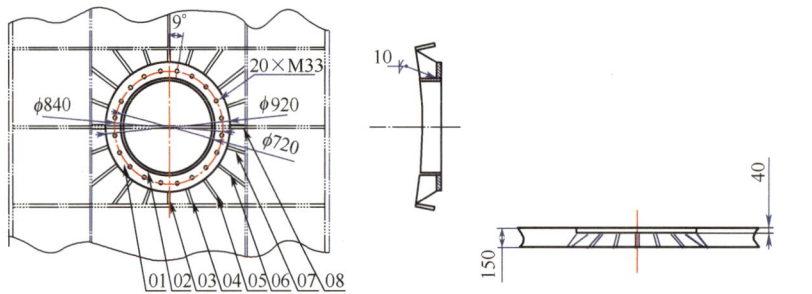

(a) 进料口平面图(单位：mm)

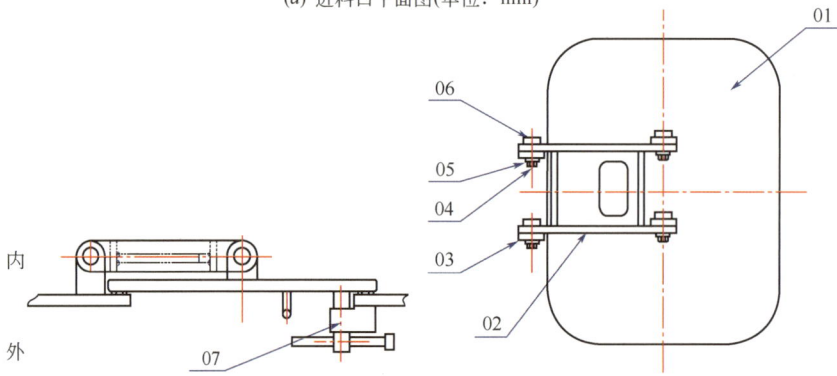

(b) 进料口剖面图

(c) 进料口平视图

图 9-12 进料口示意图

9.2.2　钢套筒壳体承压验算

9.2.2.1　已知条件

圆筒壳体和加劲肋均采用 Q235B，屈服强度 235MPa，抗拉强度 375MPa。圆筒壳体纵缝用螺栓连接，每环纵缝共有 16 个螺栓，螺栓型号为 M30，8.8 级。

圆筒内径 6780mm，筒壁厚 20mm，加劲肋高 140mm，厚 20mm。

9.2.2.2　计算简图及假定

假设圆筒受均匀内压力 P（MPa），取宽度为 x 的圆筒，筒壁等效厚度 t_e=17.3mm。由于其对称性，取半圆分析计，如图 9-13 所示。

由静力平衡条件可知：$2F = P \cdot D \cdot x$，$F = \dfrac{P \cdot D \cdot x}{2} \leqslant [F]$。

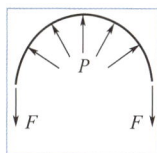

图 9-13　半圆
计算简图

9.2.2.3　抗拉验算

取其中一跨进行计算，x＝603mm，截面面积 A＝10448mm^2，则

$$[F] = f \cdot A \cdot k$$

$$P \leqslant \frac{2f \cdot A \cdot k}{D \cdot x} = \frac{2 \times 215 \times 10448 \times 2}{6780 \times 603} = 2.25 \text{（MPa）}$$

9.2.2.4　螺栓验算

取其中一跨进行计算，x＝603mm，螺栓数量 4 个，则有 $[F] = f_t^b \cdot A_e \cdot 4 \cdot k$，$\dfrac{P \cdot D \cdot x}{2} \leqslant [F] = f_t^b \cdot A_e \cdot 4 \cdot k$，得到：

$$P \leqslant \frac{2 f_t^b \cdot A_e \cdot 4 \cdot k}{D \cdot x} = \frac{2 \times 400 \times \dfrac{\pi \times 30^2}{4} \times 4 \times 2}{6780 \times 603} = 1.13 \text{MPa}$$

9.2.2.5　取其中的一跨进行计算

受力模式相当于四周固支板，边缘处弯矩最大，$M_{max} = 0.0513 \cdot P \cdot l^3$，板的抗弯截面模量 W＝113327.7mm^3，所以，最大应力为：

$$\sigma_{max} = \frac{M_{max}}{W} = \frac{0.0153 \cdot P \cdot l^3}{W} \leqslant f = 215 \text{MPa}$$

则

$$P \leqslant \frac{W \cdot f}{0.0513 \cdot P \cdot l^3} = \frac{113327.7 \times 215}{0.0153 \times 603^3} = 2.2 \text{MPa}$$

9.2.2.6　有限元计算

采用三维数值模拟富水高压地层情况下套筒筒体的受力情况，利用 ABAQUS 软件建立套筒筒体模型，如图 9-14 所示。

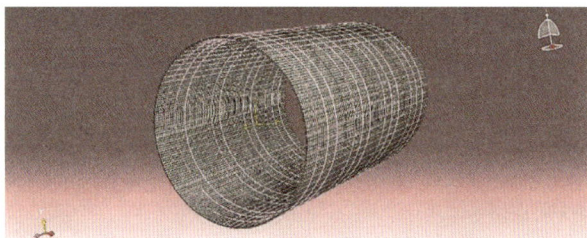

图 9-14　筒体三维数值模型图

117

计算结果表明：当内压达到 2.43MPa 时，连接壳体的螺栓先达到屈服强度 400MPa，计入安全系数 $k=2$ 后，壳体的内压承载力为 1.215MPa，与理论计算结果 1.1MPa 较接近。综合以上理论计算和有限元计算结果，在安全系数 $k=2$ 的条件下，盾构壳体极限承载为 1.5MPa。

9.3 富水高压地层钢构套筒辅助接收施工工艺

富水高压地层钢构套筒辅助接收施工工艺流程图如图 9-15 所示，可以分为钢套筒安装、钢套筒内盾构接收、钢套筒分解拆除三大步骤。

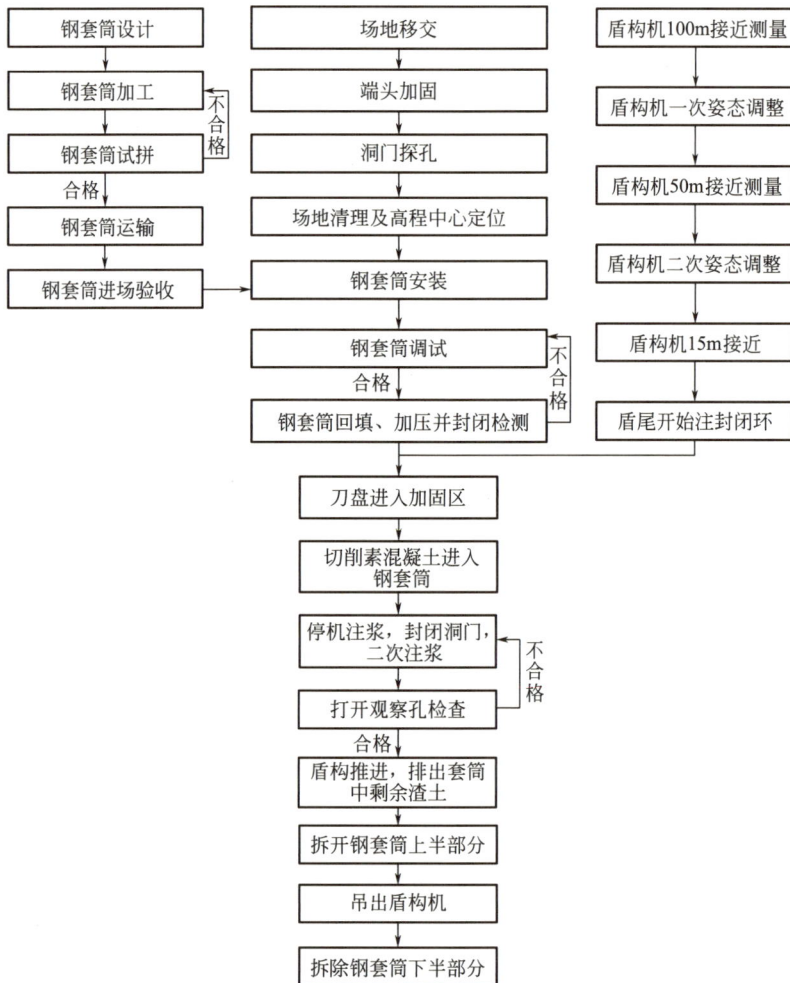

图 9-15 施工工艺流程图

9.3.1 钢构套筒安装

9.3.1.1 主体部分连接

筒体全长 11.3m，由 0.8m 的过渡环、4 段 2.5m 的筒体与 0.5m 的后盖组成，每段筒体的外周焊接纵、环向筋板形成网状以保证筒体刚度。如图 9-16 所示。

1. 钢套筒的过渡环与洞门预留连接板连接

在开始安装钢套筒之前，首先在基坑里确定线路中心线，也就是钢套筒的中心线，使钢套筒的中心与事先确定好的线路中心线重合，如图 9-17 所示。

图 9-16　钢构套筒（单位：m）

图 9-17　钢套筒定位

过渡连接筒与预埋环板相接触后，要检查两个平面是否全部能够连接。由于预埋钢环的过程可能出现变形或平面度偏差较大的情况，将使过渡连接筒的有些地方无法与洞门钢环密贴，这时需在这些空隙处填充钢板并与过渡板焊接牢固。洞门过渡钢环剖视图如图 9-18 所示。

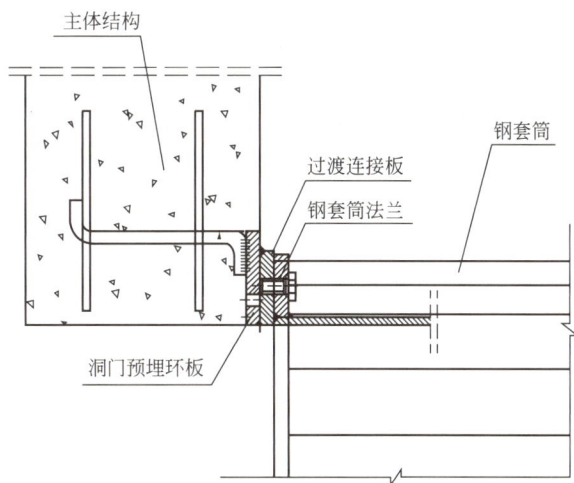

图 9-18　洞门过渡钢环剖视图

在确定预埋钢环与过渡连接筒全部密贴后，将连接筒满焊在洞门环板上。焊缝沿过渡环一圈内侧点焊，并在内侧贴遇水膨胀止水条，在过渡环与连接板焊接的外侧涂抹聚氨酯加强防水，并加焊槽钢进行补强。洞门过渡钢环现场照片见图 9-19。

2. 钢套筒的组装

筒体的端头和上下两半圆接合面均焊接圆法兰，筒体纵向及上下均采用法兰连接，用高强度螺栓 M30×160mm（8.8 级）连接紧固。密封条及螺栓安装的现场照片如图 9-20 所示。

图 9-19　洞门过渡钢环现场图

图 9-20　密封条及螺栓安装

3. 钢套筒吊放

在地面整体组装各部筒体上下部分，由 130t 吊车整体吊入接收井内，如图 9-21 所示。钢套筒安装完成后，对筒体位置进行复测，要求钢套筒架中心线、线路中心线两条控制线重合，误差不大于 1cm。各筒体的吊装照片见图 9-21。

图 9-21　各筒体的吊装

9.3.1.2　后端盖连接

后端盖为平面盖，上下盖板材料采用 30mm 厚的 Q235B 钢板，分别加焊 5 道纵向、3 道横向的 300 号工型钢，焊接在后端盖上。后盖板与筒体之间加 8mm 厚的橡胶板后，用 M30×160mm 螺栓紧固在钢套筒后法兰上，如图 9-22 所示。

图 9-22　后端盖

9.3.1.3　反力架安装

盾构接收反力架紧靠在端头井负一层环框梁和底横梁上。反力架用 ϕ529mm 钢管做斜撑，与车站底板顶紧。反力架定好位置后，先用千斤顶顶平面盖和反力架，消除洞门到后盖板的安装间隙后，反力架上下均布 3 道支撑与后端盖平面板顶紧，支撑柱与反力架之间用支撑楔块垫实并焊接，支撑斜撑与底板预埋件焊接要牢固，焊缝位置要检查，确保无夹渣、虚焊等隐患。反力架及斜撑现场照片见图 9-23。

图 9-23　反力架及斜撑

9.3.1.4　支撑安装

待反力架组装完成，检查确认各螺栓紧固情况及各焊缝饱满程度后，开始进行筒体支撑安装。每节标准钢套筒共设置 8 道钢支撑，上部左侧和右侧各设置 2 道钢支撑顶在中板梁上（图 9-24（a）），下部左侧和右侧各设置 2 道钢支撑顶在底板梁和侧墙上（图 9-24（b））。右上侧与左下侧的钢支撑、左上侧和右下侧的钢支撑在同一直线上，防止盾构掘进时扭矩过大套筒发生扭转。

(a) 上部支撑安装　　　　　　　　　　　(b) 下部支撑安装

图 9-24　支撑安装

支撑安装完成后，对托架左右、反力架的支撑进行牢固性检查。复测安装好的筒体位置，与盾构机到达的中心线是否重合。

9.3.1.5　密封性检查

钢套筒组装完成后，在筒体内压水检查其密封性，气压为 0.3MPa，若在 12h 内压力保持在 0.28MPa 以上，则可满足钢套筒接收要求，如果小于 0.28MPa，应找出漏气部位，检查并修复其密封质量，然后再次进行试压，直至满足试压要求。

9.3.1.6　套筒内填充填料

套筒内填料前，在钢套筒底部 60°范围内浇筑 15cm 厚的 C20 砂浆基座，并保证砂浆基座伸入洞门内与加固土体相接，以防止盾构出加固体时栽头，如图 9-25 所示。接着在钢套筒内、钢套筒与盾构之间的间隙内填充砂，填充的过程中适当加水，保证砂的密实。

为了将砂料输送至钢套筒内，需要从地面引 1 条输送管道至钢套筒上，采用 1 条 609mm 的管路连接，地面设置 1 个漏斗，将填料直接从漏斗输送至钢套筒内。填料过程中适当加水（图 9-26（a）），并通过钢套筒下部

图 9-25　钢套筒底部砂浆
基座图（单位：mm）

的排水孔排出（图 9-26（b）），起到密实砂的作用。填料过程中要在每个填料孔交替分别填充，保证钢套筒内的填料密实均匀。

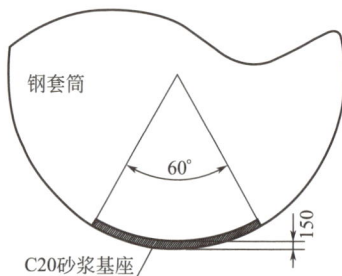

(a) 输送管加水填料　　　　　　(b) 钢套筒底部的排水孔

图 9-26　砂料输送至钢套筒

9.3.2　钢套筒内盾构接收

9.3.2.1　进入加固区前

掘进速度稍减慢，由原来正常段的 30～40mm/min 减至 15～25mm/min。此段施工应侧重注意调整盾构机的姿态，使盾构机的掘进方向尽量与原设计轴线方向一致，并且要在到达前的 12m 处，使盾构机保持略微仰头姿态前进，保证到达时正常接收，掘进时的轴线偏差应控制在 ±20mm 范围内。由于此段上方为改排管线，同步注浆完成之后需及时在盾尾后 5 环位置注入双液浆，控制地层水土流失，以保护管路管线。

9.3.2.2　加固区掘进

盾构机进入加固土体后，推力控制在 800～1500t，掘进速度一般为 10～15mm/min，在掘进期间持续对盾尾后续管片进行双液注浆，形成止水环箍，阻断后方的来水通道，通过盾构机径向注浆孔观察加固土体是否有涌水、涌砂现象，如没有出现涌水、涌砂现象则

继续掘进施工；如出现涌水、涌砂现象则通过盾壳开孔压注水溶性聚氨酯，阻断后续来水，确保后期盾构机刀盘脱出洞门钢环的安全性。

9.3.2.3　地连墙掘进

当刀盘贴上地墙之后，采用"小推力、低转速、中扭矩、小贯入度"原则控制仓内水土平衡压力，掘进速度<8mm/min，刀盘扭矩<500kN·m，刀盘转速控制在 0.8r/min 左右，刀盘贯入度控制在<10mm/r，尽可能让刀盘刀具与地墙混凝土面贴合匀称，避免推力过大导致大块洞门混凝土塌落。当刀盘进入地墙 30cm 后，依实际扭矩工况适当提高底部分区推力，加大地墙碎裂程度。

9.3.2.4　钢套筒内掘进

待盾构磨穿地墙洞门，刀盘进入钢套筒后，盾构机正常掘进，并且确保土压和出土量，此段掘进时需注意以下事项：

（1）参数设置：推速小于 5mm/min；推力小于 8000kN，视实际推力大小，以不超过此值为原则；盾构机在钢套筒内掘进过程中，要确保与外界联系，密切观察钢套筒的情况，一旦发现变形量超量或有渗漏时，必须立即停止掘进，及时采取补救措施。

（2）根据钢套筒压力表的读数，及时调整推进压力，避免推进压力过大，视情况可实行无压掘进，同时巡视钢套筒密封处的渗漏情况；压力过大时，可打开钢套筒后板盖上的排浆口以卸压。

（3）进套筒时姿态控制：以实际测量的钢套筒安装中心线为准，控制盾构机姿态，要求中心线偏差控制在±2cm 之内。

（4）在管片上预留的注浆孔向管片外侧注双液浆，及时施作环箍，有效封堵开挖土体与管片外壳之间渗漏通道，防止盾尾后的水进入盾尾前方。双液浆的配合比为水玻璃：水泥浆＝1：1.15，水泥浆配合比为 1：1，注浆压力为 0.2～0.25MPa。

（5）盾构完全进入钢套筒

刀盘进入钢套筒正常掘进，待管片拼装完成后，将盾构机推到合适位置停机，及时对管片进行二次注浆及聚氨酯形成封闭环，检查无渗漏后对钢套筒泄压，盾构机完成钢套筒接收，盾构接收现场照片见图 9-27。

图 9-27　盾构接收

9.3.3　钢套筒分解拆除

套筒拆除现场照片见图 9-28，拆除的主要步骤及控制措施如下：

（1）拆除前盾构机千斤顶要先卸力，防止对套筒反力架的顶力；

（2）打开套筒舱门进行部分清理，然后拆除反力架及套筒端盖；

（3）拆除套筒上部，继续部分清理；

（4）最后拆除侧面区域的支架；

（5）拆除时首先要对套筒内压力进行减压到 0，防止套筒内存在气压及水压；

（6）拆除时反力架时要进行割除卸压；

（7）拆除套筒固定螺栓时应注意套筒整体变形情况，存在较大变形时要进行局部加固，然后再拆除。

图 9-28　套筒拆除

9.4　本章总结

富水高压地层盾构接收技术总结如下：

（1）对于地层复杂，含水量较大，端头加固效果不佳的接收情况，钢套筒接收是一种非常安全的接收工艺，以钢构圆环筒在接收端头临空面创造一个密闭空间，空间填充土层，形成反向压力以平衡区间端头富水高压地层土体侧向压力及地下水压，确保盾构接收的安全。

（2）将钢构圆环筒分为上下部及前端封盖，对各构件进行拼装及焊接，分顺序整体吊装上下部及封盖，减少吊装上下井施工工期，加快周转使用速度，提高工效。

（3）盾构钢套筒由多块钢结构组成，可多次循环利用，节省大量的地基加固费用，降低总施工成本，尤其是在过多站的同时能够带来更高的经济效益。

（4）由于采用钢套筒施工，盾构机在钢套筒内掘进难度较大，给盾构机掘进姿态偏差提出更高的要求，需保证实时测量，精确控制土压力，保持水土压力平衡；盾构掘进磨穿围护结构时对刀盘刀具的磨损是一个难以根除的弊端，日后应进一步研究，提出相应的解决办法。

第 10 章　地铁车站耐久性清水混凝土施工技术

10.1　引言

10.1.1　清水混凝土技术发展概况

清水混凝土的使用源于欧美、日等发达国家，英国于 1835 年建造了世界上第一座清水混凝土建筑；第二次世界大战后，清水混凝土建筑结构开始步入市场。采用清水饰面混凝土不仅可以提高建筑物的表观质量，而且能够大大提高工程质量和使用寿命，同时免去了各种装饰涂料的使用，有利于节约资源、保护环境。世界上一些地标性建筑，如悉尼歌剧院、日本国家大剧院、巴黎史前博物馆等世界知名的艺术类公共建筑，均采用这一建筑艺术形式。

在我国，清水混凝土施工技术发展起步较晚，20 世纪 70 年代，清水混凝土主要用于装修装饰中，直到 1997 年，北京市设立了"结构长城杯工程"奖用于推动清水混凝土技术的发展，越来越多的工程师开始认识到清水混凝土的优点，并致力于该技术的研究。之后，我国清水混凝土逐渐应用于工业与民用建筑、市政工程、厂房、机场以及道路桥梁工程等领域，如上海杨浦大桥、北京奥运会建设项目、国家网球馆和上海世博园等工程。但由于我国清水混凝土技术发展较晚，技术不成熟，如模板、表面保护剂以及脱模剂等关键材料和设备大多采用国外进口。

随着绿色建筑的客观需求及可持续发展理念逐步深入人心，工程建设理念实现了从"质量"到"品质"的提升，品质是"质量"＋"品位"的融合，"品位"主要由非技术要素（资源节约、环境友好、以人为本等）的软性"目标"来评价。清水混凝土作为节约能源、环保型的建筑方式，契合地铁工程对工程品位的需求。在地铁的车站工程中，混凝土所处环境特殊，尤其是遭受地下水中腐蚀介质、直流牵引列车导致的杂散电流、岩体及列车振动的荷载作用等多因素的影响，加快了对混凝土结构及钢筋的腐蚀。地铁车站清水混凝土配制、施工及应用除需解决清水混凝土本身技术难题外，还需要解决混凝土耐久性问题，技术难度较大。因此，针对腐蚀性较大的地下环境，开发具有耐久性、抗裂性的清水混凝土技术，对于推广应用清水混凝土技术，建设环保节约型社会具有重要的意义。

10.1.2　依托工程概况

马青路站位于马青路与钟林路交汇处，沿钟林路设置，呈南北走向。车站为地下两层、局部三层岛式车站，双柱三跨闭合框架结构。车站宽 20.7m，长 218m。清水混凝土试验段位于主体结构施工段划分的第三板，见图 10-1，对应轴号 6～8 轴，长度 23.6m，三层结构剖面见图 10-2。清水混凝土为站厅层侧墙及立柱（4 根），设计强度等级为 C45，抗渗等级设计为 P8，侧墙厚度 800mm，立柱截面为矩形，尺寸为 1200mm×700mm，高度约 3.5m。

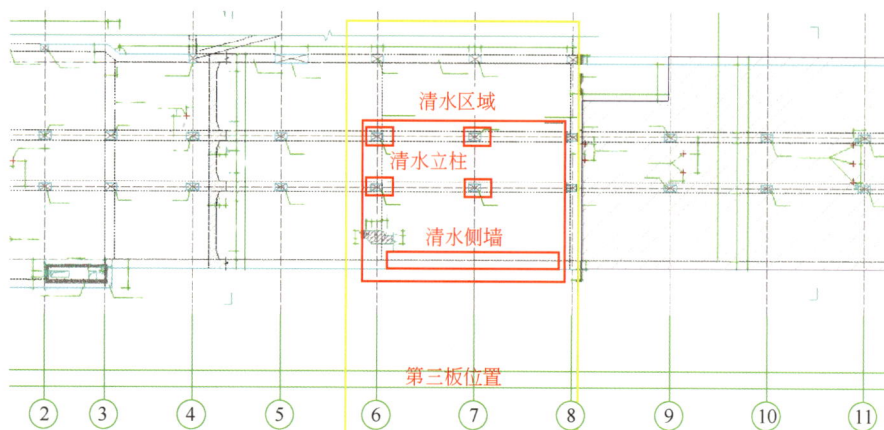

图 10-1　清水试验段位置

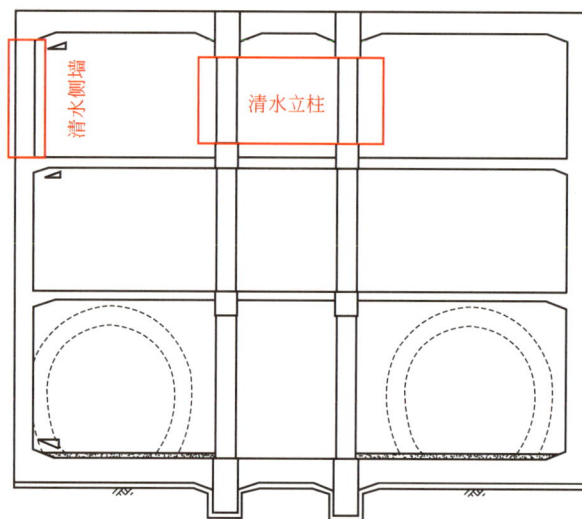

图 10-2　三层结构清水混凝土示意图

车站永久性主体结构设计使用年限为 100 年。马青路站点地下水对混凝土结构具有轻微腐蚀性，底层渗透对混凝土结构具有弱腐蚀性，钢筋混凝土中的钢筋在长期浸水或干湿交替条件下具有微腐蚀性。根据《混凝土结构耐久性设计标准》（GB/T 50476-2019），地下水腐蚀环境作用等级为 V-C。

厦门地铁"马青路站"作为清水混凝土的试点车站，具有较大的技术难度。首先，采用清水混凝土部位牵涉专业面广，如动照、消防、广告等专业，管线、插座及灯箱等预埋件，如何处理预埋件，将影响到清水混凝土的表观质量；其次，地下车站容易受到地下水的腐蚀，当混凝土面湿度大，并且温度较高时，混凝土表面易发霉，需从混凝土自防水、外包防水等各方面进行合理防潮、防水设计，对混凝土耐久性、抗渗性要求较高。

10.1.3　本章主要内容

本章进行清水混凝土配制、施工工艺、耐久性等问题的研究，主要内容包括：

（1）调研厦门地铁车站混凝土所用原材料、配制技术、车站结构适用特点，确定混凝土性能量化参数，根据性能量化参数及试验方法开展多次设计配合比试验，最后确定实验室配合比。

（2）通过现场的模型试验，对模板材料、脱模剂种类、分层厚度、分层时间、振捣时间、拆模时间、养护时间等材料工艺参数进行比选，形成了一套完整的车站高耐久性混凝土配置及施工技术。

（3）将成型的清水混凝土施工工艺应用于依托工程，开展现场试验段研究，通过不断优化最终形成车站高耐久性清水混凝土配制及施工技术。

10.2　清水混凝土室内试验研究

10.2.1　混凝土性能影响因素分析

10.2.1.1　清水混凝土基础配比

采用中交三航厦门预制厂用于实际生产的顶板、侧墙、梁、柱等构件的 C45 混凝土配比作为清水混凝土配比设计的基础，预制厂使用的 C45 配比见表 10-1。

预制厂 C45 配比（单位：kg/m^3）　　　　　　　　　表 10-1

标号	水	水泥	粉煤灰	矿粉	砂	石
C45	148	304	87	43	721	1081

粉煤灰较深的颜色加入混凝土后导致混凝土表面颜色灰暗、无光泽，影响清水混凝土的感官质量。根据其他清水项目的经验，粉煤灰的掺加量一般不超过 10%，且不宜单掺；而对于矿粉来说，其颜色偏白，对提升混凝土的亮度与感官效果具有较大的帮助。考虑清水侧墙厚度较大，属于大体积混凝土，施工时应当考虑温升引起的温度裂缝，应通过适当提高矿物掺合料的比例来降低水泥水化热。因此，单掺矿粉与双掺矿粉、粉煤灰两个系列分别被用来配制清水混凝土，并根据模型试验构件的清水效果确定最终的配比，两个系列配比的关键参数见表 10-2。

C45 清水混凝土基础配比　　　　　　　　　　　　表 10-2

标号	水胶比	胶凝材料用量	粉煤灰掺量	矿粉掺量	密度
C45	0.34	$430kg/m^3$	0～15%	20%～30%	$2380kg/m^3$

10.2.1.2　混凝土性能影响因素分析

通过调整各组分的含量，通过室内试验研究粗骨料堆积状态对混凝土性能的影响、砂率对混凝土性能的影响、三元胶凝体系混凝土性能变化、混凝土外观效果等，得出以下规律：

（1）随着砂率的升高，堆积密度增大，空隙率降低，导致坍落度逐渐增加；砂率为

0.4 左右时，混凝土流动能力最佳；随着砂率的继续增大，骨料比表面积增加，混凝土坍落度降低；粗骨料的堆积密度、比表面积和粒径共同影响新拌混凝土的流动性和流动性能。5～10 mm 粒径段的骨料能够显著影响混合粗骨料的堆积密度和比表面积，使其对混凝土的流动性影响较大，综合考虑混合粗骨料的堆积密度、比表面积和混凝土的坍落度、倒筒时间，确定粗骨料的最佳组成为 5～10mm：5～25mm＝10％：90％。

（2）随着水胶比及胶凝材料的增加混凝土的倒筒时间和坍落度都有一定程度的增加，且当胶凝材料用量较高时，倒筒时间对水胶比的变化更为明显；单纯地提高水胶比并不能明显地提高混凝土的坍落度，但可以降低混凝土的倒筒时间。

（3）利用极端端点试验设计方法研究了水泥-矿粉-粉煤灰三元胶凝体系对混凝土坍落度、倒筒时间及强度的影响，结果表明，单掺 30％的矿粉以及双掺矿粉 25％和 10％左右的粉煤灰能够使混凝土的坍落度、倒筒时间、强度满足清水混凝土的要求。

（4）矿粉掺量对混凝土外观影响不明显，当粉煤灰掺量低于 10％时，对混凝土外观影响不明显，当达到 15％时，混凝土外观较为暗淡。

（5）脱模剂对清水混凝土的外观影响较为明显，其中，油性脱模剂混凝土外观暗淡无光泽，且小气泡较多，不利于外观控制；水性脱模剂在外观及气泡控制方面应用效果良好，且水性脱模剂稀释比例 1：2 的效果混凝土的气泡参数能达到最为理想水平。

（6）脱模剂的成膜时间控制在 90min 以上，涂刷方式应当采用毛巾蘸取脱模剂后在用干毛巾重新刷涂一遍；振捣时间不宜低于 30s。

根据上述研究结论，可应用于清水混凝体配合比的设计提供参考。

10.2.2 清水混凝土配合比设计

10.2.2.1 配合比的设计原则

在常规的普通混凝土配合比设计中，除水胶比可通过力学强度和耐久性进行定量确定外，其余配合比参数均是通过经验确定的。本节所提出的组成设计方法虽然也属于半定量法，但与常规配合比设计方法存在本质的区别。以下讲述基于清水混凝土外观及耐久性控制的配合比设计原则。

1. 水胶比

水胶比是混凝土配合比设计过程中的重要参数，不仅决定新拌混凝土的工作性能，还影响硬化混凝土的力学性能和耐久性能，本次设计中的水胶比由力学强度、耐久性能和经验共同确定。

2. 骨料比例

根据富余浆体理论，新拌混凝土可看作是粗细骨料分散于浆体相中的多相分散流体，粗骨料之间的空隙由细骨料填充，细骨料之间的空隙则由水泥浆体填充。在水泥浆体含量一定时，粗细骨料之间的堆积密度越高，填充颗粒空隙所需的水泥浆体越少，富余浆体厚度越高，骨料颗粒的间距增大，降低了颗粒间的摩擦力和咬合作用力，理论上能够改善混凝土的流动性能，但由于堆积密度的升高也增加固体颗粒间的接触，增大摩擦阻力，从而对混凝土的流变性能产生不利影响。因此，本次设计中粗骨料的组成设计首先按照最紧密堆积原理，采用不同级配碎石混合容重法得到不同比例混合时的容重，然后通过砂率、三粒级粗骨料与坍落度及倒筒时间的关系确定最佳砂率和粗骨料的比例。

3. 胶凝材料用量

新拌混凝土中的水泥浆体主要由两部分组成，其中一部分浆体填充骨料颗粒之间的空隙，另一部分浆体包裹骨料表面，并将骨料分开，提供流动性，称之为富余浆体。通过计算粗细骨料之间的空隙和骨料比表面积，再根据富余浆体厚度与混凝土流动能力的关系，能够确定在良好流动性能和稳定性下适宜的富余浆体厚度，若采用掺合料取代水泥时，可适当降低富余浆体厚度，从而确定适宜的总胶凝材料用量。

4. 矿物掺合料种类及掺量

为改善混凝土的各项性能，降低水泥用量和碳排放，节约生产成本，常采用辅助胶凝材料取代水泥。通过极端端点设计法建立辅助胶凝材料用量与混凝土流动能力及抗压强度之间的关系，在满足混凝土良好的工作性能和抗压强度下根据三元胶凝组成与流动参数的关系来确定各辅助胶凝材料的用量。

10.2.2.2　配合比的设计步骤

1. 水胶比

对于 C45 混凝土，标准差 δ 可控制为 5MPa，根据水胶比计算公式：

$$\frac{W}{B} = \frac{\alpha_a f_{ce}}{f_{cu,o} + \alpha_a \alpha_b f_{ce}} \tag{10-1}$$

式中，$\alpha_a = 0.53$，$\alpha_b = 0.02$，f_{ce} 为 30％矿粉掺量的水泥胶砂 28d 强度实测值 36.7MPa。

代入上式计算得到的水胶比为 0.36。根据前面研究结果，水胶比不超过 0.38 几乎都可以满足混凝土强度的要求，水胶比在 0.35 附近混凝土的流动能力最佳，因此可将水胶比定为 0.35。

2. 粗骨料比例及砂率

砂率较低，砂浆层厚度高，混凝土包裹性及保水性交叉，砂率较高砂浆层较小，混凝土流动能较差，砂率在 0.39～0.42 之间，混凝土整体状态最佳，因此可将混凝土的砂率定为 40％；对于骨料级配，粗骨料级配的选择不能仅考虑堆积密度，还需考虑比表面积，根据骨料比例研究结果，粗骨料的掺加比例控制在 10％时，混凝土状态良好。

3. 胶凝材料用量

根据水胶比-胶凝材料用量研究结果，胶凝材料用量范围为 410～430kg/m³，在配合比选择中将其定为 420kg/m³。

4. 矿物掺合料种类及比例

保持水胶比、胶凝材料总量和砂率不变，采用极端端点设计法设计三元胶凝材料体系的混凝土，建立水泥-粉煤灰-矿粉三元胶凝材料组成与坍落度、流动能力和力学强度的关系，为使矿物掺合料达到改善混凝土流动性能的效果，在保证硬化混凝土的早期强度时应缩短倒筒时间，同时考虑混凝土粉煤灰对混凝土外观的影响，最佳粉煤灰和矿粉掺量分别可取 25％和 10％，而单掺矿粉的比例需要考虑侧墙的抗裂防水，尽可能降低水化热，矿粉应尽量多掺，在本配比中可选择 30％。

10.2.2.3　配合比的适配及调整

根据以上分析，C45 混凝土配合比的水胶比为 0.35，胶凝材料用量 420kg/m³，砂率为 40％，粗骨料比例（5～10mm）：（5～25mm）=1:9，混凝土容重 2380kg/m³（根据搅拌站当时正在生产的管片配比确定），单掺矿粉比例为 30％，双掺矿粉 25％和粉煤灰

10％，两个系列的混凝土配合比见表 10-3。

C45 清水混凝土初步配比（单位：kg/m³）　　　　表 10-3

系列	水泥	矿粉	粉煤灰	水	砂	石
双掺系列	273	105	42	147	725	1088
单掺系列	294	126		147	725	1088

根据以上配比进行 30L 混凝土的适配，得到的混凝土坍落度为 200mm，扩展度 450/440mm，倒筒时间 8s，整体稍显松散。通过降低用水量，提高混凝土的单方胶凝材料至 430kg/m³，重新调整后的混凝土配比见表 10-4，性能测试结果见表 10-5。

C45 混凝土优化配比（单位：kg/m³）　　　　表 10-4

系列	水泥	矿粉	粉煤灰	水	砂	石
双掺系列	280	108	43	148	721	1081
单掺系列	301	129		148	721	1081

混凝土性能测试结果　　　　表 10-5

性能指标	性能参数	
	单掺系列	双掺系列
坍落度(mm)	200	210
扩展度(mm)	470/460	460/480
含气量(％)	2.7	2.1
倒筒时间(s)	7	5
3d 强度(MPa)	46.8	42.4
7d 强度(MPa)	60.4	56.5

通过表 10-5 可以看出，两个系列的混凝土关键性能参数均满足混凝土要求，外观效果见图 10-3，混凝土表面几乎没有色差，气泡数量及直径满足要求。因此，优化后的混凝土配合比可用于现场模型的浇筑。

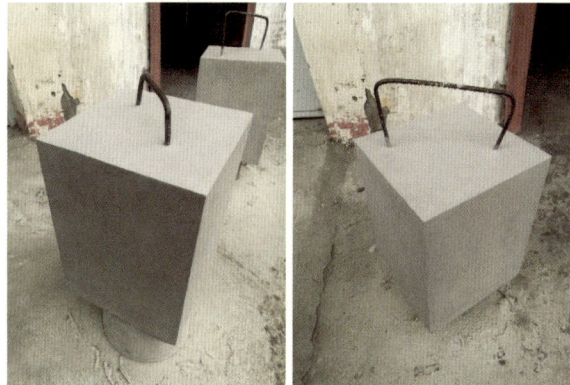

(a) 单掺矿粉外观　　　　(b) 双掺矿粉和粉煤灰外观

图 10-3　混凝土方模外观

10.3　清水混凝土模型试验研究

模型试验是清水混凝土正式施工前必不可少的一个环节。清水混凝土不仅仅对混凝土本身有较高要求，更多的是对现场施工工艺的更高要求。为达到良好的外观效果，需要在混凝土原材料选择及质量控制、混凝土配合比优化设计及生产质量控制、模板选择及体系设计、混凝土浇筑振捣工艺、混凝土养护工艺、成品保护以及表面保护剂选择及工艺等每个环节进行针对性研究，其中模型试验是室内试验的总结和提炼，验证室内配比，并且可以在更大程度上模拟现场施工环境，对清水混凝土模板工程、钢筋工程及混凝土工程的施工工艺进行更为详细的研究。

10.3.1　模型试验方案

10.3.1.1　模型试验方案

1. 模型尺寸

采用 1800mm×1220mm×200mm 的模型浇筑，浇筑高度 1200mm。

2. 混凝土方案

混凝土性能主要研究配合比、混凝土生产和运输，具体参数对比研究方案见表 10-6。

混凝土对比参数　　　　　　　　表 10-6

对比参数	分项	备注
配合比	坍落度	以外观气泡、施工能力作为考查标准
	外加剂	保坍能力、与混凝土的适应性
混凝土生产和运输	混凝土出机等待时间	混凝土出机到失去工作性持续时间
	工作性调整	混凝土工作性不足外加剂掺量调整

3. 模板方案

模板对混凝土清水混凝土性能影响的关键参数有模板材料、止浆措施、对拉螺杆、脱模剂，具体对比研究方案见表 10-7。

模板参数对比方案　　　　　　　　表 10-7

对比参数	分项	备注
模板材料	木模板、高分子材料模板	验证模板是否可以达到清水效果
止浆措施	拼缝止浆、底部止浆、对拉螺杆孔止浆	止浆质量的好坏对清水混凝土外观会产生十分明显的影响；在需要止浆部位粘贴止浆条并配合玻璃胶处理
对拉螺杆	高强、间距	确保对拉时模板不会发生过变形
脱模剂	油性和水性、涂刷方式、厚度、成膜时间	优选出最优的脱模剂以及施工工艺

4. 施工工艺方案

混凝土施工工艺研究参数主要有坍落度、分层厚度、振捣方式、拆模时间以及顶部养护方式，具体对比研究参数见表 10-8。

施工工艺对比研究方案 表 10-8

验证工艺	参数设置
坍落度	180～220mm
分层厚度	400mm
振捣棒的选择	50mm
振捣时间	不同振捣时间、振捣棒提棒速度
振捣间距	250～300mm
振捣方式	沿墙长度方向单排振捣
拆模时间	1～3d
顶部养护方式	顶部覆盖润湿土工布和蓄水养护

5. 保护剂方案

清水混凝土保护剂可以对成品进行保护，延长清水混凝土使用寿命，降低混凝土后期的维护费用等。保护剂的优选由厂家到现场在模型上进行试涂，综合考察模型的最终效果，对比方案见表 10-9。

保护剂对比方案 表 10-9

对比参数	分项	备注
保护剂厂家	菊水化工	对比材料、施工效果
施工工艺	施工方式、工序	体现混凝土的本体质感，不做仿清水
气泡、色差、缺陷	大小、个数	对局部的气孔、缺陷和色差适度调整；在同一视觉范围内，混凝土不存在色差，整体闭合感强
防污效果	防涂鸦、防水	清水混凝土表面污物易清理但不损害保护层

10.3.1.2 模型试验技术路线

模型试验技术路线见图 10-4。

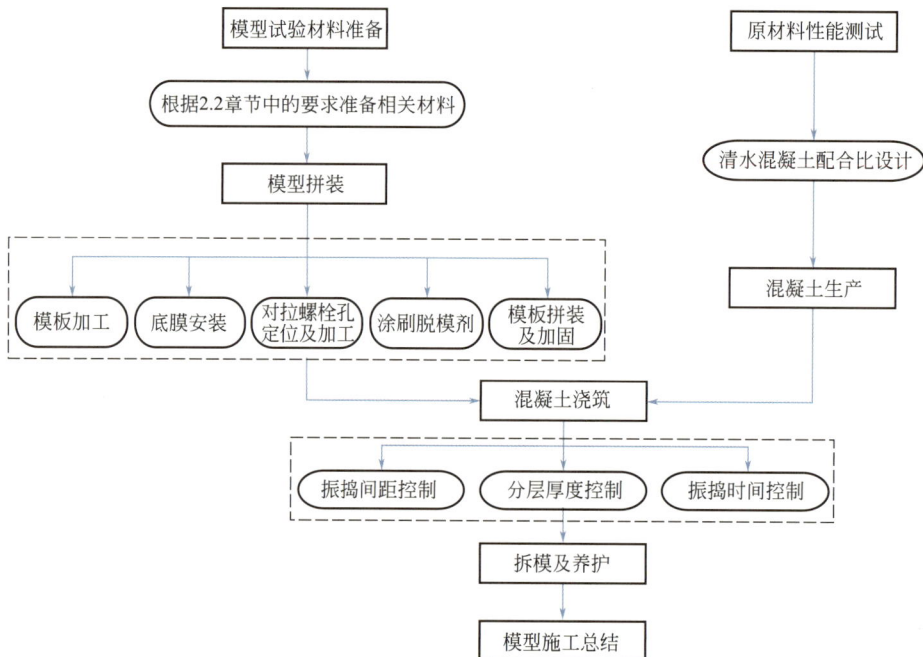

图 10-4 模型试验流程图

10.3.1.3　模型试验对比研究方案

首次模型试验浇筑两个模型，模型编号为 M-1、M-2，对比参数见表 10-10。

首次模型对比参数　　　　　　　　　　　表 10-10

模型编号		M-1	M-2
混凝土配比		C45 单掺系列	
模板		木模板	高分子材料模板
脱模剂	种类	A 面油性,B 面水性	A 面油性,B 面水性
	涂刷方式	擦涂	擦涂
分层厚度		400mm	400mm
振捣间距		300mm	300mm
振捣时间		稳振 35s＋提棒 15s	稳振 35s＋提棒 15s
拆模时间		2d	2d
养护方式		覆水养护	覆水养护

其中，模型较大面积的两面为 A、B 面，较小两个面为 C、D 面，见图 10-5。模型的编号由清水小组技术人员在模板加固完成后进行标记，加以区分。

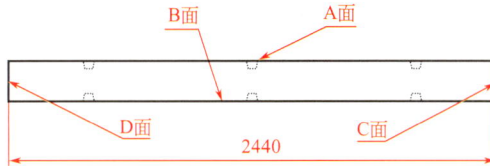

图 10-5　模型板面编号划分（单位：mm）

二次试验浇筑两个模型，编号 M-3、M-4，采用双掺系列的 C45 清水混凝土配比，见表 10-11。模型试验的流程与第一次类似。

C45 混凝土优化配比（单位：kg/m³）　　　　　表 10-11

系列	水泥	矿粉	粉煤灰	水	砂	石
双掺系列	301	129		148	721	1081

10.3.2　模型试验结果分析

10.3.2.1　四个模型总体情况

模型整体外观色差、气泡、水纹、漏浆、浮浆和顶部裂缝情况见表 10-12。相对于第一次模型浇筑，第二次模型浇筑在混凝土性能调试、现场工人协调效率、工人操作水平方面都有明显的提升，模型浇筑流程进展顺利，混凝土状态从初始到结束基本无太大变化，模型的整体效果有较为明显的提升，达到了清水混凝土的要求。模型 M-1～M-4 试验照片分别见图 10-6。

清水混凝土模型试验整体效果 表 10-12

模型编号	M-1	M-2	M-3	M-4	备注
是否基本满足清水混凝土要求	适度调整	是	是	是	
止浆和烂根效果	漏浆	良好	良好	良好	已基本确定施工工艺参数
色差	较少	无	无	较少	M-1 和 M-4 为高分子材料模板
水纹	底部少量	无	无	无	M-1 水纹；M-2 模板表面覆膜被振捣棒振坏
浮浆	较多	少	较多	少	M-1 坍落度出机较大
气泡	一般	较少	很少	较少	顶层坍落度损失较大
顶部裂缝	无	无	无	无	顶部覆水养护

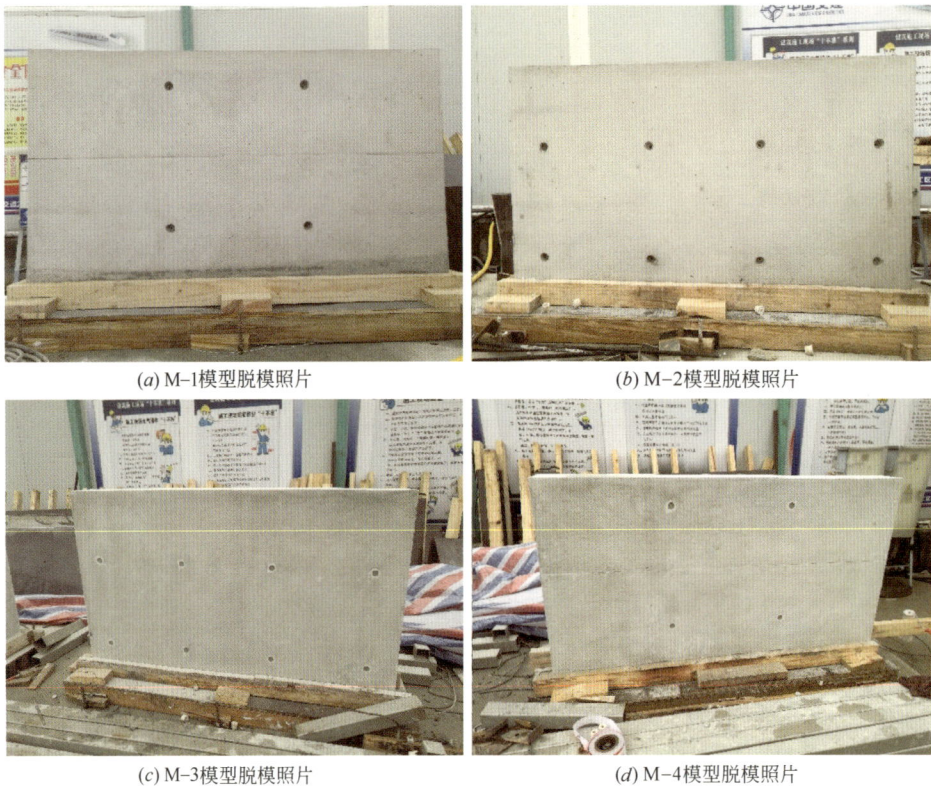

(a) M-1模型脱模照片　　　　　　　(b) M-2模型脱模照片

(c) M-3模型脱模照片　　　　　　　(d) M-4模型脱模照片

图 10-6　四个模型整体效果

10.3.2.2　混凝土参数对比

四个模型的混凝土相关参数见表 10-13。混凝土坍落度对混凝土外观气泡影响的结果见图 10-7。

模型试验混凝土相关参数 表 10-13

模型编号	M-1	M-2	M-3	M-4
配合比系列	单掺系列	单掺系列	双掺系列	双掺系列
减水剂种类	高效聚羧酸系	高效聚羧酸系	高效聚羧酸系	高效聚羧酸系
坍落度（mm）	210	210	200	200
坍落度滞后	明显	明显	无	无
搅拌时间（s）	90	90	90	90

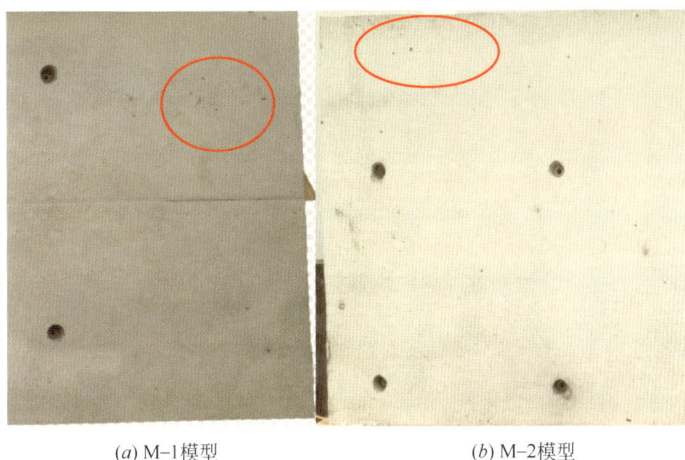

(a) M-1模型　　　　　　　　　　　　　(b) M-2模型

图 10-7　模型顶部气泡

　　首次混凝土浇筑时现场准备不够充分，导致混凝土在现场等待约有 40min，刚开始浇筑的混凝土坍落度有 210mm，浇筑到最后一层坍落度仅有 160mm 左右，混凝土坍落度损失 50mm，对混凝土的流动能力产生了明显的影响，导致混凝土气泡不易排出，顶部气泡较多。

　　第二次模型浇筑时，混凝土到现场后立即浇筑，出机坍落度 200mm，浇筑到后期坍落度 190mm，坍落度损失 10mm，混凝土的流动能力没有明显变化，模型整体的气泡比较均匀，没有出现明显的区域富集现象，模型整体感官较好。可以看出，混凝土的坍落度控制在 200±20mm 以内对气泡的排出较为有利，保证每车混凝土从开始到结束的坍落度变化不超过 40mm，浇筑整体不会出现明显的分层和气泡富集现象。

　　在配合比方面，两次浇筑模型的外观无明显区别，第二次的配比中加入了一定量的粉煤灰，混凝土表面的气泡有所减少。

10.3.2.3　模板材料

　　不同模型所使用的模板材料见表 10-14。高分子材料模板浇筑的模型效果见图 10-8，木模板材料模型浇筑效果见图 10-9。

模板对比　　　　　　　　　　　　　　表 10-14

模型编号	M-1	M-2	M-3	M-4
模板材料	高分子材料	木模板	高分子材料	木模板

图 10-8　高分子材料模板混凝土外观

图 10-9　木模板混凝土外观

两次模型浇筑的结果都表明，高分子材料模板在排气泡、模型表面光滑度方面不如木模板。高分子材料模板的优势在于是厂家定制，其尺寸准确，并且厂家配有专用的安装流程与工具，见图 10-10（a），高分子材料模板的安装时间比木模板安装时间约节省一半。另外，高分子材料模板质地较硬，且柔性大，在受到振动棒撞击后模型表面不会出现如图 10-9 中所示的痕迹，但高分子模板受热后容易变形，在混凝土表面留下规律性的花纹，见图 10-10（b）。

(a) 高分子材料模板安装　　　(b) 高分子材料模板造成的混凝土表面痕迹

图 10-10　高分子材料模板

10.3.2.4　振捣间距及振捣方式对比

不同模型的振捣方式和振捣间距的对比见表 10-15。

振捣间距及振捣方式对比　　　　　　　　　　　　　　　　表 10-15

模型编号	M-1	M-2	M-3	M-4
振捣间距	300mm	300mm	300mm	250mm
振捣方式	快插慢拔	快插慢拔	快插，三段提棒	快插，三段提棒

高分子材料模板在第一次浇筑后发现气泡较多，因此，考虑在第二次模型浇筑过程中将高分子材料模板的振捣间距由 300mm 缩短为 250mm；另外，在提棒方式方面，由原来的连续提棒改为三次提棒，每次提棒距离 1/3，稳定 5s，第三次稳振完成后提出。

通过图 10-8、图 10-9 可以看出，高分子材料模板改变振捣间距和振捣时间后，表面气泡有一定程度的降低，表面的观感质量也有一定程度的改善；木模板模型在改变振捣方式后，表面气泡也有较为明显的下降，表面的光滑度有所提升。

10.3.3　混凝土保护剂施工

清水混凝土工程的外表面可采用透明保护剂或着色透明保护剂喷涂，选择的保护剂应对混凝土表面有良好的黏结性，在露天环境下有良好的耐老化性，且对混凝土无腐蚀性。混凝土保护剂的涂刷应当由其厂家提供的专业人员进行操作。

1. 基面处理

首先除去附在混凝土表明的浮物，如混凝土反碱，未硬化的水泥和砂浆等，达到初步清洁程度；然后用稀料洗去附在混凝土表明的油污、脱模剂等有机物质，使混凝土颜色基本一致；最后用 $180^\#\sim240^\#$ 的细砂纸对表面进行打磨。

2. 表面修补

对于混凝土表面的缺陷，确实需要修补时，应尽可能减少修补的数量和部位。根据不同的缺陷采用不同的修补方法。清水混凝土修补工序中最为关键的一个环节，即混凝土基层处理，混凝土基层经过处理后，表面平整颜色应达到大致均一，无大于 5mm 以上的孔洞，无大于 0.5mm 以上的裂缝，错台部位高度差小于 3mm，无明显的修补痕迹，混凝土表面原有机理依稀可见，颜色从整体看大致均匀。

采用水泥砂浆或净浆对混凝土面进行修补，修补完成后进行检查，如发现颜色太深的部位，用粗砂纸（$180^\#$）打掉，重新以较浅颜色修补，等修补材料完全干燥后，再用较细的砂纸（$240^\#\sim300^\#$）打磨，直到墙面平滑，修补痕迹大致消失；最后用清水清洗整个表面，并使其干燥。在补修、清理后至涂装前，对于容易脏的地方，可用塑料布盖起来养护。

3. 保护剂喷涂

（1）底涂：采用滚涂方式施工两遍，滚涂时应完全覆盖，否则在墙体渗水情况下，容易造成涂膜破裂，导致涂膜耐久性下降，经底涂后，构件表面颜色稍稍加深，现场照片见图 10-11。

图 10-11　底涂

（2）中涂：采用滚涂方式施工一遍，中间层是底漆层与面层间的过渡层，起到增强面层与底层粘结作用。经过中涂后墙面颜色较上个步骤更为加深，立体感增强。

（3）面层：面层采用水性氟树脂滚涂两遍，对颜色较深的混凝土表面，可采取多喷一遍的方法，使表面颜色及质感更加一致。经面涂后，表面装饰效果明显，形成稳定均匀的保护膜，整体上观察墙面平整、洁净，颜色均匀、无色差，并隐约保持混凝土原有的表面机理效果，通过墙体表面防水测试达到不渗水。用水泼到墙面，颜色无任何变化，不变深和不变湿，墙面水成水滴状落下。

10.3.4　模型成品效果及施工工艺参数

10.3.4.1　清水混凝土成品效果

成品混凝土效果见图 10-12，可以看出，成品混凝土质感好，表面光滑，纹理清晰，气泡满足要求，能够体现出"清水"的效果。

图 10-12　模型成品效果

10.3.4.2　清水混凝土施工工艺参数

清水模型最终的成品效果达到了清水的高要求标准，其初步施工工艺参数总结见表 10-16。

初步清水混凝土施工工艺参数　　　　　　　　　　　　表 10-16

项次	指标	技术要求	项次	指标	技术要求
1	搅拌时间	≥90s	8	振捣时间	50s
2	坍落度	(200±20)mm	9	振捣点间距	30cm
3	倒筒时间	≤15s	10	分层厚度	40cm
4	含气量	1%～3%	11	拆模时间	2d
5	出料到浇筑结束时间	≤120min	12	养护时间	≥14d
6	下料高度	≤100cm	13	保湿养护材料	带膜土工布
7	分层间隔时间	<40min			

10.4　清水混凝土施工技术

现场正式施工环境与模型试验不同，施工工艺参数也可能会发生变化，应根据现场实际情况对施工工艺参数进行适当的调整，确保现场清水混凝土为精品。下面详细介绍实际工程中清水混凝土施工中的钢筋工程、模板工程及混凝土浇筑等工艺。

10.4.1　钢筋工程

清水混凝土的钢筋加工与普通混凝土相同，施工工艺主要概述如下：

（1）钢筋安装前保证钢筋表面洁净，受污染的钢筋不得使用，钢筋经除锈以及去污染后其截面面积及性质应符合设计要求。

（2）绑扎丝选用 20～22 号且无锈的火烧丝，每一竖向筋与水平筋交叉点均应绑扎，绑扎丝拧紧应不小于两圈，且成八字形紧固，绑扎丝头均应朝向界面中心（图 10-13），避免深入保护层中外露于混凝土表面，影响外观。

（3）各部位中采用同相应混凝土构件强度等级，并且颜色接近的素混凝土垫块来控制主筋保护层厚度；保护层垫块安装应稳固，保证垫块与模板接触为点接触或线接触。

（4）模板安装完成后，钢筋接头焊接时，应设置避免焊接火花、热焊渣烧伤模板的措施，且应及时清理留置在模板上的焊渣，避免造成梁、板底面形成锈斑。

（5）对于天气等不可抗拒原因造成的施工延期而导致钢筋生锈，需要进行除锈处理，如严重锈蚀的钢筋则需要更换并重新绑扎，如图 10-13 所示。

（6）长时间外露钢筋，需要通过塑料管保护或涂刷水泥净浆防锈，并用防水油布覆盖，如图 10-14 所示。

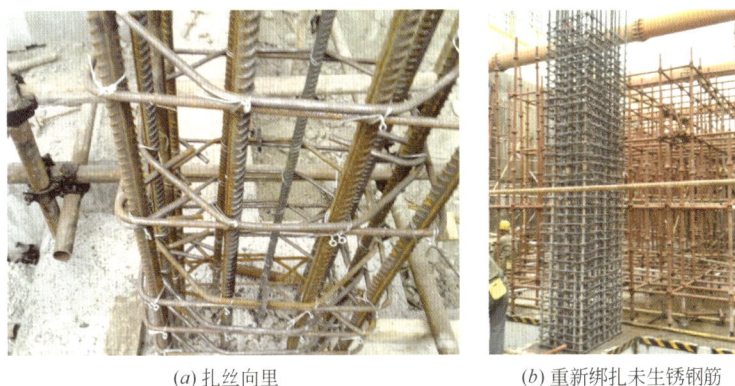

(a) 扎丝向里　　　　　　　　　　(b) 重新绑扎未生锈钢筋

图 10-13　钢筋绑扎

(a) 钢筋刷水泥浆防锈　　　　　　(b) 覆盖防水油布防水

图 10-14　外露钢筋保护

10.4.2　模板工程

10.4.2.1　立柱双层模板工艺

考虑到清水混凝土对构件尺寸要求较高，同时为保护清水模板，增加模板的使用次数，清水立柱采用双层模板工艺。内侧模板采用国外进口清水维萨模板，尺寸 1220mm×

2440mm×18mm；外侧模板采用普通木模板，尺寸 1220mm×2440mm×15mm。衬板与维萨板之间错位设计，侧边模板在拼装完成后可以相互挤压，减少模板拼接位置漏浆的概率。衬板与面板之间用自攻螺钉连接，自攻螺钉穿过衬板到达清水板厚度的 1/2 位置，双层模板加工及安装示意图见图 10-15。

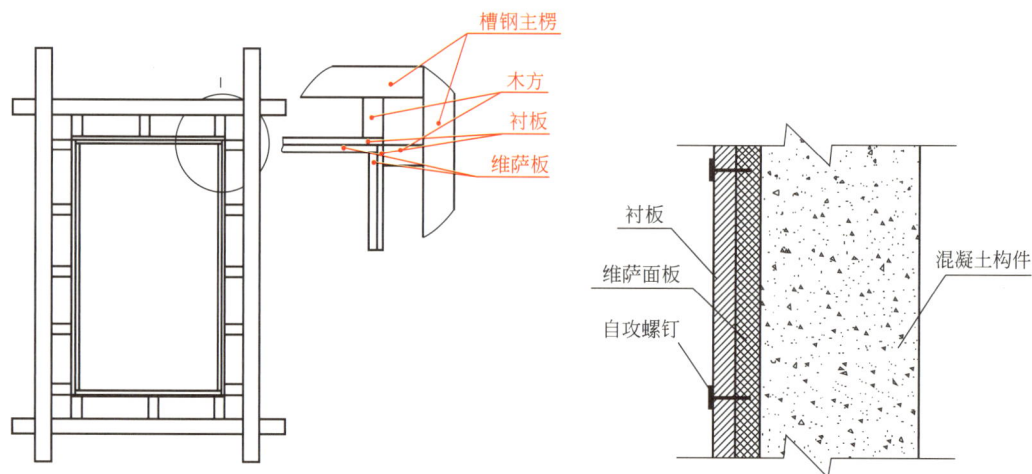

图 10-15　双层模板加工及安装

10.4.2.2　侧墙模板工艺

侧墙模板采用钢模板对贴维萨清水模板方案，清水模板与钢模板采用强力胶和自攻螺钉固定。模板安装前在钢模板背部打孔用于安装固定螺钉，孔直径稍大于螺钉，间距 300mm，成梅花点状布置；钢模板宽 1800mm，因此，清水模板需要剪裁成 1220mm×1800mm 的尺寸，切口涂刷防水漆；清水模板和钢模板背部涂抹强力免钉胶，避免固定后发生松动等现象。侧墙模板底部在台口位置粘贴 5mm 厚度止浆条，同时在模板拼装过程中在模板内侧打密封胶进行二次止浆，混凝土浇筑前先浇筑砂浆层，完成底部三重止浆措施。模板安装过程中现场照片见图 10-16。

(a) 钢模板与清水模板打强力胶　　(b) 自攻螺钉固定　　(c) 模板成品及保护

图 10-16　清水墙模板组装现场照片

10.4.3　混凝土施工

10.4.3.1　混凝土配合比

侧墙混凝土等级为 C45，考虑到此次施工侧墙长度 23.6m，长度较长，为避免侧墙开裂，需要降低混凝土内部的温升，配比采用双掺的配比，见表 10-17。

C45 清水混凝土配比（kg/m³） 　　　　　　　表 10-17

配合比	水泥	矿粉	粉煤灰	水	砂	石
理论配比	273	105	42	147	725	1088
施工配比	273	105	42	102	765	1083

10.4.3.2　混凝土浇筑及养护

（1）下料管下料时，管底部距离上一次混凝土浇筑面高度应小于 1m，管间距 2～3m；遇阴阳角处应距模板面 40～60cm 布设下料点，防止浆体向四周扩散聚拢，导致阴阳角处漏浆或棱线露砂、不光泽；正式浇筑前在侧墙底部先浇筑 5cm 厚砂浆，防止接缝处出现烂根现象。

（2）每两个下料管间设置一个振捣棒，振捣间距 30cm，墙体两侧振捣点错位布置，上下分层浇筑振捣点也错位布置。采用尺量控制振捣间距，采用秒表记录振捣时间。

（3）以 0.4m 为一层进行浇筑，根据分段浇筑长度 23m，计算每层入模混凝土控制在 9.2m³，每车混凝土运输 9m³，不得超运。

（4）浇筑到顶部时，清除表面浮浆，并将准备好的一定量石子均匀撒在混凝土表面并用振捣棒振入混凝土中，根据混凝土状态，在浇筑完成后 1～3h 内对混凝土顶部进行二次振捣，并做收面处理。收面完成后的混凝土表面洒入 1～2cm 的清水进行养护。

（5）厦门在 7～8 月份早晚气温低、中午气温高，容易造成混凝土内部温差变化过大，增加开裂风险。因此，侧墙混凝土拆模后采用保温被覆盖养护，降低混凝土与环境的热交换，减少混凝土内部温度变化速率。

混凝土施工现场照片如图 10-17 所示。

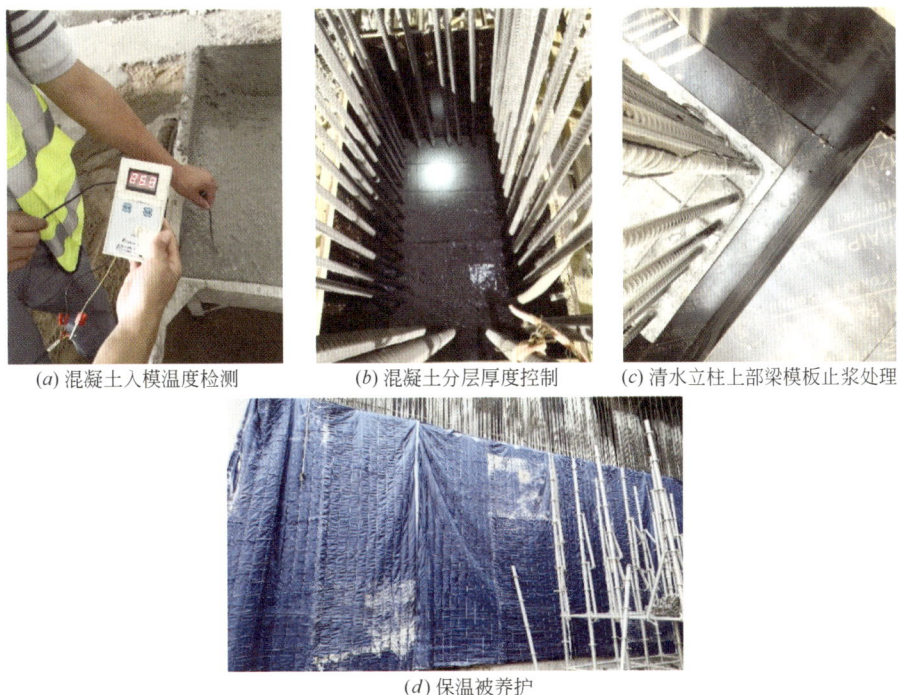

(a) 混凝土入模温度检测　　　　(b) 混凝土分层厚度控制　　　　(c) 清水立柱上部梁模板止浆处理

(d) 保温被养护

图 10-17　混凝土浇筑及养护现场照片

10.5 清水混凝土综合效益分析

10.5.1 施工效果

清水侧墙和清水立柱成品效果见图 10-18，可以看出，清水混凝土立柱和侧墙整体效果偏冷灰色，手感光滑细腻，90％以上气泡直径小于 2mm，禅缝顺直交圈，裂缝宽度由原来的 0.1～0.2mm 降低到 0.07mm，属于无害裂缝。达到了清水混凝土对外观高要求的标准。

(a) 清水立柱   (b) 清水侧墙

图 10-18 清水混凝土成品效果

10.5.2 成本分析

采用耐久性清水混凝土不仅提高了混凝土的表观质量和使用寿命，同时，免去了各种装饰涂料的使用，有利于节约资源、保护环境。以下对清水混凝土的成本进行分析：

（1）清水混凝土原材料成本与本地普通混凝土用原材料相关，若当地地材及粉料性能指标较好，清水混凝土成本并无明显增加，若地材及粉料等材料较差，需添加部分微珠、硅粉以及高性能外加剂等特殊材料，成本混凝土每方增加 10～20 元，厦门地区混凝土材料综合成本预计增加 2％～10％。

（2）综合国内外常用的清水混凝土模板如 PERI、MISA、WISA 的倒用次数及成本分析，比对国内普通模板，同时根据清水混凝土用量及构件情况，模板成本增加约在 5％～15％。

（3）选用国产水性脱模剂，该脱模剂成本较低，且应用效果良好，比对各类常用清水混凝土脱模剂（上海花王、马贝、PERI 等）的价格（元/m²），脱模剂基本不增加成本。

（4）使用进口的保护剂成本每方混凝土增加约 140 元，使用国产优质保护剂产品成本每方混凝土增加约 100 元。

10.6 本章总结

本章以马青路站车站主体结构工程为依托，通过对厦门地铁车站混凝土所用原材料、配制技术、车站结构适用特点的调研，开展多次设计配合比试验，对混凝凝土工作性能关键指标进行研究；通过采用加入抗裂剂、外观改良剂等外加剂的手段，保证混凝土的耐久性，同时极大改善了地下工程清水混凝土的工作性能和外观质量；通过现场的模型试验，对模板材料、脱模剂种类、分层厚度、分层时间、振捣时间、拆模时间、养护时间等材料工艺参数进行比选，形成了一套完整的车站高耐久性混凝土配置及施工技术，得到主要结论如下：

（1）研究了现场用混凝土原材料的各项性能及其对混凝土性能的规律，并采用响应面优化试验设计方法完成了 C45 高耐久性清水混凝土配合比优化设计，该配合比配制出的混凝土各项性能指标均达到关键指标要求。

（2）相同材质模板，水性脱模剂效果优于油性脱模剂（缺点为遇水抗冲刷能力弱），水性脱模剂稀释比应控制在 1：2。清水混凝土施工宜采用木模板施工。钢模板、高分子材料模板在排气泡、表面光滑度方面不如木模板。钢模板涂刷水性脱模剂后如长时间未浇筑，易产生锈渍；高分子材料模板受热后易在混凝土表面留下檩条纹，影响混凝土表观质量。

（3）衬板与维萨板之间错位设计，侧边模板在拼装完成后可以相互挤压，减少模板拼接位置漏浆的概率，侧墙模板底部在台口位置粘贴 5mm 厚度止浆条，同时在模板拼装过程中在模板内侧打密封胶进行二次止浆，混凝土浇筑前先浇筑砂浆层，完成底部三重止浆措施。双层模板施工工艺和对贴钢模板施工工艺在实际应用中均取得良好止浆效果和禅缝效果。

（4）为避免后期混凝土表面产生过多气泡，混凝土分层厚度宜控制在 40cm，振捣间距宜控制在 25～30cm；提棒方式不宜采用连续提棒形式，宜采用三次提棒，每次提棒距离 1/3，稳定 5s，第三次稳振完成后提出。

（5）研究成果应用于马青路站展厅层侧墙和立柱，混凝土整体效果偏冷灰色，手感光滑细腻，90％以上气泡直径小于 2mm，禅缝顺直交圈，达到了清水混凝土对外观高要求的标准。

（6）采用耐久性清水混凝土不仅提高了混凝土结构的表观质量和使用寿命，同时，免去了各种装饰涂料的使用，有利于节约资源、保护环境。

第 11 章　地铁车站大体积混凝土裂缝控制技术

11.1　引言

11.1.1　地铁车站混凝土的裂缝问题

地铁车站混凝土结构多数为纵向长条状多层箱型结构，在其施工浇筑过程中混凝土由于水化反应需要释放处大量的热量，从而使得混凝土在固有干缩特性和环境温度变化（主要是温降）等因素的共同作用下，在内部及边界必定产生较大的收缩变形和徐变，从表观来看就是混凝土出现各种裂缝和变形；此外，由于地铁车站侧墙及顶板受到地基的侧向约束作用，局部变形受到约束，从而在混凝土的内部及边界表面必定会出现较大的拉应力，如果该拉应力超过混凝土的抗拉强度允许值，混凝土的局部就会因拉应力集中而产生各类型有害裂缝，见图 11-1。地铁车站混凝土结构的开裂渗漏现象会危及地铁运营及设备的安全，缩短混凝土结构使用寿命。在施工过程中如何控制混凝土开裂及在后续混凝土结构使用中评估裂缝影响已成为工程界关注的焦点。

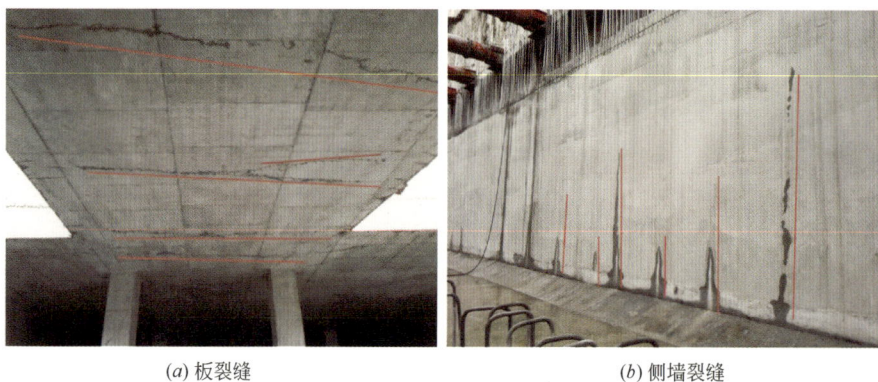

(a) 板裂缝　　　　　　　　　　　　　(b) 侧墙裂缝

图 11-1　某地区地铁车站裂缝

针对车站结构的裂缝控制问题，可以通过混凝土材料以及施工技术两个方面进行控制。在混凝土材料方面，可以通过合理选定混凝土的材料及配合比、添加外加剂和掺合料等。在施工技术方面，影响混凝土开裂的环节主要有混凝土的拌制、振捣、运输、浇筑、养护，还有施工缝、变形缝、伸缩缝的设置等方面。具体来讲，混凝土的拌制、振捣等方面是为了改善混凝土本身的物理性质，尤其是增加其密实性，减少内部微裂缝与微孔洞，从而大大降低宏观裂缝的形成概率。

通过施工技术控制裂缝的常见方法是采用无缝分仓法，指在大体积混凝土结构施工中，在早期温度收缩应力较大的阶段，将超长的混凝土块体分为若干小块体间歇施工，经过短期的应力释放，在后期收缩应力较小的阶段再将若干小块体连成整体，依靠混凝土抗拉强度抵抗后续的温度收缩应力的施工方法。王铁梦教授总结整理几十年的工程实践，推导出一套解决温度应力的方法——"抗"、"放"结合法，这套方法已被应用于国内很多大型工程，但在车站超长大体积混凝土的具体应用方法，仍没有成熟的经验。

混凝土控裂的另一种常见方法是预埋冷却水管法，指在混凝土浇筑之前，预先在混凝土内部架设冷却水管，浇筑完成之后，通过预埋的水管通入冷却水进行内部降温。该方法有一定的控裂效果，但施工操作较为复杂，同时由于需要增加预埋管线的施工流程，工期随之增加，而且一旦预埋管线出现渗漏等问题，将会在大体积混凝土内部产生永久性缺陷，大大影响结构的使用寿命。该方法应用较多，但在车站混凝土中，如何合理设置，起到良好的降温效果，仍是工程建设者需认真研究的问题。

厦门市属于沿海城市，地质水文条件复杂，地下水丰富，氯碱含量较高，地铁车站容易受到地下水侵蚀以及地质土层的应力作用。一旦车站结构产生裂缝，混凝土碳化加速，钢筋保护层破坏，经过地下水与地质土层的作用，地铁车站在后续服役中，其结构安全将受到威胁。

11.1.2　依托工程概况

马青路站为厦门市地铁 2 号线二期第九座车站，位于马青路与钟林路交汇处，沿钟林路设置，呈南北走向。车站为地下二层、局部三层岛式车站，双柱三跨闭合框架结构。车站宽 20.7m，长 218m，二层结构剖面见图 11-2。底板厚 1.0m，侧墙厚 70~80cm，中板厚 40cm，顶板厚 80cm。

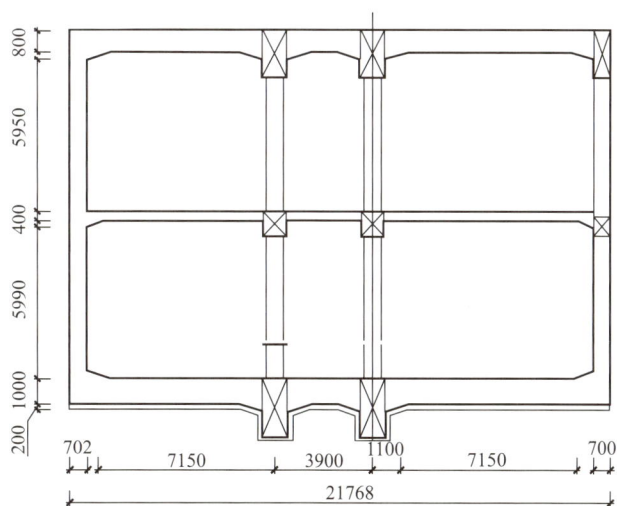

图 11-2　马青路站二层结构（单位：mm）

该地铁车站设计年限为 100 年，车站主体结构采用抗裂防水混凝土，混凝土强度等级为 C45，底板、最下层侧墙抗渗等级 P10，其余抗渗等级 P8。标准段车站浇筑顺序为：底板→侧墙→中板→侧墙→顶板，新浇筑混凝土受老混凝土约束，车站的侧墙及结构板容易产生裂缝。

11.1.3　本章主要内容

结合依托工程，开展地铁车站大体积混凝土裂缝控制技术研究，主要包括：

（1）车站混凝土配合比设计研究

在混凝土中加入氧化镁抗裂剂、水化热抑制剂等新材料进行改性，在混凝土中加入氧化镁抗裂剂、水化热抑制剂等新材料进行改性，开展混凝土的工作性、抗压强度、电通量、水化热、绝热温升、收缩试验等试验，研究车站高抗裂混凝土的工作性、力学性能、变形性能、热学性能和抗裂性能。利用响应面优化试验方法对混凝土配合比设计中的关键参数（胶凝材料用量、水胶比、矿物掺合料比例）进行优化，确定车站混凝土的配合比。

（2）车站混凝土布设冷却水管控裂施工技术研究

根据前期试验研究结果和有限元分析结论，结合地铁车站的结构特点，对温度协同工艺和新材料技术工艺开展裂缝控制技术研究，测试各区域和截面的温度及应变，通过温度协调控制系统进行冷却水管和混凝土内部温度的自动控制。

（3）车站混凝土无缝分仓法施工技术研究

基于无缝分仓法施工原理，对车站主体结构展开计算分析，验算仓块约束应力，根据依托工程平面的特点，结合施工总体部署合理安排施工区段和顺序，探讨施工关键技术措施，分析无缝分仓法应用效果。

11.2　车站混凝土配合比设计研究

11.2.1　混凝土性能影响因素分析

11.2.1.1　原材料选择

水泥选择"春驰水泥"；粉煤灰选Ⅰ级灰；矿粉选用 S95 矿粉；细骨料为中粗砂；粗骨料选择质地和材质较好，表观密度高，含泥量较低，压碎指标也较低的碎石；外加剂为聚羧酸高性能减水剂 Point-S。

11.2.1.2　混凝土性能影响因素分析

在混凝土中加入氧化镁抗裂剂、水化热抑制剂等新材料进行改性，在混凝土中加入氧化镁抗裂剂、水化热抑制剂等新材料进行改性，开展混凝土的工作性、抗压强度、电通量、水化热、绝热温升、收缩试验等试验，研究车站高抗裂混凝土的工作性、力学性能、变形性能、热学性能和抗裂性能。

通过试验研究主要得到以下结论：

（1）试验中各项原材料关键性能测试指标均满足国家标准要求，其中碎石级配不良，通过 5～10mm 和 5～25mm 两种级配的石子，按照 2：8 比例组成的粗集料级配良好。

（2）混凝土新拌性能方面，粉煤灰掺量对混凝土坍落度的影响作用更加显著；矿粉掺入在一定程度上降低了混凝土坍落度；水泥-矿粉-粉煤灰体系对混凝土坍落度交互作用为正的协同效应，即矿物掺合料的加入有利于混凝土工作性的提升；水化热抑制剂对混凝土流动性的抑制作用远超过抗裂剂，因此水化热抑制剂不宜超过 1%，抗裂剂不宜超过 5%。

（3）强度方面，粉煤灰和矿粉在试验条件下均能满足 C45 强度要求，且当矿粉掺量为

10％，粉煤灰掺量为 25％时，混凝土强度达到最大值；抗裂剂掺入在一定程度上不利于混凝土早期强度的发展，但对混凝土 28d 强度有一定的促进作用；水化热抑制剂大幅度降低混凝土 1d 强度，3d 龄期后强度开始快速发展，但 28d 强度仍稍低于基准组。

（4）矿粉掺入会降低混凝土早期的温升，但对混凝土的最终温升影响不明显，粉煤灰掺入可以显著降低混凝土温升，掺量越大混凝土的温升降低效果越明显；抗裂剂掺入会增加混凝土温升，但增加幅度有限，水化热抑制剂能够显著降低混凝土温升，但也会明显降低混凝土的保坍时间。

（5）粉煤灰的掺入可在一定程度上降低混凝土收缩，且随着粉煤灰掺量的增加，混凝土收缩率降低愈发显著；矿粉的加入增加了混凝土收缩，前期混凝土收缩不明显，在 21d 之后混凝土收缩增大；加入抗裂剂后，混凝土收缩从 $400\mu\varepsilon$ 左右降低至 $200\mu\varepsilon$ 左右，效果明显。

（6）矿粉和粉煤灰的掺入都会降低混凝土孔隙率，改善孔结构，有效提高混凝土抗渗性，粉煤灰对混凝土抗渗性的影响要高于矿粉；抗裂剂的微膨胀作用增加了混凝土密实性，使混凝土抗渗性有较为明显的提高，水化热抑制剂对混凝土的抗渗性能影响不明显。

上述结论提供了矿物掺合料的最佳试验范围，为后续混凝土配合比优化提供数据支持。

11.2.2　配合比设计原则与步骤

11.2.2.1　配合比优化设计原则

为使大体积混凝土具有良好的工作性、体积稳定性和抗裂性能，大体积混凝土配合比设计应综合考虑混凝土拌合物工作性能、硬化混凝土力学性能、硬化混凝土耐久性、混凝土温升这四方面的性能指标。简要总结大体积混凝土配合比设计和优化原则如下：

1. 低用水量、低水胶比和低胶凝材料用量

为降低混凝土绝热温升，通过使用高效减水剂，降低单方用水量，配制低水胶比、高性能混凝土，降低混凝土胶凝材料用量。大体积混凝土用水量不宜大于 $165kg/m^3$，大掺量矿物掺合料混凝土水胶比不宜大于 0.42。

2. 低水泥用量、大掺量矿物掺合料

在满足混凝土工作性和强度条件下，尽量减小水泥用量，采用较大掺量的矿物掺合料替代水泥。根据选用的水泥类型和矿物掺合料品质，通过试验确定矿物掺合料的合理掺量。采用 P·Ⅰ 水泥，矿物掺合料总掺量可达胶材 60％～70％，采用 P·Ⅱ 水泥，矿物掺合料总掺量可达胶材 60％～65％，采用 P·O 水泥，矿物掺合料总掺量可达胶材 50％～55％，在矿物掺合料掺量较大时，推荐采用粉煤灰和矿粉混凝土复合使用。

3. 选择合理的砂率实现最大堆积密度

优化混凝土中集料的级配设计，获取最大堆积密度和最小空隙率，以便尽可能减少水泥浆的用量，降低砂率，减少用水量和水泥用量。选择级配合理的粗细骨料，调整合理的砂率以改善混凝土拌合物的工作性，根据拌合物工作状态确定合理砂率。

4. 双掺高效减水剂与矿物掺合料

大掺量矿物掺合料混凝土的高性能必须以较低的水胶比为前提，因此配制大体积混凝土应采用高效减水剂与大掺量矿物掺合料复合使用。

总之，大体积混凝土配合比设计关键的是优化胶材的组成，通过优选骨料，调整合理砂率，发挥外加剂的作用，降低用水量和减少胶凝材料用量。在其他各项性能指标满足设计施工要求的前提下，尽可能降低混凝土的绝热温升，提高大体积混凝土的抗裂性能。

11.2.2.2　配合比优化设计步骤

响应面分析法（Response Surface Methodology，RSM）是用来对所感兴趣的响应受多个变量影响的问题进行建模和分析的，其最终目的是优化该响应值。响应面法通过对指定设计空间内样本点集合进行有限的试验设计，拟合出输出变量（系统响应）的全局逼近来代替真实响应面。在工程优化设计中，应用响应面法不仅可以得到响应目标与设计变量之间的变化关系，而且可以得到优化方案，即设计变量的最优组合，使目标函数达到最优。

本节采用响应面法来优化混凝土配合比设计。具体步骤如下：

（1）试验因素的选取和单因素最优值范围的确定

确定响应面试验设计因素和水平的方法有多种，常用的方法有：利用已有相关文献结果、单因素试验、爬坡试验、两水平因子设计试验等方法。对于大体积混凝土配合比设计参数来说，本次通过文献查找以及前期试验研究，对影响混凝土裂缝性能的参数进行选取。选取的参数包括胶凝材料用量、水胶比、矿物掺合料总量及比例。由于响应面是在一个范围内优化混凝土配合比，那么影响配合比参数的最优值就应在该范围内，否则响应面上会出现无极值的情况，达不到优化目的。因此，一般来说在进行优化试验前，需要确定最优范围，本次采用单因素试验方法确定需要优化的最优范围。

（2）响应面试验的设计

响应面试验设计方法有多种，较为常用的有 Box-Behnken Design（BBD）和 Central Composite Design（CCD）。试验设计中试验点分为中心点、立方点和轴向点，示意图见图 11-3。BBD 是响应面优化法常用的试验设计方法，适用于 2～5 个因素的优化试验。每个因素取 3 个水平，以（−1，0，1）编码，其设计表安排以 0 为中心点，＋1、−1 分别是立方点相对应的高值和低值，三因素的 BBD 设计的试验点分布情况见图 11-4。

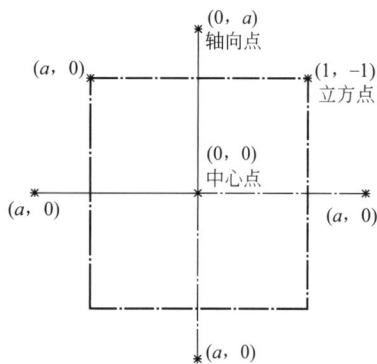

图 11-3　试验设计中的立方点、
轴向点、中心点

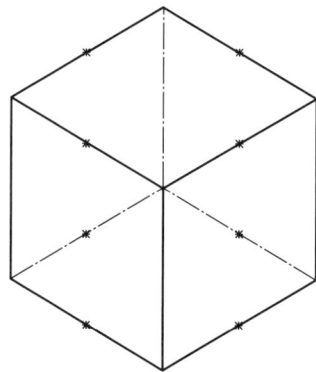

图 11-4　BBD 试验设计试验点
分布情况

CCD 有时也称为星点设计，其设计表是在两水平析因设计的立方点基础上，加上轴向点和中心点构成的。每个因素取 5 个水平，以（0，± 1，$\pm \alpha$）编码，0 为中心点，α 为轴向点对应的极值（$\alpha = 2^{k/4}$，k 为因素数）。

在因素相同时，由于不存在轴向点，BOX-Benhnken 设计的试验次数少而更经济，优化求解出的最优工艺水平值不会超出最高值范围，对某些有特殊需要或安全要求的试验尤为适用。

（3）模型的构建与检验

本节采用 Design-Expert 软件分析试验结果，对线性函数，2FI 模型、二阶模型、三阶模型进行显著性检验，并通过对模型显著性检测、失拟项检测、相关性检验的数据进行对比，推荐适合的模型。

（4）模型求解及验证

通过对响应面曲线和等高线图进行分析，可以直观看出模型存在极值点以及对应最佳参数的范围。

11.2.3　设计试验结果及分析

11.2.3.1　水胶比及胶凝材料用量优化

1. 试验配比

采用 Design-Expert 软件辅助进行试验设计。试验中水胶比的选择范围确定为 0.3～0.4，胶凝材料用量范围为 340～450kg/m^3，矿粉和粉煤灰的掺量都为 10％，考察指标为 28d 强度和 56d 电通量，试验配比见表 11-1。

混凝土配比（kg/m^3）　　　　　　　　表 11-1

水胶比	胶材用量	矿粉掺量	粉煤灰	砂	石	水
0.3	340	34.0	34.0	721	1082	102.0
0.4	340	34.0	34.0	721	1082	136.0
0.3	450	45.0	45.0	721	1082	135.0
0.4	450	45.0	45.0	721	1082	180.0
0.28	395	39.5	39.5	721	1082	110.3
0.42	395	39.5	39.5	721	1082	166.2
0.35	317	31.7	31.7	721	1082	111.0
0.35	473	47.3	47.3	721	1082	165.5
0.35	395	39.5	39.5	721	1082	138.3

2. 结果及分析

本试验中采用方差分析研究胶凝材料用量、水胶比及其之间的相互作用对混凝土强度和电通量的影响结果。

（1）混凝土强度

本次分析在 95％置信度下确定试验参数的统计显著性，方差统计参数见表 11-2。大的 F 值和小的 P 值代表相关系数的显著性。通过方差分析模型的 $Pr > F$ 值 < 0.05 视为模型是显著的，拟合精度好，可利用该响应面近似模型进行后续的优化设计。

响应面方差分析结果　　　　　　　　　　表 11-2

变异来源	平方和 SS	自由度 DF	均方值 MS	F-value	P-value Prob>F
模型	1100.35	3	366.78	91.92	<0.0001
水胶比	990.23	1	990.23	248.16	<0.0001
胶材用量	110.03	1	110.03	27.58	0.0005
交互作用	0.090	1	0.090	0.023	0.8839
残差	35.91	9	3.99		
失拟项	34.56	5	6.91	17.1387	0.0006
纯误差	1.35	4	0.34		
拟合度 R^2	0.9684	PreR^2	0.9093		
AdjR^2	0.9579	AP	28.399		

从表 11-2 可以看出，模型和水胶比的 P-value 小于 0.0001，二者处于显著水平，模型的 F-value 为 91.2，试验误差引起的这种现象仅为 0.01 的概率，由此可以说明模型能够很好地对实际进行预测。胶凝材料用量和二者的相互作用对混凝土强度的贡献不显著。失拟项 F-value 为 17.14，P-value 为 0.0006，大于 0.0005，表明失拟项处于不显著水平，即该模型在被研究的整个回归区域内拟合较好；多元相关系数 R^2 越大，说明相关性越好。

强度与水胶比、胶凝材料用量的拟合方程如下：

$$f = 123.8 - 244.06 \times A + 0.05 \times B + 0.05 \times A \times B \tag{11-1}$$

式中，f 为混凝土强度；A 为水胶比；B 为胶凝材料用量。

从拟合方程中可以看出，混凝土强度与水胶比呈现负相关，与胶凝材料用量呈现正相关，水胶比和胶凝材料的相互作用对强度起到增强作用。从显著水平来说，水胶比系数为 244.06，远远大于胶凝材料二者相互作用的 0.05，这表明混凝土强度的显著影响水平是水胶比，在试验中应当重点考虑。

响应面法根据二次方程模型分别作出试验因素间交互作用的三维立体响应曲面和等高线图，考察某个因素在固定中心值不变情况下，其他因素及其交互作用对混凝土强度的影响，水胶比和胶凝材料的等值线图及响应面见图 11-5。

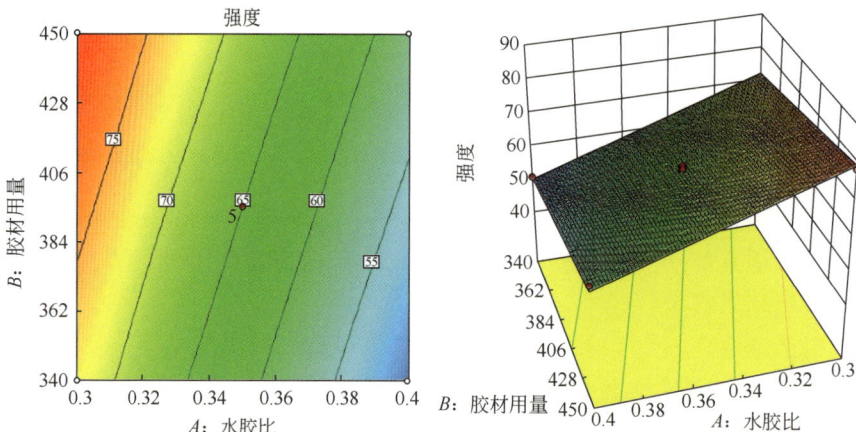

图 11-5　胶凝材料与水胶比等值线及响应面

由图 11-5 可知，沿水胶比方向的曲线变化较快，沿胶凝材料用量方向的曲线变化较慢，这也说明水胶比对混凝土强度的影响较为明显，而胶凝材料用量对强度的影响不明显。

（2）混凝土电通量

在水胶比和胶凝材料用量对混凝土电通量影响方面，方差分析结果见表 11-3。

响应面方差分析结果　　　　表 11-3

变异来源	平方和 SS	自由度 DF	均方值 MS	F-value	P-value Prob>F
模型	319000	5	63804.59	83.06	<0.0001
水胶比 A	353.01	1	353.01	0.46	0.5196
胶材用量 B	47676.07	1	47676.07	62.06	0.0001
AB	6.25	1	6.25	8.136E-003	0.9307
A^2	269200	1	2.692E+005	350.42	<0.0001
B^2	656.23	1	656.23	0.85	0.3861
残差	5377.35	7	768.19		
失拟项	5314.55	3	1771.52	112.84	0.0003
纯误差	62.80	4	15.70		
拟合度 R^2	0.9834	PreR²	0.8832		
AdjR²	0.9716	AP	26		

从表 11-3 可以看出，模型精度、水胶比平方、胶凝材料用量在此次试验中均处于显著水平。

电通量与水胶比和胶材用量的拟合公式如下：

$$C=1430.2+6.64\times A-77.2\times B+1.25\times A\times B+196.71\times A^2+9.71\times B^2 \quad (11-2)$$

式中，C 为混凝土电通量；A 为水胶比；B 为胶凝材料用量。

结合方差的分析结果，从上式中也可以看出，胶凝材料的相关系数为 77.2，水胶比平方的相关系数为 196.7，二者均处于显著水平，且 A^2 对混凝土电通量的影响更加显著。

胶凝材料与水胶比对混凝土电通量影响的等直线及响应面见图 11-6。

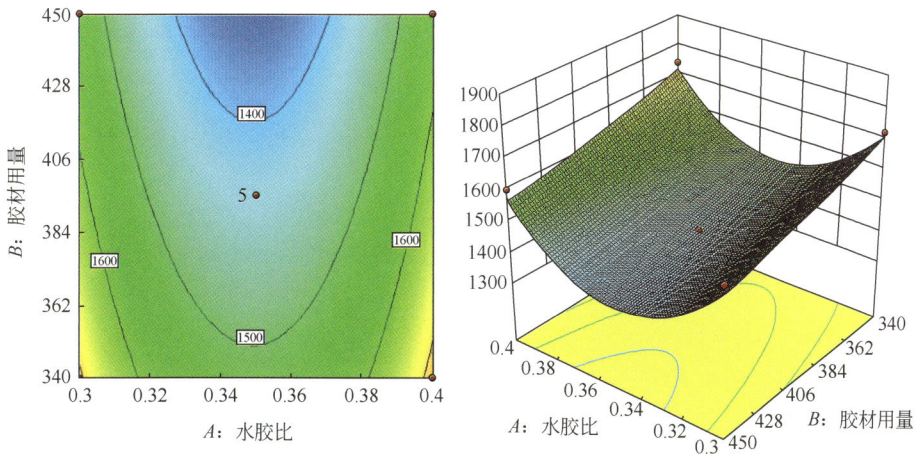

图 11-6　胶凝材料与水胶比等值线及响应面

从图 11-6 可以看出，等值线随水胶比与胶凝材料用量均存在一定的变化关系。其中，同一条等值线与水平方向的直线有两个交点，这表明水胶比对混凝土电通量有双重影响。当水胶比较大或较小时，混凝土电通量都有增加。从影响机理来说，水胶比越大，混凝土内部连通孔隙越多，抗渗性较差，混凝土电通量偏高；水胶比越小，理论上混凝土内部连通孔隙减少，密实度增加，混凝土电通量降低，但事实上当水胶比较小时（小于 0.3），混凝土成型不易密实，成型后在混凝土内部存在较多的截留孔，反而降低了混凝土密实度导致混凝土抗渗性增加。因此，在混凝土配合比设计时不可为提高密实度而一味降低混凝土水胶比。

11.2.3.2 矿物掺合料掺量优化

1. 试验配比

从初步的研究来看，双掺粉煤灰和矿粉对混凝土耐久性及抗裂性能具有较高的效果，因此，此次的试验优化为水泥-粉煤灰-矿粉三元胶凝体系，优化的范围为粉煤灰 10%～30%，矿粉 5%～15%。采用极端顶点的混料设计方法，试验配比见表 11-4。

混料试验设计配比（单位：kg/m³）　　　　　　　　　　　　　　表 11-4

水泥	粉煤灰	矿粉	水	砂	石
313.9	98.4	21.7	146	721	1082
325.5	43.4	65.1	146	721	1082
271.0	130.2	32.8	146	721	1082
311.2	78.2	44.6	146	721	1082
291.2	100.2	42.6	146	721	1082
368.9	43.4	21.7	146	721	1082
339.7	72.6	21.7	146	721	1082
293.2	119.1	21.7	146	721	1082
346.8	43.4	43.8	146	721	1082
238.7	130.2	65.1	146	721	1082
282.0	86.9	65.1	146	721	1082

2. 试验结果及分析

混料试验的强度在前一节已经详细分析，配比与此次分析的有一定出入，但优化的范围包含最优解，因此本节不再分析。

通过电通量的试验方差分析中，可以发现：试验结果模型处于显著位置，模型的拟合精度较高，能够满足精度范围的要求。试验中水泥用量（C）、粉煤灰用量（D）、矿粉用量（E）对电通量均处于显著影响因素；失拟项处于显著水平，表明其他因素对本次试验的影响较小。电通量的拟合公式如下：

电通量拟合公式如下：

$$电通量 = 24.05 \times C + 88.22 \times D + 271.6 \times E - 1.37 \times CD - 3.12 \times CE - 3.53 \times DE - 0.03 \times CDE \tag{11-3}$$

其中，$C + D + E = 100$。

式中,C 表示水泥的所占混凝土的百分比(%);D 表示粉煤灰的所占混凝土的百分比(%);E 表示矿粉的所占混凝土的百分比(%)。

胶凝材料组分对混凝土电通量影响试验的等值线及响应面见图 11-7。

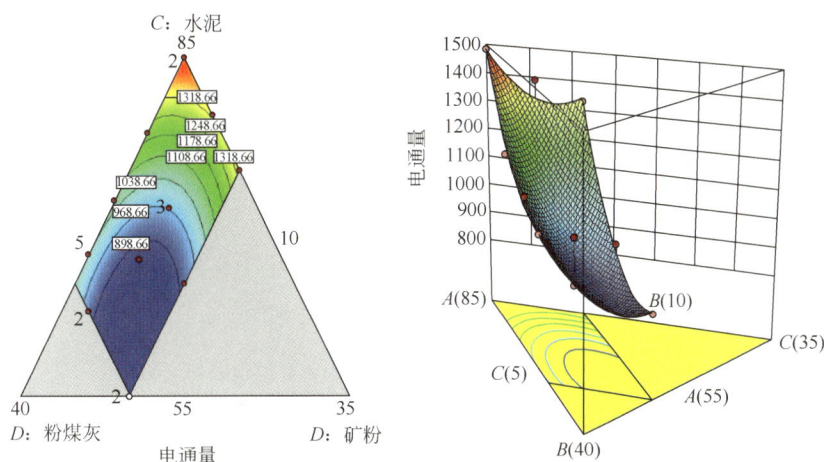

图 11-7　胶凝材料组分对电通量影响的等值线及响应面

从图 11-7 可以看出,在响应面方面,水泥掺量从 85% 降至 55%,总体呈现降低的趋势,这表明水泥用量越少,相应的电通量越低,即粉煤灰和矿粉的掺入对提升混凝土抗渗性提高具有积极作用;响应面下降过程中两侧呈现弯曲状态,这表明矿粉和粉煤灰的双掺对混凝土抗渗性的提升具有复合作用。等值线方面,在水泥掺量为 55% 的点附近,等值线变化幅度较慢,图像上显示为等值线较疏,随着水泥掺量从多到少的变化,等值线变化呈现出从密到疏的变化趋势,这表明矿物掺合料双掺在水泥掺量较多时,对混凝土电通量的降低效果更为明显,随着水泥用量降低,矿物掺合料掺量增加,混凝土电通量降低幅度越来越低。

通过温升的试验方差分析,可以发现:试验结果模型处于显著位置,表明模型的拟合精度较高,能够满足精度范围的要求。此次试验中水泥用量(C)、粉煤灰用量(D)、矿粉用量(E)、CD、CE、DE、CDE 对温升均处于显著影响因素;失拟项显著,表明其他因素对本次试验的影响较小。

温升拟合公式如下:

$$温升(℃)=1.01×C+4.63×D+12.27×E-0.08×CD-0.17×CE-0.48×DE+6.13×CDE \tag{11-4}$$

式中,C 表示水泥的所占混凝土的百分比(%);D 表示粉煤灰的所占混凝土的百分比(%);E 表示矿粉的所占混凝土的百分比(%);$C+D+E=100$。

胶凝材料组分对混凝土电通量影响试验的等值线及响应面见图 11-8。

通过图 11-8 可知,响应面整体由水泥高用量向低用量倾斜,表明水泥用量低,混凝土温升小;响应面弯曲,说明矿物掺合料之间存在复合效应,这点可在等值线上反映。等值线从高水泥用量的密集状态向低水泥用量的疏状态转变,表明当矿物掺合料在较低状态时,对混凝土温升影响效率更为显著,当矿物掺合料掺量较多时,影响效率更低。

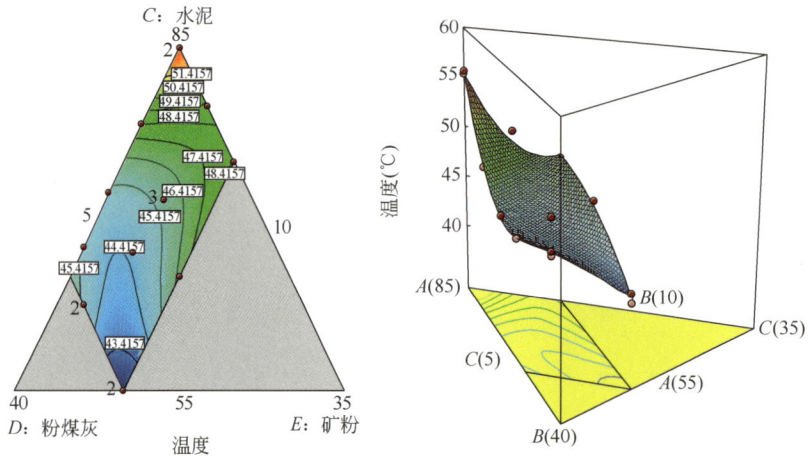

图 11-8　胶凝材料组分对电通量影响的等值线及响应面

11.2.3.3　最优试验结果求解及混凝土配合比确定

1. 最优试验结果求解

相比于正交试验方法,响应面方法的最大优势是可以直观地显示优化区域极值,并利用计算机进行求解。

(1)水胶比及胶凝材料用量最优解

对于 C45 混凝土,其设计强度计算公式为:

$$f_{cu,0}=f_{cu,k}+1.645\times\sigma \tag{11-5}$$

式中,$f_{cu,0}$ 为混凝土配制强度;$f_{cu,k}$ 为混凝土设计强度;σ 为标准差,对于 C45 混凝土一般取 5.5。

根据上式计算的混凝土配制强度为 54MPa,该值即为混凝土抗压强的最低值,用于控制求解的边界。从混凝土电通量分布上可以看出,此次试验中混凝土的电通量均高于 1000C,无法满足要求,因此电通量不作为计算边界。由于仅采用了强度作为边界,求解的范围较大,见图 11-9。

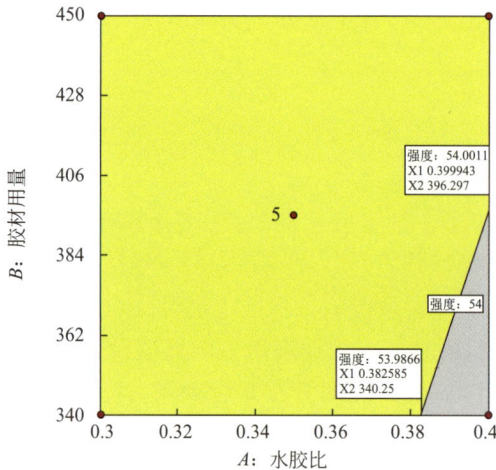

图 11-9　胶凝材料用量和水胶比求解

从图 11-9 可以看出，试验点满足（0.383，340）和（0.4，396）两点确定的直线上方范围均可，由于满足要求的试验点较多，需要继续优化。

（2）胶凝材料组成

对于胶凝材料组成，本次优化范围内混凝土的强度都是达标的，因此不作为求解条件。电通量要求不低于 1000C，由于试验的温升与现场混凝土有较大差别，相关研究认为现场的混凝土温升一般会超过实验室的温升 10℃～15℃，为适当降低混凝土内部的温升，本次混凝土现场最高温度不超过 60℃，试验中的温度控制应低于 45℃，利用上述求解条件进行求解，结果见图 11-10。

从图 11-10 可知，试验点（67，23，9.8）、（62.5，30，7.5）、（55，30，15）满足求解要求（括号内数字分别为水泥、粉煤灰、矿粉的掺量，%）。从求解范围来看，粉煤灰的掺量高于矿粉，其比值约为 1.5～2.5。

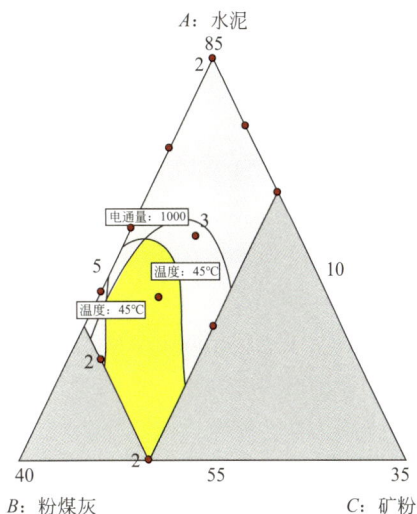

图 11-10 胶凝材料用量和水胶比求解

2. 混凝土配合比参数确定

混凝土配合比设计包括水胶比、单位胶凝材料用量、矿物掺合料、砂率和容重的确定，其中水胶比、单位胶凝材料用量、矿物掺合料对配合比设计起到至关重要的作用，设计步骤如下：

（1）水胶比确定

根据以上的求解范围进行混凝土配合比设计，对于 C45 混凝土，其设计强度计算为：

$$f_{cu,0} = f_{cu,k} + 1.645 \times \sigma = 45 + 1.645 \times 5.5 = 54(\text{MPa}) \tag{11-6}$$

式中，$f_{cu,0}$ 为混凝土配制强度；$f_{cu,k}$ 为混凝土设计强度；σ 为标准差，对于 C45 混凝土一般取 5.5。

水胶比公式：

$$\frac{W}{B} = \frac{\alpha_a f_{ce}}{f_{cu,0} + \alpha_a \alpha_b f_{ce}} \tag{11-7}$$

式中，$\alpha_a = 0.53$，$\alpha_b = 0.02$，f_{ce} 为 30% 矿粉掺量的水泥胶砂 28d 强度实测值 36.7MPa。

代入上式计算得到的水胶比为 0.36，根据第 11.2.3.1 节研究结果，胶凝材料的用量控制在 340～450kg/m³。

（2）砂率

砂率较低，砂浆层厚度高，混凝土包裹性及保水性较差；砂率较高，砂浆层厚度较小，混凝土流动能较差。本研究范围内混凝土的砂率在 0.39～0.42 之间，混凝土整体状态最佳，因此可将混凝土砂率定为 40%；粗骨料级配的选择不能仅考虑堆积密度，还需要考虑比表面积，根据骨料比例研究结果，粗骨料的掺加比例在 10% 混凝土的状态良好。

（3）矿物掺合料的种类及掺量

根据第 11.2.3.2 节研究结果，矿物掺合料中粉煤灰和矿粉的掺加比例保持在 1.5～2.5 之间，满足范围要求；对于掺合料总量，福建省《预拌混凝土生产施工技术规程》

（DBJ/T13-42-2012）中对普通混凝土及大体积混凝土中掺合料种类及掺量做出了严格的规定：使用单种掺合料时，掺合料不应超过胶凝材料总质量的 20%（大体积混凝土掺合料不应超过胶凝材料总质量的 33%）；使用两种掺合料时，掺合料不应超过胶凝材料总质量的 25%（大体积混凝土掺合料不应超过胶凝材料总质量的 40%）。当水泥中混合材掺量在 20% 以上时，混合材超出部分应计入掺合料掺量。由于厦门地区的粉煤灰质量较差，搅拌站两年的试验数据表明，双掺矿粉和粉煤灰时，掺量总量为 30% 的混凝土质量控制较好，因此，此次试验将掺合料的总量确定为 30%，粉煤灰和矿粉比例设定为 1.5、2、2.5。

（4）胶凝材料用量

为进一步缩小胶凝材料用量和矿物掺合料的范围，胶凝材料用量选取 350kg/m³、380kg/m³、400kg/m³、430kg/m³，矿粉和粉煤灰比例确定为 1.5、2、2.5，进行试拌试验。配合比设计参数中，水胶比 0.36，砂率为 40%，容重选择为 2350kg/m³。混凝土配合比参数及性能测试结果见表 11-5。

混凝土配比参数及性能测试结果　　　表 11-5

编号	胶材总量（kg/m³）	粉煤灰：矿粉	工作性评价	7d强度（MPa）	28d强度（MPa）	电通量（C）
1	430	1.5	一般	54.3	64.3	890
2	430	2	好	50.6	61.6	845
3	430	2.5	好	47.3	58.3	854
4	350	2	差	51.4	57.4	975
5	380	2	一般	51.6	60.2	940
6	400	2	好	52.4	62.3	903

从表 11-5 可以看出，400kg/m³ 和 430kg/m³ 混凝土状态良好，强度满足要求，但 400kg/m³ 胶材用量的配比电通量较高，不利于混凝土的耐久性；而胶凝材料较少时混凝土工作性较差，不利于现场施工，因此胶凝材料最终确定为 430kg/m³。

3. 混凝土配合比调整

以上确定的混凝土配合比参数为：水胶比 0.36，胶材用量 430kg/m³，粉煤灰掺量 20%，矿粉掺量 10%，砂率 40%，混凝土容重 2350kg/m³，适配时混凝土配合比调整 ±0.02，适配配比见表 11-6。

混凝土适配配比（kg/m³）　　　表 11-6

编号	水胶比	水泥	粉煤灰	矿粉	水	砂	石
1	0.38	301	86	43	163	703	1054
2	0.36	301	86	43	155	706	1059
3	0.34	301	86	43	146	710	1064

测试混凝土的坍落度、扩展度、1.5h 坍落度保持时间、含气量，性能测试结果见表 11-7。

混凝土性能测试结果（mm）　　　　表 11-7

编号	坍落度	扩展度	1.5h坍落度	工作性描述
1	200	420	190	黏聚性一般
2	210	470	180	黏聚性一般
3	210	450	185	好

通过表 11-7 可知，混凝土砂率偏小，保水性一般，水胶比偏大，混凝土黏聚性较差，应适当提高砂率，降低水胶比，调整后的配比见表 11-8，调整后的混凝土各项性能测试结果见表 11-9。

混凝土理论配比（kg/m³）　　　　表 11-8

水泥	粉煤灰	矿粉	水	砂	石
305	87	44	148	720	1080

实验室混凝土配合比性能测试结果　　　　表 11-9

坍落度(mm)	扩展度(mm)	1.5h坍落度(mm)	7d强度(MPa)	28d强度(MPa)	电通量(C)	温升(℃)	工作性描述
200	480	200	50.6	62.4	887	44	良好

由表 11-9 可知，经调整后的混凝土配合比各项性能良好，满足设计及国家标准要求，该配比可用于现场施工。

11.3　车站混凝土布设冷却水管控裂施工技术

11.3.1　车站混凝土温度场数值模拟分析

11.3.1.1　混凝土绝热温升

根据《大体积混凝土施工规范》（GB 50496-2018）绝热温升计算公式。

$$T(t)=\frac{WQ}{C\rho}(1-e^{-mt}) \tag{11-8}$$

式中，$T(t)$ 为混凝土龄期为 t 时的绝热温升（℃）；W 为每 m³ 混凝土的胶凝材料用量（kg/m³）；C 为混凝土的比热，一般为 0.92～1.0kJ/（kg·℃）；ρ 为混凝土的重力密度，2400～2500kg/m³；m 为与水泥品种、浇筑温度等有关的系数，0.3～0.5d⁻¹；t 为混凝土龄期（d）。本工程采用的春驰水泥 28d 水化热为 335 g/J，根据配合比掺量，20%粉煤灰和10%矿粉的水化热调整系数分别为 0.95 和 1.0，计算得出 7d 胶凝材料的水化热为267g/J，代入绝热温升计算公式，计算得出本工程 C45 混凝土绝热温升为50℃。

11.3.1.2　混凝土温度场和应力场数值模拟

1. 计算过程

通过上述水化热测试及计算，获得混凝土绝热温升数据。基于此，根据车站底板和侧墙的结构尺寸建模，利用数模仿真软件分析计算车站混凝土浇筑施工时的温度场和应力场。具体计算如下：

气温取 15℃，入模温度取 15℃，侧墙带模养护混凝土对流系数取 4kcal/（m² · h · ℃），底板混凝土对流系数取 6kcal/（m² · h · ℃），混凝土绝热温升取 50℃。两道侧墙相距较远，相互影响，建模时在一道侧墙和底板上布设冷却水管，降低侧墙温度和提升底板温度，另一道则不安装冷却水管。水管水温按照 28℃ 选取，流量取 1.0m/s，自浇筑覆盖冷却水管开始通水，通水周期 120h。车站底板和侧墙冷却水管布设模型见图 11-11。

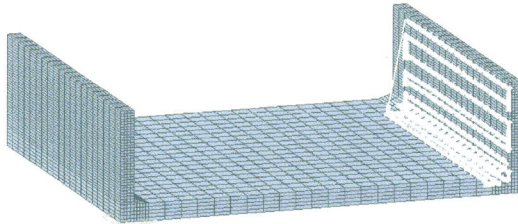

图 11-11　车站底板和侧墙冷却水管布设模型

2. 温度计算结果

车站底板和侧墙温度分布如图 11-12 所示。

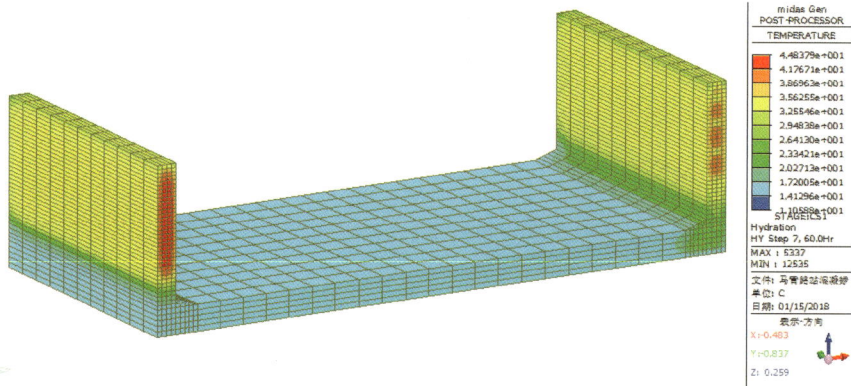

图 11-12　车站底板和侧墙温度分布

取 1/2 截面的分析计算结果，在每边底板和侧墙上分别取不同高度的 3 个节点，具体节点位置见图 11-13。底板和侧墙温度计算结果见图 11-14 和图 11-15。

图 11-13　节点的分布位置

温度

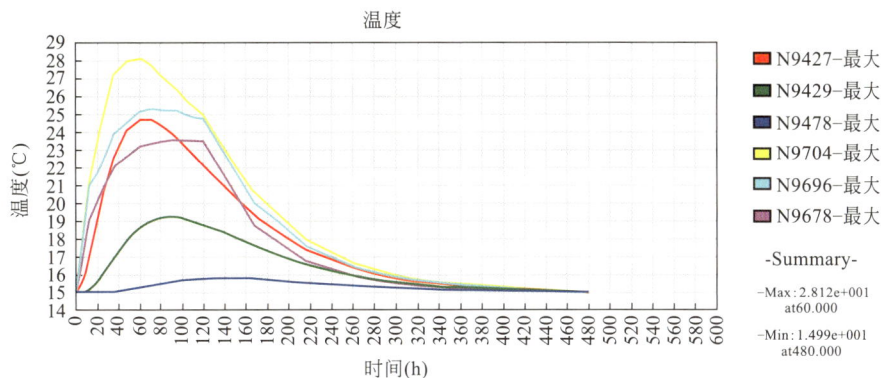

图 11-14　底板有限元温度计算结果

温度

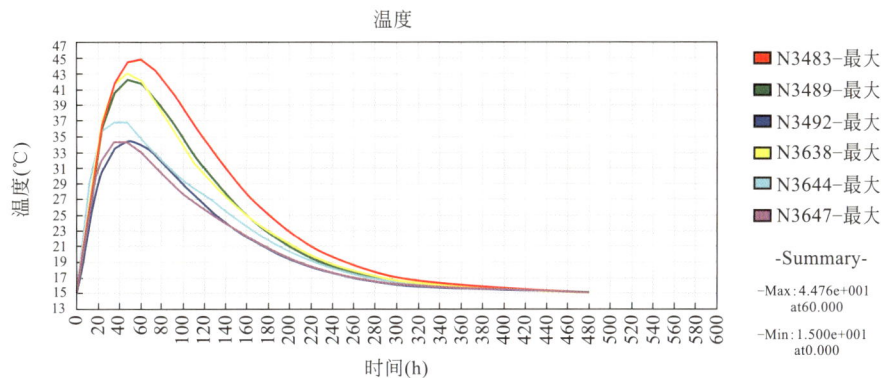

图 11-15　侧墙有限元温度计算结果

从图 11-14 和图 11-15 看出，布设冷却水管的底板温升约 3~8℃，布设冷却水管侧墙温升约 4~6℃。

3. 应力计算结果

车站底板和侧墙应力分布如图 11-16 所示。取侧墙 2 个关键节点的应力计算结果如图 11-17 所示。

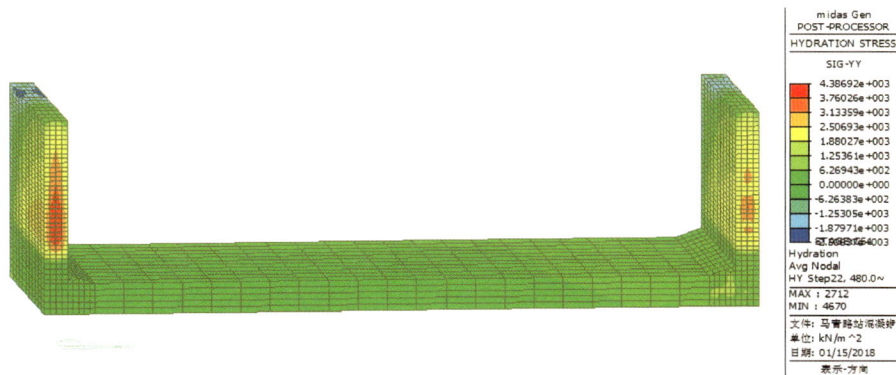

图 11-16　车站底板和侧墙应力分布

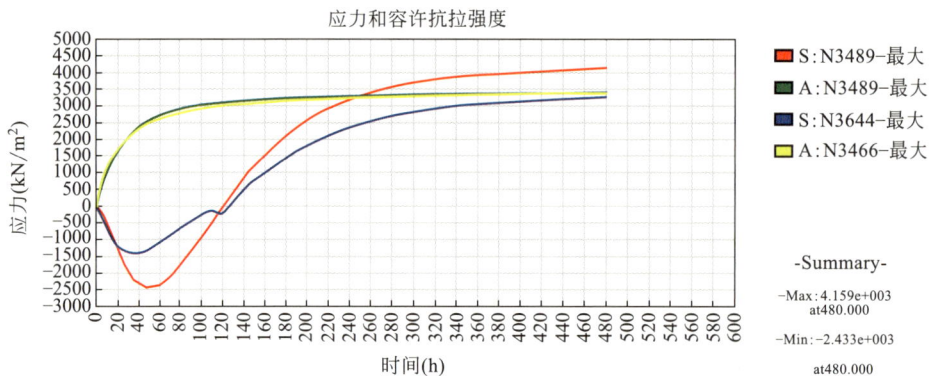

图 11-17　侧墙有限元应力计算结果

由图 11-17 可知，布设冷却水管的 3644 节点，10d 和 20d 拉应力分别为 2.42MPa 和 3.2MPa；未布设冷却水管的 3489 节点，10d 和 20d 拉应力为 2.9MPa 和 4.1MPa。由此可见，布设冷却水管后拉应力早期有一定减少，后期减少幅度加大，能够有效降低开裂风险。

11.3.2　冷却管布置与冷却水实施方案

11.3.2.1　冷却水管布置方案

1. 底板冷却管布设方案

根据车站混凝土有限元分析计算结论、车站的结构特点，在侧墙和底板倒角区域布设加密冷却水管。首段底板和侧墙总体布设方案见图 11-18。

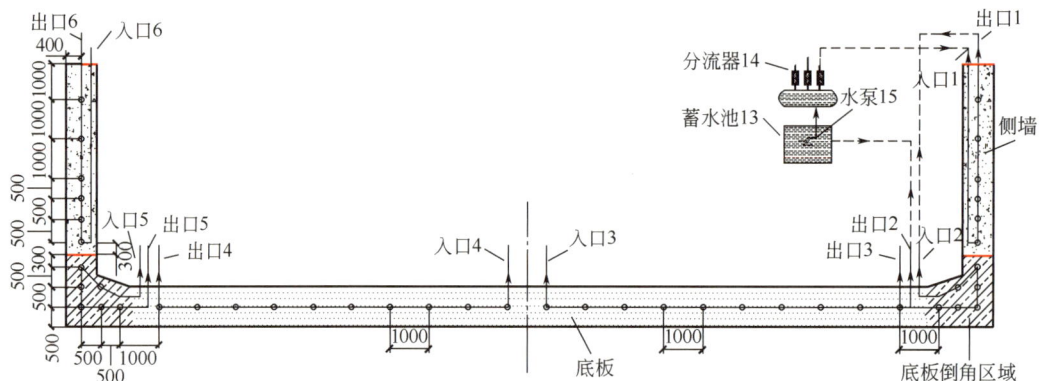

图 11-18　马青路站冷却水管总体布设图（单位：mm）

底板采用 30mm 管径的钢管，底板倒角和侧墙采用 50mm 钢管。其中：①底板非倒角区域：在厚度方向的中心布设冷却水管，水管间距 1.0m，水管距离边缘 1.5m，设置 2 个回路，入口 3 和出口 3 组成一个回路，入口 4 和出口 4 组成另一个回路；②底板倒角：在底板倒角布设加密冷却水管，间距为 50cm，其中距离底板与侧墙的施工缝 30cm 布设一根水管，水管距离边缘 1.5m，每个倒角区域冷却水管设一个回路，入口 2 和出口 2 组成一个回路，入口 5 和出口 5 组成另一个回路；③侧墙：在侧墙的施工缝上部 30cm 布设一根水管，向上间隔 50cm、50cm、50cm、1.0m、1.0m、1.0m 分别布设一根水管，总体越靠近侧墙与底板施工缝间距越小，水管距离边缘 1.5m，每段侧墙冷却水管设一个回路，入口 1 和出口 1 组成一个回路，入口 6 和出口 6 组成另一个回路。

综上，首段底板和侧墙冷却水管布设采用 50mm 管径的钢管，长度 200～260m，弯头 25～30 个；设计院要求的底板布设需采用 30mm 钢管，长度 350～380m，40 个直角弯头。

2. 侧墙冷却水管布设方案

侧墙水管位于侧墙厚度方向的 1/2 处，水管和侧墙边缘距离为 1.5m，总体布设方案中，水管距离施工缝越近，管距越小，最上层水管距离侧墙顶部距离为 1.0m。从上而下冷却水管的管距分别为 1.0m、1.0m、1.0m、0.5m、0.5m，最低层水管距离施工缝 30cm。每道侧墙设一套进出水口，侧墙单回路冷却水管布设方案如图 11-19 所示。

图 11-19　侧墙冷却水管布设剖视图（单位：mm）

根据上述冷却水管布设方案，初步计算单个侧墙冷却水管需采用 50mm 管径的钢管，长度 110～130m，12 个直角弯头。

3. 底板非倒角冷却水管布设方案

在厚度方向的 1/2 处布置冷却水管，距离边缘 1.5m，底板左右两边各布置一条冷却水管回路，水管间距为 1.0m，底板最边侧水管与倒角内邻近水管间距为 1.0m，底板冷却水管的具体布设方案见图 11-20。

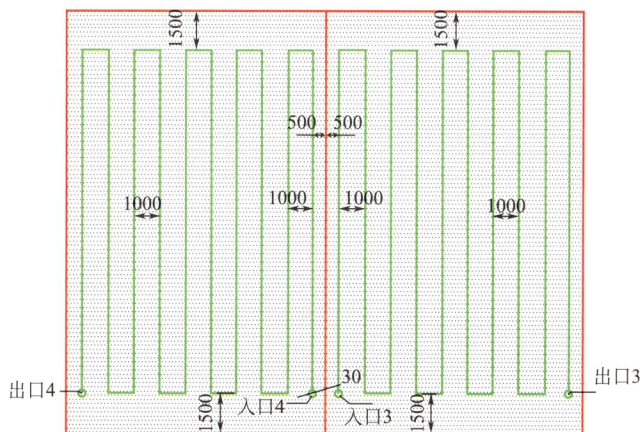

图 11-20　底板冷却水管布设俯视图（单位：mm）

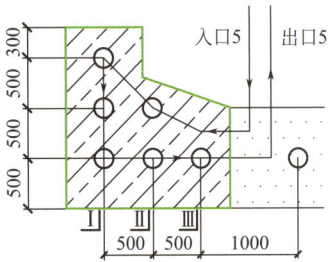

图 11-21 倒角示意图(单位:mm)

4. 底板倒角处冷却水管布设方案

从施工缝往下 30cm 开始布设第一根水管,水管间距为 50cm,倒角靠近底板处最邻近水管 1.0m 处设置冷却水管,具体布设方案见图 11-21。

根据上述冷却水管布设方案,初步计算单个倒角的冷却水管需采用 50mm 管径的钢管,长度 100～130m,15 个直角弯头,布设过程中应注意结构的防漏水处理。

上述冷却管均采用扎丝等将冷却水管与钢筋绑扎牢固,水管转弯处通过带垫圈的弯头连接,防止水管漏水及水泥浆渗入水管中;底板及底板倒角的出入口均从底板引出,距离底板顶面 50cm,侧墙的水管从侧墙顶部引出,距离侧墙顶面 50cm。

11.3.2.2 冷却水实施方案

1. 通水系统设计

水管循环系统可采用如下设计:

循环控制系统由蓄水箱、水泵、分水器、流量控制器、进出水口及水管等组成。蓄水箱容积为 1～2m³,通过水管与水泵相连,水泵见图 11-22 (a)。水泵通过水管连接到分水器进水口,分水器为铁制圆形桶,见图 11-22 (b),体积大约为 0.3～1.0m³,一侧设置一个进水口,另一侧连接 4～6 个出水口,每个出水口设置流量控制器。流量控制器由一个阀门和一个流量计组成,水流量可调范围为 0～10m³/h,以控制开关和流量,出水口连接冷却水管回路。为便于冷却水系统移动,采用橡胶软管连接分水器、蓄水箱、水泵以及混凝土内埋置冷却水管,软管需有一定抗水压性能。

(a) 水泵　　　　　　　　　(b) 分水器及流量控制器

图 11-22 水管循环系统

2. 侧墙和底板倒角水管通水控制

底板浇筑时,一般通水时间为 3～4d,温峰前的水流速度为 6～10m³/h,达到温峰后,调整流量为 2～4m³/h,根据测温情况决定通水时间及水流速度,当温度明显下降时,停止通水。侧墙和倒角的水管通水是车站裂缝控制关键,需按照以下要点进行控制:

(1) 按照要求提前准备好包括水泵、蓄水池和分流器在内的冷却循环水系统;

(2) 冷却水管安装完成后,即刻进行水压试验,查找是否存在漏水及阻水现象,并在浇筑前在水管中预先注满冷却水;

（3）水管的水流向影响混凝土温度分布，将侧墙出口接入底板倒角内的水管入口，严格按照图纸对接水管入口与分流计，混凝土覆盖水管时即可启动冷却水系统；

（4）冷却水采用季节常温水，初步预估当入模温度为 15℃时，水温需控制在 25～28℃；

（5）侧墙未到达温峰时，流速控制在 6～10m³/h，到达温峰后调整流速到 4～6m³/h 持续 2d，之后调整流速到 2m³/h，直到 7d；

（6）水冷却降温结束后，及时采用水泥浆对冷却水管进行压浆封堵。

11.3.3　混凝土施工工艺

1. 混凝土配合比

侧墙混凝土等级为 C45，通过试验设计侧墙的控裂配合比，试验前 2h 测试现场砂石料含水率，砂含水 5%，石子含水 1%，根据理论配比计算施工配比，具体见表 11-10。

C45 混凝土配比（单位：kg/m³）　　　　　　　　　　　表 11-10

配合比	水泥	粉煤灰	矿粉	水	砂	石
理论配合比	305	87	44	148	720	1080
施工配合比	305	87	44	101	756	1091

2. 分段浇筑工艺

侧墙混凝土厚 0.8m，高 4m，在底板上浇筑大体积混凝土侧墙，底板混凝土已完成干燥收缩，墙体的降温收缩和干燥收缩受垫层混凝土的约束，形成竖向裂缝。根据王铁梦解析法理论，隔墙长度方向中部截面受到的水平应力见下式：

$$\sigma = -E\alpha T\left(1 - \frac{1}{\cosh\dfrac{L}{2}\sqrt{\dfrac{C_x}{HE}}}\right) \times H(t,\tau) \tag{11-9}$$

式中，σ 为中部截面混凝土承受的拉应力（MPa）；E 为混凝土弹性模量（MPa）；α 为混凝土热膨胀系数；C_x 为基础水平阻尼系数，底层为混凝土垫层，取 1.0N/mm³；L 为分段长度，本次计算取 10～20m；T 为混凝土总温差；$H(t,\tau)$ 为徐变松弛系数，通常取 0.3～0.5，本次取 0.4；H 为距离约束界面的高度，由于本结构中 $H/L > 0.2$，根据王铁梦书中取值，取 $H = 0.2L$。

总温差包括当量收缩温差和混凝土降温冷缩温差，计算时应选取混凝土浇筑后，温度降温及收缩变形都已稳定再进行计算。由于墙体浇筑时，底板的温降及收缩已完成，所以计算中总温差都取墙体温差。对于 C45 混凝土，轴心抗拉强度为 1.8MPa，根据上式计算的单次混凝土浇筑长度不宜超过 17m。

3. 温度控制

混凝土温度应力是产生裂缝的主要原因之一，混凝土施工过程中需要控制混凝土入模温度，掌握混凝土内部温度发展，并采取保温措施对内表温差进行控制。

（1）混凝土运输控制

混凝土运输至现场后，应及时浇筑，减少等待时间，混凝土运输车的罐体采用保温棉布包裹，在运输过程中，用特制保温盖扣在罐体的进出口，减少热量散失。

（2）入模温度控制

车站施工期间处于厦门夏季，气温较高需要做好入模温度控制。储料仓在夏季施工时，砂石料及上料口均设置遮阳篷，以防阳光直接晒到砂石料，见图 11-23（a）；混凝土用水置于地下，使用时用水泵抽取，避免水温过高，见图 11-23（b）。

(a) 砂石料遮阳篷　　　　　　　　(b) 水源置于地下

图 11-23　入模温度控制

（3）混凝土保温措施

侧墙混凝土拆模后需采用保温被覆盖养护，降低混凝土与环境的热交换，降低混凝土内部温度变化速率。

11.3.4　温度监测及结果分析

11.3.4.1　温度监测方案

倒角测位也分布在 1/2 截面和 1/4 截面，其中 1/2 测位布置 4 个测点，1/4 测位布置 3 个测点，测点布置方案见图 11-24。

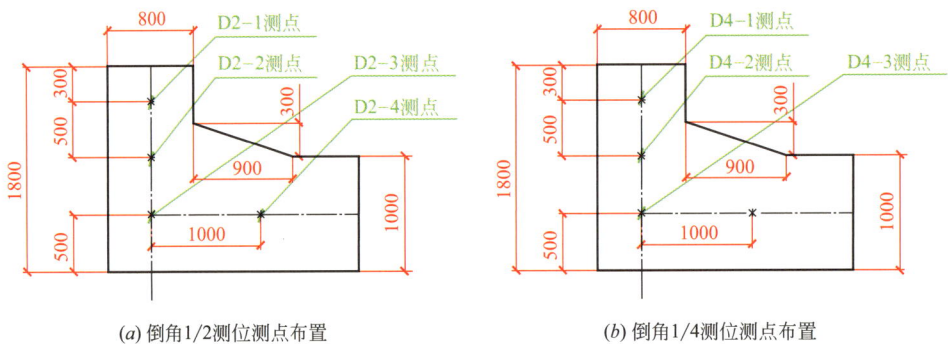

(a) 倒角 1/2 测位测点布置　　　　　　　(b) 倒角 1/4 测位测点布置

图 11-24　测位测点布置

侧墙在 1/2 和 1/4 截面位置设置测位，1/2 测位设置 4 个测点，1/4 测位设置 2 个测点，测点分布见图 11-25。

11.3.4.2　倒角温度监测结果及分析

未开启冷却水循环（工况 1）倒角测点温度-时间曲线见图 11-26，开启冷却水循环（工况 2）后的倒角测点温度-时间关系曲线分别见图 11-27。

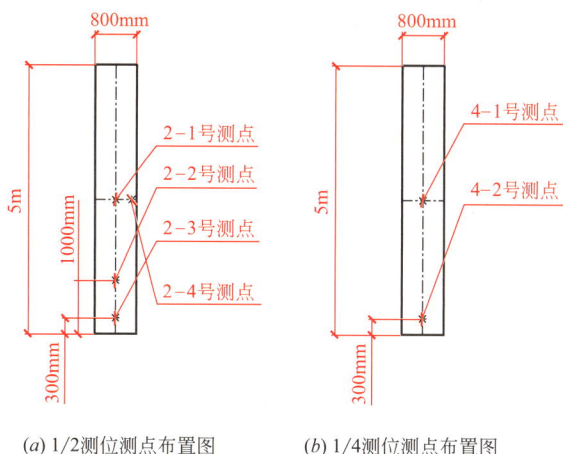

(a) 1/2测位测点布置图　　　(b) 1/4测位测点布置图

图 11-25　测位测点布置图

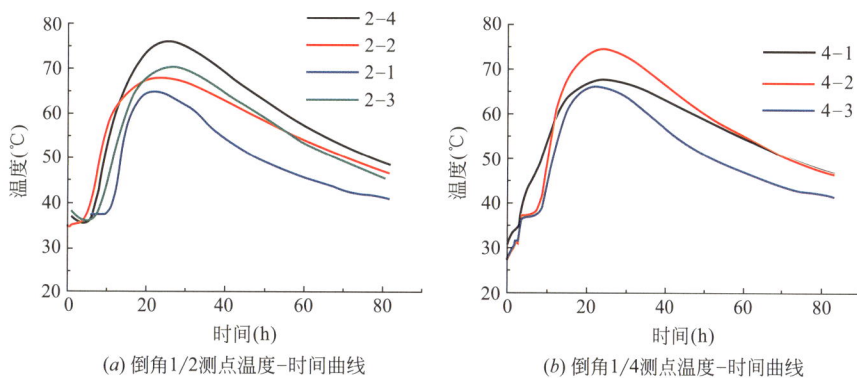

(a) 倒角1/2测点温度-时间曲线　　　(b) 倒角1/4测点温度-时间曲线

图 11-26　测点温度-时间曲线-工况 1

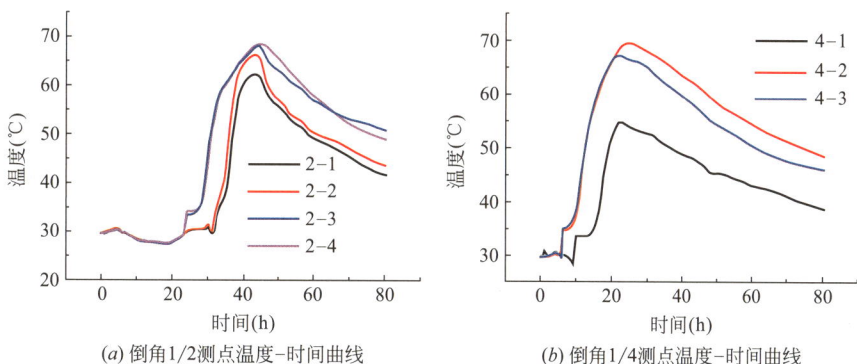

(a) 倒角1/2测点温度-时间曲线　　　(b) 倒角1/4测点温度-时间曲线

图 11-27　测点温度-时间曲线-工况 2

从图 11-26 和图 11-27 可以看出，①对于 1/2 测位，各个测点在混凝土浇筑后 19.8h 几乎同时达到了温峰，其中 2-4 测点温峰最大，达到 68.8℃；在测点达到温峰时混凝土内部也出现了最大温差，存在于 2-4 和 2-1 测点之间，最大温差为 6.5℃，且该温差一直持续到 80h 以后。②对于 1/4 测位，4-2 测点温升时间 17.6h，4-1、4-3 测点温升时间与 4-2 的温升时间相差在 2h 以内；最大温峰 69.6℃出现在 4-2 测点，在混凝土各个测点达到温峰时，4-2 和 4-1 之间也出现了最大温差 14.8℃，该温差随浇筑时间的延长逐步缩小。

选取最大温峰（℃）、温升时间（h）、最大温升（℃）、混凝土内部最大温差（℃）作为对比参数，工况 1 和工况 2 的对结果见表 11-11。

工况 1 和工况 2 监测结果对比　　　　　　　　　　　　表 11-11

对比条件	测位	最大温峰 （℃）	温升时间 （h）	最大温升 （℃）	混凝土内部 最大温差（℃）
工况 1	1/2	76.1	23	38.8	14
工况 2		68.8	19.8	35	6.5
工况 1	1/4	75	20.4	38.4	8.7
工况 2		69.6	17.6	34.1	14.8

由表 11-11 可知，1/2 测位的最大温峰在通水降温后，温度降低在 6～8℃，温升时间缩短了大约 4h，混凝土最大温升降低 4℃左右；1/4 测位工况 2 的最大温差劣于工况 1，但 14.8℃的温差仍然满足国家标准中最大温差不大于 25℃的要求。监测结果可以说明，倒角的冷却水循环系统可以有效降低混凝土内部的温度应力差，有利于混凝土温度裂缝控制。

11.3.4.3　侧墙温度监测结果及分析

未开启冷却水循环（工况 1）的侧墙 1/2 和 1/4 测位温度-时间曲线见图 11-28。

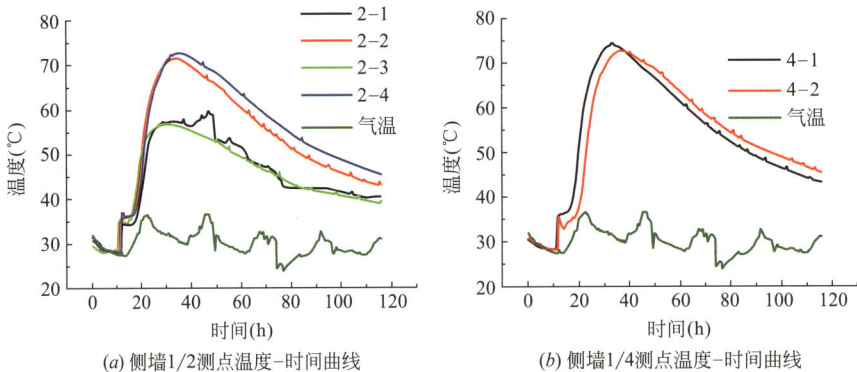

(a) 侧墙 1/2 测点温度-时间曲线　　　　　(b) 侧墙 1/4 测点温度-时间曲线

图 11-28　测点温度-时间曲线

通过图 11-28 能够看出，①对于 1/2 测位，最大温峰 72.7℃出现在 2-4 测点，于混凝土浇筑后 22.6h 发生；最大温差达到 15.6℃，几乎与 2-1 测点温峰出现时间相同，随着浇筑时间的延长温差逐渐缩小；由于 2-4 位于侧墙表面，其温度变化受到气温影响，如在 45h 时，正午气温最高，混凝土表面温度也有一定程度的升高。②对于 1/4 测位，最大温升与最大温峰都应当出现在 4-1 测点，这与理论测试预测结果吻合。4-1 测点最大温峰 74.3℃，温升时间 21h，略短于 1/2 测位温升时间，最大温升 38.6℃，略高于 1/2 测位，由于 1/4 测位的测点都在混凝土内部，从结果上来看，4-1 和 4-2 最大温差仅为 3℃左右，且该温差并不是 1/4 测位的最大内表温差。

开启冷却水循环（工况 2）中侧墙 1/2 测位和 1/4 测位的温度-时间曲线见图 11-29。

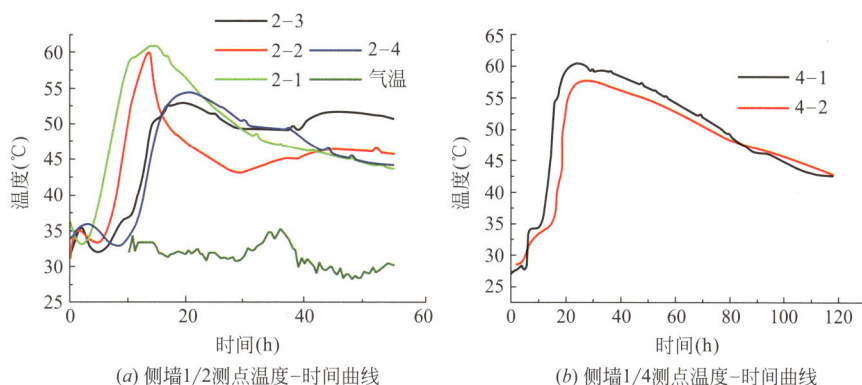

(a) 侧墙1/2测点温度-时间曲线　　　(b) 侧墙1/4测点温度-时间曲线

图 11-29　测点温度-时间曲线

从图 11-29 可以看出，①对于 1/2 测位，最大温峰 60.9℃，出现在 2-1 测点，最大温升为 25℃，温升时间 19.6h，混凝土内部最大温差 13.3℃。②对于 1/4 测位，最大温峰 60.5℃，出现在 4-1 测点，温升时间 22.7h，最大温升 26.8℃，4-1 测点和 4-2 测点在冷却水循环水的平衡下温度较为接近，其温差不能作为混凝土内部最大温差的判断依据。

选取分析参数包括最大温峰（℃）、温升时间（h）、最大温升（℃）、混凝土内部最大温差（℃），工况 1 和工况 2 的监测结果对比见表 11-12。

工况 1 和工况 2 监测结果对比　　　　　　　　　　　表 11-12

对比条件	测位	最大温峰 （℃）	温升时间 （h）	最大温升 （℃）	混凝土内部 最大温差（℃）
工况 1	1/2	72.7	22.6	37.1	15.6
工况 2		60.9	19.6	25	13.3
工况 1	1/4	74.3	21	38.6	—
工况 2		60.5	22.7	26.8	—

由表 11-12 可知，开启冷却水循环后混凝土内部最大温峰从 70℃ 左右降低至 60℃ 左右，其中，1/2 测位最大温峰降低 11.8℃，温升时间缩短 3h，最大温升降低 12.1℃，混凝土内部最大温差降低 2℃；1/4 测位最大温峰降低 13.8℃，温升时间延长 1.7h，最大温升降低 11.8℃。通水后，由于循环水的存在，一方面可以降低混凝土内部最大温升；另一方面，水的比热通过温度较高区域带走的大量热量，通过温度较低区域时又可以释放。因此，平衡了侧墙内部的温度场，降低了混凝土内部最大温差，在混凝土内部温度-时间曲线上表现为：随着时间延长 1/2 测位及 1/4 测位各测点的温度曲线开始聚集。

11.3.5　冷却水与抗裂剂联合控裂效果分析

11.3.5.1　抗裂剂对混凝土内部温度场的影响
不通水情况下，添加抗裂剂与未加抗裂剂的两种工况对比结果见表 11-13。

抗裂剂对混凝土内部温度场的影响　　　　　　　　　　　　　　　表 11-13

对比条件	测位	最大温峰(℃)	温升时间(h)	最大温升(℃)	混凝土内部最大温差(℃)
抗裂剂	1/2	76.9	14.7	40.8	18.8
空白组		72.7	22.6	37.1	15.6

从表 11-13 可以看出，抗裂剂的加入会增加混凝土的最大温峰、缩短温升时间、增大最大温升以及混凝土内部的最大温差，不利于控制混凝土温度裂缝。然而，混凝土在浇筑后其弹性模量随时间逐渐增大，混凝土的抗拉强度也在不断增加，抗裂剂的加入，一方面增加了混凝土内部温差，增大了混凝土内部应力；另一方面，抗裂剂具有一定的膨胀效果，有助于抵抗混凝土的收缩。在混凝土裂缝的发展过程中，各种裂缝同时发展，其影响因素同时作用于混凝土结构，在不同阶段对混凝土裂缝的贡献不尽相同。在此工况中，抗裂剂增加了混凝土内部应力，但此时混凝土的弹性模量不足，产生较大的塑性变形而不开裂；当混凝土弹性模量逐渐增加时，抗裂剂的膨胀效果发挥主导作用，抵抗了部分混凝土的收缩应力，可以降低混凝土裂缝的出现概率。

11.3.5.2　冷却水与抗裂剂联合控裂效果分析

添加抗裂剂、未开启冷却水循环（工况 1）的侧墙测点温度-时间曲线见图 11-30。

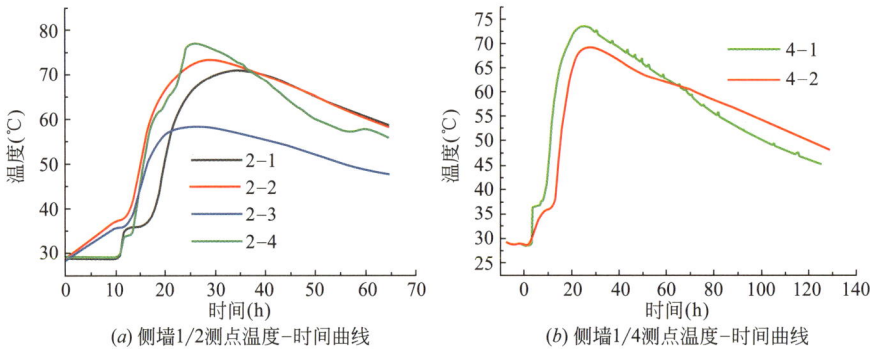

(a) 侧墙1/2测点温度–时间曲线　　　　　(b) 侧墙1/4测点温度–时间曲线

图 11-30　测点温度-时间曲线

由图 11-30 可以看出，加入抗裂剂后会增加混凝土放热量以及缩短温升时间。监测结果表明，加入抗裂剂后混凝土内部最大温升 76.9℃，相比于未掺加组（72.7℃）增加了 3.9℃，温升时间 14.7h，缩短了 3h 左右，最大温升 40.8℃，提高了 3.7℃。

添加抗裂剂、开启冷却水循环（工况 2）的侧墙测点温度-时间曲线见图 11-31。

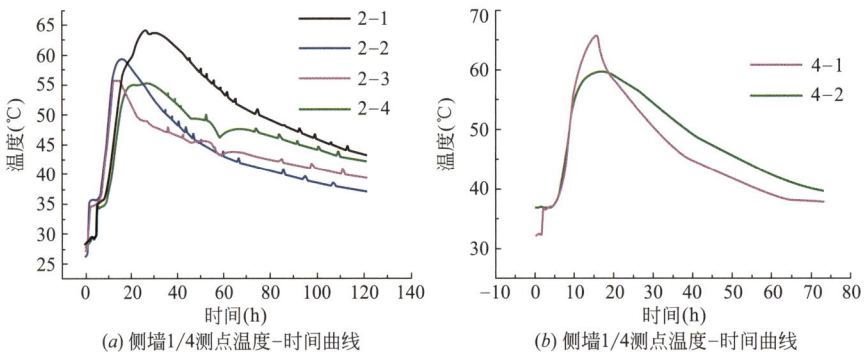

(a) 侧墙1/4测点温度–时间曲线　　　　　(b) 侧墙1/4测点温度–时间曲线

图 11-31　测点温度-时间曲线

从图 11-31 可知，通水循环后，混凝土内部最大温峰 65.7℃，温升时间 15.6h，最大温升 29.1℃，混凝土内部最大温差 15.2℃，出现时间大约在浇筑后的 25h。

在侧墙中加入抗裂剂，通水与不通水两种工况的对比结果见表 11-14。

工况 1 和工况 2 监测结果对比　　　　　　　　　　　　　　表 11-14

对比条件	测位	最大温峰 （℃）	温升时间 （h）	最大温升 （℃）	混凝土内部最大温差 （℃）
工况 1	1/2	76.9	14.7	40.8	18.8
工况 2		64.1	13.4	29.1	15.2
工况 1	1/4	73.5	16	37.5	—
工况 2		65.7	15.6	—	—

通过表 11-14 可以看出，通水后，混凝土内部最大温升由 76.9℃ 降低到 64.1℃，温升时间缩短 1.3h，最大温升从 40.8℃ 降低到 29.1℃，最大内部温差从 18.8℃ 降低到 15.2℃。通水循环后侧墙内部的温度场变化与未加抗裂剂的工况类似，冷却水作用显著降低了混凝土内部温峰、最大温升、最大温差，平衡了混凝土内部的温度场。

11.3.5.3　侧墙与倒角协同控裂设计的效果分析

侧墙浇筑之前倒角温度已经达到环境温度，其表面温度随着环境温度的变化而变化。未通水、通水两种工况下倒角测点温度-时间曲线见图 11-32。

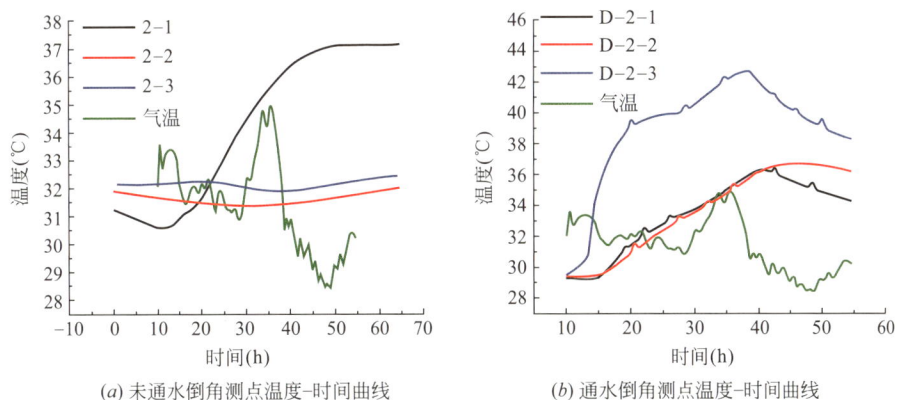

(a) 未通水倒角测点温度-时间曲线　　　　(b) 通水倒角测点温度-时间曲线

图 11-32　测点温度-时间曲线

从图 11-32 可以看出，在未通水的工况下，倒角 2-1 测点温升最为明显，温峰达到 37.1℃，温升 6.5℃，2-2 与 2-3 测点的温度几乎没有变化，这表明对于导热性能较差的混凝土来说，上部侧墙温升能够影响到 2-1 测点位置的温度，对于更深的测点，则影响不明显；当混凝土通水循环后，侧墙内部的水管与倒角的水管相连，侧墙内部的高温水带动了倒角位置的温度变化，2-1 测点的温度达到了 42℃，温升达到了 13℃，且 2-2 与 2-3 也有 6℃左右的温升。这表明，侧墙与倒角协同的控裂设计可以降低倒角与侧墙的温度差，倒角循环水的作用可以平衡倒角内部温度场，有利于混凝土裂缝控制。

此新型混凝土控裂技术应用于马青路底板第十板侧墙，侧墙长 16m、高度 4m、厚度 800mm，该技术的应用成功将侧墙裂缝数量由原来的 10～14 条减少至 1 条，裂缝宽度由原来的 0.1～0.2mm 降低至 0.07mm，属无害裂缝。

11.4 车站混凝土无缝分仓施工技术

11.4.1 无缝分仓法原理及优点

伸缩缝作为工业与民用建筑中控制裂缝的主要措施之一，只在较短的间距范围内对削减温度收缩应力起显著作用，超过一定长度，即使设置伸缩缝也没有意义。留伸缩缝及后浇带施工烦琐，缺点是易漏水并对抗震不利，应尽量避免。

无缝分仓施工技术是根据温度收缩应力与结构长度呈非线性关系，利用混凝土早期（7～10d）温差及收缩变形较大，采用施工缝短距离释放应力的办法应对早期较大的收缩，待混凝土经过早期较大的温差和收缩后，再浇筑其他块连接成整体，应对以后较小的收缩，体现了"先放后抗，抗放兼施，以抗为主"的原则。无缝分仓法施工时不留设任何形式的后浇带和伸缩缝，只设置暂时的施工缝，不掺加任何微膨胀剂和抗裂纤维，可操作性强，在施工组织安排合理的情况下，与按照规范设置后浇带的做法比较，可较大程度地节省施工工期，节约资金，成功解决了超长、超宽、超厚的大体积混凝土裂缝控制和防渗问题。

11.4.2 无缝分仓法施工部署

11.4.2.1 施工区划分

1. 施工区段的划分

马銮湾西站站台层侧墙 35-44 轴，全长 75.6m，墙厚 0.9m，一次性浇筑墙高 4.21m，分 4 段施工；本施工段，采用无缝分仓施工技术，通过温度实测及应力分析模拟计算分仓仓块大小及相邻混凝土浇筑时间间隔，再辅以配合比优化及原材料控制、温度监控及调整、智能养护等综合措施进行控裂。根据本工程平面的特点，结合分仓法分段计算方法，划分施工区段如图 11-33～图 11-35 所示。

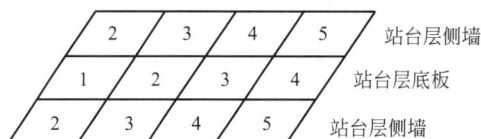

图 11-33 车站站台层施工区段划分示意图

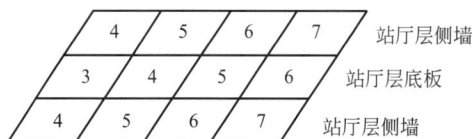

图 11-34 车站站厅层施工区段划分示意图

图 11-35 车站顶板施工区段划分示意图

2. 车站侧墙分仓

车站侧墙仓块划分结合顶板分仓缝位置进行划分，即顶板分仓缝与侧墙对齐，地下室外墙竖向共划分8个仓位。施工时，车站站台层侧墙水平施工缝留置于离底板上1400mm处，增加3mm厚止水钢板，站厅层内墙水平施工缝留置于基础底板或楼板上表面处400mm。

11.4.2.2 无缝分仓法施工顺序

地铁车站按照站台层、站厅层及顶板分仓块，组织流水施工，仓块尺寸、工程量及施工顺序详见图11-36～图11-38及表11-15、表11-16（注：相邻仓区浇筑时间确保间隔10d以上）。

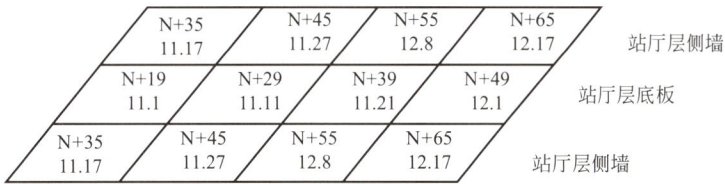

图11-36 站台层分仓混凝土浇筑时间示意图

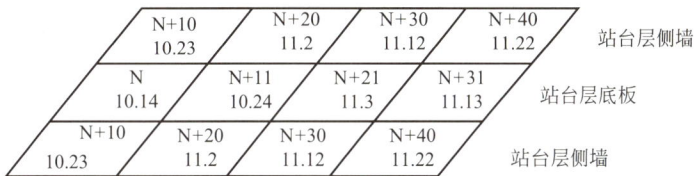

图11-37 站厅层分仓混凝土浇筑时间示意图

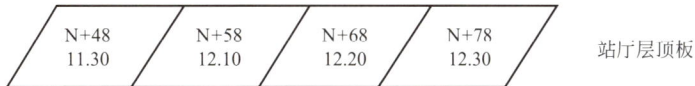

图11-38 顶板分仓混凝土浇筑时间示意图

仓格尺寸及工程量一览表　　　　　　　　　　表11-15

施工部位	施工顺序	仓号	底板混凝土用量（m³）	底板侧墙混凝土用量（m³）	中板侧墙混凝土用量（m³）	顶板混凝土用量（m³）	混凝土用量（m³）	混凝土强度等级
车站	1	1	439.92	—	—	—	439.92	C45
	2	2	462.48	143.91	—	—	606.39	C45
	3	3	330.15	151.29	—	—	481.44	C45
	4	4	412.232	114.39	180.77	—	707.4	C45
	5	5	—	126.198	190.04	358.2	674.44	C45
	6	6	—	—	143.685	376.59	520.28	C45
	7	7	—	—	158.52	310.62	469.14	C45
	8	8	—	—	—	314.13	314.13	C45

中板仓格尺寸及工程量一览表 表 11-16

施工部位	施工顺序	仓号	中板混凝土用量（m³）	混凝土用量（m³）	混凝土强度等级
车站	1	1	—	—	C35
	2	2	—	—	C35
	3	3	209.43	209.43	C35
	4	4	220.17	220.17	C35
	5	5	166.47	166.47	C35
	6	6	183.66	183.66	C35
	7	7			C35
	8	8			C35

车站侧墙分仓与各板分仓相对应，即顶板分仓缝与侧墙对齐，结合各层板分仓块组织流水施工。施工时，车站站台层侧墙水平施工缝留置于离底板上 1400mm 处，增加 3mm 厚止水钢板，站厅层内墙水平施工缝留置于基础底板或楼板上表面处 400mm。

11.4.2.3 施工关键技术

1. 钢筋保护层厚度

钢筋在混凝土板中起抵抗外荷载所产生的效应，以及防止和控制混凝土收缩裂缝发生与裂缝宽度的双重作用，而这一双重作用均需存在合理厚度的保护层，才能确保有效。因此须把钢筋保护层厚度控制作为钢筋工程中抗裂要点，钢筋保护层厚度严格按设计图纸及规范要求进行。

2. 模板工程

模板及其支撑的强度、刚度、稳定性、抗倾覆等必须满足施工要求，可以承受施工荷载及混凝土的自重；车站侧墙模板可采用保温性能和保湿性较好的胶合板模，模板应拼缝严实，加固可靠、定位准确；混凝土浇灌前浇水润湿，防止干燥模板过多吸收混凝土中拌合物中的水分，引起混凝土的塑性收缩，产生裂缝。

3. 混凝土浇筑

（1）为防止冷缝出现，施工时采取斜面分层（每层厚度控制在 50cm 以内，每步错开 500cm 左右）、依次推进、整体浇筑的方法，使每次叠合层面的浇筑间隔时间不得大于 7h，小于混凝土的初凝时间。斜面分层布料方法施工，即"一个坡度、分层浇筑、循序渐进"（分层浇筑如图 11-39 所示）。在各自范围内，混凝土输送泵采取"一"字形行走路线，各台泵浇筑范围约 12m 宽，地泵浇筑速度 30m³/h。混凝土初凝时间为 6～8h。

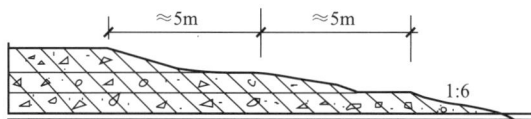

图 11-39 混凝土分层浇筑示意图

（2）在进行墙体混凝土浇筑时应分层、对称浇筑，每次浇注层高不得超过 0.3m。每次浇筑根据钢支撑的空隙隔一跳一浇筑，不能在同一点处一致下料，每一空隙每次下料约 1.5m³ 左右，一侧一层完成浇筑后，在另一侧对称部位进行同步浇筑，浇筑完成后，下料位置返回初始点，重新进行上一步骤，浇注高度同样不超过 0.5m，循环浇筑至上部施工缝，确保混凝土接槎时间控制在混凝土初凝时间内。

4. 混凝土振捣

（1）梁和墙体混凝土采用机械振捣棒振捣；板的振捣采用平板式振捣器振捣。

（2）梁的振捣点可采用"行列式"，每次移动的距离为 400～600mm；墙体混凝土浇筑时，振捣棒应插入下层混凝土 50mm 左右对下层混凝土进行二次振捣，以消除两层之间的接缝，同时浇筑速度不宜过快，以免因浇筑速度过快冲击力较大引起模板、支架变形、失稳。

（3）分仓缝处振捣要小心细致，不要踫撞坏收口网，振捣细致可保证混凝土与收口网的黏结质量。

5. 混凝土养护

原养护方案：带模养护 3d→拆模→土工布或棉被覆盖→人工洒水 14d，此养护方案基本上能满足养护需求以及规范要求，但受人为因素影响较大，混凝土表面的温湿度难以持续有效保障。为使得养护不受人为因素影响，养护效果达到最佳，养护方案改为复合式自动喷淋养护，具体流程为：带模养护 3d→覆盖养护（2 丝塑料养生膜＋350g 土工布或棉被）→自动喷淋养护 14d。

（1）带模养护 3d

第一天带模，第二天松模，第三天拆模。第一天带模目的是混凝土浇筑后混凝土内部温度较高，带模起到保温以及防止水分散失的作用，若此时拆模，会造成混凝土表面环境骤变，内外温差增大，收缩徐变增加；第二天松模的目的是为了减小模板限制混凝土自由收缩的应力，因为混凝土内部温度在 24～36 小时期间达到温峰值，混凝土热胀冷缩特性明显。

（2）覆盖养护

拆模后，立即用蓄水箱中的水润湿混凝土表面，把 2 丝的塑料养生膜粘贴到混凝土表面上，侧墙要从上到下，相邻养生膜搭接长度不小于 10cm；然后覆盖 350g 土工布，温度较低时覆盖棉被，相邻土工布或棉被的搭接长度同样不少于 10cm，土工布或棉被的搭接缝应该和塑料养生膜的搭接缝错开，错开长度不小于 50cm；侧墙覆盖土工布或棉被时，在侧墙顶端下 10cm 采用 PVC 材质的压条压住土工布（棉被）和塑料养生膜，土工布（棉被）和塑料养生膜宜外翻包住压条，以便喷淋水渗透进去，压条用铆钉枪打到侧墙上，铆钉间距宜为 40～60cm。

覆盖养护使得养护形成了一个完美的整体，水分也无处散失，混凝土温度下降不会超出规范要求，混凝土表面不受外部环境影响，覆盖方式牢固可靠，不容易受损。

（3）自动喷淋养护 14d

覆盖养护就位在侧墙顶端外角处或板类构件上方安装自动喷淋设备，喷头采用三角喷头，侧墙相邻喷头间距宜为 20cm，确保喷头一角喷到预留混凝土表面上以便渗入侧墙，另外两角喷到覆盖材料上；板类构件上方喷淋管呈平行布置或纵横平行交叉布置，喷头间距视喷淋范围决定，相邻喷头喷淋水气需搭接。侧墙及顶板养护措施如图 11-40 所示。顶板养护结束后在上部支撑高分子遮阳网以杜绝环境温度变化的影响，如图 11-41 所示。

喷淋设备能保证混凝土覆盖物以及混凝土构件周围环境的湿度，使得混凝土表面或内部的水分不容易散失，喷头一角直接喷到预留出的混凝土表面上，水分会顺着压条与混凝土表面的缝隙渗入混凝土表面，起到很好的水分补充作用，最关键的是，喷淋设备为自动喷淋，不受人为因素影响，除非停水，完全能保证 14d 完美湿养护的需求，以上目标全部得以实现，实施效果良好。

(a) 侧墙养护措施　　　　　　　　　　　　(b) 顶板养护措施

图 11-40　养护措施

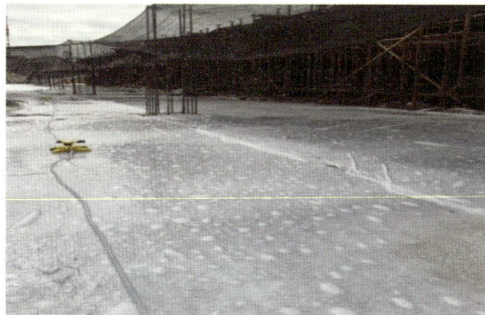

图 11-41　顶板遮阳网布置

11.4.3　应用效果分析

以马銮西站站台层侧墙及中板为例说明控裂效果。左侧侧墙，裂缝数量 9 条，总长 34.33m，裂缝密度比 0.12 条/m，裂缝面积比 0.074m/m²，相较于地铁 1 号线及其他城市地铁车站，裂缝密度比 0.3～0.5 条/m，同比减少 75% 以上，面积比为 0.21～0.4m/m²，同比减少 65% 以上；左幅中板，腋角处裂缝数量 4 条，总长 8.7m，裂缝密度比 0.05 条/m，相较于地铁 1 号线及其他城市地铁车站，裂缝密度比 0.16～0.35 条/m，同比减少 69% 以上。

11.5　本章总结

本章主要研究现场用原材料对混凝土和易性、强度、温升性能、变形性能的影响规律，并在此基础上采用响应面优化设计试验方法进行 C45 高性能抗裂混凝土配合比设计，同时对新型混凝土裂缝控制工艺展开研究，依托马青路站实施了布设冷却水管抗裂技术，依托马銮湾西站实施分仓法施工技术，两个站大体积混凝土均起到良好的控裂效果。通过研究，主要得出以下结论：

（1）利用响应面优化试验方法优化混凝土配合比设计中胶凝材料用量、水胶比、矿物掺合料等关键参数的比例，最终确定的混凝土配合比参数为：水胶比 0.36，胶材用量 430kg/m³，粉煤灰掺量 20％，矿粉掺量 10％，砂率 40％，混凝土容重 2350kg/m³，适配时混凝土配合比调整 ±0.02。

（2）基于有限元计算得出的应力和温度分布情况，布置底板及侧墙的冷却水管，监测数据表明，冷却水循环系统可以有效降低混凝土内部的温度应力差，加入抗裂剂后会增加混凝土放热量及缩短温升时间；冷却水与抗裂剂联合控裂技术、侧墙与倒角协同的控裂设计有利于混凝土温度裂缝控制。以马青路站为依托，采用冷却管和抗裂剂联合抗裂措施后，通水后混凝土内部最大温升由 76.9℃ 降低到 64.1℃，温升时间缩短 1.3h，最大温升从 40.8℃ 降低到 29.1℃，最大内部温差从 18.8℃ 降低到 15.2℃，最大倒角温升 13℃，显著降低了新老混凝土的温度差。

（3）无缝分仓法施工技术体现了"先放后抗，抗放兼施，以抗为主"的原则。将该技术应用于马銮湾西站施工时，按照站台层、站厅层及顶板分仓块，组织流水施工。取消了地下混凝土结构工程后浇带施工措施，最长节约工期 70 天，最短节约工期 50 天，工期效益明显。裂缝密度比 0.05 条/m，相较于地铁 1 号线及其他城市地铁车站，裂缝密度比 0.16～0.35 条/m，同比减少 69％ 以上，保证了地铁车站混凝土的耐久性和寿命，改善了地铁车站的外观质量及使用功能，具有明显的经济和社会效益。

第 12 章 BIM 技术在地铁车站建设中的应用

12.1 引言

12.1.1 BIM 技术的发展概况

建筑信息模型（Building Information Modeling）简称 BIM，它是以建筑工程项目的各项相关信息数据作为基础，建立三维建筑模型，通过数字信息仿真模拟建筑物所具有的真实信息。BIM 技术具有可视化、协调性、模拟性、优化性和可出图性等五大特点，它是以三维模型为载体的数据库，是模型和信息的共同体。通过 BIM 技术，可以将建设全生命周期中各阶段的数据（如物理信息、几何信息、工程信息、造价信息以及制造装配信息等）进行高度的集成，保证上一阶段的信息能传递到以后的各个阶段，使建设各方的各专业及时获取相应的数据，实现建筑生命周期内各阶段以及所有参与方的工程信息共享。同时 BIM 技术支持各参与方对项目信息进行调用、修改、存储等，从而达到协同设计、建设的目的，提高工程建设效率，最终体现在运营管理中，能有效维护建筑物的各使用功能，延长大型公共建筑的使用寿命。

BIM 技术的应用最先从美国开始，之后在英国、芬兰、韩国、新加坡、日本、澳大利亚、欧洲其他地区得到广泛的应用。我国从 2003 年开始引进 BIM 技术，起初主要是在学术领域进行研究，后来国家从政策层面推广 BIM 技术的应用。2011 年，住建部发布《2011～2015 年建筑业信息化发展纲要》，提出要在"十二五"期间，基本实现建筑企业信息系统的普及应用，加快建筑信息模型（BIM）、基于网络的协同工作等新技术再工程中的应用。2014 年住建部发布《关于推进建筑业发展和改革的若干意见》，提出要推广 BIM 技术在工程项目设计、施工、运维等全生命周期应用。2015 年住建部印发《关于推进建筑信息模型应用的指导意见》，旨在帮助和推动建筑信息模型的应用，提出推进建筑信息模型应用的指导思想与基本原则，明确推进 BIM 应用的发展目标，为建设、勘察、设计、施工等单位提出指导意见。在中央政府的大力支持下，各地方政府也积极地推广 BIM 的应用。

BIM 经过几年的发展，在建筑工程项目中得到了较为深入的推广与应用，但其在地铁方面的应用仍较少。中国香港与台湾是我国最早将 BIM 技术运用到地铁项目中去的地区。在内地，地铁行业的 BIM 技术应用处于蓬勃发展阶段，大部分城市地铁主要集中于模型的视觉效果展示、管线综合设计等点式应用。随着 BIM 理念的逐步深入，部分城市（如北京、上海、广州、厦门、南宁和宁波等地）地铁项目的 BIM 技术应用突破点式的基础应用，开始探索 BIM 全生命周期应用目标，通过 4D、5D 模型模拟施工，合理配置资源，进行约束理论下的进度控制与成本控制，实现了精益建造和运营维护管理，以达到项目全生命周期效益最大化。

相比于一般建筑工程项目，地铁项目在前期规划阶段，需要进行线网规划、线路走向、线站位选取等复杂规划；在设计阶段，涉及线路、轨道、建筑、结构、通风空调、给水排水、消防、综合监控、供电、通信、信号、人防等近 30 多个专业，需确保各专业设计的协调；在施工阶段，其施工场所环境阴暗，施工布线复杂，专业管线和设备较多，各专业协调量大；在运维阶段，其运营客流量大，乘客对安全、准点的要求高，设备庞大且检修频繁。因此，地铁项目更加需要 BIM 技术的支持。

BIM 技术作为信息技术在工程建设领域的新学科，它将促进工程建设行业发生根本性的变革。从整体建筑业发展来看，充分地应用 BIM 技术，改变现行的建设模式是一种必然趋势。鉴于 BIM 技术在地铁工程中的应用尚处于起步阶段，主要处于研究和开发阶段，比较集中的应用是在设计阶段，对于以粗放式传统管理为主的施工阶段，BIM 的应用要求更高。因此，针对地铁项目的施工阶段进行 BIM 技术应用研究，实现项目的精细化管理，增加项目综合效益，具有重要理论意义和实用价值。

12.1.2　依托工程概况

厦门地铁 2 号线翁角路站位于翁角路与霞飞路交叉口。车站里程区间为 DK11＋551.877～DK11＋763.383，采用明挖顺作（局部盖挖）法施工，主体基坑采用地下连续墙＋内支撑体系支护形式。车站小里程端为盾构接收，大里程端为盾构始发。项目工程位置如图 12-1 所示。

图 12-1　依托工程位置图

翁角路站为地下两层岛式站台车站，设计为双柱三跨框架结构，车站总长 211.5m，标准段主体结构宽度为 21.7m，车站小里程端端头井主体结构宽度为 25.95m，大里程端端头井主体结构宽度为 27.4m，顶板覆土约 2.6～4.2m，底板埋深约 16.2～20.2m。车站共设 4 个直接出地面的出入口、2 组风亭，车站西侧 1 号出入口及 1 号风亭、2 号出入口沿翁角路侧设置，车站东侧设 3 号出入口及 2 号风亭、4 号出入口。地铁车站平面布置图见图 12-2。

12.1.3　本章主要内容

结合当前各类 BIM 软件的特点，考虑地铁车站的结构现状、应用目标，对厦门地铁 2 号线翁角路地铁车站展开 BIM 建模技术与施工应用研究，主要内容包括：

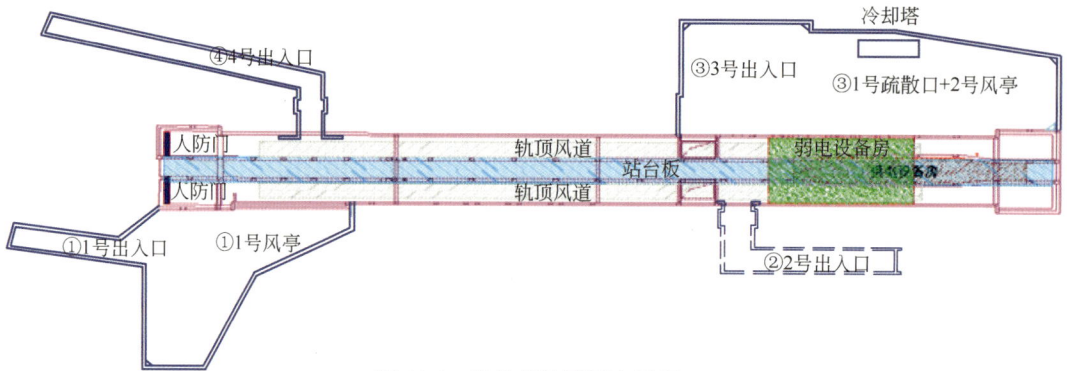

图 12-2　地铁车站平面布置图

（1）运用 BIM 软件进行地铁车站地质建模、支护结构及主体结构建模。

（2）模拟车站土方开挖、支护结构、永久结构的施工过程，统计工程量，完成车站从开挖到回填整个施工过程的模拟，实现开挖与支护、支护与结构的同步管理。

（3）对模型进行碰撞检查和深化设计，模拟施工方案，实现城市地铁施工现场的场地仿真。

（4）模拟关键施工方案，探索地铁车站施工碰撞检查技术。

12.2　地铁车站 BIM 建模技术研究

12.2.1　地铁车站 BIM 建模技术

地铁车站 BIM 建模标准主要依据：上海市住房和城乡建设管理委员会《城市轨道交通信息模型技术标准》（DG/TJ 08-2202-2016）、《城市轨道交通信息模型交付标准》（DG/TJ 08-2203-2016）、住建部《城市轨道交通工程 BIM 应用指南》。BIM 建模软件主要为：主体结构建模采用 Revit；地质地形建模采用 Civil 3D；区间管片建模采用 Dynamo。

12.2.1.1　地质建模

采用 Civil 3D 的 Geotechnical Module 模块，在钻孔数据的基础上，可以对地质信息进行较好的三维表达，包括钻孔位置、钻孔柱状图和土层分布。对于钻孔数据不足及钻孔土层分布复杂等问题，可以通过在土层界面和土层实体之间设置插值解决。

首先，将地质钻孔图的信息转化为软件可以识别的 AGS 或 CSV 数据格式，并采用软件固定的法则命名文件名称以及文件内部格式。

其次，将数据导入到软件中，浏览钻孔信息，生成模型空间和钻孔，并生成地质面层，最后通过面层生成三维实体，如图 12-3 所示。

12.2.1.2　车站主体结构建模

先根据施工顺序依次从下往上建好主体框架，包括垫层、结构底板、底纵梁、侧墙、立柱、站厅板、顶板，再进行主体孔洞的开挖以及预埋件的布置。建模步骤如下：

第一步：创建标高。

第二步：创建轴网。

第三步：利用 Revit 软件"链接 CAD"功能，将 CAD 图通过链接的形式加入 Revit 中，在后续建模时通过点击的形式参照其中的点、线等进行定位。

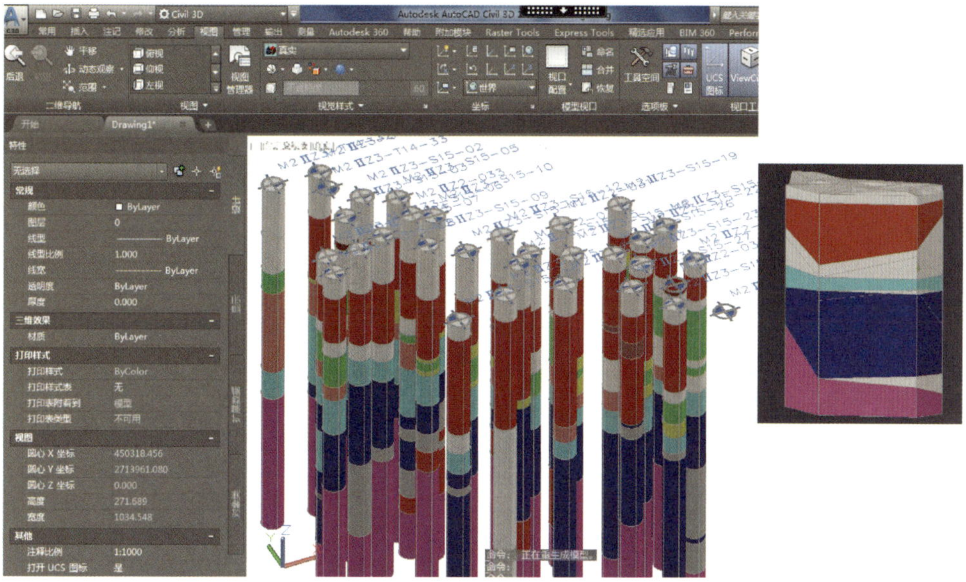

图 12-3　建立地质曲面并将曲面生成三维实体

　　第四步：根据图纸，拆分创建基本构件族模型。主体结构根据其结构形式和应用目标，运用系统族和标准构件族两种类型进行创建。主体结构的地连墙等各种墙体、楼板如站台板都是采用系统族创建，见图 12-4，系统族是 Revit 中预定义的族，系统族构件之间可根据系统定义相互识别，但不能对参数进行名称及其驱动方式的自定义修改，也不可在不同项目之间传递复用。主体结构的各类柱、梁及桩基等均采用标准构件族创建，如图 12-5 所示，标准构件族可以复制和修改，也可根据各种族样板创建新的构件族。在默认情况下，在项目样板中载入标准构件族，使用族编辑器创建和修改构件，可自定义参数与驱动方式，并可在不同项目间传递复用。

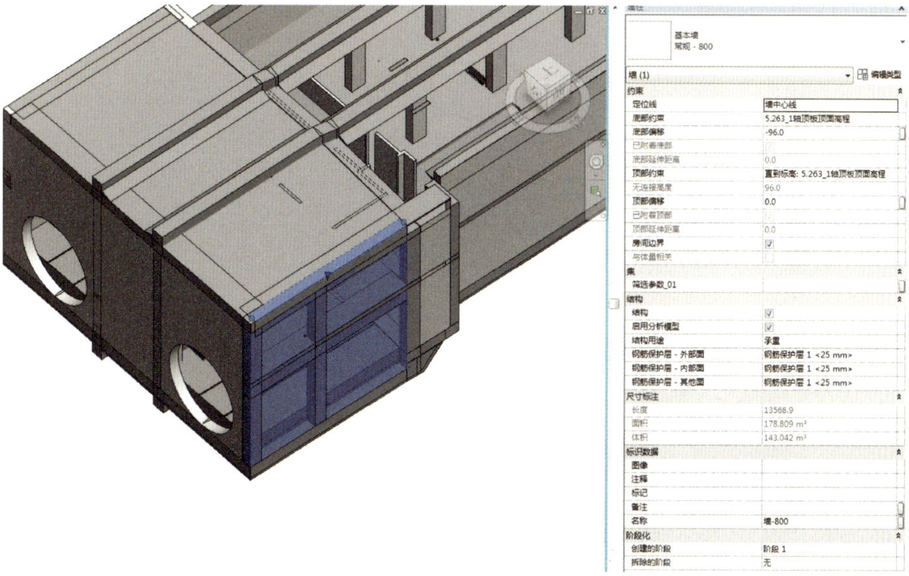

图 12-4　系统族创建墙构件

179

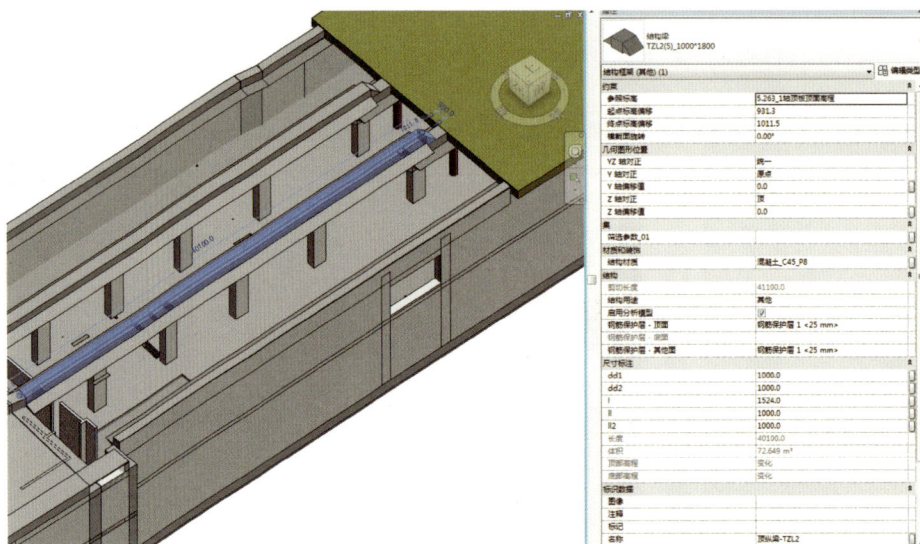

图 12-5　标准构件族创建梁构件

第五步：渲染出图。查看主体结构内部预留孔洞和预埋件位置等具体构件布置时，采用 Revit 软件，渲染时间快，操作便捷；在作宣传效果图和汇报使用时，采用第三方软件，效果真实，展示能力强。Revit 主体结构站厅及站台层模型图和效果图如图 12-6 和图 12-7 所示。

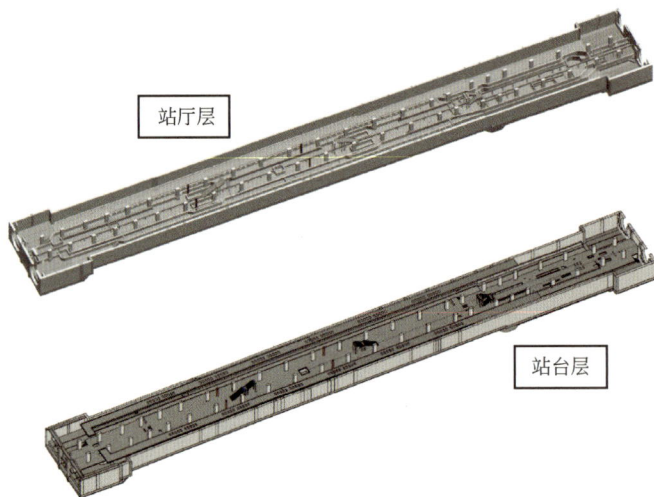

图 12-6　Revit 主体结构站厅及站台层是三维模型图

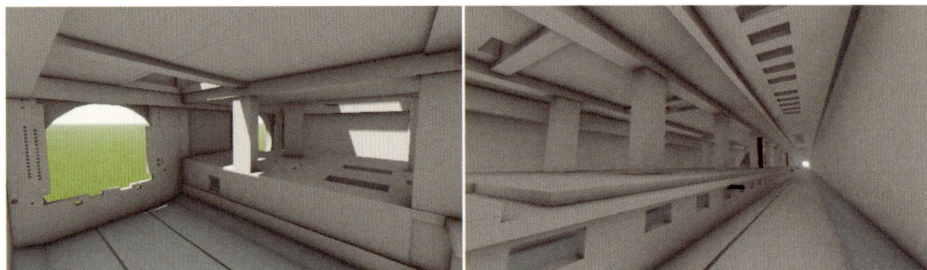

图 12-7　主体结构内部效果出图

12.2.1.3　支护结构建模

本工程由于从小里程到大里程存在一定倾斜度，因此先建好带斜度的底板和顶梁，地连墙采用附着顶部和底部的方式；再根据施工进度，依次从桩基到顶梁的顺序进行。车站支护结构建模主要采用 Revit 软件，建模流程同主体结构一致。除支护模型内双层三角撑及附属零件族类型采用内建族（图 12-8）外，其他支护结构模型族库类型基本与主体结构一致，采用系统族和标准构件族建立。车站支护结构总图和支护结构渲染图如图 12-9、图 12-10 所示。

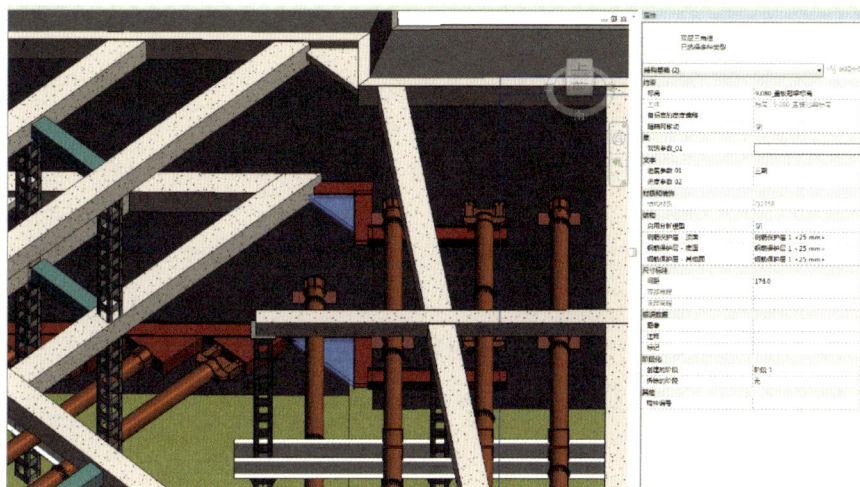

图 12-8　三角撑构件-内建族

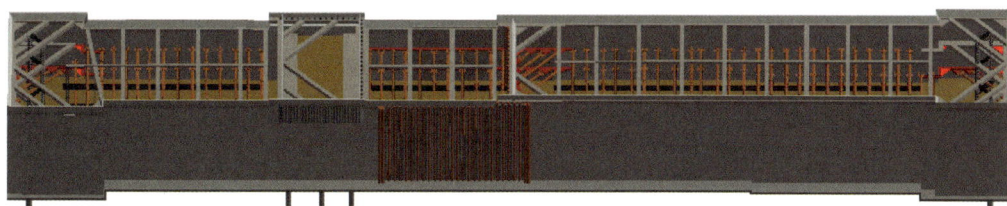

图 12-9　车站支护结构总图

图 12-10　支护结构渲染图

12. 2. 1. 4　隧道管片建模

管片建模采用 Autodesk Revit 建模软件的 Dynamo 插件，该插件特点是可弥补 Revit 软件自身的不足，可以灵活响应建模者的需求，对变化截面、变化空间放样曲线等都有很好的技术手段，解决 Revit 软件不能解决的建模问题，为异形构件的创建提供了一个很好的技术方案。车站管片建模具体流程如下：

第一步：基于翁角路站总平面 CAD 图纸，提取隧道中心线，作为管片放样的中心线。

第二步：在 Revit 中通过自适应族建立管片单元，该管片单元由 12 个自适应点控制，12 个点分别为内环面 6 个点，外环面 6 个点。环面 6 个点控制了管片单元的形状，后期可以通过自适应点的位置控制管片形状尺寸。

第三步：将处理好的隧道中心线 CAD 底图插入 Revit 软件，把自适应族导入 Revit 软件，点击打开菜单栏的 Dynamo 插件，新建工作空间。

第四步：建立参数化管片的命令流。创建思路：在隧道中心线按照管环长度获取线上的所有管环中心点，以各个中心点为基点，生成以该基点为圆心的圆的内外径上 12 个自适应点，参数化驱动分割管环，最终一个管片由前后 2 个基点生成的 12 个点构成。

第五步：编辑好命令流后，点击运行 Dynamo，在 Revit 中沿隧道中心线放样，生成管片组成的管环。管片与模型生成效果图如图 12-11 所示。

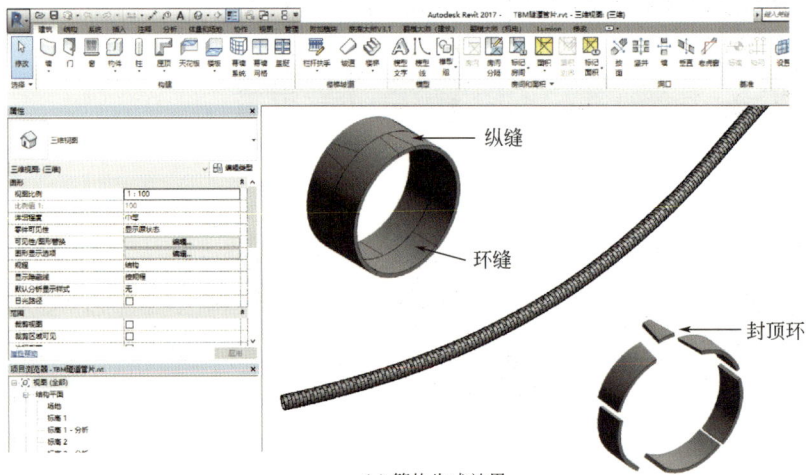

(a) 管片生成效果

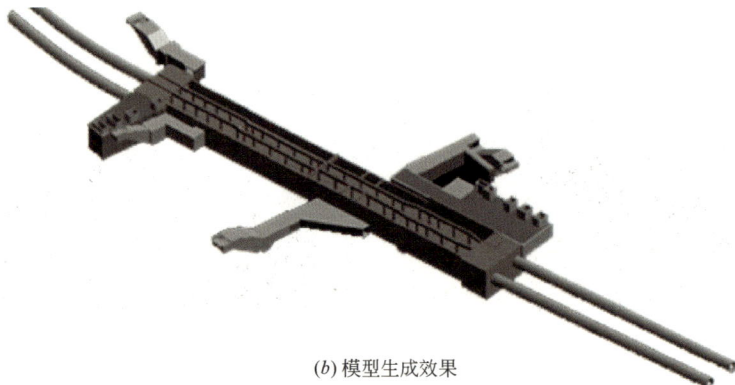

(b) 模型生成效果

图 12-11　管片与模型生成效果图

12. 2. 1. 5　车站临时设施建模

以脚手架的中心线为放样中心，按照实际脚手架尺寸放样，最后再根据扣件布置规则，手动布置连接扣件。脚手架建模具体流程如下：

第一步：将主体结构支架模板图按照架体类别进行拆分；

第二步：将 CAD 图纸分别导入到 Revit 文件中，编写 Dynamo 程序文件；

第三步：生成脚手架实体模型，按规范要求布置扣件，如图 12-12 所示；

第四步：将文件轻量化，导入到 Navisworks 进行操作，Navisworks 中的脚手架模型碰撞检查如图 12-13 所示。

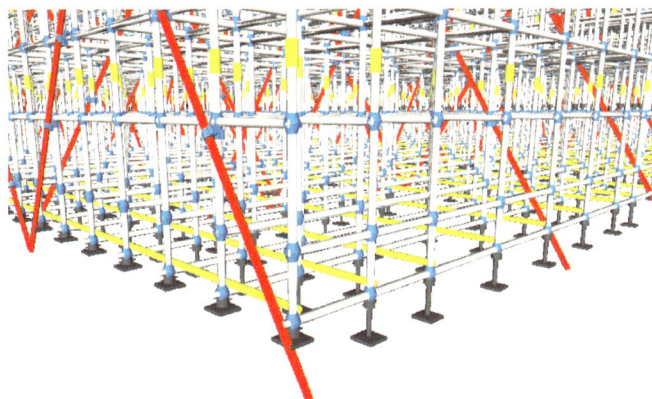

图 12-12　生成脚手架实体模型

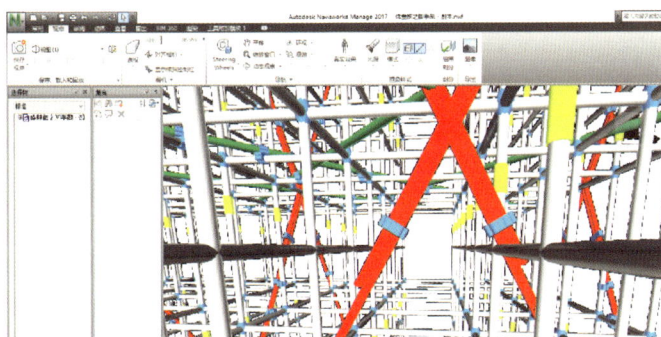

图 12-13　Navisworks 中的脚手架模型碰撞检查

12. 2. 2　地铁车站基本 BIM 族库的建立

12. 2. 2. 1　构件族库建立方案

1. 构件族库目录树命名规则

根据项目情况，灵活设置族库目录树，保持稳定连贯和前后一致的目录树命名结构。一般情况下，一级目录可按照专业类型区分。

2. 构件族文件命名

族文件命名关系到建模人员利用及查找族文件的效率，清晰并符合逻辑的文件命名规则是整个项目中员工能有效使用的前提。本项目族文件命名按照构件族文件类型进行。

3. 通用准则说明

在搭建族库时，需要规范与统一构件创建的一般流程、方法等，制定族创建的通用准则，其主要内容应包括模板选择、材质统一、共享参数名称统一、构件的基点与标高一致、构件参数化设置、构件拆分规则制定、构件创建顺序、构件版本管理、构件校验审定制度建立等方面。

4. 构件族创建方案

（1）模板选择：通过选择合适的创建模板，可以确保构件创建时信息的统一性和完整性。不同的模板具有的不同内设条件，能够使得构件更好地适用软件的项目环境。

（2）材质统一：保证构件模型在真实模式下与实际材质相近，在着色模式下根据设计习惯区分。

（3）共享参数名称统一：在构件中常规参数保证参数名称统一，便于推广理解。

（4）构件的基点和标高一致：合理地选择基点和标高，可以更加迎合设计者的思维。

（5）构件参数化设置：对于统一类别的构件，通过参数化建模可保证构件复用性。

（6）构件拆分制定：根据工程量统计及构件的复用频率明确构件拆分，确定最小拆分构件。

（7）构件创建顺序：应按照先现状环境输入后设计输出、先主体模型后附属模型的、先总体后局部的顺序进行建模。

（8）构件版本管理：模型按照建模等级，充分利用前级模型深化，分别建模，分别保存。

（9）建立校核审定制度：保证构件的准确性及使用的方便性。

12.2.2.2 族库类型

地铁车站主要包含主体结构、支护结构及临时设施等模型族，针对不同结构和应用目标，采用族的类型各不相同。

1. 普通墙、板模型族

为使用系统族构件之间的相互识别功能，地连墙等各种墙体、楼板、站台板均采用系统族创建，如图 12-14 所示。

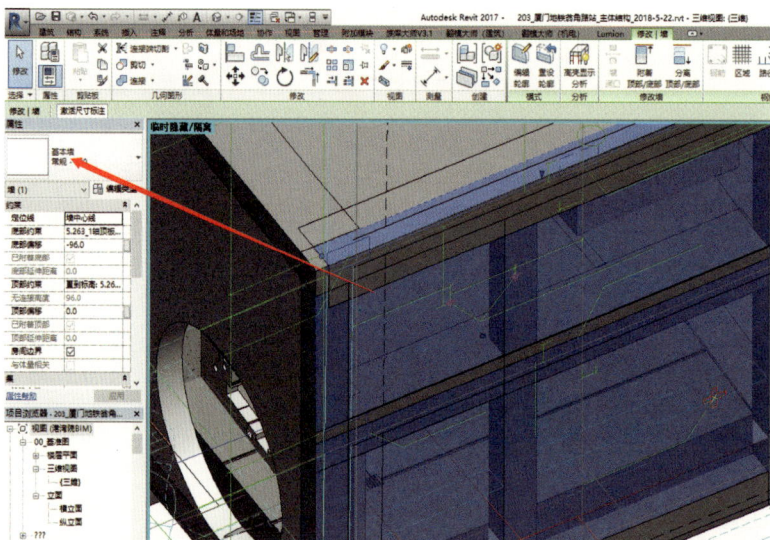

图 12-14　Revit 软件创建系统族

2. 附属临设构件族

针对地铁车站中特殊的附属设施或小型构件，均采用内建族创建，如图 12-15 所示。

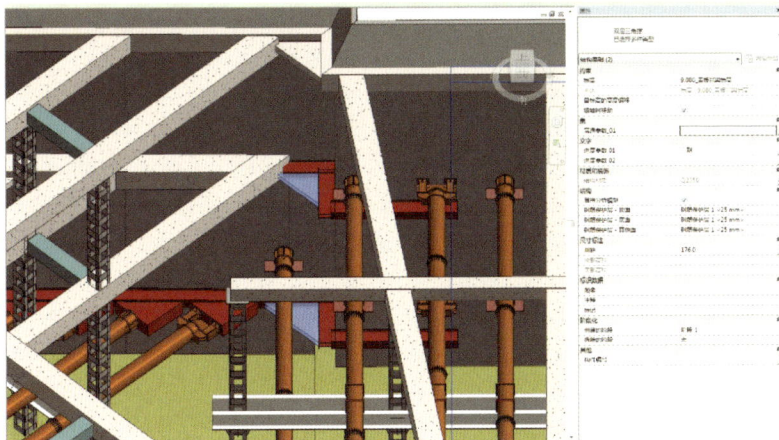

图 12-15　Revit 软件创建内建族

3. 柱、梁及桩基础构件族

为便于项目中独立构件的批量放置使用，项目中单独的柱、梁及桩基等构件，采用标准构件族创建。标准构件族可以复制和修改，也可以根据各种族样板创建新的构件族。族样板可以是基于主体的样板，也可以是独立的样板，如图 12-16 所示。

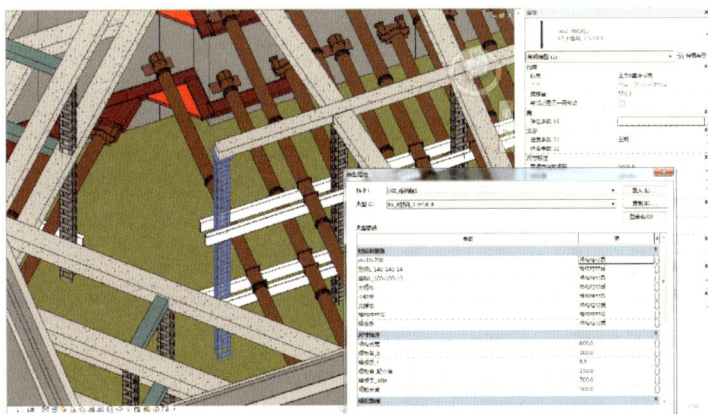

图 12-16　Revit 软件创建标准构件族

12.3　BIM 技术在地铁车站施工阶段中的应用

12.3.1　施工图纸会审与变更

施工图图纸会审是运用 BIM 技术的第一点应用功能，主要目的是基于各专业模型，应用 BIM 三维可视化技术检查施工图设计阶段的碰撞，完成建筑项目设计图纸范围内各种管线布设与建筑、结构平面布置和竖向高程相协调的三维协同设计工作，尽可能减少碰撞，避免空间冲突，避免设计错误传递到实施阶段。

厦门地铁翁角路车站由于未涉及管线施工，因此本次研究只对三维主体结构、支护结构及施工机械进行碰撞检查。根据项目部位的结构标高，结合深化后的方案，完成项目专业之间的碰撞检查，发现影响实际施工的碰撞点，在模型中任意位置进行剖切，出具可指导施工的剖面图。

翁角路车站图纸共有 4 册，分别为地质及开挖图纸、围护结构及支撑图纸共 57 张、主体结构图纸及附属设施图纸共 89 张、交通疏解图纸 47 张。在翁角路地铁车站 BIM 三维结构建模中，发现了结构的缺失和碰撞问题 20 处左右，与设计方沟通确认后，进行设计问题的变更与处理，减少了施工返工材料和时间的浪费。

12.3.2 施工场地规划仿真

施工场地规划是对施工各阶段的场地地形、既有建筑设施、周边环境、施工区域、临时道路、临时设施、加工区域、材料堆场、临水临电、施工机械、安全文明施工设施等进行规划布置和分析优化，以实现场地布置科学合理。

本次应用根据场地信息，创建或整合场地地形、既有建筑设施、周边环境、施工区域、道路交通、临时设施、加工区域、材料堆场、临水临电、施工机械、安全文明施工设施等模型；依据模拟分析结果，选择最优的交通导改方案及施工场地规划方案，并进行技术交底。

根据车站特点及翁角路、霞飞路的具体情况，结合本片区周边道路现状情况，翁角路车站建设期间交通组织按两期实施，总工期 26 个月。第一期，围挡施工车站永久盖板及南侧部分主体，施工时间 10 个月；施工期间交通往围挡北侧导改，翁角路保证进口道 5 车道、出口道 4 车道，围挡面积 14025m²。第二期，围挡施工车站主体及附属并围挡剩余南侧主体及附属，施工时间 16 个月；施工期间交通往围挡中间导改，翁角路保证进口道 6 车道、出口道 4 车道，围挡总面积 17719m²。

现场场地布置模拟方案流程为：

首先，确定满足当前生产需求的功能区域，例如办公区域、材料加工存放区域、生产作业区域、配套生产设施等；

其次，根据场地条件进行各功能区域的布置及临时道路的规划设计，过程中充分考虑各类功能区域分布的合理性，临时道路的设计尽可能减少施工材料的二次倒运，达到施工材料场内运距最短的目的，并减少交叉作业对施工带来的影响。

最后，完善场地内辅助性设施的设置，例如临水、临电的线路布设等，并根据施工进度对场地布置进行动态调整，满足不同施工阶段的施工要求，达到现场资源充分利用的目的。

根据交通导改方案，对施工现场的周边环境以及临时设施进行场地布置。翁角路站施工现场场地布置和现场场地布置无人机航拍如图 12-17 和图 12-18 所示。场地布置效果图如图 12-19 所示。

通过模拟交通疏解及现场场地布置情况，辅助现场施工人员对施工场地进行排布和测量（图 12-20），直观、便利地协助管理者分析现场的限制，事先准确地估算所需要的资源，评估临时设施的便利性和安全性，制定可行的施工方法，减少传统施工现场布置方法中存在漏洞的可能。

图 12-17　翁角路站施工现场场地布置图

图 12-18　现场场地布置无人机航拍图

图 12-19　场地布置效果图

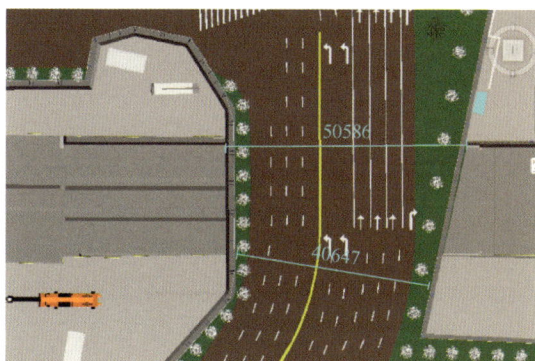

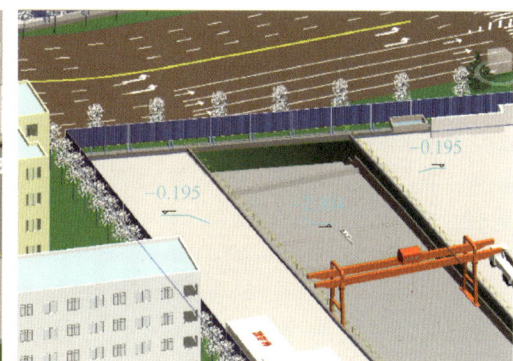

图 12-20　运用 BIM 模型进行施工场地测距

12.3.3　施工过程 4D 进度模拟

施工过程 4D 进度模拟以关键节点时间进行铺排，通过计划进度和实际进度的比对，找出差异，分析原因，实现对项目进度的合理控制和优化。主要流程为：

（1）收集数据，并确保数据的准确性。

（2）根据不同深度、不同周期的进度计划要求，创建项目工作分解结构（WBS），分别列出各进度计划的活动（WBS 工作包）内容。根据施工方案确定各项施工流程及逻辑关系，制定初步施工进度计划。

（3）将进度计划与模型关联生成施工进度管理模型。

（4）利用施工进度管理模型进行可视化施工模拟，检查施工进度计划是否满足约束条件、是否达到最优状况，若不满足，需要进行优化和调整，优化后的计划可作为正式施工进度计划。

Navisworks 软件提供的 TimeLiner 模块根据施工进度安排，为场景中每一个选择集中的图源定义施工时间和日期及任务类型等信息，生成具有施工顺序信息的 4D 信息模型。利用该模块，可以直接创建施工节点和任务，也可以导入 Project、Excel 等施工进度管理工具生成进度数据，自动生成节点数据。施工任务信息包括：计划开始及结束时间、该任务的实际开始及结束时间、该任务的实际开始及结束时间、人工费、材料费等费用信息。

模拟施工过程，必须将定义的施工任务与场景中的模型图元一一对应。使用 Navisworks 的选择集功能，根据施工任务情况定义多个选择集对应至施工任务中，使这些图元具备时间信息，成为 4D 信息图元，采用选择集与施工任务实现自动映射的工具，完成选择集图元与施工任务的快速匹配。使用 Project 导入项目信息，如图 12-21 所示。主体结构施工进度模拟如图 12-22 所示。

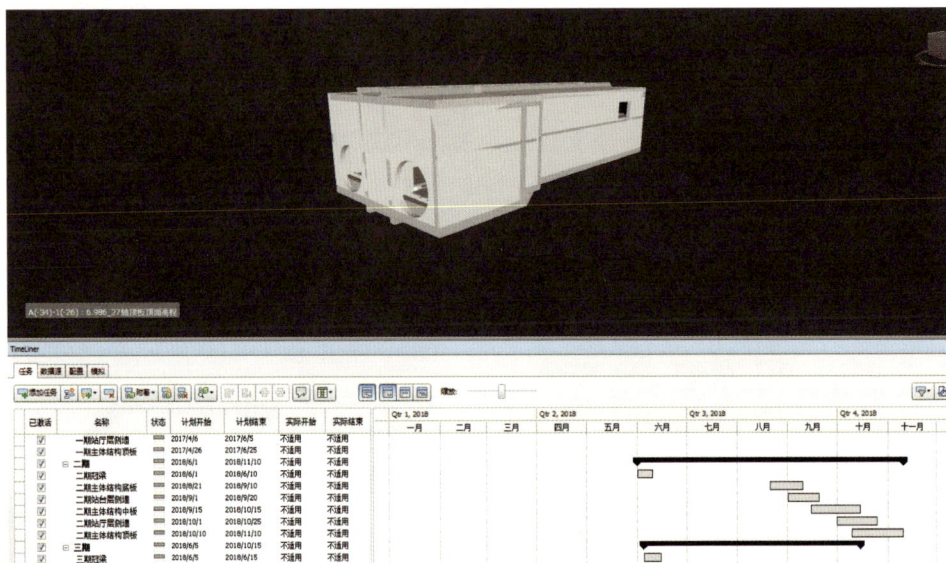

图 12-21　使用 Project 导入项目信息（根据 Project 自动生成层级关系）

在施工中，如果遇到实际进度与计划进度不一致的地方，需要实时进行调整，更改实际进度不一致部分的施工开始时间与结束时间，供管理者合理调配资源。

12.3.4　车站盖挖逆筑法施工方案模拟

本车站盖挖逆筑段施工步骤为：场地围挡，先施工车站主体结构，然后施工 SMW 工法桩和中间灌注桩，架设第一道临时支撑，逆作车站顶板，回填覆土，恢复路面交通后逐层开挖，开挖到底后，自下而上顺作完成，顺次拆除支撑支护，逐层完成结构各层侧墙、楼板及顶板结构。支撑布置示意图如图 12-23 所示。

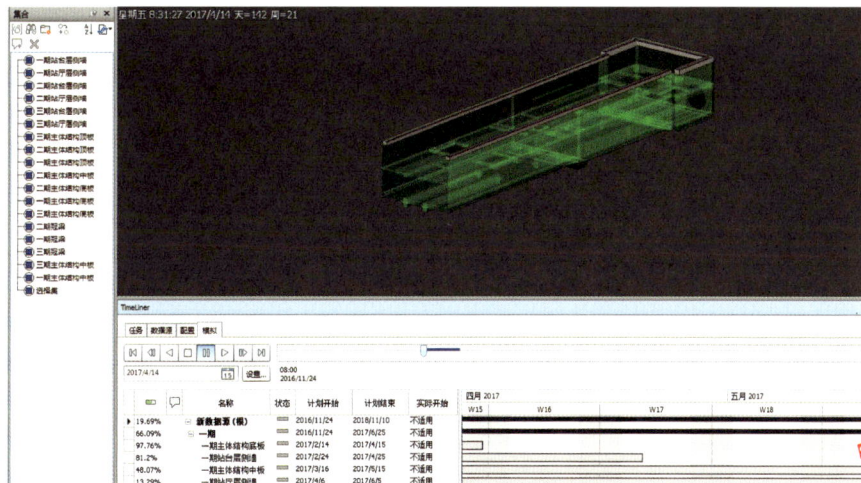

图 12-22　主体结构施工进度模拟

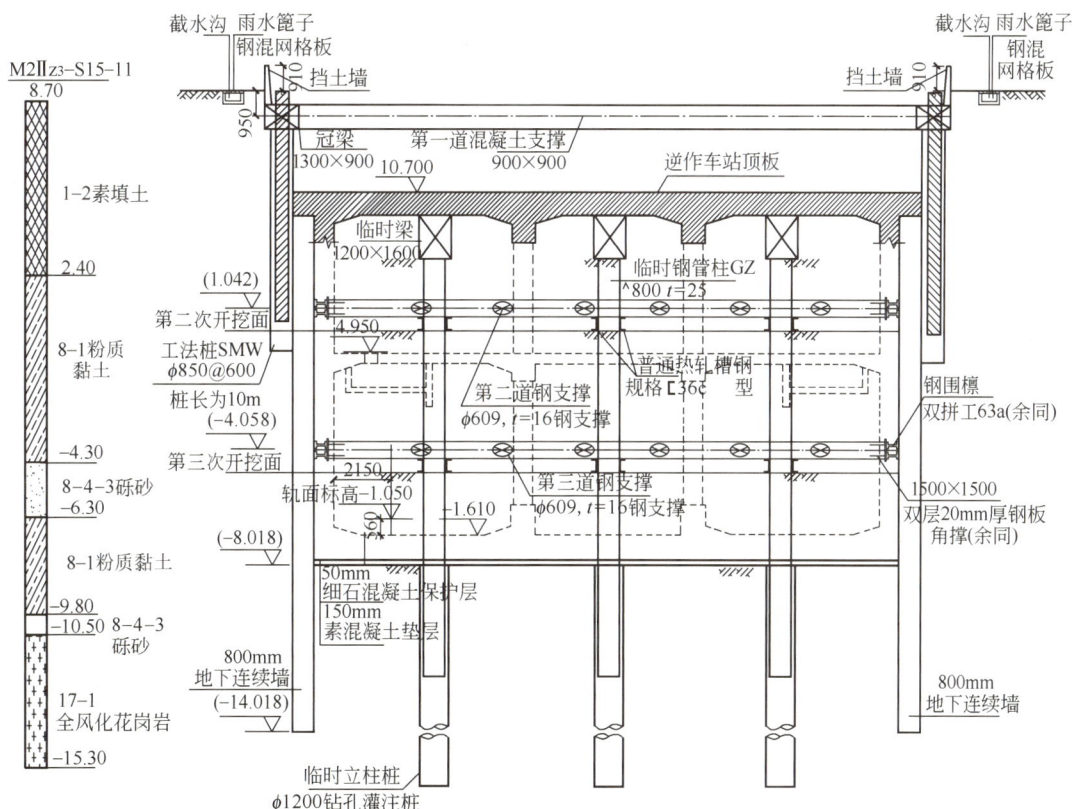

图 12-23　逆筑段主体段内支撑布置示意图（单位：m）

　　在施工图设计模型或深化设计模型的基础上附加建造过程、施工顺序和施工工艺等信息，可视化模拟施工过程，并充分利用建筑信息模型对方案进行分析和优化，提高方案审核的准确性，实现施工方案的可视化交底。BIM 技术用于施工方案模拟的流程如下：

（1）收集数据，并确保数据的准确性。

（2）根据施工方案的文件和资料，在技术、管理等方面定义施工过程附加信息，并添加到施工图设计模型或深化设计模型中，创建施工过程演示模型。该演示模型应表示工程实体和现场施工环境、施工机械的运行方式、施工方法和顺序、所需临时及永久设施安装的位置等。

（3）结合工程项目的施工工艺流程，对施工过程演示模型进行施工模拟、优化，选择最优施工方案，生成模拟演示视频并提交施工部门审核。

（4）针对局部复杂的施工区域，进行重难点施工方案模拟，编制方案模拟报告，并与施工部门、相关专业分包协调施工方案。

（5）创建优化后的最终版施工过程演示模型，生成模拟演示动画视频。

本项目运用 Navisworks Manage 软件，模拟施工方案，辅助项目现场进行施工技术交底。采用包括图元、剖面、相机在内的 3 种不同类型动画形式，用于实现如对象移动、对象旋转、视点位置变化等的动画表现。在 Naviswotks 中，每个图元均可以添加多个不同的动画，多个动画最终形成完整的动画集。将这些场景动画功能施工模拟结合，可以用来模拟更加真实的施工过程。

第一步：场地围挡，先施工车站主体结构，然后施工 SMW 工法桩，中间灌注桩和临时钢管柱，架设第一道临时支撑，如图 12-24 所示。

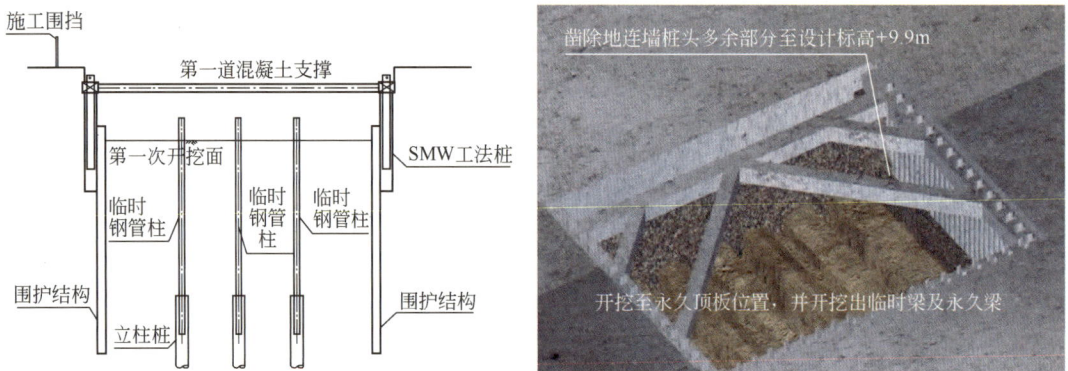

图 12-24　第一步二、三维对照表

第二步：逆作车站顶板，施工车站顶板防水层，并将部分管线迁改至顶板上方，如图 12-25 所示。

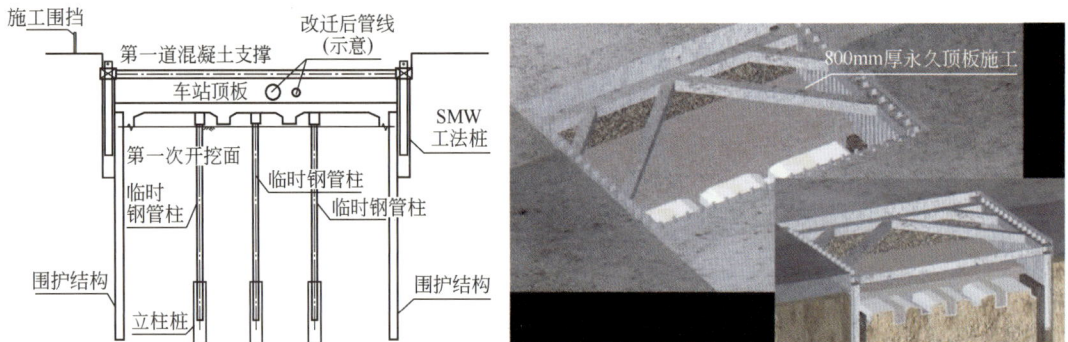

图 12-25　第二步二、三维对照表

第三步：回填车站顶板覆土，恢复路面交通，逐层开挖，并依次及时架设各道支撑，开挖到基底，如图 12-26 所示。

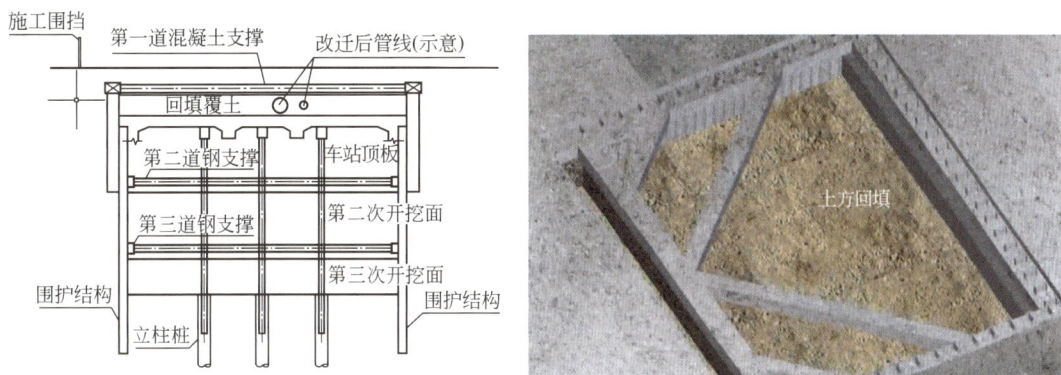

图 12-26　第三步二、三维对照表

第四步：依次施作接地网、垫层、底板防水层、底板（底梁），如图 12-27 所示。

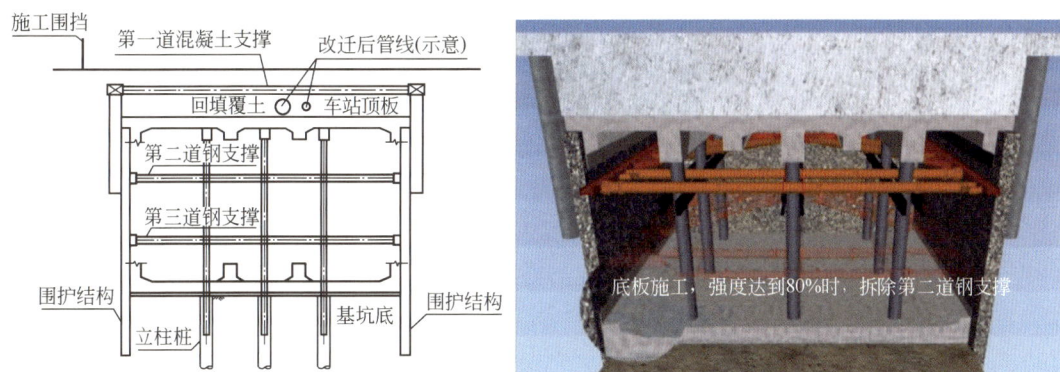

图 12-27　第四步二、三维对照表

第五步：依次自下而上顺作侧墙防水层、侧墙、中柱、结构板（梁），直到顶板结构，并依次拆除支撑。待永久立柱作用稳定后拆除临时立柱，如图 12-28 所示。

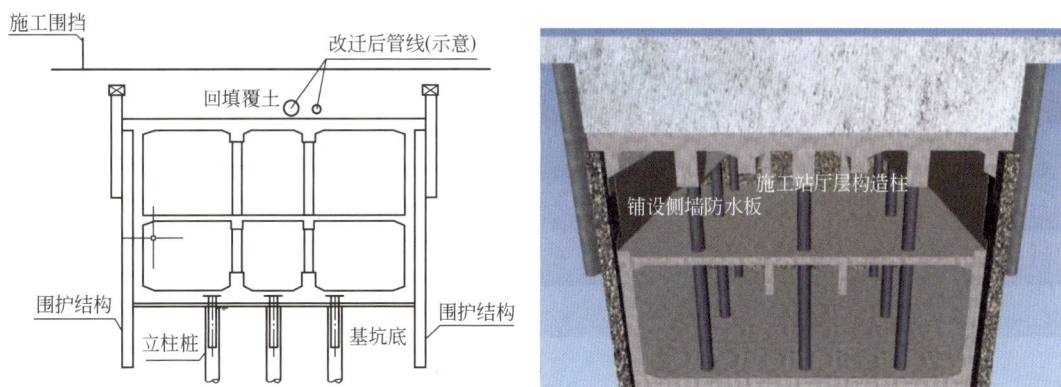

图 12-28　第五步二、三维对照表

盖挖法整体施工方案模拟步骤如图 12-29 所示。

(a) 导墙开挖

(b) 连续墙跳槽施工

(c) SMW工法桩施工

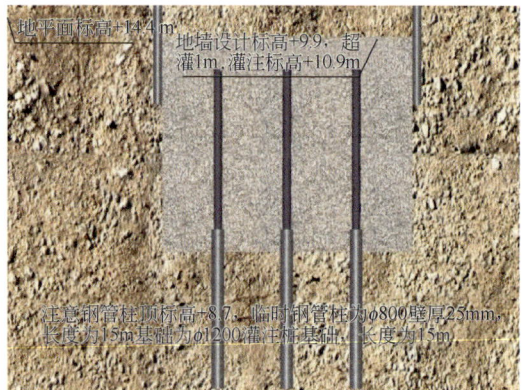

(d) 钢管桩施工

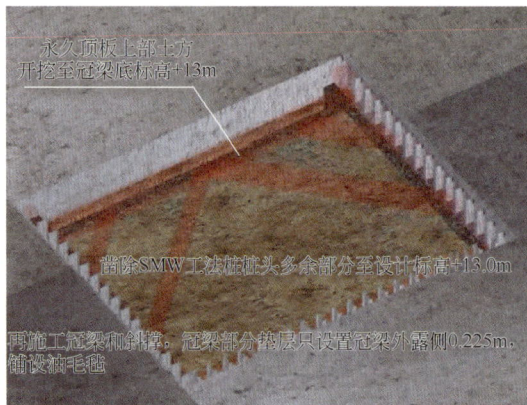

(e) 永久顶板上部土方开挖

(f) 开挖土方

图 12-29　盖挖法整体施工方案模拟步骤（一）

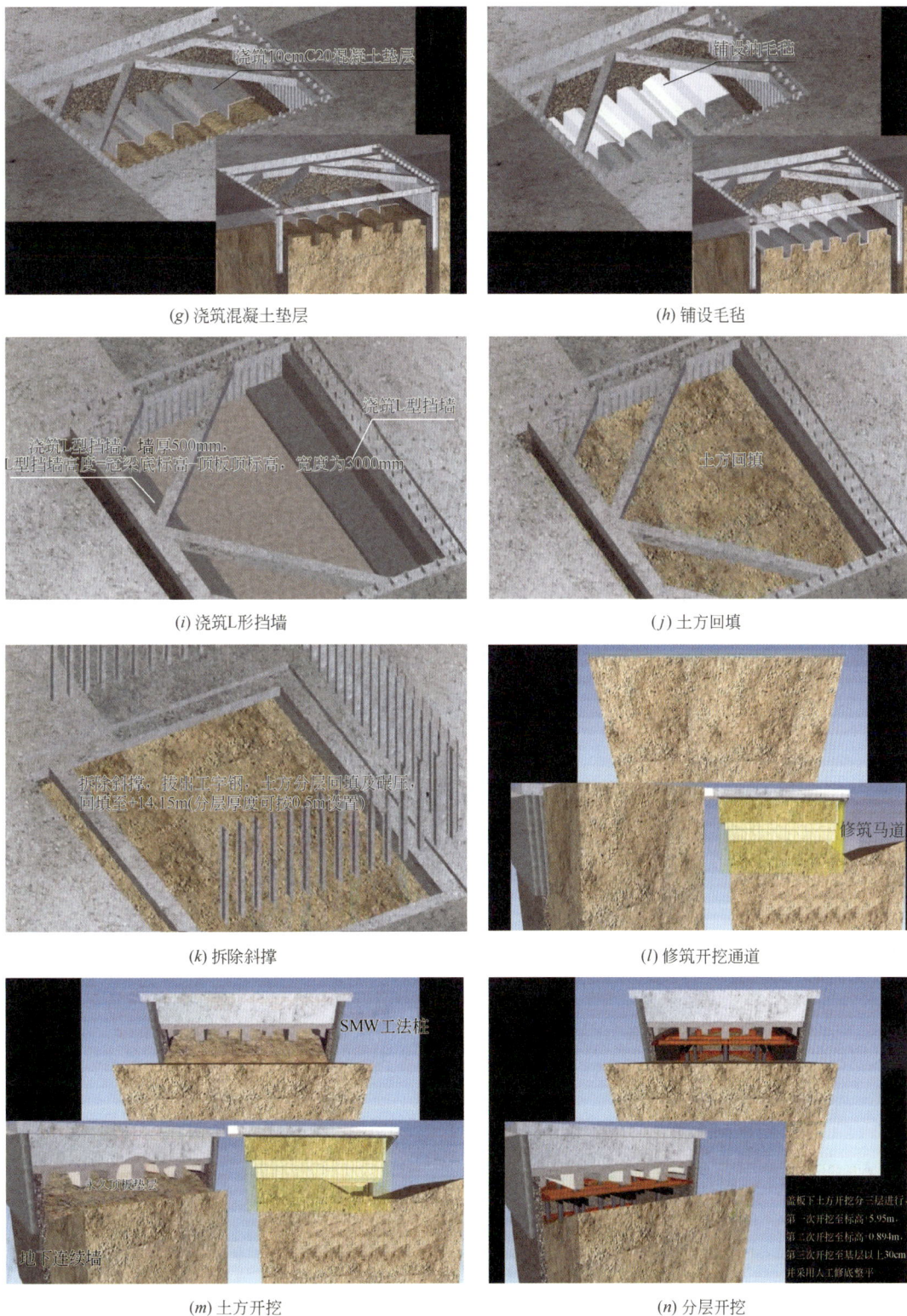

(g) 浇筑混凝土垫层

(h) 铺设毛毡

(i) 浇筑L形挡墙

(j) 土方回填

(k) 拆除斜撑

(l) 修筑开挖通道

(m) 土方开挖

(n) 分层开挖

图 12-29　盖挖法整体施工方案模拟步骤（二）

(o) 防水层上折

(p) 底板施工

(q) 中板施工

(r) 铺设防水板

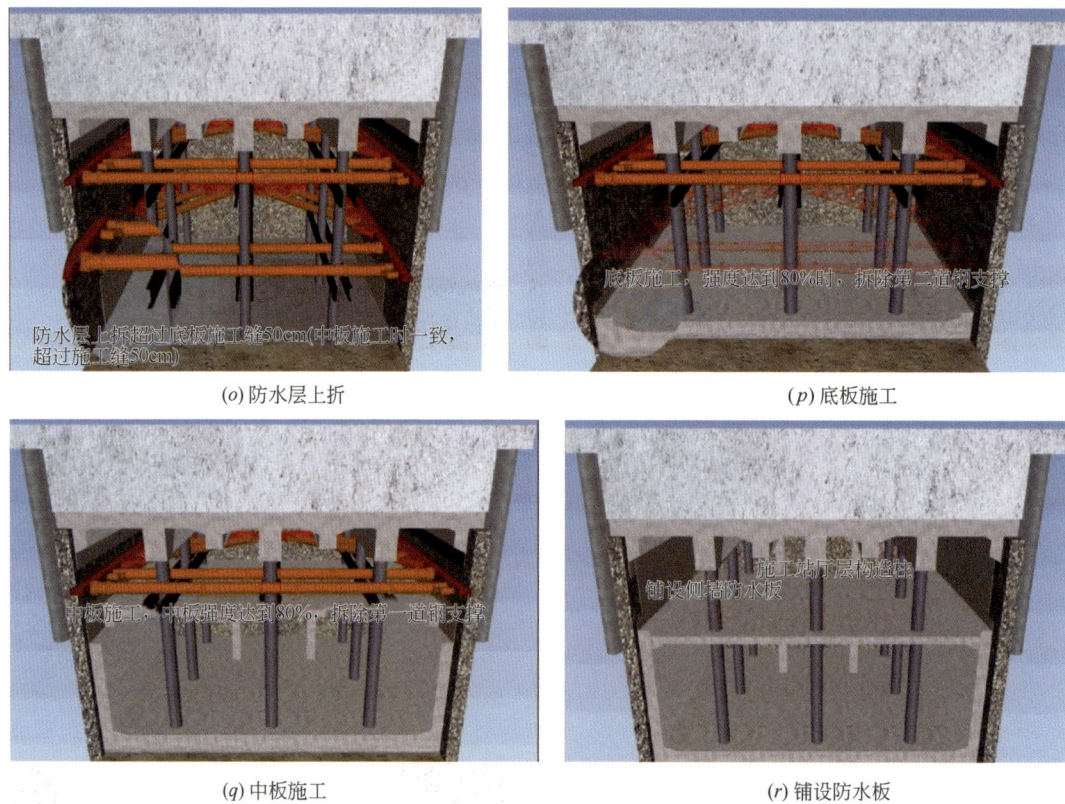

图 12-29　盖挖法整体施工方案模拟步骤（三）

　　关键节点施工方案是一个多工序搭接、多单位参与的过程。传统的施工专项方案中，各单项计划间的逻辑顺序一般由技术人员确定，难免出现逻辑错误，造成打架或进度拖延。而如果运用 BIM 技术，通过计算机模拟盖挖法关键节点建设过程，辅助项目管理人员更容易发现传统技术中难以发现的逻辑问题。

12.3.5　地铁车站工程量计算与对比研究

　　目前我国较为流行的算量软件有广联达、鲁班等，其工作方式主要是在算量软件中通过依照 CAD 设计图纸建模或手工建模，也可以导入 Revit 模型，再修改，然后导入本地清单进行工程量整体计算。随着建筑体量越来越大以及造型越来越复杂，也暴露了以上算量软件的弊端：重复建模工作量大、创建造型复杂的体量难度大等问题。虽然广联达公司开发了可将 Revit 模型导入到自己平台下进行算量的接口，但并不完美，主要体现在部分数据丢失、模型识别问题以及严格的构件命名规则。Revit 作为目前国内使用最为广泛的 BIM 软件之一，本身也具有模型算量功能，工程量的提取具有非常高的精度，但是其算量缺乏国内要求的算量扣减规则，基于 Revit 的算量软件能够创建具体结构化的工程数据库。

　　根据《建设工程工程量清单计价规范》（GB50500-2013）的描述，我国建筑构件体积扣减规则为柱剪切梁和板、梁剪切板，而 Revit 默认的扣减规则是美国规范，规则为板剪切柱和梁以及柱剪切梁，造成了实际统计的梁和柱体积偏小，板体积偏大，同时 Revit 软件不具备自动检查的功能，墙体重叠、墙梁重叠均不能控制，但统计的体积准确率较高。如果利用

Revit 软件，通过组成建筑物的基本单元构件，将所有关联工程信息数据组织、存储起来，形成一个有机的整体，并对这些数据进行工程量计算，将大大提高工程量计算精度。

考虑主体结构的柱梁板在不同的扣减规则下，工程量统计差异，具体如表 12-1 所示。

不同的扣减规则下的材料体积表（单位：m³）　　　　表 12-1

族	未做任何扣减	采用 Revit 规则扣减	采用规范扣减
结构梁	3080.97	2597.72	2820.82
楼板	14010.23	14042.29	13790.34
主体结构柱	973.36	943.12	972.39

由表 12-1 可以看出，扣减后的构件工程量会有所变化，不同的扣减规则下，构件的工程量会继续发生变化。不同的扣减规则下的结构模型如图 12-30～图 12-32 所示。

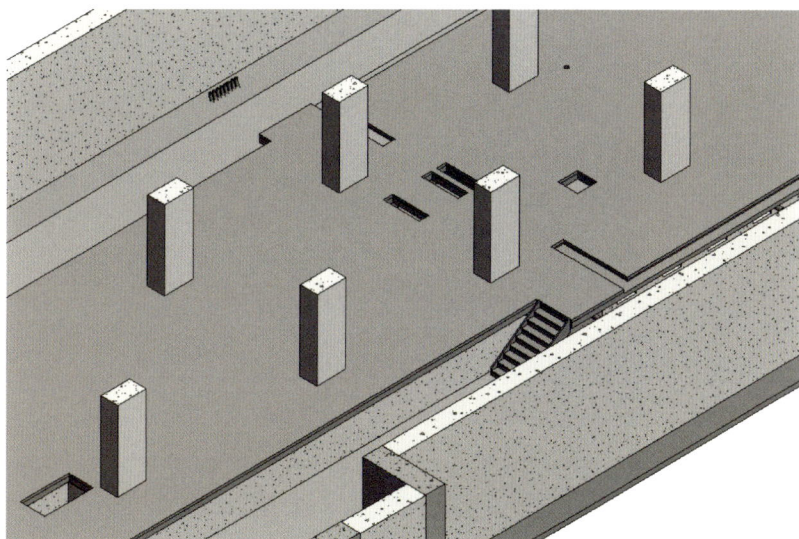

图 12-30　未做任何扣减的结构模型

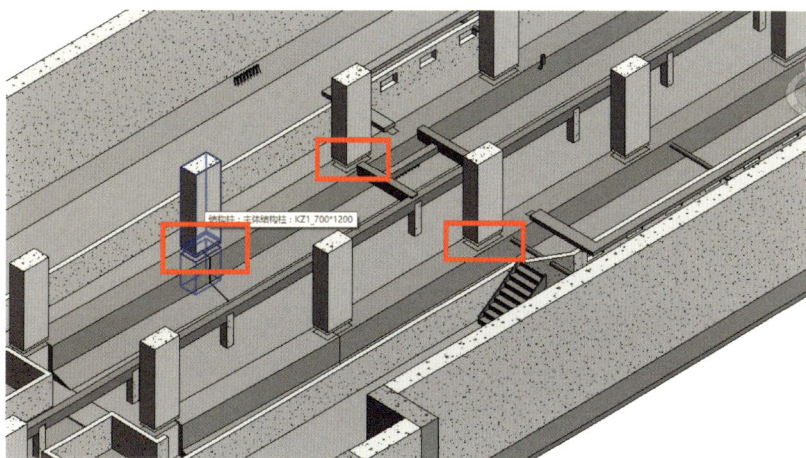

图 12-31　采用 Revit 规则扣减的结构模型

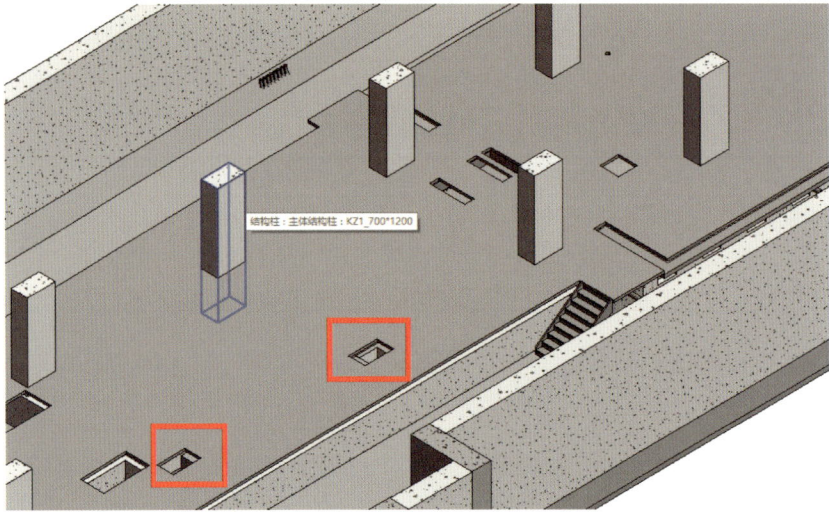

图 12-32　采用规范扣减的结构模型

本次 Revit 软件生成的构件工程量的与实际工程量有一定的误差，主要体现在扣减规则上。在软件中转换构件连接顺序即改变扣减规则的时候，每次只能在两个元素间设置，要完成所有构件的扣减规则重置，重复工作量大且不易控制，容易产生误差。

12.4　本章总结

BIM 技术在地铁车站建设中的应用总结如下：

（1）采用新的建模技术，如 Dynamo 可视化参数编程软件的使用，通过编写程序命令流加快异形结构及空间曲线建模速度，针对连续动态变化的构件做到程序化智能化快速应对，提质增效，为以后可能出现的类似非常规形态的管片建模和异性结构的建模提供参考。

（2）研究形成了一套地铁建模的族库，包括常用的参数化族库和有针对应用的非参数化族库。不断积累类似的族库，可以在今后的地铁项目、隧道项目及市政项目中做到模型快速响应，缩短建模时间，提高建模效率。

（3）研究 Navisworks 可视化模拟施工方案过程的可行性。以关键节点盖挖区的施工方案为例，提供该软件创建交底动画的可行性。相较于 3Dmax 等其他商业软件可以做到快速生成交底视频、变更快捷。

（4）研究 BIM 软件工程量统计规范的问题，提出了在不同扣减规则下，即软件本身的欧美扣减规则与国内标准的扣减规则不同带来的工程量统计差异，建议在以后的建模过程中，更改软件自身扣减顺序以符合国内标准。

第3篇

项目管理篇

第13章　项目实施管理策划

第14章　创优管理

第15章　合同管理

第16章　技术管理

第17章　质量管理

第18章　进度管理

第19章　成本管理

第20章　安全风险管理

第21章　绿色施工管理

第22章　项目资源管理

第23章　信息化与智能化施工管理

第 13 章　项目实施管理策划

13.1　引言

13.1.1　地铁土建工程的特点及实施管理问题

地铁土建工程是地铁系统最重要的部分之一。与一般土建工程相比，地铁土建工程具有以下特点：

（1）投资规模大，土建工程约占地铁总造价的 40%，且工期在地铁建设各阶段中是最长的，占比达到 50%。

（2）施工风险高，地铁穿越地下空间，地质条件与周边环境复杂，不可预见危险因素多，深基坑、隧道施工都可能给周边环境带来破坏或灾难性事故。

（3）施工难度大，地铁的车站与隧道在地下施工，周边环境限制大，作业空间有限，施工环境较差。

（4）技术发展快，随着地铁土建工程不断向"深、大、险"发展，为保证工程的安全、质量和进度，对施工技术和装备提出更高的要求，并逐步从机械化、电气化、信息化向智能化方向发展。

（5）建设标准要求严格，主要体现在对质量、安全、绿色施工等的高标准要求。

（6）协调管理难度大，主要体现在，其一，建设过程受到很多外部因素影响，特别是房屋拆迁、管线迁改、交通疏导等，施工方往往也介入协调，并根据外部环境的改变调整施工方案；其二，专业种类多，涉及很多工艺及工序，不同工艺之间存在着复杂的接口情况；其三，项目往往存在较多的分包商，合同较为复杂，管理困难多。

由于地铁土建工程的上述特点，给施工管理带来了较大的难度。在施工单位的组织管理中，经常出现以下管理上的问题：

（1）组织结构不合理。比如，施工单位或分包单位相互独立，缺乏协调和沟通，为了追求各自的利益和目标，忽视合作，片面强调效益最大，从而影响项目总体目标的实现。

（2）单因素管理控制。比如，为了某一个目标最优从而限制和影响其他目标，致使整体质量下降、延误工程进度，导致费用超支等。因为单因素最优情况并不是整体上的最优，单因素会使得目标系统的有序性以及协调度大大下降，导致管理者无法掌握充分的信息，影响整体项目目标。

由上述可知，项目组织和目标管理如果缺乏系统性，将影响项目总体目标的实现。鉴于地铁土建工程施工管理的复杂性，在项目实施管理策划中，围绕项目整体目标，运用系统管理理论，通过组织机构及管理流程上的集成，将有利于总体目标的完满实现。系统管理理论即把项目要实现的目标作为一个系统进行综合分析，通过系统目标分析、系统要素分析、系统环境分析、系统资源分析和系统管理分析，进而通过组织机构和管理方法的优化，将各种资源集成，借助信息化、智能化等现代管理手段，实现资源优化配置，从而实现最优控制和最优管理目标。

13.1.2　本章主要内容

厦门地铁 2 号线二期土建工程施工专业多，分包单位多，为了加强施工过程的统筹协调，采用系统管理理论，对技术、物资、组织、行为、信息等进行有效集成，通过设立项目总经理部进行统筹管理，项目经理部具体实施的分级管理方法。本章主要介绍项目总经理部组织机构及管理方案、项目经理部组织机构及管理方案以及施工总体方案。

13.2　总承包项目部组织机构及管理方案

13.2.1　总承包项目部组织机构

本项目施工阶段组建两级管理机构，即总承包项目部、工区项目部。总承包项目部由中国交通建设股份有限公司（简称"中国交建"）直接派出；工区项目部由参建单位（二级公司）派出。总承包项目部共设置 5 个职能部门，分别为财务管理部、工程技术部、安全质量环保部、物资设备部、计划合同部、综合办公室，下辖三个工区。为加大中国交通建设股份有限公司对本项目的支持、监管，更好地调动各方资源，加大协调力度，保障项目的顺利开展和各节点目标的实现，由副总裁担任本项目总协调负责人，参建公司副职（副局级）领导担任工区协调负责人；同时，在全公司内部选择资深专家成立专家组，为本工程项目的实施提供强有力的技术支持。

13.2.2　总承包项目部集成管理的职能

总承包项目部承担本项目集成管理的主要职能。集成指将不少于 2 个的集成成员组合成一个整体体系的过程。集成化管理是将多个管理要素集合成为一个有机的整体，其过程和行为不是简单集合不同的单元和管理因素，而是通过集成化管理理念展开构造，从而更大程度地提高集成的整体功能和效益。集成化管理其核心是项目一体化，即确保项目全过程的目标、组织的完整。集成管理所提出的整合，实际上就是最优化的过程，通过控制论形成一个完整体，从而对所有资源要素进行完善，并增加管理活动效益。集成化管理需要重新优化以及组合不同项目的资源、要素和功能，从而达到一个新的统一体，从而最大限度地完成系统目标。

总承包项目部对本项目的人员、机械设备、物资材料、资金等资源进行合理配置和使用，以利于资源配置最优，充分享有施工现场管理权和决策权，对各工区项目部的施工质量、安全、进度、成本等方面实施全面的指导与监督，从而实现项目总体目标的最优化管理，确保本工程优质、安全、按期完成。

13.2.3　总承包项目部集成管理的具体措施

总承包项目部的集成管理主要通过三个途径实现：

（1）借助信息化手段，实现信息的共享和科学的决策

项目管理者在进行决策的过程中，要以诸多实时信息作为基础，只有这样才能做出最为科学与正确的决策判断。但任何一个项目的动态性与复杂性以及它的不确定性都导致了信息具有一定的实时性，所以信息共享平台尤为重要。在进行地铁工程建设项目组织集成过程中，充分利用互联网信息平台，实现信息共享，使得各个参与方相互之间形成一种相互合作的关系，在此平台的支持下，顺利实现交流沟通。

总承包项目部开发各种管理系统，如"中交劳务人员管理系统"、"BDIP 建筑数据集成平台"等，实现项目信息的共享，确保决策的科学性。

（2）管理要素及目标的集成，实现资源的优化配置

地铁工程建设项目目标的组成分为以下几个方面：质量、工期、成本、安全、绿色施工等。集成化管理需要将多个施工要素作为一个整体进行协调与优化，从而实现项目整体目标的最优。资源的协同优化配置是要素集成的重点，总承包项目部通过管理要素及目标的集成，将各工区联合作为一个整体，进行协调及优化配置资源，以达到各个目标得到良好控制的目的。

（3）管理流程的集成，实现管理的高效

为提高管理效率，减少管理环节，缩短管理链条，优化管理资源，本项目采用扁平化管理，总承包项目部对工区项目部统筹管理，主要表现在施工进度管理、安全管理、质量管理、成本管理、物资设备管理、信息管理、绿色施工管理等方面。

1）进度管理相关内容

进度管理内容详见图 13-1 所示。

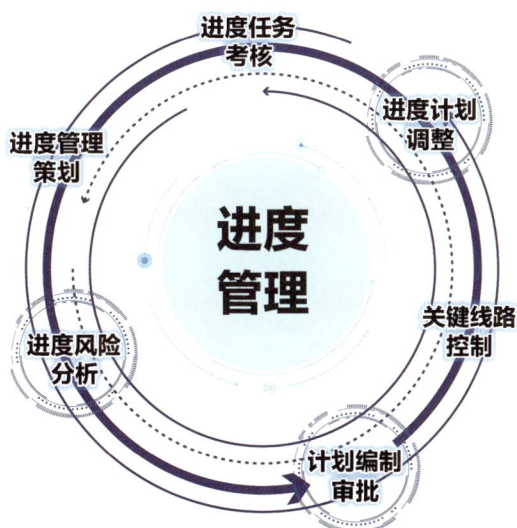

图 13-1　进度管理相关内容

2）安全管理相关内容

安全管理内容详见图 13-2。

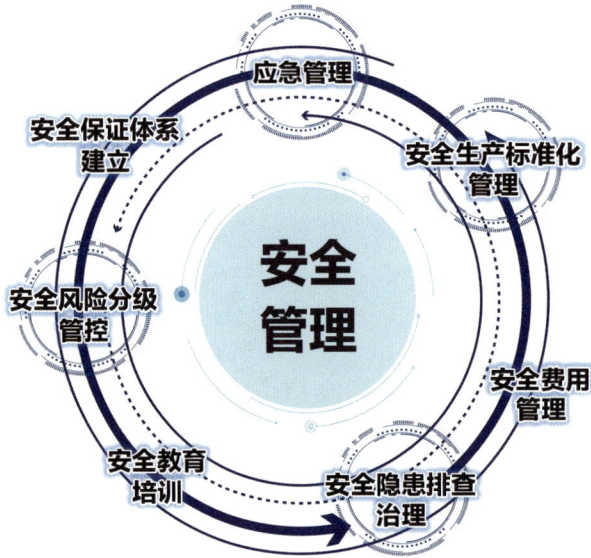

图 13-2　安全管理相关内容

3）质量管理相关内容

质量管理相关内容见图 13-3。

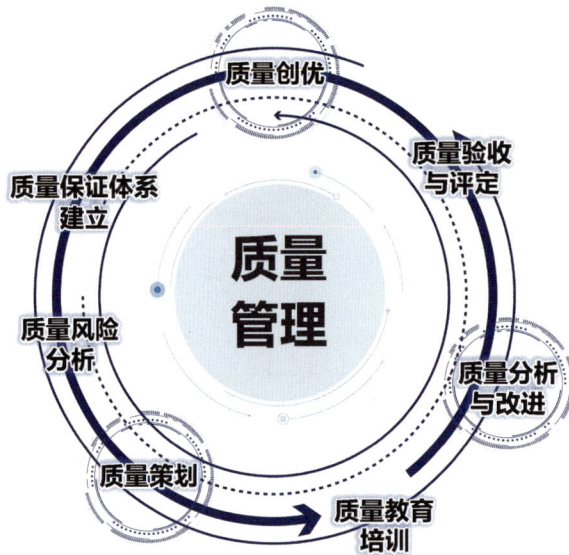

图 13-3　质量管理相关内容

4）成本管理相关内容

成本管理相关内容见图 13-4。

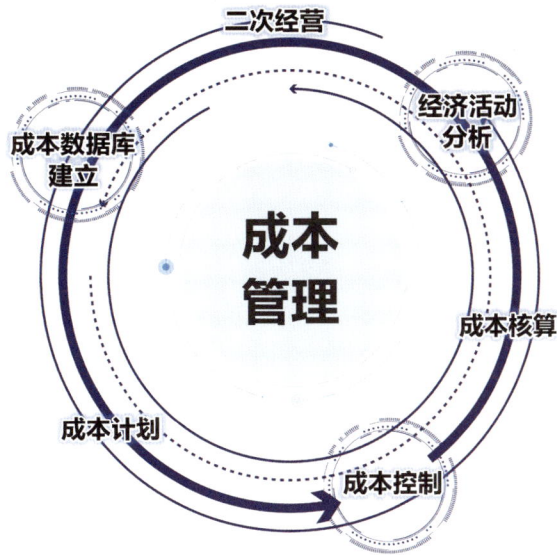

图 13-4　成本管理相关内容

5）物质管理相关内容

物质管理相关内容见图 13-5。

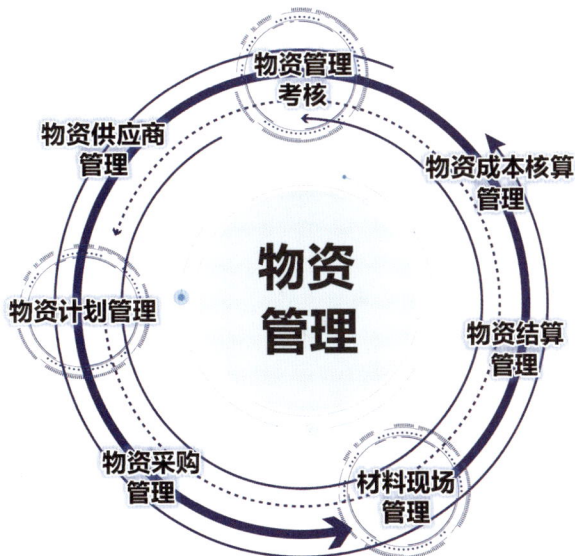

图 13-5　物质管理相关内容

6）信息管理相关内容

物质管理相关内容见图 13-6。

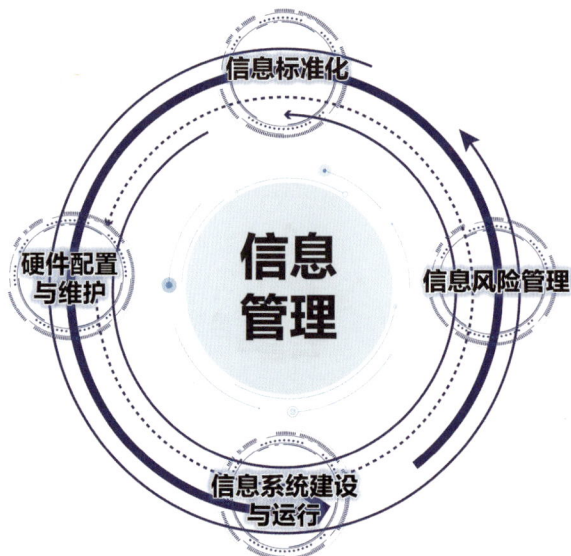

图 13-6　信息管理相关内容

7）绿色施工相关内容

绿色施工相关内容见图 13-7。

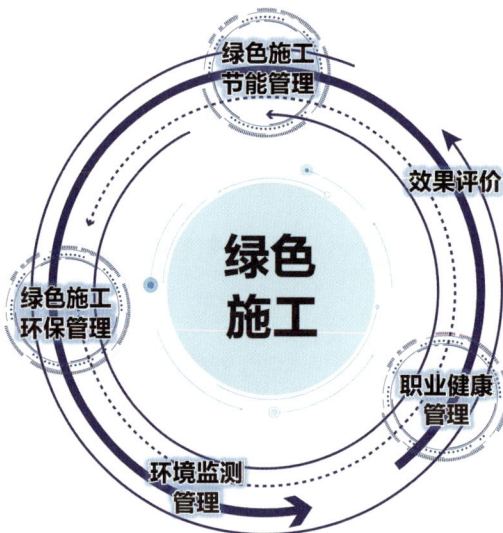

图 13-7　绿色施工相关内容

13.3　工区项目部组织机构

13.3.1　项目工程任务划分

综合考虑工程特点及现场施工等因素，将工程划分为三个工区。工区任务划分详见表 13-1。

工区项目部	工程范围
一工区项目部	天竺山站、东孚站、马銮北站、天竺山站—东孚站区间、东孚站—马銮北站区间、东孚车辆段出入段线区间
二工区项目部	马銮西站、马銮中心站、新阳大道站、马銮北站—马銮西站区间、马銮西站—马銮中心站区间、马銮中心站—新阳大道站区间、新阳大道站—长庚医院站区间
三工区项目部	长庚医院站、翁角路站、马青路站、长庚医院站—翁角路站区间、翁角路站—马青路站区间

工区任务划分表　　　　表 13-1

13.3.2　工区项目部组织机构

各工区项目部全权负责所承担工程任务的管理和实施，就承建的工程质量、进度、安全等对总承包项目部、集团公司和甲方负责，享有本工区施工现场管理权和决策权，对本工区项目部的人员、机械设备、物资材料、资金等资源进行合理配置和使用。

三个工区项目部分别设置工区项目经理、技术负责人、安全负责人各 1 名，工区项目副经理 2 名；项目部下设工程技术部、安全质量环保部、物资设备管理部、实验室、计划合同部、财务管理部、综合管理部；各工区根据专业和工艺下设各作业队和工区应急抢险队。工区项目部组织架构详见图 13-8。

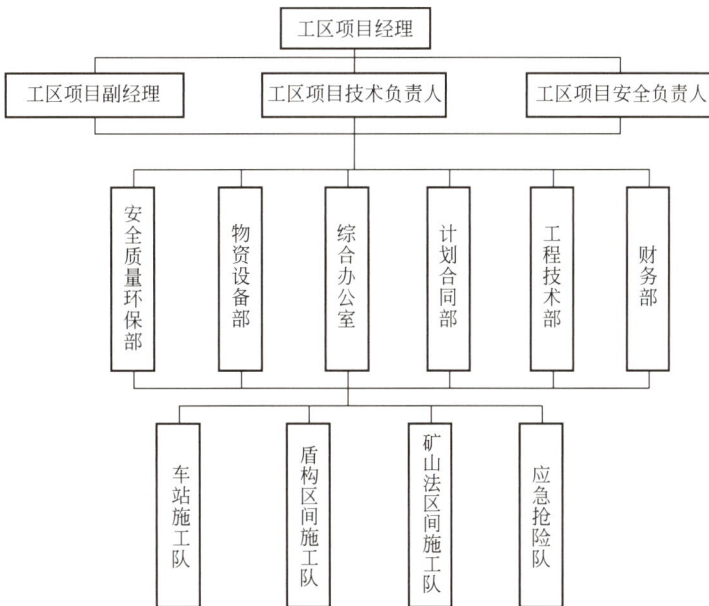

图 13-8　工区项目部组织架构图

13.4　施工总体方案

13.4.1　总体目标

13.4.1.1　工期目标

根据甲乙双方约定的工期要求，使本项目合同内的任务顺利完成。本项目预计的总工期为 972 日历天，开工日期为 2016 年 1 月 1 日，实际开工日期以监理人发出的开工通知为准，并能够使各里程碑工期的要求得到满足。

13.4.1.2 质量目标

符合国家及相关行业施工及验收标准，一次验收合格率达 100%。

13.4.1.3 安全文明施工目标

杜绝一般及以上生产安全事故，年重伤率不大于万分之五，创建"标准化工地"。

13.4.1.4 环境保护目标

杜绝环境污染事故，创建"绿色环保工地"。

13.4.2 总体施工组织方案

13.4.2.1 地铁车站

对马青路站、东孚站等拆迁规模大、工期紧的车站，以及需为盾构法区间提供工作面、满足盾构区间始发条件的天竺山站、马銮北站、马銮西站、新阳大道站、翁角路站、长庚医院站等作为管理重点，重点突破，优先组织，提前完成各施工接口端的结构施工，确保区间隧道按时开工。

13.4.2.2 区间隧道

区间隧道施工将翁角路站—马青路站开挖工法多、施工风险高、工期压力大的矿山法区间以及地质复杂作为管理重点，尽早完成竖井施工及相关车站工作面协调，确保区间隧道作业面的快速展开。

矿山法区间重点做好场地的合理规划和洞内施工设备的合理选配。在矿山法区间隧道开挖、支护和衬砌施工前，提前进行垂直提升井架、二次衬砌模板台车的制造和各项施工准备工作，确保区间隧道作业面的快速展开和工序的快速转换。

盾构区间要重点保障盾构机及配套设备按时到场。盾构进场组装前，合理场地规划，提前或同步做好门吊、渣坑、同步注浆砂浆拌和站等临时设施的安装、调试和各项施工准备工作，确保盾构早日始发。

在区间隧道施工与车站交叉作业期间，合理进行场地规划和现场施工组织协调，统筹做好各项交叉作业任务的施工组织协调，确保施工安全和各项施工同步推进；对于不良地质段和下穿、近距侧穿的重点建（构）筑物等特殊地段超前筹划，在地表环境条件允许时提前采取有效措施超前处理，在施工过程中，加强过程控制，实施全程信息化施工，在保证安全、质量的前提下，快速通过。

13.4.2.3 车站附属工程

车站附属工程结合各期交通疏解，在主体结构完成后及时组织施工，同时满足铺轨条件要求；区间联络通道（泵房）、洞门、管片嵌缝等区间附属工程在隧道衬砌或盾构贯通后施工。

盾构区间端头加固、车站中立柱、基底加固等与车站围护结构同步施工；接地、白蚁防治、疏散平台、人防工程等，待施工到相应工序、部位时及时组织实施。

13.4.3 总体施工顺序

本工程盾构区间总长 24325.85m，暗挖隧道总长 5399.285m。1 工区包含 3 站 3 区间，盾构区间总长 8955.636m，暗挖隧道总长 231.655m，投入 5 台复合式土压盾构机；2 工区包含 3 站 4 区间，盾构区间总长 11223.511m，投入 6 台复合式土压盾构机；3 工区包含 3 站 2 区间，盾构区间总长 4146.703m，暗挖隧道总长 5399.285m，投入 4 台复合式土压盾构机。总体施工顺序如图 13-9 所示。

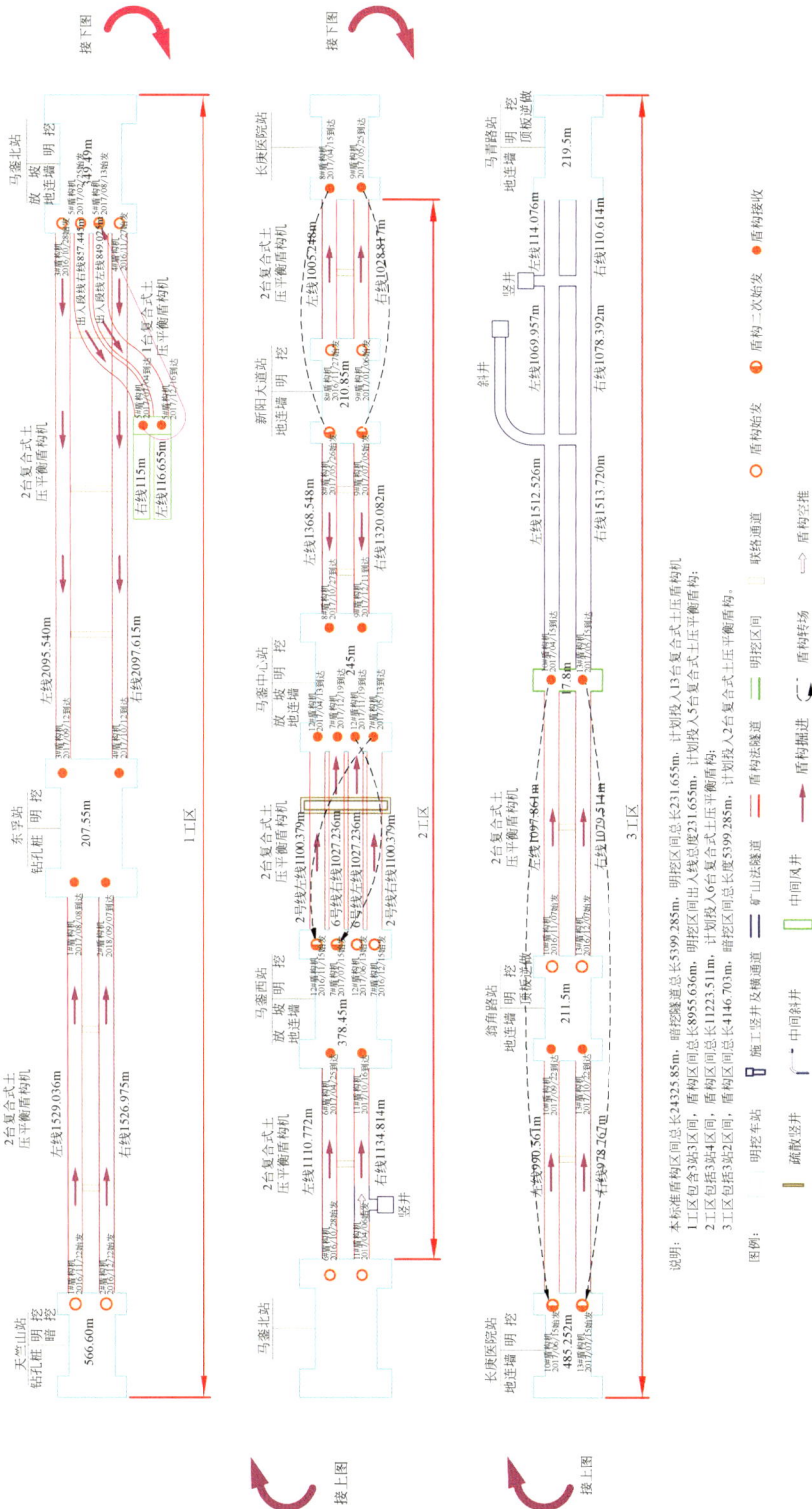

图 13-9　总体施工顺序

13.5　本章总结

项目实施管理策划总结如下：

（1）由于地铁土建工程管理的难度，本项目采用集成管理的理念，设立总承包项目部、工区项目部两级管理机构，并由总承包项目部实现集成管理的职能，具体为：借助信息化手段，实现信息的共享和科学的决策；合同模式的集成，实现施工要素的优化配置；管理流程的集成，实现管理的高效。

地铁施工总承包集成管理的途径主要包括：借助信息化手段实现组织的项目组织集成化管理；通过合同模式的集成实现施工多要素集成化管理。

（2）总承包项目部共设置 6 个职能部门，分别为财务管理部、工程技术部、安全质量环保部、物资设备部、计划合同部、综合办公室，分别对三个工区进行有效协调与管理。

（3）三个工区设立项目部，享有本工区施工现场管理权和决策权，对本工区项目部的人员、机械设备、物资材料、资金等资源进行合理配置和使用，同时接受甲方及总承包项目部的统一指挥和领导。

（4）在施工安排上，对于拆迁规模大、工期紧的车站，以及需为盾构法区间提供工作面、满足盾构区间始发条件的车站作为管理重点，优先组织，提前完成各施工接口端的结构施工，确保区间隧道按时开工。矿山法区间重点做好场地的合理规划和洞内施工设备的合理选配；盾构区间重点保障盾构机及配套设备按时到场。

第 14 章　创 优 管 理

14.1　引言

14.1.1　工程创优的发展

随着我国工程建设规模的快速发展，建设过程中也暴露出严重的安全、质量问题，导致的后果除了延长工期、质量下降、耗费增加、环境受到损害，甚至会发生人身安全问题和整个工程的被迫终结。专家研究发现，管理措施没有落实到位是各类问题产生的原因。国家各级政府机构、投资人都逐渐注重对工程质量的监督和管理，这就是工程创优成为工程管理决策的一个共识。国家主管部门为了促进工程项目管理质量和工程实体质量的提升，先后设立了多个奖项来对达标的优秀工程项目进行鼓励，分别是中国建筑工程鲁班奖、国家优质工程金质奖和银质奖、中国土木工程詹天佑奖、中国市政工程金杯奖等，其中中国建筑工程鲁班奖代表了工程质量的顶级水平。各个不同的省市，为了可以更好地辅助工程创优持续进行，也采用了与国家主管部门相同的政策，设置各个不同的奖项来鼓励参建单位，例如闽江杯、长安杯、泰山杯等。各种奖项提出相应的评奖要求，以鲁班奖为例，要求工程必须安全、适用、美观，施工过程坚持"四节一环保"、工程管理科学规范，并积极推进科技进步与创新，取得显著的效益。由此可见，如果能按照评奖的标准在施工过程中贯彻实施，必将大大提高工程管理水平。因此，工程创优不是一个结果，而是一个可持续发展的过程，可以培养造就善于管理、精于操作的人才和能工巧匠，加快管理创新和技术进步的步伐，带动企业不断提升质量管理能力和核心竞争力。

综上所述，无论是提高工程建设品质，还是提高企业管理水平，在项目实施前确定创优目标，并在实施过程按创优计划进行科学管理，最后将创优目标变成现实，是工程建设者值得探讨的课题。

14.1.2　本章主要内容

中国交建厦门市地铁 2 号线二期工程土建施工总承包作为第一批集团级品质工程创建示范重点项目，秉承集团品质工程建设理念，以继续提高项目"质量、安全和文明施工标准化"程度，创新管理方式为指导，围绕品质工程内涵，打造"311"工程，从技术和管理各方面入手全面促进项目品质的提高，打造精品工程。本工程创优目标：确保厦门市结构优质工程、厦门市"鼓浪杯"优质工程，福建省"闽江杯"优质工程，配合 2 号线全线争创"鲁班奖"。

本章首先讲述项目创优确立的指导思想，包括安全第一、精益建造、以人为本、科学管理、技术创新、绿色施工；其次，介绍创优策划，包括创优组织机构建立、创优思路；

再次，介绍创优的重要途径——技术创新；最后，讲述创优的基础工作——档案管理。

14.2 创优的指导思想

14.2.1 安全第一

工程质量，包含着安全生产质量；工程质量，需要安全生产作保证。没有安全生产就没有工程质量，安全生产责任重于泰山。安全生产关系到参与项目建设每个员工的生命安全，关系到每个员工的幸福，关系到项目建设进度、质量、效益的整合和统一。本工程落实"安全第一"的思想体现在：

（1）建立安全生产管理体系。以分级安全生产责任制为基础，以各项安全管理制度为骨架建立起健全严密的安全生产管理体系，用于指引和约束员工安全生产方面的行为，提供安全生产行为准则，为做好安全生产打下制度基础。

（2）强化安全生产风险分级管控和隐患排查治理双控制机制。项目定期对涉及的安全风险进行全面辨识、评价，建立重大危险源清单并进行具体描述，制定控制措施，明确相关责任人；同时进一步深化安全风险分级管控和隐患排查治理双重预防控制机制建设，提高科学性、实效性和长效性，充分发挥"双控"机制在防范和遏制事故中的重要作用。

（3）大力推行安全生产标准化管理。例如，实行标准化临时用电"三化"管理（即专业化、模块化、规范化）；安全防护定型化；安全标识标牌统一。

（4）全方位推行信息化在安全生产管理中的应用。例如，利用安全管理信息系统和安全隐患排查治理系统，做到安全生产信息实时更新、信息共享；安装视频远程监控系统，能够及时查看每个隧道施工掌子面、深基坑现场情况，不定期对现场违章行为进行抓拍，提高项目安全管理效率。

（5）加大对人员的安全培训。例如，充分利用多媒体培训工具箱、安全体育馆、VR体验馆、集中授课等形式，对所有员工进行安全教育培训；利用二维码技术进行教育交底。

（6）加强安全检查与应急管理。例如，工区项目部每日进行安全巡查，总承包项目部每月进行综合大检查，对施工过程中重大危险源措施落实情况进行重点检查，及时排查存在的各种隐患，并要求期限整改完毕；定期修订应急救援预案，编制年度应急演练工作计划，各工区需按计划如期开展高处坠落、防台防汛、机械伤害事故等应急演练活动；加强应急管理训练，提高应急处置能力。

14.2.2 精益建造

精益建造是由精益生产延伸而来，精益生产是流动的产品和固定的人来生产，建筑是固定的产品，流动的人员来生产。同制造业相比，建筑行业生产效率很低，工作条件恶劣，产品质量难以保证。丹麦学者 Lauris Koskela 在 1992 提出要将制造业已经成熟应用的生产原则包括精益管理等应用到建筑业，以提高建筑业的管理水平，并于 1993 年在 IGLC（International Group of Lean Construction）大会上首次提出"精益建造"（Lean Construction）概念。建筑项目具有复杂性和不确定性，所以精益建造不是简单地将精益生产的概念应用到建造中，而是根据精益生产的思想，结合建造的特点，对建造过程进行改造，形成功能完整的建造系统。

精益建造的思想应用于地铁项目建设，主要目标是减少多余工序、减少工作面闲置、减少资源浪费、提高一次成优率，减少一次性措施投入，追求达到"零浪费"、"零缺陷"、"零事故"、"零返工"、"零窝工"。精益建造思想在本项目具体体现在：

（1）通过工艺优化和质量管控，全过程提高质量管控水平，降低质量风险，提高一次成优率，减少质量缺陷。一是坚持样板引路制度，以实体样板为依托，明确工序施工要求和质量标准；二是质量风险识别和防控，减少质量通病的发生；三是开展实测实量，以高精度高标准约束过程实施，发现问题及时改正，提高项目整体交付质量水平。

（2）工序合理穿插，减少工作面闲置，控制关键工期节点。工期管理，以满足合同工期节点要求为基础，通过梳理工程做法及交付标准，合理安排工序流程和各专业插入条件，通过工序合理穿插，控制关键节点，减少工作面闲置，消除窝工、返工现象。

（3）通过系统性合同规划，整合优质资源，消除无效成本。建立以合同规划为核心的管控体系，包括全专业集成的合同框架划分、合同界面梳理，以工程总进度计划和设计计划为依据，提前盘点各项资源进场时间，制定有序招标采购计划，做到合同内容完整、界面清晰、招标有序、成本可控。

14.2.3　以人为本

以人为本，是指在管理活动中，坚持一切从人出发，以调动和激发人的积极性和创造性为根本手段，以达到提高效率和人的不断发展为目的的观念。"以人为本"在本项目的具体体现为：

（1）人的因素第一。观察任何事物，处理任何事情，解决任何问题时，都把人的因素看成是首要因素、关键因素、决定性因素。因此在创优管理中，必须坚定相信和依靠广大员工，尊重员工的首创精神，引导好、发挥好、保护好员工的积极性、主动性和创造性。

（2）尊重知识、尊重人才。人才乃是人的因素之中的栋梁之材。尊重知识和尊重人才是统一的。这是因为知识是人才的基础，人才又是知识的人格化。让优秀的管理人才在创优工作中起主导作用，利用他们的知识和经验，促进创优目标的顺利实现。

（3）注重人的发展。着力提高员工的素质，规范员工的行为，对项目所有参与人进行必要的管理、控制以及教育和培训，使员工在整个创优过程中，无论是管理水平或者专业知识，都能得到极大的提升。

（4）关怀、爱护员工。做好关心员工生产、生活的各项工作，以每个员工的工作优质保证项目的整体优质。

14.2.4　科学管理

地铁土建工程是一种涉及多学科、多领域的系统工程。要圆满地完成项目就必须综合运用现代管理方法和科学技术，如决策技术、预测技术、网络和信息技术、质量技术、成本管理技术、系统工程、目标管理、价值工程等科学理论。本项目具体体现在：

（1）以集成管理理论为核心，构建组织机构，并设置相应的岗位及责任；

（2）以科学管理为重要手段，制定的系列规章制度须充分体现高质量、高标准、高要求、高效率，科学确定质量创优的阶段目标和总目标，严格制定最佳方案，提出具体措施，有效地组织各种资源，逐一实现阶段目标，最终实现总目标。

14.2.5　技术创新

技术是质量的体现和保障，在工程创优过程中，要注重依靠科技进步来增强企业创优工程的能力；围绕创优的核心关键，应用新技术、新工艺、新材料、新机具，实现创优目的；针对施工中的技术问题和薄弱环节组织攻关，通过技术的改进，使工程创优获得有力的保障。本项目具体体现在：

（1）对技术创新高度重视，总承包项目部及各工区项目部均建立科技创新奖励机制，设立科研专项资金，用于鼓励QC、科研、"微创新"、合理化建议等质量提升活动，并对取得成果进行专项奖励；

（2）围绕技术难题，设立若干科研专项课题，以科研成果指导施工；

（3）利用BIM及信息化、智能化技术协助项目管理，不仅提高管理的精细化，同时也产生较好的经济和社会效益。

14.2.6　绿色施工

绿色施工是指工程建设中，在保证质量、安全等基本要求的前提下，通过科学管理和技术进步，最大限度地节约资源与减少对环境负面影响的施工活动，实现四节一环保（节能、节地、节水、节材和环境保护）。可见，绿色施工比环境保护的范围更广，包括对资源消耗的节约。绿色施工作为建筑全寿命周期中的一个重要阶段，是实现建筑领域资源节约和节能减排的关键环节，是可持续发展思想在工程施工中的应用体现，是绿色施工技术的综合应用。绿色施工技术并不是独立于传统施工技术的全新技术，而是用"可持续"的眼光对传统施工技术的重新审视，是符合可持续发展战略的施工技术。本项目具体体现在：

（1）将"创建全国绿色施工示范工地"纳入项目创优计划中，并作为与"安全、质量、进度目标"同等重要的管理目标。

（2）在绿色施工管理上，工程按组织管理、实施管理、评价管理3个方面进行部署，推动"节能、节地、节水、节材和环境保护"，做好环境保护设施的标准化，提高重复利用率、降低能耗，实现项目经济效益，社会效益和环境效益的统一。

14.3　创优的策划

14.3.1　组织策划

组织保证是整个项目创优的基础。鲁班奖工程必须有强烈的精品意识，必须成立由项目负责人挂帅的创优工作小组，这样才能在一系列的创优工作中，形成强有力的组织保证。为更好地开展创优工程活动，结合2号线全线创优组织架构（图14-1），成立以2号线二期总承包项目部总经理为组长的创优领导小组，领导部署总承包项目创优管理工作。

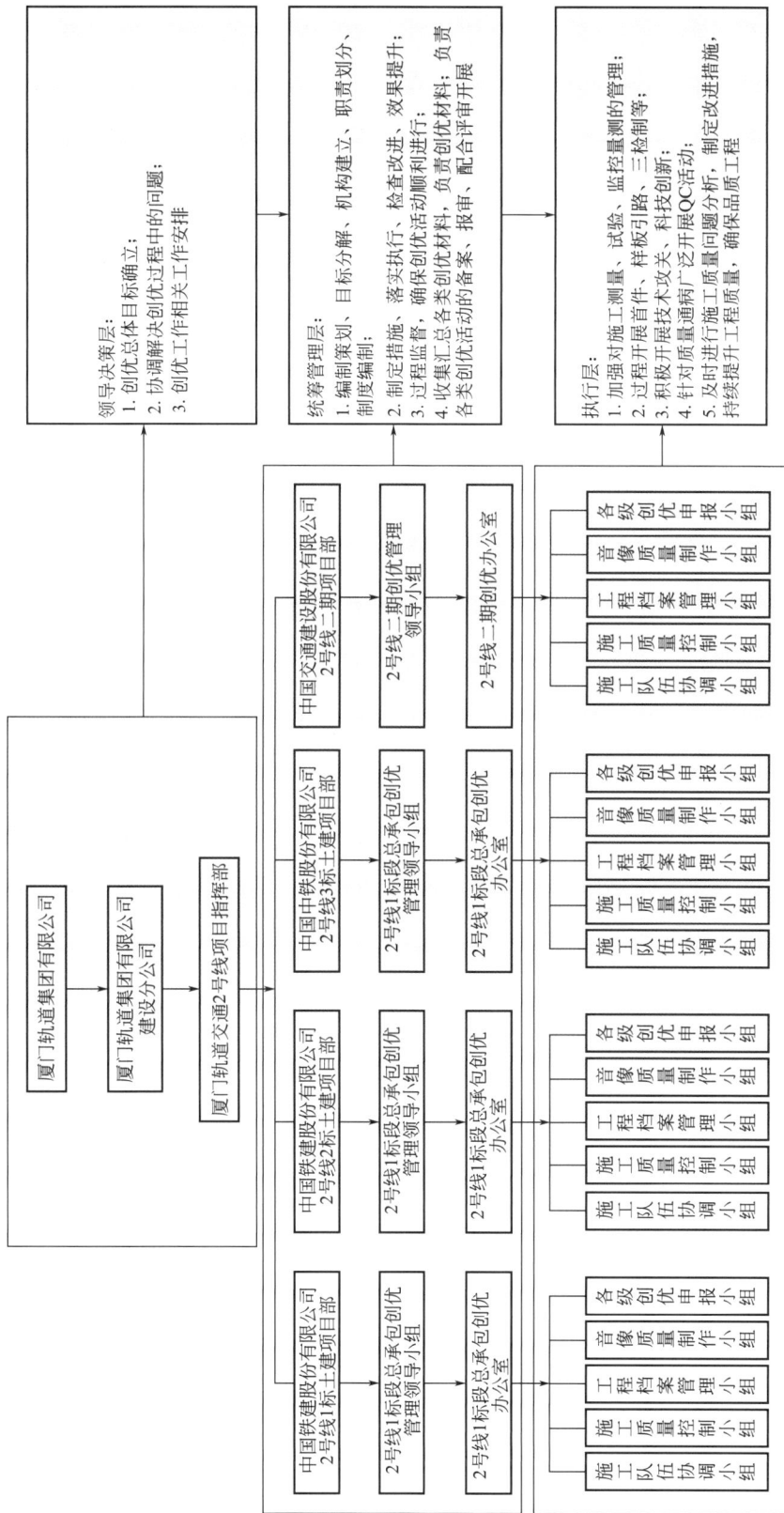

图 14-1 厦门轨道交通 2 号线基建工程创优工作组织机构图

领导决策层：
1. 创优总体目标确立；
2. 协调解决创优过程中的问题；
3. 创优工作相关工作安排

统筹管理层：
1. 编制策划、制度编制；
2. 制定措施，落实执行，检查改进、效果提升；
3. 过程监督，确保创优活动顺利进行；
4. 收集汇总各类创优材料，负责创优材料、负责各类创优活动的备案、报审、配合评审开展

执行层：
1. 加强对施工测量、试验、监控量测的管理；
2. 过程开展中的首件、样板引路、三检制；
3. 积极开展技术攻关、科技创新；
4. 针对质量通病广泛开展 QC 活动；
5. 及时进行施工质量问题分析，制定改进措施，持续提升工程品质，确保品质工程质量

总承包项目部的主要组织工作包括：

（1）强化与企业间的联动，获得企业对项目创优的大力支持，在人才、资金和资源方面提供保障，保证创优工作顺利开展。

（2）统一各参建工区思想，尽心尽力高标准完成项目建设。在技术、组织和管理上加强措施，意识到创优的深度和广度，克服一般项目仅仅合格就行的思想，按策划大纲严要求完成项目各项工序。

（3）强化对分包单位及班组的管理，使其充分理解创优工作中的严格要求，逐步改变一些常规做法和思维定式，做到在创优上与总承包商保持一致。

（4）加强资料内业管理工作，保证项目原始资料的完整性、准确性及可追溯性。

质量创优领导小组下设质量创优办公室，主要工作内容如下：

（1）编制项目总体创优规划，确定具体创优目标、具象化分解各项工作，并落实相关责任人。

（2）加强对优质工程奖项管理办法的宣贯培训工作，提升项目全体参建人员对创优的认识。

（3）制定各阶段工作计划，并检查落实计划执行情况，认真做好相关施工资料的收集整理工作，并根据各优质工程奖项管理办法，及时组织开展创优奖项的备案和申报工作，积极配合相关方开展优质工程阶段性评价、审查阶段的准备工作。

（4）项目实施过程中优化过程管理，以优质工程的各项要求为切入点，以质量安全管理为突破口；严控质量标准，确保每道工序一次成优，通过高标准的管理在根本上推动创优目标实现。

（5）做好工程质量通病的预防及治理工作，贯彻落实业主发出的相关质量管理文件规定。

创优办公室下设若干工作小组，根据项目不同时期下达的工作任务，工作小组按任务分工主要分为 5 类，分别为现场施工队伍协调小组、施工质量控制小组、工程档案管理小组、音像质量制作小组、各级创优申报小组。

14.3.2 创优申报计划

本项目坚持"目标管理、创优策划、过程监控、阶段考核、持续改进"，形成以"观念创新、机制创新、管理创新、技术创新"的全方位管理，一次成优。通过目标分解以及工程特点、施工关键问题的分析，遵循以下思路进行：一方面坚持项目的科学管理，严格实行"四节一环保"（绿色施工），大力推广四新技术应用，开展科研创新，最终达到工程安全、适用、美观的目的；另一方面抓内业资料管理，使工程资料内容完整、规范、有效。

依据鲁班奖、福建省优、厦门市优、中交优评审管理办法，本项目创优申报计划为：福建省优和中交优两条创优路线并举，以相应的优质工程评审文件和验收标准为依据，按时序及时向各级优质工程评审部门申请备案，修改完善创优规划文件，分解创优目标，按不同等级的创优目标完善内业资料，搜集整理影像资料。全线整体创优以单位工程为个体进行，均需达到优质工程的标准，2 号线创优流程分别如图 14-2所示。

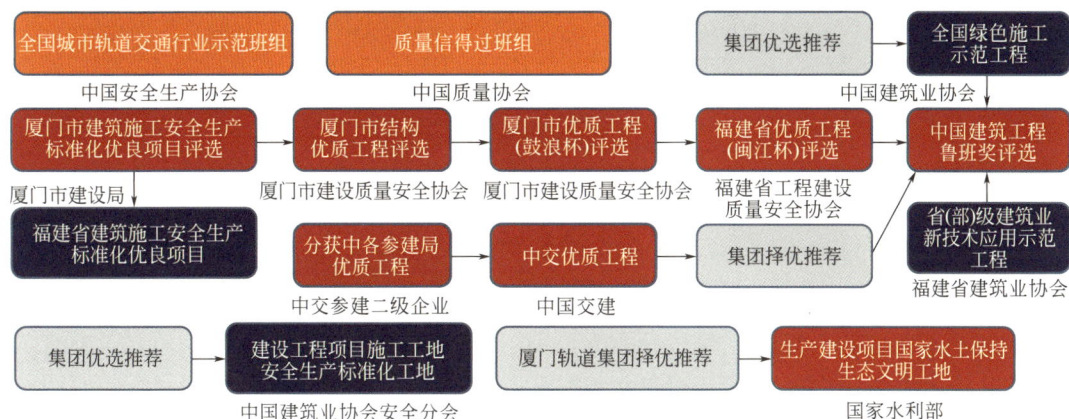

图 14-2　厦门市轨道交通工程 2 号线创优流程图

项目创优奖项申报对工程竣工验收并投入使用年限有要求，根据项目进度，按实际竣工验收时间进行控制，确定创优的申报计划，如表 14-1 所示。

创优申报计划   表 14-1

序号	创优名称	备案时间	申报时间要求	频率	渠道
1	厦门市结构优质工程	开工一个月内填写厦门市结构优质工程创建活动备案登记表,报市质安管理协会备案,并建立创优档案	在地基及桩基工程、结构工程以及附属的地下防水层完工,工程结构质量验收合格后,并经施工单位自评为优良	一年一次	厦门市质量安全协会
2	厦门市鼓浪杯优质工程	项目开工一个月内(以开工报告为准)向市质安管理协会登记备案,并提交鼓浪杯优质工程奖创建活动备案登记表	竣工验收通过时间未超过两年,原则上每年 6 月、10 月集中受理申报单位工程质量综合评价	一年一次	厦门市质量安全协会
3	福建省闽江杯优质工程	在工程开工后 2 个月内向省质安协会报送《创建福建省"闽江杯"优质工程奖工程备案登记表》,办理创建工程备案登记,经省质安协会审核同意并盖章后备案登记生效	申报的上一年度 12 月 31 日前竣(交)工验收并经备案机关签署同意竣工验收备案。暂未办理竣工验收备案的但其他条件均满足其他申报条件,且工程已通过消防验收或消防备案	一年一次	福建省质量安全协会
4	福建省建筑业绿色施工示范工程和"建筑业 10 项新技术"应用示范工程	无备案要求.	工程基础施工完成前按照工程项目所在地向相应推荐单位提出立项申请,经推荐单位初审同意后报省建筑业协会。申报受理时间统一为 4 月和 9 月(2017 年管理文件)	一年一次	福建省建筑业协会
5	中国交建优质工程奖	无备案要求	投入使用 1 年以上 2 年以内	一年一次	中国交建

续表

序号	创优名称	备案时间	申报时间要求	频率	渠道
6	全国绿色施工示范工程	无备案要求	在工程建设周期内完成申报文件及其实施规划方案中的全部内容	一年一次	中国建筑业协会
7	中国建设工程鲁班奖	无备案要求	工程项目已完成竣工验收备案,并经过一年以上使用没有发现质量缺陷和质量隐患	两年一次	中国建筑业协会

14.4 创优的重要途径:技术创新

14.4.1 项目技术创新思路

围绕创建精品工程这一核心目标,紧紧把握技术创新手段,使其作为工程质量、安全、进度、效益的重要保证。项目技术创新思路如下:

(1) 选用具有先进性、前瞻性的新技术应用于本项目,并综合考虑节能、环保效益。

(2) 依托项目进行科学研究,申报国家科技示范工程项目,申报各级科研立项,使科技创新贯穿于工程建设的全过程,在保证工程质量的同时,使项目具有创新亮点。

(3) 注重对传统施工管理模式的改造,引入信息化、电子化、智能化手段,摒弃以往施工过分依赖经验、个人感觉的管理手段,通过广泛采用计算机、自控仪器、传感器等电子设备,智能地、客观地反映工程内部情况,提供可靠信息指导采取相应的施工措施,使施工过程切实受控。

14.4.2 科技项目的开展

根据项目中的技术难题,设立若干个科研项目进行研究,如"盾构隧道穿越铁路沉降控制综合施工技术"、"矿山法过富水高压断层破碎带综合施工技术"、"孤石的探测及处理技术"、"小间距盾构隧道近接施工控制技术"、"小空间条件下盾构的整体始发技术"、"富水高压地层盾构接收技术"、"地铁车站耐久性清水混凝土裂缝控制技术"、"BIM 技术在地铁车站建设中的应用"。

为了提高科学管理水平,开发了"中交劳务人员管理系统"、"BDIP 建筑数据集成平台"、"管片实时监控系统"和"盾构集群化监控与异地决策管理系统"等管理系统,大大提高了管理效率。

通过上述科研项目设立及研究,攻克了种种技术难关,使工程的质量和安全得到保证,提高科学管理水平,提升企业的核心竞争力。

14.4.3 科技成果的考核

总承包项目部建立科研创新激励机制。项目启动前,总承包项目部对各工区项目部制定科研成果(如论文、专利、科技进步奖等)的考核目标,并定期对各工区的完成情况进行考核。各工区积极完成各项科研项目,并形成相关科研成果,对科技成果委托专业评价机构进行评价，总承包项目部根据各工区项目部的完成情况予以奖励。

14.5 创优的基础工作：档案管理

14.5.1 创优工程资料分类

工程资料管理的重点是反映工程安全和功能性能的各类资料，包括以下几部分内容：

（1）依据性资料。如：工程合同，工程地质勘测报告，施工图，竣工图，设计变更，技术核定，施工组织设计，专项方案，特种设备安装及使用说明书。

（2）检验、试验资料。如：桩基检测报告，沉降观测记录，工程测量记录，地基检测报告，室内环境检测报告，水质检测报告，蓄水、淋水检验记录，接地电阻检测记录等。

（3）质量保证资料。如：原材料、构配件出厂合格证、检验报告及进场复试报告等。

（4）行政许可类资料。如：施工许可证、竣工备案报告、工程质量监督报告等。

（5）工程验收资料。如：消防隐蔽验收记录、工程交接检记录、专项验收记录等。

14.5.2 创优工程资料基本要求

14.5.2.1 创优资料的真实性要求

资料应真实，就是要求资料应与实际相符，不得弄虚作假。下列情况均影响资料真实性：

（1）未进行检验、检测、试验，擅自出具相关资料；

（2）检验、试验不符合要求，擅自篡改资料；

（3）需签字盖章的资料，擅自由他人代替本人签字；

（4）工程名称、使用部位、天气状况、作业时间等重要信息不一致；

（5）检验批资料，允许偏差值等数据大量雷同；

（6）施工组织设计、方案等，照搬照抄，内容张冠李戴未按要求提供资料原件，复印件不清晰。

14.5.2.2 创优资料的有效性要求

资料应有效，就是要求资料应由具有资格的单位和执业人员按要求出具，并在有效期内。下列情况均影响资料有效性：

（1）不按要求进行第三方检测、检验；

（2）相关单位和执业人员，不符合资质要求或资质证书失效；

（3）需签字盖章的资料，无盖章签字或未经指定单位和人员签字（如：项目部印章与企业法人印章混用）；

（4）未按要求提供资料原件，复印件不清晰；

（5）擅自自制的记录表格，且不符合验收标准等的相关规定；

（6）检验试验的标准依据，不满足现行标准。

14.5.2.3 创优资料的完整性要求

资料应完整，就是要求资料的种类和数量应符合验收标准的要求，不得缺项。下列情况均影响资料完整性：

（1）资料缺项（如无开工报告、材料合格证或复试报告）；

（2）检验试验资料反映的指标不全，不满足验收标准；

（3）检验、试验报告反映的抽检比例低于验收标准；

（4）材料设备质保资料的代表数量少于实际数量；

（5）大型设备未按要求做到一机一档；

（6）建筑沉降观测未稳定，观测和记录已中断；

（7）资料的盖章签字或审批手续不全；

（8）竣工图上，工程设计变更情况标注不全。

14.5.2.4　创优资料应便于查阅和检索

资料应按照《建筑工程资料管理规程》（JGJ/T 185）的相关规定进行组卷和编目，工程资料应分类整理，按照类别和时间顺序进行编号，工程资料组卷遵循自然形成规律，保持卷内文件、资料内在联系。

（1）工程资料中同一事项的请示与批复，应组合在一起，按批复在前、请示在后排列；

（2）施工资料中的设计变更、洽商记录中有正文及附图，应组合在一起，按正文在前、附图在后顺序排列；

（3）同一厂家、同一产品质量合格证与检测报告，应组合在一起，按合格证在前、检测报告在后顺序排列；

（4）施工资料应按单位工程组卷，专业承包工程形成的施工资料应由专业承包单位负责，并应单独组卷；

（5）施工资料目录应与其对应的施工资料一起组卷；

（6）同类资料的页数较多时，应增加卷内目录。

14.5.3　创优工程资料编制具体要求

14.5.3.1　工程总结编写要求

（1）技术总结资料应主要以创新技术为主，体现技术的先进性、经济性和适用性等成果。

（2）技术总结不能照搬照抄施工组织设计，应以施工组织设计实施情况为基础，通过定量或定性的对比分析类似工程实践，进而确定本工程的技术特点、难点及关键技术突破等。

（3）技术总结也应事先策划，及时收集整理相关数据，以便于对比分析的定量化。

（4）技术总结应包括：工程有关情况；难点（针对客观的制约条件提出）；解决方案（含理论分析）；方案实施；效果验证（含检测数据收集、分析）及效益认证；提升（归纳技术突破与创新点，进而站在全企业甚至全行业的高度，对比技术先进性）。

14.5.3.2　工程质量汇报资料编写要求

（1）资料撰写应简要、明了、重点突出、实事求是，以工程突出的特点特色，精细的品质，先进、科学的管理水平，良好的经济效益和社会效益赢得复查组专家们的认同。

（2）资料也应围绕鲁班奖评选条件，阐述本工程的符合性，做到条理清晰、详略得当、重点突出，相关数据应充分，多用数据说话。当数据较多时，可列表（列表的内容不受总字数限制）。注意谦虚谨慎，用词恰当，避免引起不必要的误会或误解。

（3）资料的内容应与施工资料、工程录像等相关数据等保持口径一致。

14.5.4　创优工程资料管理措施

14.5.4.1　建立管理组织机构

（1）工程资料的管理应由项目经理总负责，技术负责人牵头组织，相关管理人员按照岗位职责参与编制。施工资料应由验收或检验的主要经办人填写，避免资料编制与现场实际脱节的弊病。

（2）项目部应设立档案室，配备资料员负责资料的收集整理。大型项目总、分包单位应分别设立档案室。

（3）工程各参建单位应将施工技术资料的形成和积累纳入施工管理的各个环节和有关人员的职责范围。

14.5.4.2　强化资料管理策划

（1）根据施工内容，应提前拟定施工资料应形成的类别和种类。

（2）结合工程量和施工流水部署，提前拟定分部分项的划分及数量，编制检验、试验计划及归档要求。

（3）提前拟定工程资料涉及的各类样表，报建设、监理等单位认可后（本项目施管表由轨道集团提供，新增表格按此执行），在项目部统一执行。

（4）专业分包单位的施工资料策划，应提前报总包单位、建设单位、监理单位认可后执行。

14.5.4.3　规范表样的填写

（1）对标。施工技术资料的形成应符合国家相关的法律、法规、施工质量验收标准和规范、工程合同和设计文件的规定，同时应符合地方规定。施工资料遵循的标准依次为：国家现行有关规范及质量验收标准、《建设工程文件归档整理规范》（GB/T 50328）、《建筑工程资料管理规程》（JGJ/T 185）、行业和地方现行有关规范及质量验收标准、工程图纸、工程合同及其他应符合的标准。施工记录表格的栏目设置必须将质量验收标准规定的内容全部涵盖，检查项目不得遗漏，允许偏差项的偏差值上下限不得有误。

（2）涉及计量、检定仪器设备的施工记录，应增加记录仪器编号、检定证书编号等重要信息的栏目，以强化记录有效性。

（3）表样中应避免留有大量空白，否则应调整表样。

（4）表格填写应避免过于简单，如"符合要求"，记录描述应适当展开，关键性指标应具体化，如时间、数量、参数等。

（5）填表还应避免随意使用简称，如工程名称、施工单位、部位。

14.5.4.4　健全资料归档管理

（1）建立项目部资料档案管理制度，明确各岗位相关资料编制负责人，明确应归档资料的范围、编制要求、移交程序及时限等。

（2）在项目部设立档案室，配备专人负责相关资料的收集、整理和归档。

（3）建立归档资料收发登记台账。资料归档时，资料员应在项目技术负责人指导下认真核对资料的真实性和有效性。技术负责人必须亲自确认各类资料"第一份"的有效性，材料和设备质量质保书中涉及化学成分及性能指标，也应纳入重点确认内容。

（4）做好建设单位提供与建设工程有关的原始资料的保管工作。监督专业分包单位及时将施工技术资料完整、全面、准确地移交给总承包单位。

（5）施工技术资料应随工程进度同步收集、整理、签发并按规定移交，要求书写认真、字迹清晰、内容完整、结论明确、责任方签字齐全。应定期进行资料归档情况考核，及时查漏补缺。

（6）归档资料应以书面资料为主，同时保留同版电子版文件，电子版文件的存储应采取防损坏、丢失、误用的措施。

14.5.4.5　完善电子版资料管理

规范电子文件的命名、版本标识、存储的路径、存储的格式（扫描文件、照片文件、录像文件）、规范文本文件的格式（标题、正文字号、行距、字体）。

14.6　本章总结

本章主要从地铁 2 号线二期工程创优组织保障和任务分解，以及创优具体举措等方面展开介绍，主要得出以下结论：

（1）创优组织机构是以 2 号线二期总承包项目部项目总经理为组长的创优领导小组，小组下设质量创优办公室，质量创优办公室主任由总经理部总工程师担任，各部门相关负责人为组员，创优办公室下设 5 类工作小组，分别为现场施工队伍协调小组、施工质量控制小组、工程档案管理小组、音像质量制作小组、各级创优申报小组。

（2）项目创优申报主要思路为：福建省优和中交优两条创优路线并举，以相应的优质工程评审文件和验收标准为依据，按时序及时向各级优质工程评审部门申请备案，修改完善创优规划文件，分解创优目标，按不同等级的创优目标完善内业资料，搜集整理影像资料。在创优管理中，以人员培训、内业资料管理、施工质量控制和技术创新作为工作重点。将若干项目创优前置奖项及推创奖项工作分解为组织评审单位、申报条件、评选方式、申报时间要求、申报资料内容和要求、责任部分及协作部门。

（3）技术创新是创优工作的重要途径，体现在选用具有先进性、前瞻性的新技术应用于本项目；依托项目进行科学研究；注重对传统施工管理模式的改造，引入信息化、电子化、智能化手段，使施工过程切实受控。

（4）工程资料管理的重点是反映建筑工程安全和功能性能的各类资料，创优工程资料应包括依据性资料，检验、试验资料，质量保证资料，行政许可类资料，工程验收资料；创优工程资料基本要求主要可以归纳为真实性、有效性、完整性、便于查阅和检索等；创优工程资料编制时应格外注意工程总结和工程质量汇报资料的编写质量；关于创优工程资料管理措施，主要包括：建立管理组织机构、强化资料管理策划、规范表样的填写、健全资料归档管理、完善电子版资料管理。

第15章 合同管理

15.1 引言

15.1.1 合同管理概述

合同是平等主体的自然人、法人、其他组织之间设立、变更终止民事权利义务关系的协议。建设工程合同是承包人进行工程建设，发包人支付价款的合同。合同管理即通过合同的签订、合同实施控制等工作，全面完成合同责任，保证建设工程项目目标和企业目标的实现。在现代工程项目管理中，合同管理已成为与进度管理、质量管理、成本管理、安全管理、信息管理等并列的一大管理职能。与传统的单一工程相比，现代工程项目的合同越来越复杂，表现在：在一个项目中的参与人众多，存在复杂的合同关系，例如各种分包、物资采购、咨询服务等，形成众多的合同关系；合同的各项组成文件繁杂，并要按照优先顺序互相解译；合同条款越来越多；合同履行期限越来越长、实施过程复杂、受到外部影响的因素比较多；合同履行过程中发生争执、违约以及索赔事件较多。由于上述原因，所以合同管理在整个项目管理中居于核心地位，没有合同管理，项目管理就不能形成完整体系。所以，合同管理已经成为国内外工程管理的首要任务，在项目开始之初，需要将合同管理制度化，明确合同管理责任，设立专门机构和人员负责合同管理工作。

合同管理是一个完整体系，包括总包合同、专业分包合同、劳务合同、材料和设备采购合同、加工合同等的合同管理。项目总承包或施工总承包，涉及的分包单位及合同种类众多，借助信息化技术，探索科学的合同管理模式，是有效防范合同管理风险，减少经济纠纷，维护企业合法权益和经济利益，而且实现了效益的最大化，提升了企业的市场竞争力的重要课题。合同的集成管理是大型项目合同管理的一种新理念，以强化大型项目合同管理的统一性、规范性和分类性，以"互联网＋"为手段，提升了管理层次，通过对信息的收集、归类、审批、对比和处理，控制大型项目合同管理过程，杜绝以往片面强调合同条款的审查，而弱化过程管理的现象，将合同管理贯穿于整个生产经营过程中，达到大型项目的施工成本清楚、可控，提升项目管理水平，增加企业效益的目的。

在地铁土建施工总承包项目中，专业种类多、合同数量多，合同管理难度较大，探索科学的合同管理方法，对于顺利实现合同目标，积累合同管理经验，提升企业竞争力，具有重要意义。

15.1.2 本章主要内容

中国交建厦门2号线总承包项目部通过合同的集成管理，加强项目合同管理的统一性、规范性，加强对各工区项目部合同管理的信息收集和归类，建立合同台账；通过信息的收集和分析，及时发现各工区项目部间生产经营数据的差异，了解各工区项目部生产经营成本状况，形成多种有价值的信息报告，为总承包项目部生产经营决策提供信息支持；通过合同管理、结算管理、支付管理、合同终结管理，形成合同全过程闭合管理，以降低合同管理风险，圈定合同成本，以达到成本控制的目的。

本章主要介绍总承包项目部在合同管理的经验，包括合同评审与订立、合同实施计划、合同实施控制。

15.2 合同评审与订立

15.2.1 合同的分类

为了便于管理，本工程将合同根据不同的层级及内容进行分类，可分为 A、B、C、D 四类，具体见表 15-1。其中，A 类合同由总承包项目部组织招标，统招、统签、统供（管）、统付，由总承包项目部审批及备案；B 类合同由工区项目部组织招标，总承包项目部审批及备案；C 类合同由工区项目部组织签订，总承包项目部审批及备案；D 类合同由工区项目部签订，总承包项目部备案。

不同合同类别的管控范围 表 15-1

合同类别	管控范围	
	材料、设备采购租赁	劳务分包
A 类	盾构管片、管片螺栓、防水材料、混凝土、水泥	施工监测
B 类	炸药、砂石料、机械设备	石方开挖运输；涉及永久性工程的钢筋、混凝土、防水施工；矿山法隧道的注浆、临时支护
C 类		由业主指定单位实施的项目
D 类	除 A、B、C 类以外的其他合同	临时设施工程、安全性工程、防护工程，劳务人员聘用等

15.2.2 合同的评审

总承包合同评审时，应当对自身履行合同的能力进行评审，尽量减少合同违约情形的发生。总承包合同主要由公司层级进行评审。

分包合同经过两级评审或三级评审。两级评审：第一级为工区项目部各部门及领导进行评审，第二级为上级公司相关部门、领导进行评审。三级评审：在两级评审的基础上，部分参建局对超过相关标准的分包还要求上报参建局有关部门进行评审。

合同评审的内容主要有：

（1）合同的合法性、合规性评审。主要包括：工程合同的目的、内容（条款）和所定义活动是否符合法律要求，如劳动保护、环境保护等是否合法，所采用的技术、质量、安全、环境等规范是否符合国家强制性标准等；各主体资格的合法性、有效性，例如，相应的承包资质条件、企业安全生产许可证等。

（2）合同的合理性、可行性评审。合理性包括合同结构是否合理、权利义务是否公平；可行性包括合同内容和条款是否可以正常有序履行。

（3）合同的严密性、完整性评审。严密性指合同每个条款是否具体明确，理解唯一，不产生歧义；条款之间是否存在矛盾、相互抵消等情形。完整性评审指合同文件完整性和合同条款完整性。

（4）与合同或过程有关要求的评审。指对合同发承包内容以外的但却与合同履行紧密关联的已知或者可预见的外部因素、事件出现的评审。例如：相关政策或标准的变化、重大社会事件的出现、项目资金来源变化对合同履行的影响、与合同履行有关的其他相关方的资信及履约能力变化等。这些情形虽然不是合同履行的主要内容，但这些情形一旦出现，都会对合同订立及履行产生重要影响，因此都应当列入评审和预测的范畴。

（5）合同风险的评估。风险指那些由于疏忽大意没有遇见或者侥幸可以避免而未能幸免，从而造成的难以克服、难以控制的客观情形。评估合同风险应当充分注意：经营风险可以适当承担，法律风险必须防范。对项目合同中存在风险的项目做好记录，通过多种方式规避、减轻、转移风险。各项合同风险点识别及控制措施如表 15-2 所示。

各项合同风险点识别及控制措施表　　　　　　　　　　　　　表 15-2

编号	风险名称	风险分析	风险应对措施
1	合同风险	条款中的不合理条款、含糊条款、包干项目条款、不平等条款、强制性约束条款等	认真熟悉招标文件、合同条款、施工图纸、施工规范要求，对不合理条款、含糊条款、包干项目条款、不平等条款、强制性约束条款等条款，在签订之前要业主单位进行澄清，对我方不利的要及时提出抗辩；不应我们承担的，不予签认
2	合同变更风险	在合同中增加的强制性内容、增加不合理约束条款、非原合同施工范围、费用核减等条款	由总承包项目部计合部牵头、工区配合，及时组织相关人员对变更增加的条款给予认真评审，对不合理的条款给予反馈修正，或不予签认
3	材料采购风险	存在因原材上涨导致价格上涨、供应垄断、供应量不足、材料质量不合格、使用过程的超耗、管理不善报废等风险	在合同执行期内，定期做好材料的供应、价格跟踪，并做好材料价格对比；做好掌握材料的价格涨跌趋势、选备供应商、严管消耗、低价库存等
4	工期风险	存在因拆迁延误、工程变更、地方政策、非总承包项目部原因引起的材料供应不及时、资金拨付延迟等风险导致的工期延长	做好上级单位及地方政府的沟通、有效减少建设阻力；认真审核施工图纸，合理实施施工方案，按图施工；深入了解地方材料资源，精选后备供应商；做好施工图量价核算，做到计量及时不延误等
5	工程款管控风险	存在未及时结算付款、超付、暂预付等风险	在签订合同时，尽可能避免签订预付款；在合同执行期内，及时办理结算，计合部、财务部联合把控付款、扣款费用及时结算等
6	工程计量风险	存在未及时办理施工图量价核算导致的为无法计量、已施工未及时计量、漏计量等风险	按照业主单位管理办法要求及时办理施工图量价核算，做好上级单位对口部门的沟通，减少资料签认难度等
7	停工风险	存在停工引起的管理成本增加等风险	做好地方政府、业主单位、设计单位、监理单位等对口部门的沟通，避免因总承包项目部原因引起的窝工、停工等
8	索赔风险	存在未按照合同要求在规定期限内提交相关资料及附件，签字不完整，索赔理由不充分，索赔费用计算有误风险	安排熟悉合同条款人员办理索赔、培训现场人员索赔理念、及时收集证明资料等

编号	风险名称	风险分析	风险应对措施
9	队伍管控	存在协作队伍无合同观念、不诚信、有合同欺诈等不良行为等风险	精选队伍,考察进场队伍的诚信度、实际施工能力和业绩;诚信较差的队伍坚决不用
10	分包合同管控	存在分包内容划分不合理,造成交叉工序多,增加成本控制难度等风险	认真做好分包策划工作,采用合理的分包管理形式,确定便于成本控制的分包内容

15.2.3 合同的签订

15.2.3.1 合同订立内容

合同的标的、价款、质量、履行期限等主要条款应当与招标文件和中标人的投标文件的内容一致,不得再行订立背离合同实质性内容的其他协议。采用竞争性谈判方式采购的,采购人提供的谈判文件与参加谈判的供应商在规定时间内的最后报价,构成合同订立的实质性内容;采用询价方式采购的,采购人的询价小组向供应商提供的询价通知书与被询价的供应商一次报出不得更改的价格,构成合同订立的实质性内容。

15.2.3.2 合同订立形式

采用书面合同形式。包括合同谈判成果等也应以书面方式固定下来。订立合同由法定代表人或者授权的委托代理人签字或盖章。合同主体是法人或者其他组织的,应当加盖单位印章。

15.3 合同实施控制

合同实施控制包括自合同签订至合同终止的全部合同管理过程。合同实施控制分为日常性工作和突发性事件。所谓日常工作指日常性的、项目管理机构按照实施计划能够自主完成的合同管理工作。一般包括:合同交底、合同跟踪与诊断、合同完善与补偿、信息反馈与协调;所谓突发事件,指合同计划外发生的、与合同履行紧密相关的事件。例如,重大设计变更、严重违约行为、重大索赔事项、重大质量安全事故、情势变更、不可抗力以及其他重大突发事件。由于本工程未发生突发事件,因此下面主要介绍日常性合同管理工作情况。

15.3.1 落实合同管理责任

将合同实施计划分解落实到各层级、部门、项目部、人员,使他们对合同实施工作计划、各自责任等有详细具体的了解。对经常性工作订立工作程序,有章可循,如请示程序、批准程序、检查验收程序、合同变更洽商程序、款项支付申报审批程序等,制定相应的表格,将其落实到具体部门和人员,做到管理层次清楚、职责明确、程序规范,达到合同审核、签订、生效、履行、纠纷处理和终结处于有效的控制状态。

15.3.2 合同交底工作

合同交底指合同主体的相关专业部门及合同谈判人员针对合同文件以及合同总体实施

计划向项目管理机构进行解析和说明，让实施者熟悉合同主要内容、各种规定、管理程序，了解合同责任和工程范围，各种行为的法律后果等，使大家都树立全局观念，工作协调一致，避免在执行中的违约行为。本工程分为总承包合同交底和分包合同交底两种：

（1）总承包合同交底

总承包合同实行两级合同交底制度。第一级交底，由总承包项目部计划合同部门向相关部门及工区合同管理部门进行交底；第二级交底由工区合同计划合同部门向工区相关部门进行交底。合同交底内容包括合同主要条款、重点关注内容、合同存在的风险、过程应对预案等方面；合同交底力争做到全面并有针对性。

（2）分包合同交底

分包合同交底（协作队伍由各参建单位自行招标确定）由工区计划合同部门向工区相关部门及现场负责人员进行交底，对合同的主要内容达成一致理解，并将各种合同事件的责任分解落实到各部门。通过合同交底，明确了进度、质量、技术、安全、成本等要求以及实施的注意要点，相关合同条款之间的逻辑关系，工区与分包单位之间的责任界限、权利和义务、法律后果。

15.3.3　合同跟踪

由于工程实施过程中的情况千变万化，导致合同实施与预定目标（设计与计划）偏离的情况时有发生。合同跟踪就是通过对合同实施情况分析，不断找出偏差，及时采取措施，不断调整合同实施，使之与总目标一致，这是合同控制的重要手段。在这个过程中，及早对合同进行分析、跟踪、对比，发现问题并及早采取措施，则可以把握主动权，避免或减少损失。本项目采取以下方法来实现合同的跟踪：

（1）依托信息化管理平台实现合同的高效管理

借助"中国交建直管项目管理系统"及时收集合同管理信息，自动生成合同台账、结算台账、成本结算情况以及经营活动记录等。信息化管理平台要把生产经营活动管理中的各个环节进行融合，便于总承包项目部掌握项目整体进度、合同、结算、成本及盈利情况，促进整个项目的无纸化办公，以提高工作效率，提升创新力和生产力。项目管理平台界面如图 15-1 所示。借助信息化管理平台，做到纸质版和电子版共存；加强项目间的合同管理的信息交流和横向对比分析，达到合同集中管理工作程序化、规范化、标准化和效率化。

（2）合同跟踪的依据材料

合同跟踪的基本依据为：合同文件、合同变更、各种计划、价款收支等文件。主要依据材料为：各阶段的工程施工文件，如施工管理资料、技术资料、测量记录、物资资料、施工记录、试验资料、过程验收资料、竣工质量验收资料、会议纪要、情况报告、统计数据等。工程管理人员每天对现场情况的直观了解，如施工日志、现场巡视、谈话交流、现场会议、工作检查等，有助于迅速采取措施处理问题，是合同跟踪的直接依据。

总承包项目部每月定期对工区项目部的劳务分包队伍进行更新登记，并建立有效监督管理台账。每季度进行分包管理系统检查，内容包括：劳务人员入场承诺书、知情反馈书、维权告示牌、工人工资支付表、各分包队伍工程款及工资支付情况表、工资结清确认书、退场承诺书、花名册、劳务工人合同。

(a) 中国交建直管项目管理系统主界面

(b) 施工合同及结算登记台账

图 15-1　项目管理平台界面

　　一旦跟踪发现合同实际履行情况与预定计划出现较大偏差，应当在合同跟踪的基础上，针对合同履行过程中出现的偏差及时进行合同诊断。

15.3.4　合同实施诊断

　　合同诊断就是对合同执行情况所进行的评价、判断和趋势分析、预测。主要包括：

　　（1）合同实施差异的原因分析。原因分析可以采用鱼刺图、因果关系分析图（表）、成本量差、价差分析等方法定性或定量的进行。

　　（2）合同差异责任分析。分清造成这些问题的责任，并按照合同约定追究违约方的责任。

　　（3）合同实施趋势预测。对后续工程可能发生的风险、问题或缺陷提出预警，提出不同的调控措施，寻找实现质量、工期、成本三者目标的最佳契合点，以保证合同最终目标得以实现。

15.3.5　合同纠偏的措施

　　通过上述的合同实施诊断，可以有针对性地采取相应的措施进行处理，例如：

　　（1）组织措施包括调整和增加资源投入；

　　（2）管理措施包括调整或重新编制实施计划或工作流程；

（3）技术措施包括变更技术方案，采用新的施工工艺或施工机具等；

（4）经济措施包括调整投资计划、改变支付方式、加大经济奖励和惩罚力度等；

（5）合同措施包括变更合同内容、签订补充协议、提出合同索赔、追究违约责任，甚至终止合同等。

上述措施，既可以单独采用，也可以综合考虑，具体应根据合同偏差的大小、纠正的难易程度等情形来决定。

15.3.6　合同变更管理

合同变更指原合同主体和内容的补充、修改、删减或者另行约定的合同行为。合同变更的范畴包括：改变工程范围、工期进度、质量要求、价款结算、权利义务等。工程管理中，应提前发现变更需求，并按要求尽快办理变更手续。变更指令做出后，应迅速、全面、系统地落实变更指令；全面修改相关的各种文件，包括管理系统，使它们反映和包容最新的变更。

对合同变更的影响做进一步分析，包括涉及工期、价格、返工等内容，还应在合同规定的索赔有效期内提交索赔意向和索赔申请。在合同变更过程中应当记录、收集、整理所涉及的各种文件，以作为进一步分析的依据和索赔的证据。

由于合同变更协议与合同具有同等法律约束力，而且其法律效力优先于先期的合同文本，所以，在对合同变更的相关因素和条件进行分析后，应该及时进行变更内容的评审，其评审方法等同于最初的合同评审。经评审及谈判后达成一致，双方签署变更协议后合同变更成立。

15.4　本章总结

合同管理总结如下：

（1）本工程将合同根据不同的层级及内容进行分类，可分为 A、B、C、D 四类。

（2）合同评审的内容主要有：合同的合法性、合规性评审；合同的合理性、可行性评审；合同的严密性、完整性评审；与合同或过程有关要求的评审；合同风险的评估。

（3）合同交底包括总承包合同交底、分包合同交底，其目的是让实施者熟悉合同主要内容、各种规定、管理程序，了解合同责任和工程范围，各种行为的法律后果等，使大家都树立全局观念，工作协调一致，避免在执行中的违约行为。

（4）本工程借助信息化管理平台实现合同的高效管理，做到纸质版和电子版共存；加强项目间的合同管理的信息交流和横向对比分析，达到合同集中管理工作程序化、规范化、标准化和效率化。

（5）合同诊断包括：合同实施差异的原因分析、合同差异责任分析、合同实施趋势预测。

（6）合同纠偏措施包括：组织措施、管理措施、技术措施、经济措施、合同措施。

（7）一旦发生合同变更后，应按要求尽快办理变更手续，并对合同变更的影响作进一步分析，包括涉及工期、价格、返工等内容，还应当记录、收集、整理所涉及的各种文件，以作为进一步分析的依据和索赔的证据。

第16章 技术管理

16.1 引言

16.1.1 技术管理概述

项目技术管理是项目经理部在项目开展的过程中，以系统论的观点，对构成施工技术的各项要素和施工企业的各项技术活动，运用科学方法，进行计划与决策、组织与指挥、控制与调节。所涉及的技术要素包括：技术人才、技术装备、技术规程、技术信息、技术资料、技术档案等。

技术管理的目的是指项目部以国家颁布的有关法律、法规、行业技术标准、规程、规范、工程承包合同、设计图纸、现场文明施工要求等文件，以及治理、环境及职业健康安全控制程序为依据，施工前周密策划，编制切合实际的工作策划和管理方案，施工中严格管理，并坚持持续改进、追求精品，为顾客提供满意的工程产品之方针。同时，在产品策划和施工过程中加以科技进步为先导，充分利用全局的技术资源，推广应用新技术、新工艺、新材料、新设备和科学的管理方法，使工作活动符合质量、环境及职业健康安全要求。

地铁土建工程施工具有其特殊性，施工环境位于地下、作业空间狭小，环境限制多，复杂的多工种交叉施工，各项技术、工序搭接较多，在这些生产过程中都需要我们加强技术管理，进而去保证施工正常有序地进行，以便达到预期的质量、安全、成本控制等目标。随着新工艺、新技术、新材料、新装备不断地出现，对技术管理的要求也更高，需要企业拥有强大的技术力量和较高的技术管理水平作支撑。因此，提高技术管理水平是施工企业提高竞争力的关键。

技术管理在整个施工管理工作中的作用，主要有以下几个方面：①保证施工中能按科学技术和科学技术发展规律要求，确保正常施工程序进行；②通过技术管理，不断提高企业管理水平和员工技术业务水平，从而预见性地发现和处理问题，把技术和质量事故隐患消灭在萌芽之中，保证工程施工质量；③能充分发挥施工人员及材料、设备的潜力，在保证工程质量的前提下，努力降低工程成本，提高经济效益和市场竞争能力。

因此，对于施工企业，技术管理则是企业管理的重要组成部分。通过技术管理，才能保证施工过程的正常进行，才能使施工技术不断进步，从而保证工程质量，降低工程成本，提高劳动生产率。通过技术管理，可以逐步改变施工企业的生产和管理面貌，改变施工企业的形象，提高竞争能力。

16.1.2 本章主要内容

本章主要介绍总承包项目部在技术管理方面的经验，主要包括技术管理计划、技术方案的制定、审批及交底流程；新技术的应用情况及管理措施。

16.2　技术管理计划

16.2.1　技术管理思路

科学管理，通过技术改进与技术攻关实现项目的降本提效，对项目技术管理工作确定如下管理思路：

（1）制定目标

项目开工前，根据对项目实施过程的精准预判，确定工程建设的各项目标，并形成工程建设目标动态管理制度，明确到什么阶段必须实现什么目标，并以此为基础进行项目实施策划。

（2）精心策划

根据专业知识及相关经验，预测项目在实施过程中将要遇到的技术性难题，并针对性地进行分析、总结，提出初步方案，与相关专业人员或工程人员、商务人员共同协商确定可行又经济的方案，并在项目实施过程中，根据现场实际情况进行调节完善。

（3）实施操作

现场管理人员在充分了解施工工序及重难点的前提下，对分包及工人进行现场交底，并在施工过程中进行全程把控，尽量减小与方案要求的偏差。同时，在施工过程中随时将现场实际遇到的困难上报技术人员进行沟通解决，以完善方案，形成经验。

（4）过程管控

在项目按部就班的实施过程中，对于安全、质量、进度及成本的管控。在方案交底的同时，与相关专业部门深入探讨实施过程中的安全、质量及进度控制点，并作为技术交底记录下来，作为过程控制及验收的依据。充分利用项目管理协同台等进行过程监督与管理。根据相关标准，并结合项目自身特点及专业人员管理经验，制定各项安全、质量、文明施工、绿色施工管理制度，并指定专门人员逐项进行监督把控，确保责任到人。引进先进、实用的技术应用，加强实施过程中安全、质量保障。

（5）调整改进

根据过程中发现的问题对原始方案进行调整，补充或增加实施方法的更多选择，以完善方案，形成经验甚至工法，给出该方案实施的条件。

（6）经验推广

实施各阶段对方案的调整与补充，给所用工法列出尽可能详细的应用范围、实施条件、使用结果，分析该工法的局限性与拓展方向，以利于交流、推广。

16.2.2　技术管理流程及主要工作

本项目技术管理流程如图 16-1 所示。

1. 原始资料调查分析

工程实施前，对工程的原始资料进行调查和分析，由项目总经理部牵头联合各工区开展，形成施工调查报告，作为编制施工组织设计的重要参考资料。

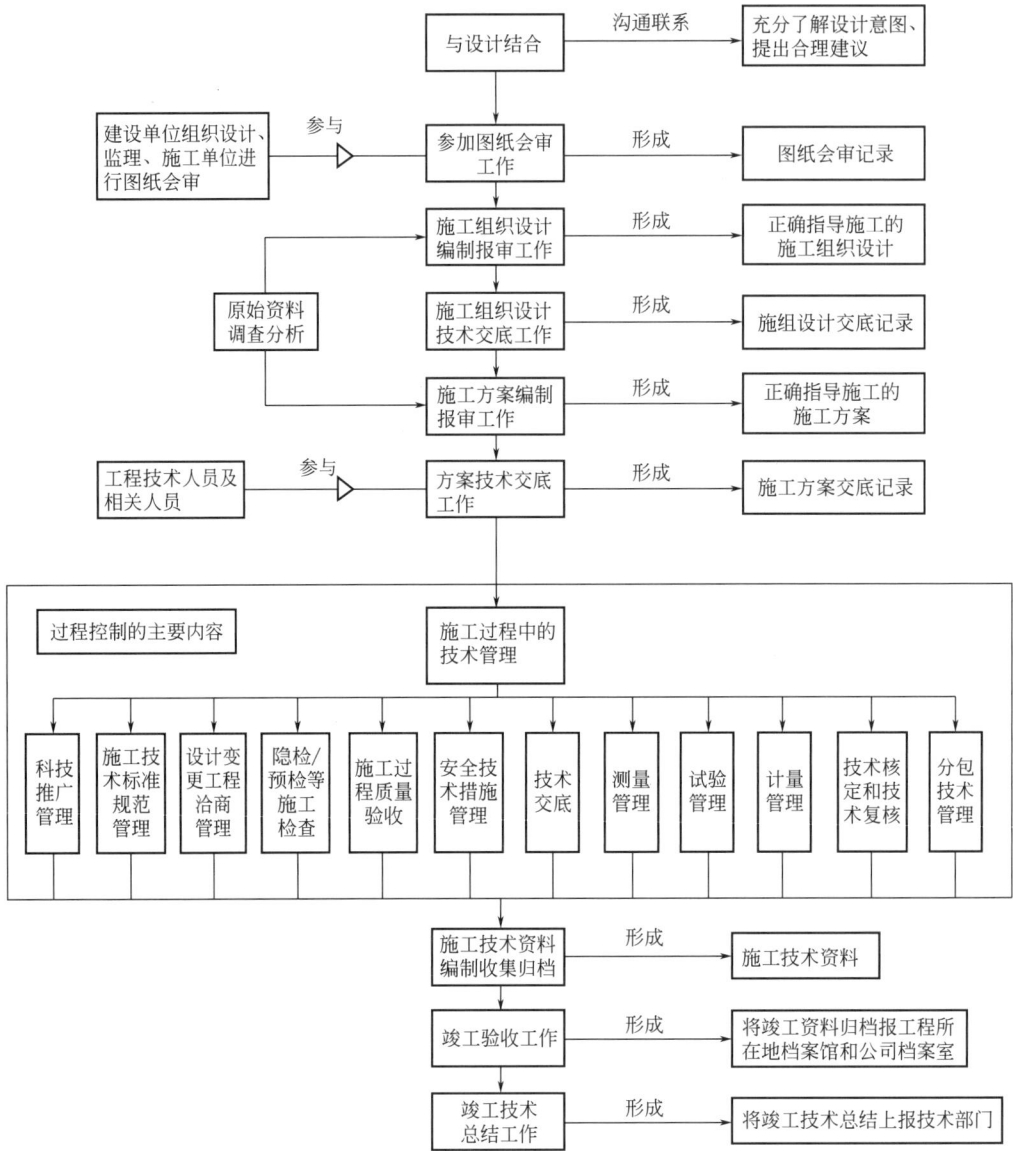

图 16-1　地铁 2 号线二期工程技术管理流程图

2. 图纸会审

工程开工后，项目总工程师组织项目各专业技术人员对设计图纸进行认真学习和内部审核，并做好图纸内部会审记录。项目总工程师和各专业技术工程师参加由建设单位组织的设计、监理、施工单位参加的图纸会审，并做好图纸会审记录。

3. 施工组织设计和重大施工方案管理工作

施工组织设计和重大施工方案由项目总工程师组织项目相关人员根据工程特点进行详细编制，重大施工方案需组织专家进行论证，并经企业、监理审批后实施。实施前项目总工程师对项目全体管理人员和主要项目管理人员进行施工组织设计技术交底并做好记录。

4. 技术交底工作

(1) 包括设计交底（审图记录）、施工组织设计交底、主要分部分项施工技术交底。

(2) 技术交底必须以书面形式进行，书面与口头相结合，并应填写交底记录，审核人、交底人及接受交底人应履行交接签字手续。书面交底力求简明扼要，重点交清设计意图、施工技术措施、安全措施和工程要求等，对工艺操作规程等应知应会内容可组织单独学习。

5. 安全技术措施管理

根据工程特点、规模、结构复杂程度、工期、施工现场环境、劳动组织、施工方法、施工机械设备、变配电设施、架设工具以及各项安全防护措施等，针对施工中存在的不安全因素进行预测和分析，找出危险点，从技术和管理上采取措施加以防范，消除不安全因素，防止事故发生，确保项目安全施工。

6. 施工技术类标准规范管理

施工技术类标准规范管理的主要任务是保证施工技术类标准规范的及时性、有效性和可控性，项目经理部设专人负责施工技术类标准、规范的管理工作，确保施工时使用当前有效的规范版本。

7. 工程资料的管理

(1) 工程资料主要包括工程管理与验收资料、施工管理资料、施工技术资料、施工测量资料、施工物资资料、施工记录、施工试验记录、施工质量验收记录八个方面。

(2) 项目经理部设置专职资料工程师，负责整个项目施工资料的管理工作，包括所有施工资料的收集、整理、归档工作；项目总工程师负责对施工资料的审核、把关。

8. 设计变更洽商管理

设计变更洽商的部位、内容应明确具体，技术性洽商中的经济问题要明确经济负担责任和材料的平、议价问题，便于结算调整。设计变更洽商在业主、设计、监理和施工单位签字认可后由项目相关技术工程师指导资料工程师归档，按单位工程登记，按日期先后顺序编号，记入变更洽商台账，并且同时以复印件方式分发给项目的工程技术、合约、质检等相关部门，严格按变更洽商内容指导施工。

9. 测量管理

由项目测量工程师负责日常具体的测量工作管理，包括现场测量定位，测量报验、测量控制点的移交和接收等工作，同时及时填报相关测量资料及做好测量资料归档工作。

10. 隐检/预检等施工检查

(1) 隐蔽工程施工检查是在施工过程中对隐蔽工程的技术复核和质量控制检查工作，在隐检项目验收检查完毕后做好隐检记录。

(2) 预检施工检查是对施工重要工序在正式验收前进行由施工班组进行的质量控制检查工作，在预检项目检查完毕后做好预检记录。

(3) 在工程施工过程中，隐检或预检的检验批经分包单位自检合格后，报请总包单位质检人员组织检查验收，检查验收合格后，总包质量工程师报请监理单位进行检验批的隐检或预检工作。

11. 试验管理

项目试验管理由项目试验工程师组织实施，试验工程师负责编制试验计划，做好工程、材料试验的现场取样和送检工作，并做好试验台账记录。

12. 监视与测量装置管理

项目经理部计量工程师负责项目监视和测量装置的具体管理工作，熟悉掌握项目在用监视和测量装置的使用情况，督促分包商及时将到期的监视和测量装置送检，建立相应的管理台账并报企业技术部门备案。项目计量工程师应确保项目所有计量档案资料的齐全、规范、整洁、安全，并对其准确性负责。

13. 技术核定和技术复核

施工过程中，根据工程性质和特点，规定技术核定和技术复核主要内容，对重要的和影响全面的技术工作，必须在分部分项工程正式施工前进行复核，以免发生重大差错，影响工程质量和使用。复核发现差错时，应及时纠正后方可施工。

14. 分包技术管理

（1）对于由总包单位直接发包的劳务分包单位，项目总工程师、责任工程师对分包技术人员进行详细的施工组织设计、施工方案以及技术方面的交底，做好对分包的技术管理和指导工作。

（2）对于专业分包和业主指定分包单位，项目总工程师（技术负责人）、责任工程师须对分包的施工组织设计、施工方案进行认真审核和把关，做好专业分包、指定分包的技术协调和沟通工作。

（3）对分包还要从技术交底到工序控制、施工试验、材料试验、隐检预检，直到验收通过，进行系统的管理和控制。

15. 施工质量验收

（1）工程施工质量验收的程序和组织应符合现行的相关工程施工质量验收标准的规定。

（2）检验批经自检合格后，报送监理单位，由监理工程师（建设单位项目技术负责人）组织施工项目专业质量（技术）负责人等进行验收，并按规定填写验收记录。

（3）基础、结构验收由项目总工程师组织进行内部验收，预检合格后再由建设单位、设计单位、施工单位三方合验并办理签字后交质量监督部门核验，验收单由资料员归档，纳入竣工资料。

（4）工程完工后，正式竣工验收之前项目总工程师组织相关人员进行项目自检，依照设计文件、验收标准、施工规范、合同规定，对竣工项目的工程数量、质量、竣工资料进行全面检验。

（5）工程项目经竣工自验、整改，达到验收条件后，由项目总经理部向建设单位或接管单位报送竣工申请表，按照建设单位、接管单位设定的程序，参加工程项目竣工验收工作，并向接管单位提交达到档案验收标准的竣工文件（资料）。

16. 技术总结管理

对于在工程施工过程中完成的有价值的技术成果要及时进行专题技术总结（如深大基坑施工技术、大体积混凝土施工技术以及其他新技术、新工艺、新材料、新设备等方面的专项技术），并形成书面文件。

17. 科技推广工作

项目开工初期，项目部根据工程特点和具体情况编制本工程的"四新"技术应用策划，并按照该策划在项目施工过程中组织"四新"技术的推广应用。

16.3 施工技术方案

16.3.1 技术方案的制定

施工方案编制前召开讨论会，确定可行的施工方法和施工措施。

1. 编制责任人规定

（1）编制人应具有相关专业知识和专业技能。

（2）一般分部分项工程施工方案由工区项目专业技术工程师编制，工区项目总工过程指导。

（3）重大方案或危险性较大分部分项工程由工区项目总工组织相关人员编制。

（4）超过一定规模的危险性较大分部分项工程由总承包项目总工组织相关人员编制，公司技术主管部门给予指导。

（5）由专业分包商独立完成的分部分项工程，由专业分包商技术负责人编制。

2. 编制进度

按照现场进度，在分部分项工程施工之前编制完成。编制难度大、需要召开专家论证的重大方案或危险性较大工程方案应留有充足的编制时间。

3. 编制内容

（1）一般性施工方案宜按照下面大纲内容进行编制：

①编制依据；②工程概况；③施工安排；④施工准备工作；⑤施工方法；⑥质量要求；⑦安全文明施工要求；⑧环保要求；⑨其他要求（如降低造价、四新技术应用等）。

（2）对于创优工程，应按各地创优方案规定或推荐的格式及内容编制。

（3）对于危险性较大工程，应按住房城乡建设部办公厅《关于实施〈危险性较大的分部分项工程安全管理规定〉有关问题的通知》（建办质〔2018〕31号）要求的格式及内容编制。

（4）专业性较强专项方案，其包含的内容应能完全满足施工要求。

4. 编制质量

（1）选用的施工方案应技术可行，经济合理，能全面满足施工要求。

（2）内容符合法律、法规、规范性文件、标准、规范及图纸（国标图集）的要求。

（3）重要方案、技术性较强的方案、危险性较大的专项方案宜召开专家论证会，超过一定规模危险性较大的专项方案应按规定召开专家论证会，以保证质量和安全满足施工要求。

（4）行文组织有层次、叙述条理清楚，内容重点突出、图文并茂。

16.3.2 技术方案的审批

1. 审批级别

施工方案按类别及重要性分别实行项目级、三级子（分）公司级、审批、二级子公司级、总承包项目部、事业部级审批。

2. 审批时间

为了保证方案能及时指导施工，一般方案的审批时间为 2～3 个工作日，重大或危险性较大的分部分项工程专项方案，审批时间为 15～20 个工作日。

3. 内容审核/审批重点

（1）一般性方案

1）方案措施有无重大缺陷；

2）质量、安全等保障体系是否健全，措施是否可行；

3）进度安排是否合理；

4）机具、劳动力、周转材料供应是否充足；

5）现场平面布置是否合理。

（2）重大方案/专业分包商方案

1）重难点解决措施是否合理可行；

2）技术性措施是否合理，安全性措施是否有效；

3）施工组织是否科学；

4）资源供应是否充足。

（3）危险性较大分部分项工程专项安全方案

1）安全施工条件是否具备；

2）方案措施是否完整、可行；

3）专项方案计算书和验算依据是否符合相关标准规范的规定；

4）超过一定规模的危险性较大的分部分项工程专项方案是否召开专家论证，是否有可行的应急预案措施。

16.3.3 施工方案的交底

（1）施工方案审批完成后，在实施前进行方案技术交底，方案交底采用会议及书面形式。

（2）方案交底形成书面交底记录，记录交底时间、地点、出席人员（包括主持人、交底人、被交底人、参加人员）、交底内容等，交底后交底人及被交底人应签字。

（3）一般性施工方案交底由工区项目总工主持，方案编制人向责任工程师交底，分包项目负责人、技术工程师、责任工程师参加。

（4）危险性较大的分部分项工程安全专项方案由工区项目经理主持，工区项目总工向责任工程师，分包项目负责人、技术工程师、班组长交底，总承包项目工程技术部、安质环保部相关人员参加。

（5）重大方案/超过一定规模的危险性较大的分部分项工程交底由总承包项目技术负责人主持，并向总承包相关部门。工区项目经理及以下的相关管理人员、分包负责人及以下管理人员交底，业主代表、总监（或总监代表）、监理工程师参加。

（6）交底重点阐述施工方法的重点工艺、安全施工条件，以及采取的质量及安全保证措施，着重剖析施工重难点的方法及措施、着重强调危险性较大分部分项安全技术措施及管理要求。

（7）方案调整并审批后，按方案类别组织相关人员参加，重新进行调整方案的交底。

16.4 "四新"成果的应用

16.4.1 10 项新技术的应用

结合本项目实际情况，根据住建部《建筑业 10 项新规定（2017）》相关文件进行列表梳理，本项目实施过程中采用了建筑业 10 项新技术中的 8 大项 40 子项，清单如表16-1 所示。

厦门轨道交通 2 号线二期工程 10 项新技术清单　　　　　　　　表 16-1

序号	应用新技术名称				应用部位/地点
	项目编号	新技术类别	项目编号	新技术名称	
1	1	地基基础和地下空间工程技术	1.3	水泥土复合桩技术	车站围护结构
2			1.7	型钢水泥搅拌桩支护结构技术	车站围护结构
3			1.8	地下连续墙施工技术	车站围护结构
4			1.10	超浅埋暗挖施工技术	矿山法区间
5			1.11	复杂盾构法施工技术	盾构法区间
6			1.12	非开挖埋管技术	车站管线改迁
7	2	钢筋与混凝土技术	2.1	高耐久性混凝土技术	车站及区间主体结构
8			2.4	再生骨料混凝土技术	小型预制构件
9			2.5	混凝土裂缝控制技术	车站及区间主体结构
10			2.7	高强钢筋应用技术	车站及区间主体结构
11			2.8	高强钢筋直螺纹技术	车站及区间主体结构
12			2.9	钢筋焊接网应用技术	车站围护结构、矿山法区间
13			2.11	建筑用成型钢筋制品加工与配送技术	车站及区间主体结构
14			2.12	钢筋机械锚固技术	车站主体结构
15	3	模板及脚手架技术	3.1	销键型脚手架及支撑架	车站及区间主体结构
16			3.6	组合铝合金模板施工技术	车站主体结构
17			3.7	组合式带肋塑料模板技术	车站主体结构
18			3.8	清水混凝土模板技术	车站主体结构

续表

序号	应用新技术名称				应用部位/地点
	项目编号	新技术类别	项目编号	新技术名称	
19	4	装配式混凝土结构技术	4.9	装配式混凝土结构建筑信息模型应用技术	盾构管片
20			4.10	预制构件工厂化生产加工技术	盾构管片
21	5	钢结构技术	5.1	高性能钢材应用技术	车站主体结构
22			5.5	钢结构高效焊接技术	盾构管片
23	7	绿色施工施工技术	7.1	封闭降水及水收集综合利用技术	各施工工点
24			7.2	建筑垃圾减量化与资源化利用技术	各施工工点
25			7.3	施工现场太阳能与空气能利用技术	各施工工点
26			7.4	现场扬尘控制技术	各施工工点
27			7.5	施工噪声控制技术	各施工工点
28			7.6	绿色施工在线监测评价技术	各施工工点
29			7.7	工具式定型化临时设施技术	各施工工点
30	8	防水技术	8.2	地下工程预铺反粘防水技术	车站及矿山法区间防水
31			8.3	预备注浆系统施工技术	车站及矿山法区间防水
32	9	抗震、加固与监测技术	9.6	深基坑施工监测技术	车站及区间深基坑监测
33			9.7	爆破工程监测技术	矿山法区间监测
34			9.8	受周边施工影响的建(构)筑物检测、监测技术	盾构穿越重要建筑物监测
35			9.10	隧道安全监测技术	区间工程监测
36	10	信息化应用技术	10.1	基于 BIM 的现场施工管理信息技术	工区项目部
37			10.4	基于互联网项目多方协同管理技术	各参建方
38			10.5	基于移动互联网项目动态管理技术	总承包项目部及各工区项目部
39			10.7	基于物联网的劳务管理信息技术	总承包项目部
40			10.9	基于智能化的装配式建筑产品生产与施工管理信息技术	管片厂

16.4.2 新技术推广采取的组织和管理措施

1. 健全组织机构，制定管理制度

在实施过程中成立新技术推广示范工程领导小组，由项目总经理任总负责人，技术总工任常务负责人，总承包工程技术部人员、各工区项目经理、总工、主管技术负责人任小组成员，制定具体工作计划，同时明确责任，制定奖罚措施。工区项目经理负责科技推广项目全面工作，工区现场经理主管生产、劳动力调配、生产计划落实，工区项目总工负责施工技术及工艺、方案编制，采用召开科技推广扩大会议的形式，具体分工，层层落实，做到目标一致，人人有责，使大家有准备地共同实施好推广项目。

2. 细化实施方案，分工责任到人

领导小组在熟悉图纸的基础上，根据工程特点等要求，制定出科技推广项目计划，召开专题会，对制定推广的计划可行性达成共识。项目领导做具体分工，每一个新技术项目实施前，由工区项目技术部编制详细的单项施工方案。

3. 跟踪落实，按目标进行考核

按计划逐一单项落实，并定期小结；同时按目标进行考核，对顺利完成任务的项目部给予奖励，对未能按计划完成的项目部则给予处罚。

16.4.3　重点推广的新材料

1. 速凝橡胶沥青防水材料

本项目以新阳大道站作为试点站，进行速凝沥青橡胶防水材料相关试验验证，取得了良好的应用效果，目前该项材料已广泛应用于 2 号线全线所有车站的防水施工中。该材料采用纳米级超细悬浮微乳型乳化沥青为基料，以多种合成高分子聚合物材料为改性剂，以水为介质，经催化、交联、乳化后，有着超强的化学惰性，具有一般防水产品达不到的抗酸、抗碱、耐菌、防霉能力，具有耐腐蚀性，可有效抵抗使用环境的地下水腐蚀，且施工准备工作简单，冷制冷喷，成型迅速，整体无缝；具有超高的抗穿刺性和柔韧自愈性，特别适用于混凝土收缩及徐变影响产生的结构变形、异型及形状复杂的场所。该材料与防水卷材施工工效对比如表 16-2 和表 16-3 所示。喷涂速凝沥青橡胶防水材料的现场照片如图 16-2 所示。

工料机投入对比　　　　　　　　　　　　　　　　　　　　表 16-2

投入	喷涂速凝橡胶沥青防水	防水卷材
材料	0.5mmHDPE＋1.5mm 涂料	400g 土工布＋1.5mmHDPE
设备	双管冷喷专用喷涂机及高压软管和喷枪	热熔焊机
人工	4～5 人(195min)/100 m^2	4～5 人(300min)/100 m^2

其他要求对比　　　　　　　　　　　　　　　　　　　　表 16-3

对比项目	喷涂速凝橡胶沥青防水	防水卷材
基面要求	基面平顺、干净、无杂质、无明水，必要时进行找平层施工，挂 HDPE 膜或砂浆找平(砂浆效果更好)	一般，基面干燥、平整度符合要求，没有能刺穿防水卷材的尖锐物件或棱角即可
施工便利性及可操作性	一次成型，搭接处理较容易，厚度控制较难把握；操作较复杂，工人需培训上岗	搭接处理比较麻烦，搭接处易渗水，除了热熔焊接，其余操作相对简便
施工安全性及环保	冷施工，环保无毒，废料不可自然分解	热熔焊接，易着火及产生刺激性气体
后期保护	24h 后才可进行下道工序施工，钢筋施工及保护层垫块易破坏涂料，后期保护要求较高，破坏后修复简单，刮料涂刷即可	防水卷材施工完即可进行下道工序施工，后期保护要求较高，破坏后修复相对复杂，需热熔贴补
防水效果	挂 HDPE 找平层防水效果相当于防水卷材，在砂浆找平或在立模混凝土表面直接喷涂防水效果较好，吻合皮肤式防水理念	接缝处防水效果较差

图 16-2　喷涂速凝沥青橡胶防水材料现场照片

2. 盘扣式钢管架

地铁车站结构不同于一般房建结构，有较多的预留孔洞，呈现梁板构件种类多，超重构件多的特点。本项目主体结构施工拟推广使用的销键型钢管脚手架主要为 $\phi60$ 重型承插式盘扣式钢管支架体系，该脚手架安全可靠、稳定性好、承载力高；全部杆件系列化、标准化、搭拆快、易管理、适应性强；除搭设常规脚手架及支撑架外，由于有斜拉杆的连接，还可搭设悬挑结构、跨空结构架体，可整体移动、整体吊装和拆卸。针对部分曲线型车站，例如马青路站也有良好的适用性。目前该架体在 2 号线二期项目的使用率达到了90%。传统支架架体材料为普碳钢管（国标 Q235A），常因使用或保养不当造成管件锈蚀，同时节点漏拧、未拧紧的现象时有发生，严重影响了架体的安全性，为施工安全埋下隐患。盘扣式脚手架架体材料为低合金结构钢（国标 Q345A），所有部件均采用的内、外热镀锌防腐工艺，立杆上的连接盘或键槽连接座与焊接在横杆或斜拉杆上的插头锁紧，接头传力可靠；立杆与立杆的连接为同轴心承插，各杆件轴心交于一点。架体受力以轴心受压为主，由于有斜拉杆的连接，使得架体的每个单元形成格构柱，因而承载力高，不易发生失稳。盘扣式脚手架连接节点照片如图 16-3 所示。

图 16-3　盘扣式脚手架连接节点照片

由于采用低合金结构钢为主要材料，表面热浸镀锌处理后，与钢管扣件脚手架、碗扣式钢管脚手架相比，在同等荷载情况下，材料可以节省约 1/3 左右，放大了脚手架搭设的步距和间距，提高了施工速度，人员可以更加方便地进行组装。搭拆快、易管理，横杆、斜拉杆与立杆连接，用一把铁锤敲击楔型销即可完成搭设与拆除，速度快，功效高。全部杆件系列化、标准化，便于仓储、运输和堆放。大大节省材料费、运输费、搭拆人工费、管理费、材料损耗等费用，产品寿命长，绿色环保，技术经济效益明显。

16.5 本章总结

技术管理总结如下：

（1）技术管理工作的主要任务，是运用管理的职能与科学的方法，去促进技术工作的开展，在施工中严格按照国家的技术政策、法规和上级主管部门有关技术工作的指标与决定，科学地组织各项技术工作，建立良好的技术秩序保证整个生产过程符合技术规范、规程，符合技术规律的要求，以达到高质量全面地完成施工任务的目的。从而使技术与经济、质量与进度、生产与技术达到辩证的统一。

（2）本项目技术管理的思路为：制定目标、精心策划、实施操作、过程管控、调整改进、经验推广。

（3）技术管理包括工作：原始质料调查分析、图纸会审、施工组织设计和重大施工方案管理工作、技术交底工作、安全技术措施管理、施工技术类标准规范管理、工程资料的管理、设计变更洽商管理、测量管理、隐检/预检等施工检查、试验管理、监视与测量装置管理、技术核定和技术复核、分包技术管理、施工质量验收、技术总结管理、科技推广工作等。

（4）本项目制定完善的施工技术方案的制定、审批和交底制度；

（5）本项目采取积极的组织和管理措施，大力推广应用 10 项新技术，并重点推广速凝橡胶沥青防水材料、盘扣式钢管架。

第17章 质量管理

17.1 引言

17.1.1 质量管理概述

质量指"实体若干固有特性满足要求的程度",要求包括明示的、隐含的和必须履行的需求或期望。明示的含义,一是指在合同条件下,用户明确提出的需要或要求,通常是通过合同、标准、规范、图纸、技术文件所做出的明确规定;隐含需要则应加以识别和确定,具体说,是指顾客的期望。二是指那些人们公认的、不言而喻的、不必做出规定的"需要",如房屋的居住功能是基本需要。但房屋的美观与舒适性属于必然的"隐含需要"。需要是随时间、环境的变化而变化的,因此,应定期评定质量要求,提高质量标准,以满足已变化的质量要求。

《质量管理体系 基础和术语》(GB/T 19000-2016)对质量管理的定义是:关于质量管理,即在质量方面指挥和控制组织的协调的活动。在质量方面的指挥和控制活动,通常包括制定质量方针和质量目标以及质量策划、质量控制、质量保证和质量改进。可见,质量管理是项目围绕着使产品质量能满足不断更新的质量要求,而开展的策划、组织、计划、实施、检查和监督、审核等所有管理活动的总和。在质量管理中,"控制"是主要手段,工作内容包括作业技术和活动,也就是包括专业技术和管理技术两个方面。围绕产品质量形成全过程的各个环节,对影响工作质量的人、机、料、法、环五大因素进行控制,并对质量活动的成果进行分阶段验证,以便及时发现问题,采取相应措施,防止不合格重复发生,尽可能地减少损失。因此,质量控制应贯彻预防为主与检验把关相结合的原则。因为质量要求是随时间的进展而在不断变化的,为了满足新的质量要求,就要注意质量控制的动态性,要随工艺、技术、材料、设备的不断改进,研究新的控制方法。

质量管理体系是把影响质量的技术、管理、人员和资源等因素加以组合,在质量方针的指引下,为达到质量目标而发挥效能。要保证质量管理的顺利进行,首先必须建立质量管理体系,并由组织最高领导负全责,应调动与质量有关的所有人员的积极性,共同做好本职工作,才能完成质量管理的任务。

地铁工程的质量管理与一般的质量管理既有共性,又有其特征,主要包括:①环境复杂,指工程地质、水文地质、气候等自然环境,也包括周边环境及社会环境;②技术难度大,一般都是在地下进行,受地质条件影响较大,施工环境较差,工序也非常复杂,对技术的要求较高,质量管理难度大。因此,探索地铁土建工程质量管理方法,积累质量管理经验,具有重要的意义。

17.1.2 本章主要内容

本章首先介绍质量目标、质量管理原则，并依据目标而建立的管理体系；其次从施工准备阶段、施工阶段、施工竣工验收阶段三个方面介绍质量控制方法；再次，介绍通过测量、分析和改进措施来提高质量管理水平；研究各自存在质量问题的因素，采用头脑风暴法梳理相关关联图，找出最重要的影响因素，提出改进措施并评价应用效果等。

17.2 质量目标、管理原则与管理体系

17.2.1 质量目标

杜绝施工一般质量事故及以上等级事故，符合行业及国家验收标准，工序部位必须100％合格，检验项目合格率的平均值达 90％以上（地基与基础部分主要分项优良率：钢筋≥95％，混凝土≥94％，防水≥98％；主体结构部分主要分项优良率：钢筋≥95％，混凝土≥94％），单位工程质量达到优良等级，且综合评分应达到 90 分及以上。过程质量目标控制参考标准如表 17-1 所示。

质量目标控制参考标准　　　　　　　　　　　　　　　　　表 17-1

单位工程	子单位工程	分部工程	目标控制参考标准
车站工程	主体土建工程	地基与基础	①要求地连墙/桩基质量满足Ⅰ类桩标准数量≥95％，不允许出现Ⅲ类桩； ②一次验收验收合格率100％
		地下防水	不合格点率≤3％，一次验收合格率100％
		主体结构	①无渗漏、结构表面无湿渍； ②结构实体钢筋保护层厚度抽检合格率达到90％及以上； ③尺寸抽检合格率达到90％以上； ④外观质量90％以上达到优良，其他检查点为一般，无外观质量缺陷； ⑤强度抽检合格率100％； ⑥一次验收合格率100％
		接地网	不合格点率≤3％，一次验收合格率100％
	附属工程	验收要求同主体结构	
区间工程	钢筋混凝土管片制作	管片制作	管片外观、尺寸、水平拼装、渗漏、抗弯性能、抗拔性能满足规范要求，进场验收一次合格率100％
	盾构法隧道	洞口土体加固	不合格点率≤3％，一次验收合格率100％
		洞门工程	不合格点率≤3％，一次验收合格率100％

单位工程	子单位工程	分部工程	目标控制参考标准
区间工程	盾构法隧道	盾构掘进与管片安装	①成型管片隧道外观质量 90％以上达到优良,其他检查点为一般,无外观质量缺陷; ②贯通误差测量满足规范要求; ③一次验收合格率 100％
		防水工程	不合格点率≤3％,一次验收合格率 100％
	明挖法隧道	地基基础	①要求地连墙/桩基质量满足Ⅰ类桩标准数量≥95％,不允许出现Ⅲ类桩; ②一次验收通过验收率 100％
		地下防水	不合格点率≤3％,一次验收合格率 100％
		主体结构	①无渗漏、结构表面无湿渍; ②结构实体钢筋保护层厚度抽检合格率达到 90％及以上; ③尺寸抽检合格率达到 90％以上; ④外观质量 90％以上达到优良,其他检查点为一般,无外观质量缺陷; ⑤强度抽检合格率 100％; ⑥一次验收合格率 100％
	矿山法隧道 (含:联络通道及泵房)	土体加固	不合格点率≤3％,一次验收合格率 100％
		开挖及支护	不合格点率≤3％,一次验收合格率 100％
		主体结构	①无渗漏、结构表面无湿渍; ②结构实体钢筋保护层厚度抽检合格率达到 90％及以上; ③尺寸抽检合格率达到 90％以上; ④外观质量 90％以上达到优良,其他检查点为一般,无外观质量缺陷; ⑤强度抽检合格率 100％; ⑥一次验收合格率 100％
		防水工程	不合格点率≤3％,一次验收合格率 100％

17.2.2 质量管理原则

1. 以市场与用户为基点

工程质量是建筑产品使用价值的集中体现,用户最关心的就是工程质量的优劣。所以管理应与市场相衔接,以用户为关注焦点,围绕着甲方明示与潜在的需求,切实保证工程质量。

2. 以人为管理核心

满足发包人及用户以及法律法规、技术标准和产品的质量要求,是质量管理的目的。

能够满足上述需要的关键还是人，是工程项目质量管理团队的一个人或一组人。因此，应在管理中充分发挥人的积极性、创造性。提高工程质量依赖于上自项目经理下至一般员工的共同努力。所以，质量控制必须坚持"以人为控制核心"，做到人人关心质量控制，人人做好质量控制工作。

3. 缺陷预防为主

指事先分析影响产品质量的各种因素，找出主导因素，采取措施加以重点控制，使质量问题消灭在发生之前或萌芽状态，做到防患于未然。

4. 提升工程质量层次

质量标准是评价工程质量的尺度，数据是质量控制的基础。工程质量是否持续地复合质量要求，必须通过严格检查、测量加以控制。质量管理需与国家有关质量管理法律法规和标准要求相一致；围绕工程质量标准，建立项目质量管理制度，包括质量终身责任制，对项目负责人履行质量责任不到位的情况进行追究；制定项目质量管理评定考核制度，使工程质量不断提升到新的水平。

5. 持续不断的过程控制

过程指的是工程质量产生、形成和实现的过程。质量控制需要贯穿于项目全过程，把所有影响工程质量的环节和因素控制起来，有机地协调好各个过程的接口问题，坚持持续不断的改进和管理，使过程的质量风险降至最低。

6. 系统科学的质量导向

质量管理的导向不仅应坚持前瞻性、预防性和系统性，而且应通过对人员、机具、材料、方法、环境要素的全过程持续管理，确保工程质量满足质量标准和相关方要求。

17.2.3　质量管理体系

项目建立总承包项目部、工区项目部、班组三级质量责任制体系，明确质量管理人员岗位设置、职责分工、权限和地位。强化质量管理责任制，切实提高质量管控责任意识，突出质检工程师、测量队长、实验室主任对工程质量的监督管理作用，杜绝"差不多"思想，严禁以质量换效益。坚持项目经理作为质量第一责任人的原则；坚持项目总工程师行使质量否决权的原则；坚持项目生产副经理作为施工质量直接责任人的原则。

在总承包项目部工程技术部门指导下，各工区技术人员组织人员对各类施工工艺，结合现场施工实际特点，逐项分工序编制施工作业书，达到作业程序简明易懂，操作方法具体可行，施工过程有序可控，质量标准明确。同时确定各施工阶段的质量控制点，制定切实可行的质量管控措施及奖罚措施，逐级挂钩到相关部门、施工班组和作业人员。厦门地铁 2 号线二期工程土建施工总承包质量管理体系如图 17-1 所示。

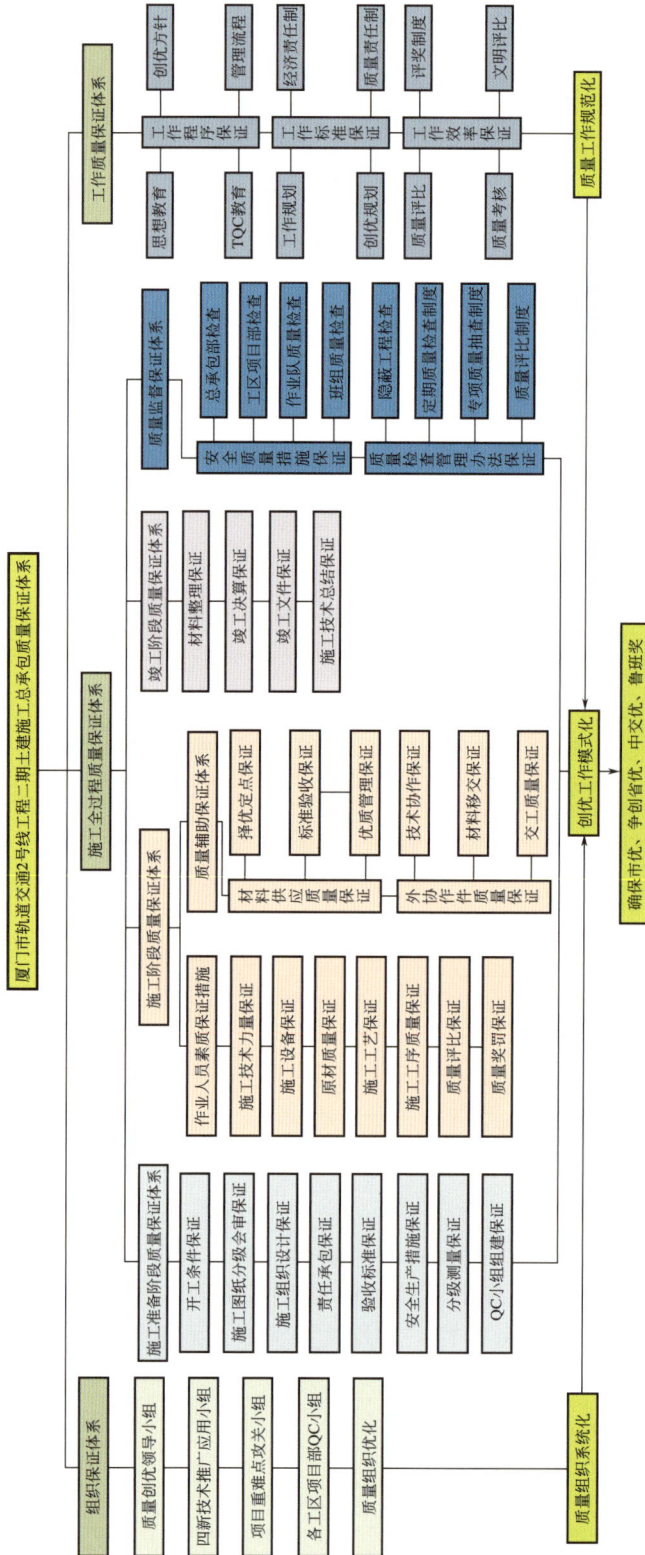

图 17-1　厦门市地铁 2 号线二期工程土建施工总承包质量管理体系

17.3　施工质量控制

17.3.1　施工准备阶段的质量控制

施工准备是为保证施工生产正常进行而必须事先做好的工作。施工准备工作不仅是在工程开工前要做好，而且贯穿于整个施工过程。施工准备的基本任务就是为施工项目建立一切必要的施工条件，确保施工生产顺利进行，确保工程质量符合要求。施工准备阶段的质量控制主要包括以下内容：

（1）施工技术资料、文件准备的质量控制

施工技术资料及文件主要包括勘察报告、施工组织设计、工程测量控制资料，以及国家及政府有关部门颁布的有关质量管理方面的法律法规性文件及质量验收标准。

（2）设计交底和图纸审核的质量控制

工程施工前，由设计组织向施工单位有关人员进行设计交底，交底后，由施工单位提出图纸中的问题和疑点，以及要解决的技术难题。经协商研究，拟定解决方法。

图纸审核是设计单位和施工单位进行质量控制的重要手段，也是使施工单位通过审查熟悉设计图纸，了解设计意图和关键部位的工程质量要求，发现和减少设计差错，保证工程质量的重要方法。

（3）分包队伍的选择

对各种分包服务选用的控制应根据其规模，对它控制的复杂程度区别对待分包合同，对分包服务进行动态控制。选择分包队伍着重考察分包方质量管理体系，评价其对按要求如期提供稳定质量的产品的保证能力。

（4）质量教育与培训

坚持"先培训，后从业"的原则，采取"传帮带"、"师带徒"等方式，让经验丰富的老员工带新员工，并加强职业道德规范和技能培训，培养一批业务素质高、有一定技术素养的专业技术员工；对特殊工序应明确规定特殊工序操作、检验人员应具备的专业知识和操作技能，考核合格者持证上岗，通过严格试行准入制度来达到筛选不合格施工人员的目的。

17.3.2　施工阶段的质量控制

1. 技术交底

单位工程开工前，由项目技术负责人组织全面的技术交底。各分项工程施工前，由各工区技术负责人向分包单位和配合工种进行交底，同时监督分包单位对班组和工种的交底活动。

2. 测量控制

测量控制除了包括对给定的原始基准点、基准线和参考标高等的测量控制点的复核，还包括施工测量控制网的复测。

3. 材料控制

材料控制包括：对供货方质量保证能力的评定；建立材料管理制度，减少材料损失、变质；采用质量抽样和检验方法，对进场的原材料、半成品、构配件和设备等进行检查验收，并对其进行标识、存放。

4. 机械设备控制

机械设备控制主要体现在：现场的施工机械合理配备、配套使用，以利于充分发挥机械的效能，获得较好的经济效益；贯彻人机固定原则，实行定机、定人、定岗位责任的"三定"制度；执行机械设备的例行保养和强制保养制度，提高设备运转的可靠性和安全性，减少零件的磨损，延长使用寿命，降低消耗，提高机械施工的经济效益。

5. 计量控制

计量控制包括：施工生产时的投料计量、施工生产过程中的监测计量和对项目、产品或过程的测试、检验、分析计量等。计量工作的主要任务是统一计量单位，组织量值传递，保证量值的统一。这些工作有利于控制施工生产工艺过程，促进施工生产技术的发展，提高工程项目的质量。

6. 工序控制

工序质量是指工序过程的质量，对于现场工人来说，工作质量通常表现为工序质量，一般地说，工序质量是指工序的成果符合设计、工艺（技术标准）要求的程度。人、机器、原材料、方法、环境等五种因素对工程质量有不同程度的直接影响。工序质量控制是为把工序质量的波动限制在要求的界限内所进行的质量控制活动。工序质量的波动一旦超出允许范围，立即对影响工序质量波动的因素进行分析，针对问题，采取必要的组织、技术措施，对工序进行有效的控制，使之保证在允许范围内。

本工程建立工序交接制度，使每道工序处于合规有效的状态。并坚持开展施工班组建立的以"工前教育、工中检查和工后评价"为主要内容的"三工"活动，提高质量管理的实际效果，防止质量问题重复发生。上道工序检验不合格、隐蔽工程未经验收，不得进入下道工序作业，确保各道工序的质量。对工序施工现场实行标示牌管理，标明责任人、作业内容、质量要求等，作业前进行核定，作业过程中进行严格监控，保证各工序的可溯源性。

总承包项目部针对一些常规施工工序的质量管理，借鉴国内品质工程优秀项目施工过程中应用成熟的各种工艺工法，依托在建项目针对性地制定操作指导手册、施工工序标准化手册、成品质量标准，将质量要求指标明确化，将管理流程固化，便于现场操作实施，有效指导现场施工和管理。

在质量管理上加大宣教力度，通过新媒体平台发布相关质量信息、工地现场制作质量标准化宣传图板等多重宣传手段，推进项目质量标准化建设；同时帮助工区项目部理清思路，明确质量标准化工作的步骤和重点，为质量标准化建设的顺利推进打下了坚实的思想基础。施工现场标准化图牌如图 17-2 所示。

过程中创建样板施工段，设立质量实体展示区（图 17-3（b）），如各个工点施工现场、管片厂生产车间统一布置，各种标识标牌、成品半成品堆放均做到整洁美观（图 17-3（c）、(d)），钢筋加工采用专业加工机械，精确定位，准确控制钢筋弯曲加工角度，做到规范化操作、精细化管理、定型化布置（图 17-3（e））。展示区以提高工人质量意识为目的，以点涉面，全面推广，严格按标准施作，并根据各项质量指标进行综合总结评价，对施工质量存在的不足之处分析原因、提出改进措施，指导后续施工，预防后续施工中可能产生的各种质量问题。

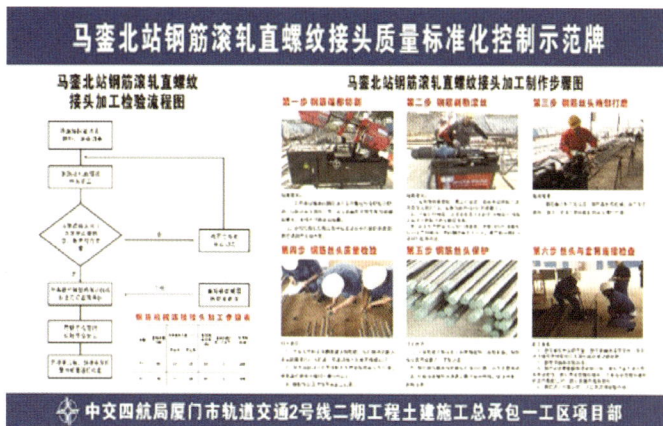

图 17-2 施工现场标准化示范牌

(a)质量实体展示区

(b)质量实体展示区

(c)成品半成品堆放标准化

图 17-3 标准工艺样板展示区（一）

(d)成品半成品堆放标准化

(e)钢筋加工标准化

(f)钢筋加工标准化

图 17-3　标准工艺样板展示区（二）

7. 特殊和关键过程控制

特殊过程是指施工过程或工序施工质量不能通过其后的检验和试验而得到验证，或者其验证的成本不经济的过程。如防水、焊接、混凝土浇筑等。关键过程是指严重影响施工质量的过程，如：吊装、混凝土搅拌、钢筋焊接、模板安拆等。特殊过程和关键过程是施工质量控制的重点，设置质量控制点就是要根据工程项目的特点，抓住这些影响工序施工质量的主要因素。

项目针对特殊和关键过程，制定质量控制要点清单，并要求关键管理人员重点部位、关键工序全过程参与，施工过程中严格要求，对不按预先制定的程序步骤施工的坚决返工，绝不允许隐患留到下道工序。施工原始记录资料由专人负责收集、整理，并采取挂牌验收，照片留存充分保障各个工序的可溯源性。

8. 工程变更控制

工程变更可能导致项目工期、成本或质量的改变。因此，必须对工程变更进行严格的管理和控制。主要考虑以下几个方面：

（1）管理和控制那些能够引起工程变更的因素和条件；

（2）分析和确认各方面提出的工程变更要求的合理性和可行性；

（3）当工程变更发生时，应对其进行管理和控制；

（4）分析工程变更而引起的风险；

（5）针对变更要求及时进行变更交底的策划。

9. 成品保护

加强成品保护要从两个方面着手，首先应加强教育，提高全体员工的成品保护意识；其次要合理安排施工顺序，采取有效的保护措施。具体采用以下措施：

（1）在编制作业计划时，既要考虑工期的需要，又要考虑相互交叉作业的工序之间不至于产生较大的干扰。合理安排工序，防止盲目施工和不合理的赶工期以及不采取成品保护措施造成相互损坏、反复污染的现象。

（2）成立项目成品保护小组，根据分部分项特点，建立相应的成品保护的技术措施。

（3）过程产品在检验前，由该工程的作业队伍负责人组织保护，并负责做好交接手续。

17.3.3 施工竣工验收阶段的质量控制

1. 施工质量验收规定

（1）工程施工质量验收的程序和组织应符合现行的相关工程施工质量验收标准的规定。

（2）检验批经自检合格后，报送监理单位，由监理工程师（建设单位项目技术负责人）组织施工项目专业质量（技术）负责人等进行验收，并按规定填写验收记录。

（3）基础、结构验收由项目总工程师（技术负责人）组织进行内部验收，预检合格后再由建设单位、设计单位、施工单位三方合验并办理签字后交质量监督部门核验，验收单由资料员归档，纳入竣工资料。

（4）工程完工后，正式竣工验收之前项目总工程师（技术负责人）组织相关人员进行项目自检，依照设计文件、验收标准、施工规范、合同规定，对竣工项目的工程数量、质量、竣工资料进行全面检验。

（5）工程项目经竣工自验、整改，达到验收条件后，由项目经理部向建设单位或接管单位报送竣工申请表，按照建设单位、接管单位设定的程序，参加工程项目竣工验收工作，并向接管单位提交达到档案验收标准的竣工文件（资料）。

2. 项目验收情况

项目自 2019 年 4 月 10 日至 2019 年 6 月 19 日，对区间、车站主体（子）单位工程组织开展预验收工作，并于 2019 年 7 月 17 日正式通过验收；自 2019 年 8 月 16 日至 2019 年 8 月 26 日，对区间、车站附属子单位工程组织开展预验收工作，并于 2019 年 9 月 5 日正式通过验收。

本项目的全部单位工程均验收合格；在施工过程中未发生质量事故。车站工程主体结构观感质量较好，墙体、板面较平整、光滑，梁柱结构棱角分明，线条顺直，外表较光滑，混凝土质量无明显缺陷，色泽均匀，预留孔洞、预埋件施工质量合格，结构防水效果理想，实体观感及防水观感质量好，质量评价结果好，见图 17-4（a）、（b）；暗挖区间二衬混凝土表面平整度良好，净空尺寸不少于设计断面尺寸，混凝土表面裂缝少，蜂窝麻面数量少，防水效果良好，见图 17-4（c）；盾构隧道管片表面光泽、净空尺寸、管片接缝、裂缝、蜂窝麻面、结构防水效果等质量好，观感质量合格，见图 17-4（d）。总体来说，本工程混凝土工程质量评价为好，观感质量验收合格。

(a)明挖区间效果

(b)车站效果

(c)矿山法隧道效果

(d)盾构隧道效果

图 17-4　混凝土工程质量

3. 施工技术资料的整理

技术资料特别是永久性技术资料，是施工项目进行竣工验收的主要依据，也是项目施工情况的重要记录，亦是申报优质工程的重要依据，所以，本项目技术资料的整理不仅要符合有关规定及规范的要求，做到准确、齐全，同时为了创优质工程奖，资料制作的标准高于目前的一般标准，详见第 14.5 节。

17.4　动态的质量管理

17.4.1　施工过程的监视

项目实施过程的有效性主要取决于过程能力的质量。总承包项目部及各工区项目通过日常检查、专项检查、考核评价、内部审核等方法对施工过程进行严格监视，以利于及时采用有效措施予以纠正，确保过程能力符合质量目标的要求。

1. 质量检查

在施工过程中坚持检查上道工序、保障本道工序、服务下道工序，做好自检、互检、交接检；遵循作业队伍自检、总包复检、监理验收的三级检查制度；严格工序管理，认真做好隐蔽工程的检测和记录。

2. 质量考核与奖惩制度

制定《作业队伍质量管理规定》，在作业队伍进场时就向其宣讲交底，使项目对作业队伍的质量管理规范化、程序化，避免野蛮施工。实行质量及施工进度目标奖罚制度，对分包单位的各个重点节点、阶段及整体的质量及进度目标的完成情况进行检查和考核，并根据合同约定和本项目相关制度进行奖罚。

17.4.2 不合格品的控制

不合格品主要指为满足要求的产品。对不合格品的控制主要包括质量通病防控和缺陷处理。

1. 质量通病防控

项目针对实体工程存在的质量问题和质量缺陷进行研究，就常见的质量问题从人员、机械、材料、方法和环境等方面进行原因分析，并从管理制度、管理手段、技术方案等方面提出了预防和控制方法。

对车站围护结构施工质量、注浆止水（补强）施工质量、防水卷材施工质量、矿山法隧道初支施工质量、盾构同步注浆质量以及混凝土质量、耐久性等重点环节进行质量控制，深入开展质量通病治理，鼓励各项目通过委托第三方检测单位设立现场质检室，对原材料及配合比进行控制，并通过取芯试验、实体无损检测等手段不定期测定现场成品质量，增加现场质量跟踪监测及对比试验，将质量通病的发生可能性降至最低，减少工程质量问题所产生的成本。

加大质量责任事故的问责处罚力度，持续改进质量通病的预防措施和手段，切实提高工程质量。强调加强过程控制，对于达不到质量要求的施工工艺必须进行改进，努力将质量通病消灭在萌芽状态。

2. 质量缺陷治理

对于缺陷的治理，总承包项目部要求各工区及时成立缺陷整治工作小组，专人负责，责任到人；对存在的质量缺陷进行详细排查登记，内容包括：缺陷编号、缺陷部位、缺陷类型、缺陷描述。同时收集缺陷彩色影像资料，其中缺陷彩色影像资料清晰，缺陷编号可识别，做到资料的可溯源性。委托经审批后有资质的专业缺陷修复单位编写专项修复方案，并组织专家对修复方案进行论证，再开展相关缺陷修复工作。

修补过程要求工区责任人员做好现场旁站工作，均需留存相关过程影像资料，确保专业缺陷修复单位严格按照已批复方案进行修复，修复完毕后通知监理单位进行修复质量验收工作，并按建设单位所要求的格式形成验收记录表，记录表包含修补前、中、后彩色影像资料及质量评定，充分确保缺陷整治工作的规范化作业，使缺陷整治结果满足结构的使用性、安全性和耐久性。

17.5　本章总结

质量管理总结如下：

（1）本工程制定了质量管理原则为：以市场与用户为基点、以人为管理核心、缺陷预防为主、提升工程质量层次、持续不断的过程控制、系统科学的质量导向。

（2）在质量保证体系方面，建立总承包项目部、工区项目部、班组三级质量责任制体系，并完善质量管理制度，在管理体系和制度上保证质量可控。

（3）在施工准备阶段的质量控制，重点做好：施工技术资料、文件准备的质量控制、设计交底和图纸审核的质量控制、分包队伍的选择、质量教育与培训。在施工阶段的质量控制，重点做好：技术交底、测量控制、材料及机械设备控制、计量控制、工序控制、特殊和关键过程控制、工程变更控制、成品保护；在竣工验收阶段的质量控制，重点做好：施工质量验收和技术资料的整理归档。

（4）本工程对不合格品的控制主要包括质量通病防控和缺陷处理，建立了完善的制度确保质量通病得到控制，并对质量缺陷进行有效处理。

（5）总承包项目部及各工区项目通过日常检查、专项检查、考核评价、内部审核等方法对施工过程进行严格的监视，以利于及时采用有效措施予以纠正，确保过程能力符合质量目标的要求。

第18章 进度管理

18.1 引言

18.1.1 进度管理概述

"进度"指活动顺序、活动之间的相互关系、活动持续时间和活动的总时间。根据《建设工程项目管理规范》（GB/T 50326-2017）中对"进度管理"的定义是指"为实现项目的进度目标而进行的计划、组织、指挥、协调和控制等活动"。进度管理需要建立管理体系，明确进度管理程序，规定进度管理职责及工作要求。进度管理一般按 PDCA 管理循环过程来执行，即编制计划（Plan）、执行计划（Do）、检查（Check）、比较分析、确定调整措施处理（Action），通过 PDCA 循环，可不断提高进度管理水平，确保最终目标实现。

与其他工程相比，地铁工程的进度管理具有更大的难度，主要表现在：

（1）地铁工程环境复杂

地铁工程施工环境可以分为内部环境及外部环境。内部环境指工程的水文、地质环境；外部环境更为广泛，指工程周边的施工环境、项目的资金到位情况、政治氛围对工程的影响等。其中工程周边的施工环境，如市政管线、邻近建筑物、江河湖海等水体，这些因素都对进度管理造成很大的影响。

（2）工期任务紧，里程碑目标不能突破

地铁项目一般都有严格的节点工期，工程的重大节点工期及计划都会对全社会公布，群众的关注度都相对较高，因此工期变动的可能性就会非常小，相应的对于进度管理也提出了更高的要求。

（3）工程技术难点多，工序多，逻辑关系复杂

地铁工程技术难点多，从围护结构施工开始，包含了几乎所有基础工程和结构工程的内容。各专业施工项目之间都相互联系、相互影响、相互制约。整个项目的分项工程之间有着紧密的紧前紧后关系，每个分项工程又是由多道紧密联系的工序组成，它们之间的逻辑关系也错综复杂，系统性较强。在地铁工程建设全面铺开、各专业施工全面进场时，各专业项目的同步施工必然会产生交叉和干扰，这是项目接口的主要问题，也是影响进度的重要因素。

（4）以线为单位，工程计划需要统筹全局

地铁项目是以线为单位的，每个地铁站只不过是这条线上的节点之一。一条线上不同站的施工进度往往是不一样的，由于项目管理者会考虑整条线的进度安排，就需要以统筹兼顾的思维去进行每个节点的进度管理。

（5）外围协调量大，项目前期工作是较大的制约因素

地铁的车站基坑、竖井等工程，往往需要进行征地或绿化迁移、管线迁改、交通导

改，因此将产生大量的协调工作量，这些工作往往成为影响进度的制约因素之一。

18.1.2 本章主要内容

本章根据地铁工程特点，分析在厦门地区影响地铁进度的影响因素，制定相应的进度管理办法，论述进度计划、进度控制措施及进度保障措施。在进度计划方面，主要介绍进度计划的分类、编制依据、编制内容及审核流程；在进度控制方面，主要从组织、技术、合同和经济等方面的保障措施展开，同时还介绍项目在受重大活动、台风暴雨季节、高温季节等特殊条件下时施工进度保障措施。

18.2 施工进度计划

18.2.1 施工进度计划的分类

施工进度计划包括控制性进度计划和作业性进度计划。

（1）控制性进度计划：包括整个项目的总进度计划、里程碑计划、关键节点计划。上述各项计划依次细化且被上层计划所控制。其作用是对进度目标进行论证、分解，作为编制实施性进度计划和其他各种计划以及动态控制的依据。

（2）作业性进度计划：包括年作业计划、季度作业计划和月（周）作业计划。作业性进度计划是项目作业的依据，确定具体的作业安排和相应对象或时段的资源需求。各工区项目部根据总承包项目部确定的控制性进度计划，编制项目的作业性进度计划。

18.2.2 施工进度计划的编制依据

施工进度计划的编制依据如下：

（1）合同文件和相关要求。合同文件要求指总承包合同中关于工期的要求；相关要求指建设单位、中交集团下达的指令性计划指标或指导性计划要求。

（2）资源条件、内部和外部约束条件，如：①水文地质、影响施工的周边环境及下穿建（构）筑物；②钢筋、水泥、砂、石子等材料的产销状况；③台风、暴雨、高温季节性气候影响；④重大政治活动工期影响；⑤进场交通和交地条件；⑥水、电供应及网络通信条件；⑦施工队伍的施工经验、管理水平、大型设备购置能力及资源供应能力等条件。

18.2.3 施工进度计划的编制内容

进度计划可采用里程碑表、工作量表、横道计划、网络计划等方法编制。进度计划的编制内容包括以下部分：

（1）编制说明，包括进度计划关键目标的说明，实施中的关键点和难点，保证条件的重点，要采取的主要措施等；

（2）进度计划表，这是最主要的内容，包括分解的计划子项名称（如作业计划的分项工程或工序）、进度目标或进度图等；

（3）资源需求计划，包括实现进度表的进度安排所需要的资源保证计划。

18.2.4 施工进度计划的审核

总承包项目部规定各工区项目部每个月的进度计划报送时间，并对进度计划进行审核。进度确定后，原则上不再调整，如遇特殊情况确需调整时，须由工区项目经理写出书面报告，说明原因，报总承包项目部工程部审核，主管生产副经理审批后方可进行调整。

18.3 施工进度控制

18.3.1 进度的协调与管理

进度的协调管理是指项目实施过程中，为了使工程减少对实际进度与计划进度要求相一致，以使工程项目能够按照预定的时间完成交付使用开展的协调管理活动。需要进行协调与管理的活动包括：

(1) 与建设单位有关的协调，包括：项目范围的变化，工程款支付，建设单位提供的材料、设备，征地或管线迁改，其他外部环境的协调。

(2) 与设计单位有关的协调，包括：设计文件的交付，设计文件的可施工性，设计交底与图纸会审，设计变更。

(3) 与各工区项目部、分包商的协调与管理，包括合格分包商的选择与确定；总承包项目部每月召集各工区项目部人员召开进度推进会；各工区项目部每月召集各班组召开进度推进会。

(4) 与供应商有关的采购协调，包括：材料认样和设备选型，材料与设备验收。

在协调管理过程中，进度工作界面的协调过程充满各种不确定性，项目部应确保进度工作界面的合理衔接的基础上，使协调管理工作符合提高效率和效益的需求。

18.3.2 进度的检查与对比

在进度的控制中，需要实施跟踪检查，进行数据记录与统计分析；然后将实际数据与计划目标对照，分析计划执行情况。将项目的实际进度与计划进度进行对比，分析进度计划的执行情况，确定各项工作、阶段目标以及整个项目的完成程度，结合工期、生产成果的数量和质量、劳动效率、资源消耗、预算等指标，综合评价项目进度状况，并判断是否产生偏差。常用的进度比较分析方法可以采用横道图、S曲线、香蕉曲线、实际进度前锋线和列表比较法。

18.3.3 正常条件下进度的控制措施

为确保总工期和阶段目标的实现，构建工期保证体系如图 18-1 所示。总承包项目部总经理任组长，总承包项目部总工程师、副总经理、安全总监、总经济师任副组长。通过组织措施、管理措施、技术措施、经济措施等手段进行全程管控，确保项目实施过程中各项节点目标的实现，做到以小目标的实现保证大目标的实现。

18.3.3.1 组织措施

总承包项目部是项目进度管理的责任主体，负责协调解决项目部内外部影响施工进度的问题。为了确保工期的顺利实施，总承包项目部建立健全项目管理的组织体系，如图

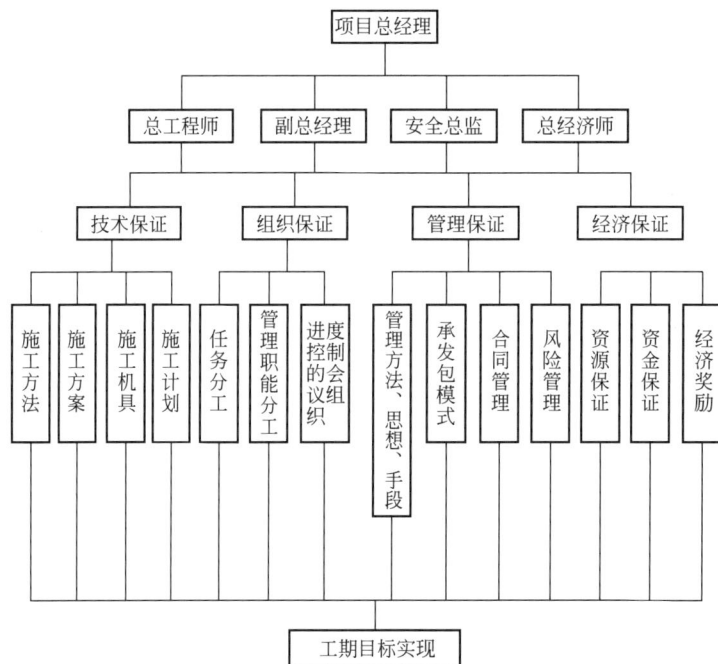

图 18-1　工期保证体系框图

18-1所示，同时确定项目进度控制的工作流程。此外，项目采用会议协调、进度考核及劳动竞赛等手段保证进度得到良好的控制。具体如下：

1. 会议协调

各工区项目部于每月21日前由工区项目经理主持，召集总工、生产副经理、工程部长、计划编制人员、物资、机电、财务、安质、试验、调度等相关人员召开计划专题会，总结上期计划执行情况及制定下期施工生产计划。

总承包项目部每月25日由项目总经理主持召开计划专题会，总承包项目部生产副经理、总工程师、副总工程师、工程管理部部长、物资设备部部长、安质环部部长以及工程、物设、安质等生产要素部门的副职及相关计划管理人员参加，并召集各工区项目经理、书记、生产副经理及相关生产计划、经营人员参会，总结上期计划完成情况，对各项目分部上报计划进行研究分析、调整完善，制定下期施工生产计划。会后，于每月25日将施工生产计划报主管生产的副经理审核，审核通过后报总经理确认签发。

2. 进度考核

总承包项目部执行《中国交建厦门市轨道交通2号线二期工程进度考核管理办法》（中国交建厦工〔2016〕98号）以及半年一次的信用评价考核制度，每月度、季度、半年、全年，总承包项目部对各工区进度进行专项考核，对施工节点完成情况及产值完成情况与计划进行逐条比对，并通过经济奖罚及通报表扬或批评的方式提高工区分管领导工作积极性及责任心。针对滞后现象，总承包项目部邀请专家、三级或二级公司主要领导分析施工工效，必要时由三级或二级公司分管领导驻场，协调施工资源调配、资源投入事宜，为有效开展项目建设、如期完成节点目标起到了推动作用。

3. 劳动竞赛

总承包项目部在厦门轨道"六比一创"的基础上，开展了百日"六比促生产，争创新业绩"大干劳动竞赛，紧密围绕三个工区可施工工程，强化管理控制体系和树立"安全、优质、快速、有序"的建设目标，掀起中国交建厦门市轨道交通 2 号线二期土建施工高潮，确保实现年度产值目标。

18.3.3.2　技术措施

技术措施是通过科学严谨的分析，结合现场实际及企业自身情况，合理制定施工技术方案，采用最适合的施工工艺及方法。合理安排施工部署及各项工作的逻辑关系，合理配置劳动力和施工机械，减少交叉施工的相互影响，避免出现窝工、返工，做到紧凑连续进行，从而保证项目工序的持续时间科学合理，从技术上保证进度目标的实现。具体包括：

1. 合理进行施工平面布置

施工平面布置应严格控制在建筑红线之内；平面布置要紧凑合理，尽量减少施工用地；尽量利用原有建筑物或构筑物；合理组织运输，保证现场运输道路畅通，尽量减少二次搬运；在平面交通上，要尽量避免各专业施工相互干扰；现场布置有利于各子项目施工作业；考虑施工场地状况及场地主要出入口交通状况。

2. 精心编制施工方案

提前做好各分项工程的施工方案与材料试验，及时申报开工。在难点工程施工时，精心编制施工方案，采用稳妥施工方法，并经专家组审定，确保其科学、合理、可行，防止影响施工进度。

3. 广泛推进新技术及技术创新

采用新技术，在关键工序采用施工效率高的机械。对影响施工进度的施工技术难题，开展 QC 小组活动，组织攻关，充分听取各方面的合理化建议，加快施工进度。

4. 利用信息化管理手段进行动态控制

采用网络计划技术及工程管理系统的信息化技术辅助进度控制，实施项目进度的动态控制，工程管理系统界面如图 18-2 所示。

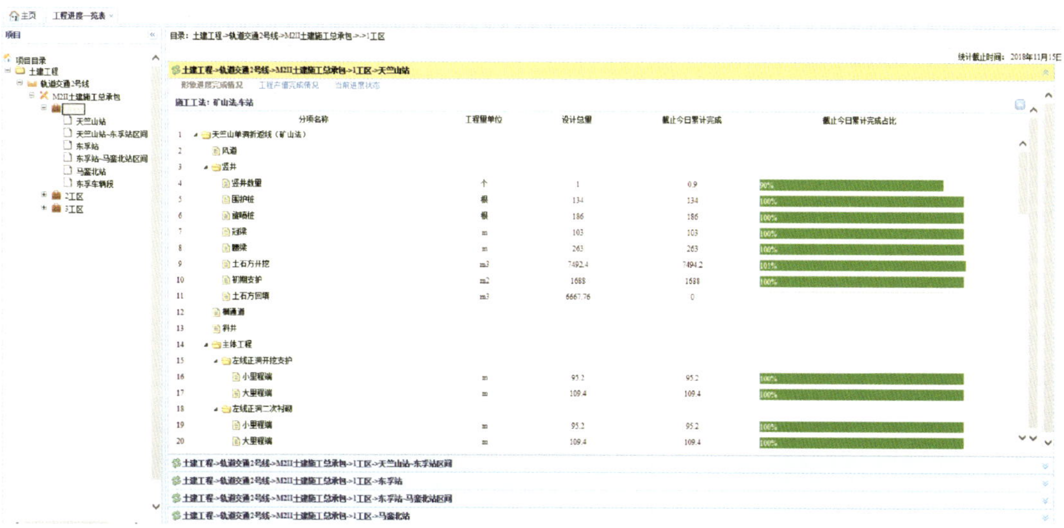

图 18-2　工程管理系统在施工进度管理中的应用

18.3.3.3 合同措施

合同管理是通过合同形式对工期进度进行控制，与分包单位签订合同时，在合同条款中明确要求工期计划、供货时间等，同时明确工期进度索赔条款等相关内容，通过合同约定的方式，约束对方按计划履约，确保工期进度的实现。在过程管控中，还可通过签订月、旬进度协议等方式，激励机制作为杠杆，确保关键工序、关键环节在规定时间内，甚至提前得到突破。

18.3.3.4 经济措施

总承包项目部编制了与进度计划相适应的资源需求计划（资源进度计划），包括资金需求计划和其他资源（人力和物力资源）需求计划，为实现进度目标采取经济激励措施对施工管理人员、施工班组进行刺激和奖励。具体包括：

（1）根据工程进度计划，统筹合理安排资金使用，确保现金流与计划的协调一致，保证项目资金的稳定供给，为工期履约提供资金保障。

（2）开展竞赛考核工作，按时组织季度、年度生产计划和重要里程碑目标考核，重奖重罚，通过计划的实施效果与经济责任制挂钩，充分调动各工区生产积极性。

（3）在各级管理人员中实行工期履约风险抵押金制度，针对各专业化队伍实行履约保证金制度，采取奖罚等激励措施，确保工期目标实现。

18.3.4 特殊条件下进度的控制措施

18.3.4.1 受重大活动影响的进度控制措施

厦门市是国家经济特区，为海峡两岸重要的对外口岸，政治、经济等国家或政府重大活动较多，为确保重大活动的正常进行和工程工期的顺利实现，制定措施如下：

（1）重大活动举办期间，积极配合厦门市、甲方的有关要求，按照政府有关规定组织施工；

（2）重大活动期间，组织专人进行不断的场内外清理、整理工作，保持施工现场内外环境的整洁有序；

（3）配合市政府有关要求，进出工地重载车辆和材料运输车辆一律安排在晚上进行，防止对工程附近交通造成影响；车辆进出工地必须认真检查、冲洗，防止污染道路；并对车辆的装载情况进行检查，防止超载和影响市容的情况发生；

（4）合理组织施工，尽量避免在重大活动举办期间进行危险性较大工程的施工，正在施工的要采取必要的管理、技术措施确保施工安全；

（5）为满足工期要求，在重大活动举办前后，在保证安全、质量的前提下组织适当的抢工工作，挽回进度损失。

18.3.4.2 受台风暴雨季节影响的进度控制措施

厦门地区属南亚热带海洋性季风气候，台风、暴雨等灾害性天气较多。雨季集中在4～8月，每年7～10月为台风季节，年平均年降水量为1183.4mm。

（1）项目部、各工区成立相应机构并有专人负责和当地气象部门密切联系，随时掌握当地气象情况，早日预测极端恶劣天气，做好应对措施，以确保工程顺利施工。

（2）开工前编制好防汛、防台风应急预案。项目部成立领导小组，并成立应急抢险工区，各土建工区成立抢险小组，准备好足够的抢险物资（如发电机、编织袋、水泵等），并做好相应演练。项目部定期或不定期地对各工区进行防汛、防台风的专项检查。

（3）各工区根据所负责工程的特点，做好场地内排水防汛措施，杜绝雨水流入基坑（隧道）。对正在开挖的基坑土体做好覆盖，做好其他需保护的工程项目覆盖。

（4）提前做好围挡、房屋等加固措施。在台风来临时采取停工、专项检查、领导值班巡守等方式确保人员、物资、设备、工程安全。

（5）根据不同的工序，提前做好相应施工物资的准备工作。

（6）部分车站顶部回填时处于雨季，采取设排水沟等方式防止已填好路基积水并对回填料覆盖。

18.3.4.3　受高温季节影响的进度控制措施

（1）认真落实防暑降温责任制

各工区要认真贯彻落实工地防暑降温工作，切实加强对防暑降温工作的组织领导，完善、落实责任制，制定应急预案，狠抓防范措施落实，防止因高温天气引发的工人中暑和各类生产安全事故。

（2）合理安排作息时间

各工区密切关注有关高温天气的气象预报，适当调整夏季高温作业劳动和休息制度，减轻劳动强度，严格控制室外作业时间，避免高温时段作业，气温超过 37℃，严禁 12：00 至 16：00 进行室外作业。加强工作中的轮换休息。调整劳动组织，缩短一次连续作业时间，加强工作中的轮换休息。

（3）保证现场饮水供应充足

现场应供给足够的符合卫生要求的饮用水、饮料、茶及各种汤类等，有效地防暑降温，避免发生中暑事件。

（4）落实防暑降温物品

加强对防暑降温知识的宣传，要求施工人员随身携带防暑药物，如：正气水、清凉油、风油精等，落实每一位工人的防暑降温物品。

（5）积极改善建筑工地生产生活环境

要认真落实建筑施工现场管理规定，积极采取措施，加强通风降温，确保施工人员宿舍、食堂、厕所、淋浴间等临时设施满足防暑降温需要，建筑工地施工现场的宿舍和食堂必须安装电扇，有条件的单位，应在宿舍安装空调，保证工人休息质量，提高工人工作效率。

（6）切实做好卫生防疫工作

要切实做好施工现场及生活区的卫生防疫工作，加强对饮用水、食品的卫生管理，严格执行食品卫生制度，避免食品变质引发中毒事件；加强对夏季易发疾病的监控，现场作业人员发生法定传染病、食物中毒时，应及时向有关主管部门报告。

（7）做好夏季防火工作

针对夏季炎热、天气干燥，火灾事故易于发生的实际情况，进一步加强预防火灾措施，对配电房、仓库、油漆房等易燃场所进行定期检查，发现问题立即处理，同时按规定配备灭火器材。

18.4 本章总结

进度管理总结如下：

（1）进度的协调管理主要包括与建设单位有关的协调；与设计单位有关的协调；与各工区项目部、分包商的协调与管理；与供应商有关的采购协调。在协调管理过程中，进度工作界面的协调过程充满各种不确定性，项目部应在确保进度工作界面合理衔接的基础上，使协调管理工作符合提高效率和效益的需求。

（2）在进度的控制中，需要实施跟踪检查，进行数据记录与统计分析；然后将实际数据与计划目标对照，分析计划执行情况。常用的进度比较分析方法可以采用横道图、S 曲线、香蕉曲线、实际进度前锋线和列表比较法。

（3）正常条件下进度的控制措施包括组织措施、技术措施、合同措施、经济措施等。

（4）在重大活动期间，配合市政府有关要求合理组织施工，尽量避免在此期间进行危险性较大工程的施工，防止对工程附近交通造成影响，在重大活动举办前后，组织适当的抢工工作，挽回进度损失；当遇到台风暴雨季节时，立即成立领导小组和应急抢险工区，准备足够的抢险物资，提前做好围挡、房屋等加固措施；当遇到高温季节，认真落实防暑降温责任制，合理安排作息时间，保证现场饮水供应充足，落实防暑降温物品，积极改善建筑工地生产生活环境，切实做好卫生防疫工作和夏季防火工作。

第 19 章 成 本 管 理

19.1 引言

19.1.1 成本管理概述

项目成本管理是承包人为项目成本控制在计划目标之内所做的预测、计划、控制、调整、核算、分析和考核等管理工作。项目成本管理就是要确保在批准的预算内完成项目,具体项目要依靠制定成本管理计划、成本估算、成本预算、成本控制四个过程来完成。施工企业的项目成本管理,是企业生存和发展的基础和核心。因此,为提高企业的竞争力,需要做好项目成本管理工作。

随着地铁在各大城市的大规模建设,大型施工企业积极投身其中,使地铁工程市场竞争日趋激烈。地铁施工项目是一项投资大、耗时长的专业复杂系统工程,虽然这些年在地铁建设中采用了新的技术,使得造价成本降低了约 20%,但我国的地铁工程成本仍旧很高。按常理,国内建材和人力价格均低于国外发达国家,地铁建设成本理应更低,但实际上我国地铁工程的施工成本比许多国家和地区都要高,各地地铁建设投资成本对比见表 19-1。

国内外地铁工程成本对比 表 19-1

地铁项目	长度(公里)	总投资(亿元)	每公里成本(亿元/公里)
广州地铁 1 号线	18.48	122.0	6.60
广州地铁 2 号线	23.32	113.0	4.85
北京地铁 8 号线	13.50	75.7	5.61
北京地铁 5 号线	27.60	120.0	4.35
南京地铁 1 号线	21.72	85.0	3.92
首尔地铁 3 号线	26.10	75.7	2.9
新加坡城市轨道	77.00	255.6	3.32
墨西哥 B 线地铁	23.70	58.3	2.46

究其原因,我国地铁施工管理中,存在重施工质量和进度管理、轻成本管理的情况。成本控制大多采用传统的财务核算法,很少采用价值工程等先进的管理方法。虽然目前有不少公司积极研究成本控制的有效方法,但总体而言,我国建筑施工企业推行的成本控制仍处于起步阶段,在施工项目成本管理的方法上还很不完善,主要表现为:①成本控制的手段单一,缺乏项目全生命周期的成本管理系统;②地铁施工项目的定额数据的准确度不高,实际成本远高于计划成本;③使用静态方式进行成本控制,没有制定动态控制机制;

④对成本实际数据的控制不够精准、及时，处理手段相对落后；⑤成本数据采集不全，原始成本资料不完备。近些年，虽然很多施工单位积极制定各种控制措施，在一定程度上改善了效益长期下降的局面，但取得的成效依然微乎其微，甚至还存在成本失控、信息造假等问题。

陈庆章等（2018）基于初始影响因素制作调查问卷，分别发放于长沙地铁 4 号线工程各项目部和北京地铁 6 号线各项目部；同时，邀请 20 多位专家进行访谈，确定最终的影响地铁工程成本费用关键因素，最终确定出影响地铁工程成本费用的主要因素有管理（目标、组织、资源）、技术（方案优化、新技术、施工水平）和环境（项目特点、市场环境、宏观政策、实施条件）等 10 个关键因素。通过影响因素与管控效果之间作用关系分析，探索地铁工程施工成本费用管控的内部机理，揭示该系统结构中各因素的内部工作方式及作用路径。基于此，构建了地铁施工成本费用作用机理概念模型，如图 19-1 所示。经过实证研究，证明地铁工程成本费用管控过程中，管理因素、技术因素及环境因素对成本费用管控效果的内部作用，揭示了管理、技术及环境等因素对成本费用管控产生显著影响及不同作用程度：管理因素中组织因素是核心的推动要素，系数为 0.91；技术因素中施工水平是关键支撑因素，系数为 0.92；环境因素中宏观政策与项目特点是综合性客观基础和条件，系数均为 0.90。

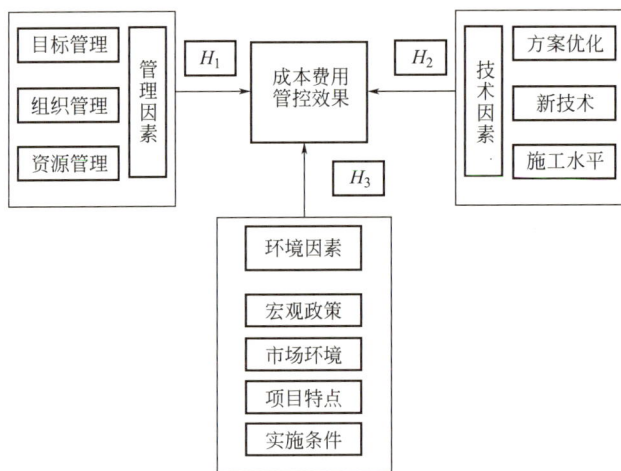

图 19-1　地铁工程施工成本费用作用机理概念模型

综上所述，地铁施工已经进入了微利时代，亏损项目比比皆是，施工成本费用管控逐渐引起施工单位的高度重视，关乎企业的生存与发展。深入探索地铁施工过程中影响成本费用的因素，进一步揭示地铁工程施工成本费用作用机理，研究各种降低成本的管理方法，提高地铁施工成本的管控效果，对促进企业持续发展具有显著意义。

19.1.2　本章主要内容

本章主要从成本计划、成本控制、成本核算、成本分析和成本考核五个方面来介绍本项目在成本管理方面的经验。在成本计划方面，介绍成本计划的编制以及成本计划的实施；在成本控制方面，介绍成本控制的要素及控制程序；在成本核算方面，介绍核算内容及核算方法；在成本分析方面，介绍分析方法及处理；在成本考核方面，介绍考核的原则及方法。

19.2　成本计划

19.2.1　成本计划的编制

成本计划包括从开工到竣工所需要的施工成本。成本计划是目标成本的一种形式。它是建立工程成本管理责任制、开展成本控制和核算的基础。

19.2.1.1　标后预算的编制

所谓"标后预算"是相对投标时的施工预算而言，标后预算是中标后根据项目的前期策划、现场的实际条件、企业内部定额以及当地平均的劳务、机械、材料价格，相对于投标时条件发生变化而测算出一种成本，即标后预算成本。标后预算成本不是项目真正成本，是反映企业内部成本控制的一般平均先进水平，是企业内部成本控制的目标责任成本，是工区项目部对企业成本控制线的责任承诺，是项目切块包干、签订项目经营承包责任书的依据，同时也保证了各项目间的相对公平，有利于调动各工区项目部的积极性，促使其优化施工方案节约各种资源，降低各种成本。

1. 编制程序

根据中交集团有关标后预算的文件要求，由总承包项目部的计划合同部牵头，相关各部门和各工区项目部共同参与编制。首先，由各工区项目部根据各项目的现场具体情况、前期策划、当地平均价格以及各自的管理水平和模式进行编制，由工区项目部领导审核后上报总承包项目部。总承包项目部根据各工区项目部上报的标后预算进行审核，审核没问题后，由总承包项目部进行计算和汇总，编制总体标后预算，经项目总经理审核后上报中交集团主管部门审批。标后预算经集团审批后，作为总承包项目部成本控制的目标责任成本。

2. 编制依据

标后预算编制依据有：合同协议书，合同条款，合同附件，招投标文件，实施性施工组织设计、专项施工方案等技术标准及文件，图纸，定额，价目表，计费依据，国家、省级有关政策性文件，经批复的初步设计概算、经审计的施工图预算，现场调查资料（包括市场分包价格、材料采购及租赁价格、机械租赁价格等），其他相关资料等。

3. 标后预算费用组成

标后预算费用组成包括直接工程费、措施费、规费、企业（本级）管理费、预计其他费用、税金。

（1）直接工程费：施工过程中消耗的构成工程实体的各项费用，包括人工费、材料费、施工机械使用费。

（2）措施费：根据施工图、施工方案测算发生费用。

（3）规费：安全文明施工费、工程排污费、住房公积金、危险作业意外伤害保险、社会保障费。

（4）企业（本级）管理费：总承包项目部和各工区管理费用。

（5）预计其他费用：包括材料调差、变更等。

（6）税金。

4. 标后预算成果

标后预算编制完成后，形成报告装订成册：①封面；②编制说明；③标后预算汇总表；④标后预算工程量清单对比表；⑤标后预算单价分析表；⑥标后预算混凝土单价计算表；⑦标后预算分包单价表；⑧标后预算主要材料价格表；⑨标后预算临时道路费用明细表；⑩标后预算临时占地费用明细表；⑪标后预算临时供电设施费用明细表；⑫标后预算周转材料摊销费用表；⑬根据标后预算需要、结合工程特点相应增加其他费用表。

19.2.1.2　施工预算的编制

施工预算是根据项目实施性施工组织设计，综合考虑劳务队伍数量、单价、投入机械设备的数量，是自有机械还是租赁机械，以及材料的数量、单价，周转材料的投入等因素而测算出一种成本，即施工预算成本。施工预算成本是项目真实成本的反映，是项目成本计划和控制的重要依据，是可调整的成本，可根据项目进展情况以及成本实际发生情况不断修正施工预算成本，是一个动态管理的过程。施工预算成本一般要低于标后预算成本，如高于标后预算成本必须进行详细说明并制定降本增效的措施。

首先，各工区项目部联合监理、设计院对图纸进行会审审核，组织设计答疑等工作，纠正施工图错误，确定项目实际工程数量。

其次，各工区项目部根据自身施工段落特点，以及各自承担的施工任务，编制实施性施工组织设计。施工组织设计要充分考虑各个项目的场站位置，并做出多种场站临建方案，进行经济比选，选择最优施工方案。

再次，根据项目的实施性施工组织设计，以及当地材料、机械、劳务价格水平详细编制项目施工预算。施工预算包括工程量清单的工程量复核、各种主要材料总用量计算复核、周转材料投入、机械设备租赁或调用、劳务单价边界条件等内容；同时还要对小型机械、零星材料等，是否包含在劳务单价内进行详细说明；对周转材料和机械设备数量、单价、型号投入要进行详细说明，并按清单服务对象进行成本分摊；对应的材料也要按清单对象进行归集。

最后，根据施工预算，制定各项目成本控制的总体计划，同时根据项目总体施工计划把成本控制计划分解到各月，根据施工进展情况，对施工预算和成本计划进行动态调整，实行动态管理。

19.2.2　成本计划的实施

项目成本计划的实施是保障项目完成目标成本的重要环节，总承包项目部以完成计划成本目标与各工区项目部，以及相关岗位人员签订成本控制协议书，这样既可以最大限度调动员工的积极性，又可以依据计划成本完成情况作为员工绩效考核的依据。

19.3　成本控制

工程成本控制是指项目在施工过程中，对影响工程成本的各种要素加强管理，并采取各种有效措施，将施工中实际发生的各种消耗和支出严格控制在成本计划范围内，随时揭示并及时反馈，严格审查各项费用是否符合标准，计算实际成本和计划成本之间的差异并进行分析，消除施工中的损失浪费现象，发现和总结先进经验。通过成本控制，使之最终实现甚至超过预期的成本目标。工程成本控制应贯穿在施工项目从招投标阶段开始直至项目竣工验收的全过程，它是企业工程成本管理的重要环节。

19.3.1　成本控制的要素

19.3.1.1　劳务分包的成本控制

单价的控制：对劳务分包的单价组成方式进行审核，并与总承包项目部的限价进行对比，允许在工序分包单价上下有波动，但相对应的清单分项的分包单价合计必须在总承包项目部的限价范围之内。如超过限价范围必须有详细的超限原因分析，且必须有各工区项目部经理、总经济师签字。

量的控制：建立量价核算工程量台账，经审核批准后作为工程量数量控制的依据。工程量台账在施工过程中不能修改，除非发生工程变更而导致工程量数量发生变化。同时规定所有的合同结算不能超过合同的审批数量，如有超过合同结算的必须有补充合同和有关说明；所有合同（包括补充合同）审批数量总和不能超过工程量台账的数量。各工区项目部上报劳务合同（包括补充协议）的同时上报劳务队伍工程量清单汇总表，各个劳务队伍的劳务分包总量不得超过量价核算工程量清单数量。同时设定预警提示，当某一单项的劳务分包工程量超限时，如要调整各劳务队间的工程量必须先报补充合同做减量变更，才能上报增量变更的劳务合同。

19.3.1.2　材料的成本控制

根据项目的具体情况对影响成本较大的主要分项工程和材料进行最高限价，以圈定成本。所有合同的成本价格不得高于最高限价，如高于最高限价必须有详细的成本分析，在上报合同的同时，上报超限价成本分析资料。最高限价是根据目前国内或临近地区的平均价格水平，同时综合考虑项目的施工环境、工程特点、地形地貌、水文气候条件、工程技术难易程度等因素的影响。

1. 大宗材料的成本控制

对于钢筋、水泥、防水材料、管片螺栓等大宗材料进行集中采购，由总承包项目部集中招标，以降低材料成本。同时采用总承包项目部统招、统签、统付和总承包项目部统招、工区项目部分签、分付的两种模式，具体采用何种模式根据项目具体情况确定。对于用量大、工期紧的项目，则由市场供求关系决定价格。总承包项目部只对地材采购进行最高限价，由各工区项目部根据具体情况自行招标采购，灵活处理，更好地降低地材成本。

建立材料总量、用量管理台账，同时通过主要材料集中采购和限价，控制材料价差，通过经济活动分析，进行量差分析和纠偏，以达到对材料成本的管控。所有材料的合同总数量不得超过经过审核的材料台账总量（材料总量考虑正常损耗范围）。价格由出厂价和运杂费两部分组成，两项相加总价不得超过总承包项目部的限价，同时还要对出厂价和运费进行分析，尤其是出厂价要控制在有效的差异范围之内，以促进各项目部扩大地材招标范围，有效地降低地材成本。

2. 周转材料的成本控制

在周转材料的合同审批上要与施工预算中的周转材料量价进行对比，是否在施工预算范围内进行周转材料采购，如超过施工预算范围必须有详细的原因说明，同时说明增加多少成本，以便在规定时间内调整施工预算。同时上报周转摊销与清单相对应的成本服务对象，并详细分解到各清单细目，以便成本及时归集。

3. 物资发放

物资的领发必须采用正式的领发凭证，严格按限额领料制度发料。物资发放时，按照限额发料的原则，现场物资员应与领料单位核对物资品种、规格、数量和质量，并确认使用位置，点交无误后，办理签认手续，进行账务处理，填写可追溯性物资管理台账。

19.3.1.3 机械费用的控制

机械设备租赁型号、价格、时间原则上要与施工预算中的要求一致，如不一致要有说明和成本分析，总体上机械的总费用不得超过施工预算的总费用，如超过施工预算必须有详细的原因说明，同时说明增加多少成本，以便在规定时间内调整施工预算。由于各参建单位的管理模式不同，有的参建单位采取租赁机械进行施工，在上报机械合同时，同时提供一份与合同相对应的机械成本与清单相对应的服务对象，并计入各清单细目中，以便与总承包项目部的劳务限价进行对比，是否在限价范围之内。

在每个月机械费结算过程中，必须提供机械的运转记录，以及按清单分项目对应所有机械成本归集汇总表，根据成本归集，与限价的工序成本单价进行对比分析，是否有超成本现象。如超成本及时提醒，并要求各工区项目部对超限原因进行分析，制定降低成本措施，通过分析达到过程管控成本的目的。

19.3.2 成本控制的程序

总承包项目部对成本管理，既不能管得太细，也不能管得太粗。任何成本的发生，均要以合同为依据，以工程量清单为主线，以预算为手段，对清单内成本、间接费用、清单外的成本进行管控，有效解决项目成本不清的问题。同时采用成本对比、分析的方法，全面降低成本，以达到预期的经济效益。总承包项目部、工区项目部建立以经理直接领导，总经济师（副经理）分管负责的总承包项目部及工区成本集中管理领导小组，计划合同部组织实施，工程、财务、物资设备等各职能部门分工负责，齐抓共管，全员参与，全过程控制的成本管理责任体系，机构健全、职责明确。成本控制的程序包括以下步骤：

（1）采集成本数据

对成本的实际消耗数据进行采集，而且要检查和监督影响消耗指标的各项条件，如设备、工艺、工具、工人技术水平、施工环境等。

（2）分析偏差原因

成本偏差有三种：

实际偏差＝实际成本－承包成本；

计划偏差＝承包成本－计划成本；

目标偏差＝实际成本－计划成本。

成本偏差的原因是多方面的，既有客观方面的因素，也有主观方面的因素。对可能导致成本偏差的原因进行分析，可采用的分析方法有因果分析图法、因素替换法、差额计算法、ABC 分类法、相关分析法、层次分析法等。

（3）纠正偏差

偏差找出后，根据工程的具体情况、偏差分析和预测的结果，采取适当的措施以期达到使施工成本偏差尽可能小的目的。措施可以采用技术、组织、管理、合同等。

成本控制采用 PDCA 流程，见图 19-2。

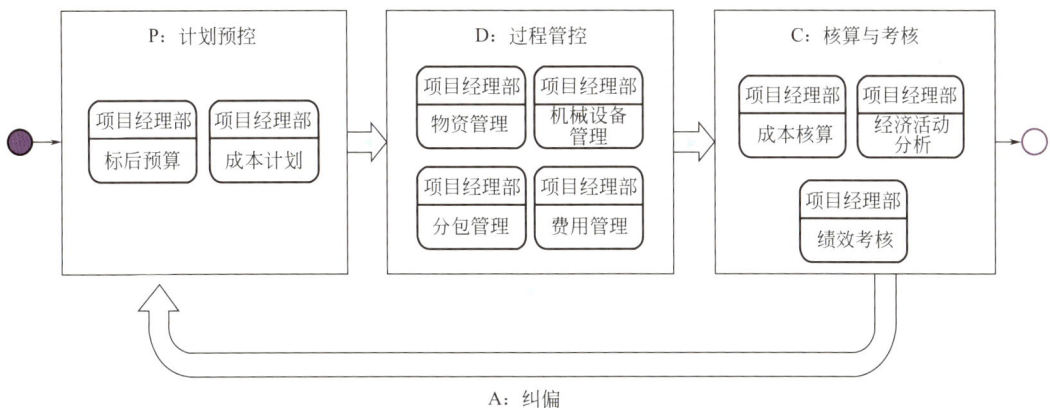

图 19-2　成本控制 PDCA 流程图

19.4　成本核算

19.4.1　成本核算的内容

工程成本核算是指工程项目施工过程中所发生的各种费用和形成工程成本的核算。工程成本核算所提供的各种成本信息，是成本预测、成本计划、成本控制、成本分析和考核等各个环节的依据。核算内容一般以单位或单项工程作为核算对象，具体内容包括工程直接费和间接费范围内的各项成本费用。

（1）直接费成本核算

工程直接费成本包括人工费、材料费、周转材料费、结构构件费、施工机械使用费等。

（2）间接费成本核算

间接费主要由规费和企业管理费两个部分组成。间接费按一定的分配标准计入受益成本核算对象。

（3）分包费成本核算

总承包与分包人之间所签订的分包合同价款及其实际结算金额，应列入总承包方相应工程的成本核算范围。

19.4.2　成本核算的方法

成本核算最常用的方法是会计核算方法、业务核算方法和统计核算方法。会计核算法是以传统的会计方法为主要手段，以货币为度量单位，会计记账凭证为依据，对各项资金来源去向进行综合系统完整地记录、计算、整理汇总的一种方法。业务核算法是对项目中的各项业务的各个程序环节，用各种凭证进行具体核算管理的一种方法。统计核算是建立在会计核算与业务核算基础之上的一种成本核算方法，主要的统计内容有产值指标、物耗指标、质量指标、成本指标等。另外，表格核算法主要是建立在内部各项成本核算基础上，通过项目的各业务部门与核算单位定期采集相关信息、填制相应表格，形成项目成本核算体系的一种方式。

本工程采用上述多种方法结合，形成完整的项目成本核算体系。

19.5 成本分析

19.5.1 成本分析的方法

成本分析是在成本形成过程中，对工程成本进行的对比评价和剖析总结工作，它贯穿于工程成本管理的全过程，也就是说工程成本分析主要利用项目的成本核算资料（成本信息），与目标成本（计划成本）、预算成本以及类似的工程项目的实际成本等进行比较，了解成本的变动情况，同时也要分析主要技术经济指标对成本的影响，系统地研究成本变动的因素，检查成本计划的合理性，并通过成本分析，深入揭示成本变动的规律，寻找降低工程成本的途径，以有效地进行成本控制，减少施工中的浪费。

总承包项目部鼓励并部署工区从施工工序收集成本数据，按阶段、按分部分项并紧紧围绕影响成本变化的各个环节编制实施性成本计划；聚焦于项目施工过程中成本归集管理，实现了成本归集从有到细，从粗放到精准；成本发生过程中的及时核算、及时分析、及时纠偏及真实评价管理；实现降本增效，不断提高项目成本管理水平。总承包项目部制定《标后预算及经济活动分析管理办法》，总承包项目部及工区项目部均成立经济分析领导小组，跟踪分析过程中的成本动态。成本分析分单项成本分析及专题成本分析。

（1）单项成本分析

对某个单项成本的异常进行成本构成分析、对比分析，以达到降低成本的目的。特别是机械租赁成本的分析，与施工预算进行对比分析，分析机械的使用效率，机械服务对象的成本摊销与最高限价的成本对比分析。对比分析各工区项目部的单项成本、料单价等成本，并形成机制，找出各工区项目部的成本差别因素，进行纠偏，提高各项目的成本管理和管控水平，以达到降低成本的目的。

工区项目部每个月开一次成本分析会，主要分析月成本计划执行情况、生产经营情况，预测整个项目的经营情况以及周期内经营管理总结和需要进一步改进的地方。

（2）专题成本分析

总承包项目部组织各工区项目部定期召开季度活动分析会，每次经济活动分析有重点分析主题，如明挖车站、盾构施工、矿山法施工的现场成本管控。总承包项目部主要对各工区项目部间的成本进行对比分析，当前总体经营情况，预测总体成本控制情况；对各工区项目部合同执行率、结算执行情况，结算成本比，成本产值比等指标进行分析，以达到相互对比学习，共同降低成本的目的。

19.5.2 成本分析的处理

1. 成本预警

建立成本管理预警机制，即当期利润率较上期下滑超过 0.5%，给各三级公司发函，要求关注；连续两期下滑超过 0.5%，给各参建局发函，到现场分析原因、制定措施。

2. 工期成本分析

工期成本分析就是将工期成本和实际工期成本进行比较分析。计划工期成本是指在假定完成预期利润的前提下，计划工期内所耗用的计划成本；实际工期成本则是在实际工期中耗费的实际成本。通过比较后找出需要控制的因素并采取必要的措施。

3. 质量成本分析

质量成本分析的目的是明确项目部在质量方面的损失和应承担的责任，促使各部门重视采取措施，降低质量成本。

4. 资金成本分析

通常采用"成本支出率"指标，即成本支出占工程款收入的比例。计算公式为：成本支出率＝（计算期实际成本支出/计算期实际工程款收入）×100%。该指标可以看出资金收入中用于成本支出的比重有多大，如果该比重过多地偏离于该计算期的计划比重，则要对项目的各项资金来源进行逐项分析。

5. 技术组织措施执行效果分析

技术组织措施是控制工程成本的一个主要途径。在对措施计划的执行情况进行检查时，必须分析节约计划和超计划的具体原因，做出正确的分析和评价。技术组织措施的分析方法，通常是采用"措施节约效果"指标，其计算公式是：措施节约效果＝措施前的成本－措施后的成本，对措施节约效果进行分析，需要联系措施的内容和措施的执行经过来对比分析。对于在工程中影响比较大，节约效果比较好的技术组织措施，应该对其进行深入详细的分析，以便推广应用。

19.6　成本考核

19.6.1　成本考核的原则

成本考核就是在工程项目完成后，对工程成本形成中的各责任者，按工程成本责任制的有关规定，将成本的实际指标与计划、定额、预算进行对比和考核，评定工程成本计划的完成情况和各责任者的业绩，并以此给予相应的奖励和处罚。考核采用分级管理的原则，集团公司对总承包项目部的成本考核工作为一级；总承包项目部对项目部各岗位人员实行考核为一级；总承包项目部对各工区项目部的考核为一级。按分级归口管理的原则，建立和实行全项目部、全员、全过程成本费用管理目标责任制，使得责、权、利无空白，无重叠，事事有人管，责任有人担，人人关心成本，处处节约成本，逐步形成和确定起一种与公司利益共享、风险共担的观念。

19.6.2　成本考核的方法

总承包项目部对集团公司下达的施工定额和目标责任指标负责，各工区项目部，各相关岗位人员对项目总经理下达的定额指标和责任成本负责。考核围绕责任成本设立了成本考核指标，如：

责任成本差异率＝责任成本差异额/标准责任成本总额×100%；

责任成本降低率＝本期责任成本降低额/上期责任成本总额×100％。

通过成本的考核奖惩兑现到人，增强了全体管理人员的成本意识和主人翁精神，有利于把握项目投入产出的全局，从机制上保证项目成本在过程中受控。

19.7　本章总结

本章成本管理主要从集中管理和施工过程管理两方面展开，主要得出以下结论：

（1）成本管理包括成本计划、成本控制、成本核算、成本分析、成本考核。施工企业的项目成本管理，是企业生存和发展的基础和核心，为提高企业的竞争力，需要做好项目成本管理工作。

（2）成本计划的编制包括标后预算、施工预算。总承包项目部以完成计划成本目标与各工区项目部，以及相关岗位人员签订成本控制协议书，这样既可以最大限度调动员工的积极性，又可以依据计划成本完成情况作为员工绩效考核。

（3）成本控制的关键要素是劳务分包的成本、材料的成本、机械费用及大型设备成本。本项目采用单价与量两个方面对成本进行控制。

（4）施工成本分析是成本控制的重要环节，分为单项成本分析和专题成本分析。通过PDCA 循环不断提高成本管理，建立成本管理预警机制，能够实现降本增效，提高项目成本管理水平。

（5）总承包项目部对集团公司下达的施工定额和目标责任指标负责，各工区项目部，各相关岗位人员对项目总经理下达的定额指标和责任成本负责。考核围绕责任成本设立了成本考核指标，通过成本的考核奖惩兑现到人，增强了全体管理人员的成本意识和主人翁精神，有利于把握项目投入产出的全局，从机制上保证项目成本在过程中受控。

第 20 章 安全风险管理

20.1 引言

20.1.1 地铁安全管理概述

由于地铁建设的特殊性和复杂性，"大规模、高风险"的工程特点在地铁建设中体现得尤其明显。地铁工程大部分位于城市中心地区，即周边环境复杂，各种建（构）筑物、地下管线多且对施工变形控制要求高；工程地质与水文地质复杂，不确定因素多；结构形式及施工方法交叉变换多，施工难度大。这些特点都集中表现为工程的高风险性。由于规模大、发展快，技术和管理力量难以充分保证的客观原因，加上对地下工程安全风险的认识不客观、风险管理不科学、风险管理投入不到位的主观原因，造成地铁工程各种事故多发，见图 20-1。

(a) 某地铁车站深基坑钢支撑脱落

(b) 某地铁突发脚手排架倒塌

(c) 某地铁钢支撑意外脱落

(d) 某地铁车站深基坑施底部突涌坍塌

图 20-1 地铁施工安全事故

以桥梁和地铁为例,对收集的较为典型的20例桥梁事故、30例地铁事故进行了事故原因分析,发现人的不安全行为引起的工程事故约占55.6%,物的不安全状态引起的事故约占31.2%,其他因素引起的事故约占13.2%,具体见图20-2(a)。以地下工程灾害为例,统计了较为典型的塌方案例61项、突涌水案例86例,发现在隧道、隧洞施工过程中,人的不安全行为引起的塌方事故约占36.1%,物的不安全状态引起的塌方事故约占48.7%,其他因素引起的塌方事故约占15.2%,具体见图20-2(b)。

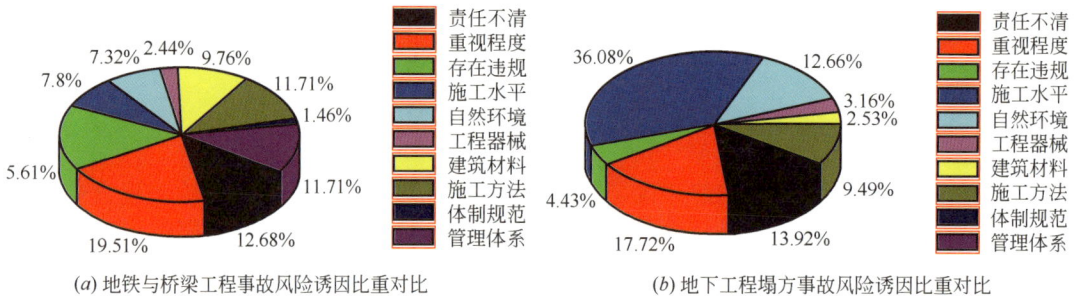

(a) 地铁与桥梁工程事故风险诱因比重对比 (b) 地下工程塌方事故风险诱因比重对比

图 20-2 事故风险诱因比重对比

我国政府部门对地铁的风险管理也相当重视,每年组织国内专家对在建工程进行质量安全方面的巡视检(抽)查。2003年建设部等九部委联合印发了《关于进一步加强地铁安全管理工作的意见》;2011年颁布了《城市轨道交通地下工程建设风险管理规范》(GB 50652-2011)标志着我国城市轨道交通地下工程建设风险管理步入了一个崭新的阶段。近几年在风险辨析、评估、预警、控制,特别是自动监控等方面取得了一定的进展,总体上可以归纳为以下方面:

(1)构建风险管理责任体系。建立以建设单位为龙头矩阵式组织管理模式的安全风险管理组织体系,以及工程参建单位遵循法律责任和相关合同约定的安全风险管控责任体系,开展工程建设各阶段的风险管理工作。

(2)构建专项设计及审查论证体系。基于轨道交通工程与周边环境的接近程度、工程影响分区、周边环境的重要程度和自身特点、新建轨道交通工程工法特点和工程难度、工程地质和水文地质对不同工法的影响程度,对危及工程自身和周边环境安全的风险划分为自身风险工程和环境风险工程,然后通过邀请外部专家进行评审论证。

(3)建立施工阶段安全风险监控管理模式。通过引入第三方咨询机构协助业主单位进行安全风险监控与监测管理,建立轨道交通工程监测监控的多方协作、全方位的科学化、信息化风险管理模式。

(4)建立风险管控咨询保障体系。通过引入第三方咨询机构对全线安全风险进行咨询管控及对所辖线路工程施工风险阶段进行安全巡视和风险状态评估。

(5)建立施工安全风险监控信息系统。借助现代化的通信手段,建立施工安全风险监控系统,加快信息传输速度,提高管理效率,增强参建各方的责任。

(6)建立预警响应体系。采用三类预警模式,即监测预警、巡视预警和综合预警。各类预警均设置黄色、橙色及红色三道预警标准,并建立响应的预警管理体系,按照分层分级管理的响应模式,严格把控。

我国地铁安全风险管理虽然取得了很多经验,但也存在许多误区和不完善的地方,主要体现在：施工单位在安全管理模式、工作内容及责任体系方面需要进一步明确，在完整性、有效性和可操作性方面仍存在不足；当前信息平台还只是立足于监测数据管理平台，针对安全隐患排查，以及利用信息化技术实现安全教育等，仍有待进一步加强。因此，探索复杂地质与周边环境下的地铁土建工程建设安全风险管理，具有重要的意义。

20.1.2　本章主要内容

本项目确定安全施工目标为：无因工重伤及死亡事故、无重大机械伤害事故、无集体食物中毒事故，创厦门市文明工地。在施工过程中严格按照创建文明安全工地的标准和要求进行文明安全施工管理，督促全体工作人员自觉遵纪守法和做好文明施工。安全文明施工目标参考标准如表 20-1 所示。

安全文明施工目标参考标准　　　　　　　　　　　　　　　　表 20-1

目标名称	目标控制参考标准
重大伤亡事故	杜绝重大伤亡事故、因工死亡责任指标为零
重大机械事故	杜绝重大机械事故
因工负伤频率	因工负伤频率 1‰以下
重伤事故	杜绝重伤事故
中毒事故	杜绝急性中毒事故
隐患整改	隐患整改率达到 100%

本章主要对安全风险管理展开论述，在安全风险基础管理方面，主要介绍了安全生产管理体系，风险辨析、评估与分级管控，安全培训、消防及危险品管理等内容；在安全生产过程管理方面，主要阐述了安全技术交底、安全检查、日常安全隐患排查治理以及安全应急管理等工作；在安全风险提升管理上，主要讲述了安全生产标准、安全生产信息化等。

20.2　安全风险基础管理

20.2.1　安全生产管理体系

20.2.1.1　组织机构

为保证工程安全施工管理时刻处于可控状态，总承包项目部及各工区项目部建立党政同责，一岗双责的安全生产管理体系，分别成立以安全生产第一责任人为组长的安全施工组织机构（图 20-3），制定会议制度，明确管理职责。总承包项目部安全生产领导小组组长由总承包项目部总经理担任，副组长由安全总监、副总经理、总工程师、总经济师等分管领导担任，组成成员有总承包项目部各职能部门负责人、各工区项目部经理、书记、总工程师、安全总监等。各工区项目部安全生产领导小组组长由工区项目经理担任，分管领导为副组长，各部门以及各工点、各专业承包单位、劳务分包单位负责人为组成人员。安全施工管理流程图如图 20-4 所示。

```
                    总承包项目部
                     项目经理

  总承包项目部    总承包项目部   总承包项目部   总承包项目部
   总工程师       安全总监      副总经理      总经济师

总承包项目部  总承包项目部  总承包项目部  总承包项目部  总承包项目部  总承包项目部
工程技术部   安全质量环保部  计划合同部   物资设备部   财务管理部   综合办公室

  一工区             二工区              三工区
  项目经理           项目经理            项目经理

            各工区、各班组专职安全员
```

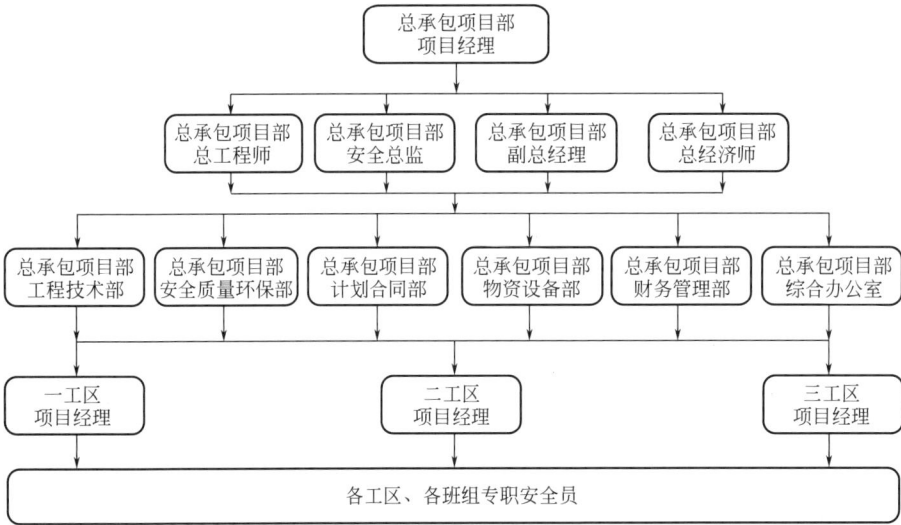

图 20-3　安全风险管理组织机构

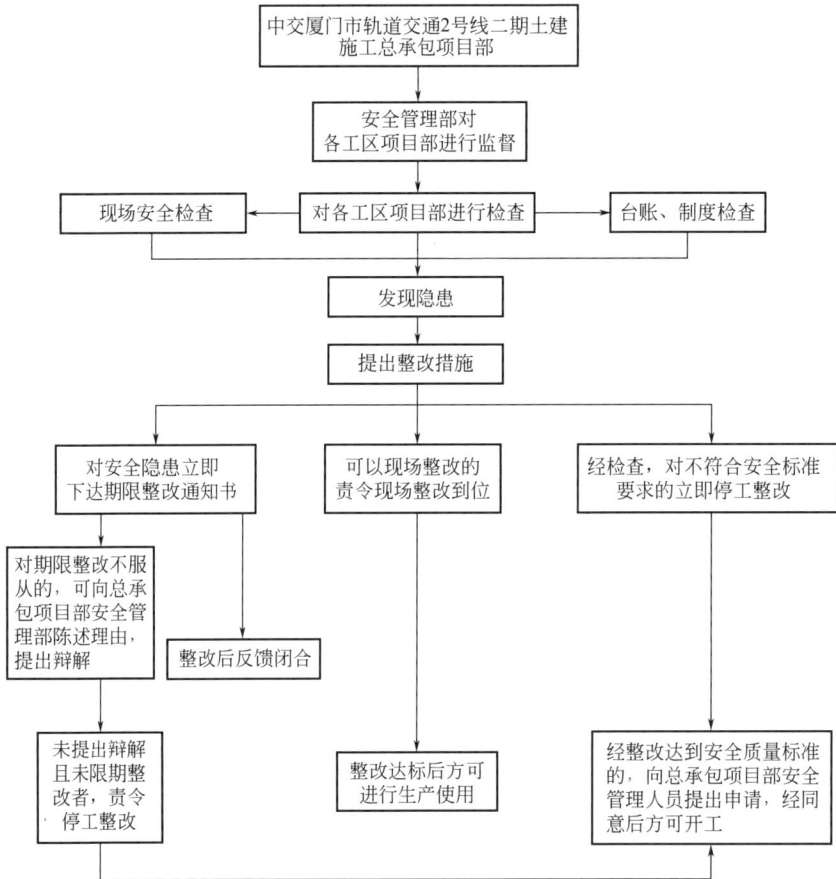

```
              中交厦门市轨道交通2号线二期土建
                 施工总承包项目部

                 安全管理部对
               各工区项目部进行监督

   现场安全检查  ←  对各工区项目部进行检查  →  台账、制度检查

                  发现隐患

                 提出整改措施

对安全隐患立即         可以现场整改的         经检查，对不符合安全标准
下达期限整改通知书      责令现场整改到位       要求的立即停工整改

对期限整改不服
从的，可向总承
包项目部安全管
理部陈述理由，
提出辩解         整改后反馈闭合

未提出辩解
且未限期整         整改达标后方可        经整改达到安全质量标准
改者，责令         进行生产使用        的，向总承包项目部安全
停工整改                            管理人员提出申请，经同
                                   意后方可开工
```

图 20-4　安全施工管理流程图

20.2.1.2　安全生产责任制

结合项目实际情况，总承包项目部编制《安全生产管理办法》等共计 35 项安全环保管理规章制度，完善了安全生产管理体系，规范了安全生产行为准则，为搞好安全生产工作打下制度基础。中国交建与总承包项目部、总承包项目部与工区项目部、工区项目部与分包班组层层签订《安全生产责任书》，明确施工管理过程中的安全目标、指标以及具体要求，各层级层层落实了安全生产责任。各层级领导、部门负责人和部门员工分别签订安全生产责任书，从而建立"纵向到底，横向到边"的全覆盖安全责任体系，形成齐抓共管的安全生产工作格局，促进项目在快速建设的同时实现安全健康发展。安全保证体系框图如图 20-5 所示。

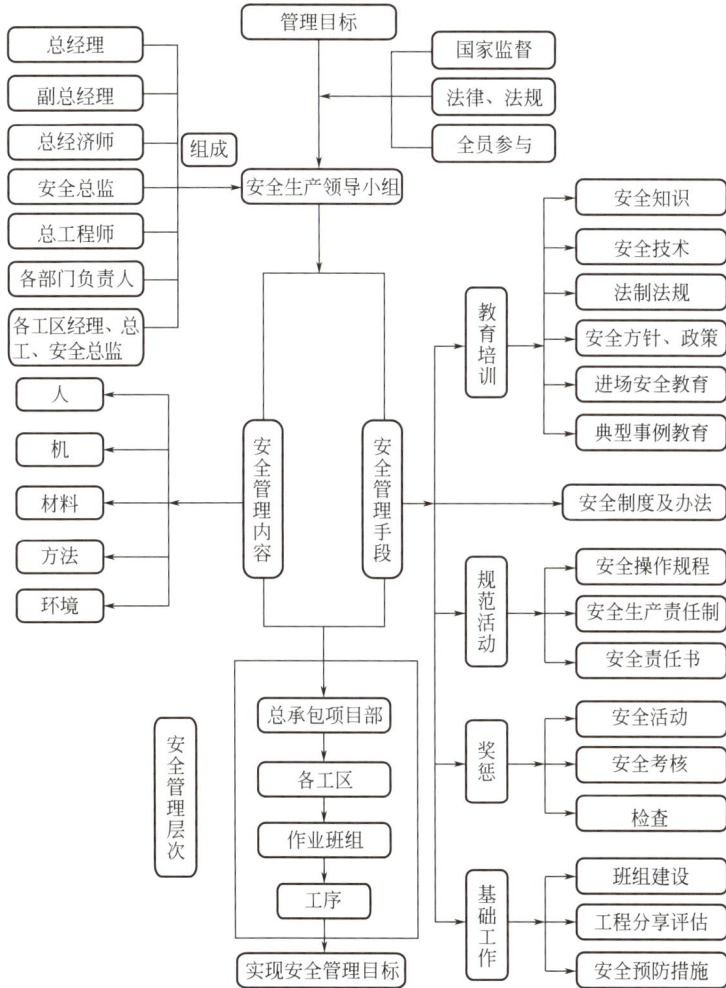

图 20-5　安全保证体系框图

20.2.2　风险辨析、评估与分级管控

总承包项目部根据《住房城乡建设部办公厅关于实施〈危险性较大的分部分项工程安全管理规定〉有关问题的通知》（建办质〔2018〕31 号）、《危险性较大的分部分项工程安全管理规定》（建设部令第 37 号）等文件规定对项目分部分项工程进行全面梳理，对项目中存在的风险进行辨析、评估，并对风险源进行分级。通过优化设计、方案，重要管线、

建筑物提前迁改等方式，从源头上规避Ⅰ、Ⅱ级危险源；针对危险性较大（Ⅲ、Ⅳ级危险源）的分部分项工程建立危大工程清单（图20-6），例如基坑开挖、矿山法隧道施工、盾构施工、爆破作业，对周围管线、建筑物有重大影响的施工作业列为重大安全风险源，进行具体描述，并在施工现场进行公示（图20-7）。重点做好施工组织设计和专项施工方案的编制、专家论证、审批等工作，同时明确各工区项目部相关责任人和总承包项目部监管部门及分管领导，实行分级管理层层负责，加强安全风险管控。

图 20-6 危险较大工程施工安全要点现场公示牌

(a) 重大危险源公示牌　　　　　　　　　　(b) 危险告知牌

图 20-7 危险源公示及危险告知

20.2.3 安全培训

总承包项目部、各工区定期（一般为年初及季度初）制定阶段性安全培训教育计划，根据不同的人员明确培训最低时长，并将安全教育培训工作纳入本项目年度工作计划，保证本项目教育培训工作所需资金。重点学习安全生产法律法规、规章制度、劳工纪律、安全操作技能、劳动保护、环境保护、职业病防治、文明施工等知识，并通报事故案例，总结安全生产经验教训，提高全员安全生产意识。

在安全培训实施时强调培训形式多样化，将班前讲评十分钟培训形式在标段内推广，并通过"一箱两体验"先进的安全培训手段提升培训效果。

1. 班前讲评

各工点设置安全质量讲评台，每天对每支施工队伍在作业前均要开展班前讲评活动（图20-8），重点针对当天施工作业中的安全隐患和注意事项，班前讲评活动均形成有效文字记录。

2. 一箱

安全培训引进"建筑工程从业人员多媒体安全培训工具箱"（简称"一箱"），它具有"人员管理、培训记录、培训方案、答题器检测"等四大功能，培训方案涵盖内容全面，

(a) 班前安全讲评活动一　　　　　　　　　　　　(b) 班前安全讲评活动二

图 20-8　班前安全讲评活动

可通过身份证刷卡录入，信息录入准确、快速，自动形成培训记录。该培训箱可将各项教育内容以形象生动的视频动漫的方式进行授课，使受教育的员工加深对安全教育知识要点的印象。

多媒体安全培训工具箱培训操作程序主要为：首先创建教育培训方案，选择与施工内容相关的安全教育动画视频内容、教育后考试试题，控制教育培训时间；之后开始组织人员进行教育培训，进入教育培训方案，教育人员签到，开始进入动画视频教育培训，视频看完后，进入考试环节，通过答题器进行答题，每轮可以 30 人次同时答题，答题结束后自动阅卷、出成绩，最后环节受培训的人员对本次的教育培训效果进行评价，至此工具箱教育培训结束；最后导出教育培训的资料，打印、培训人员签字，归档资料。

3. 两体验

两体验即建筑安全实体体验馆＋VR 虚拟安全体验。

(1) 建筑安全实体体验馆

工点内设置安全实体体验馆（图 20-9）

体验包括消防器材演示体验、安全带使用体验、洞口坠落体验、安全帽撞击体验、临时用电体验、平衡木体验、移动平台体验、塔吊作业体验、急救体验、模特展示、钢丝绳使用展示、安全防护用品展示等十二项的安全体验内容。通过员工和工人的亲身入馆体验式安全教育，使安全教育从冰冷的文字变成切身真实的感受，提高进场人员对安全的深刻认识和自我防范意识，从而达到降低事故发生的目的，提高本项目安全管理水平。

(2) VR 虚拟安全体验

通过 VR 技术创造虚拟三维空间，结合现实情景设立了隧道内防坍塌、隧道内瓦斯毒气、隧道内突泥突水、隧道安全带、进门安全着装、高空坠落、基坑坍塌、脚手架坍塌事故等八大安全体验项目（图 20-10）。新型的科技体验激发了工人参加安全教育的兴趣，让体验者能够更加逼真地感受到：电击、高空坠落、洞室坍塌、隧道应急逃生、高空作业等多个项目虚拟效果。通过 VR 体验的方式将安全教育的全部内容进行独特仿真的场景化设计，亲身去感受整个建筑施工过程中可能发生的各种危险场景，实现模拟训练，减少现实空间中某些训练操作的困难和可能发生的危险，寓教于乐，有效地激发学习兴趣，促进安全知识的表达和应用，从而有效地构建一个非常优良的安全知识学习环境，减少施工事故伤亡。

图 20-9　工点安全实体体验馆

图 20-10　VR 体验馆

20.2.4　消防管理

消防设施严格执行"三化"管理：消防设施状态标识化，设施检查、记录规范化，设施维修、检测常态化。

施工现场按照要求设置消防栓、消防水带、灭火器、消防沙、消防钩、斧、桶等；条件受限而不能配备消火栓的，通过设置消防水箱、消防池代替，做到全面覆盖到现场各个角落。明确现场及生活区的防火责任人，并在明显位置设置责任牌。消防人员坚持四个能力建设：检查消除火灾隐患能力建设，组织扑救初起火灾能力建设，组织人员疏散逃生能力建设，消防宣传教育培训能力建设。

20.2.5　危险品管理

1. 火工品使用管理

项目爆破施工均采用专业分包队伍进行施工，项目全过程参与管理，各工点现场配备了爆破作业"三大员"（爆破员、安全员、保管员），工区与爆破专业队伍分别对现场火工品的领取、出入库和使用等情况进行登记，做到账物相符。爆破前均四方签认，爆破后严格进行盲炮检查并做好记录。

2. 气瓶使用管理

现场使用的气瓶存储放置在防砸、防晒的棚内，使用的与未使用的加以分开，防护棚按照要求上锁（图 20-11（a））；氧气、乙炔气瓶搬运采用小推车（图 20-11（b））、加设防震圈与防震帽，轻装轻卸。

(a) 防护棚上锁　　　　　　　　　　　　　　(b) 小推车搬运

图 20-11　气瓶使用管理

20.3　安全生产过程管理

20.3.1　安全技术交底

分部（分项）工程在施工前，项目部按批准的施工组织设计或专项施工方案，向有关人员进行安全技术交底。安全技术交底主要包括两个方面的内容：一是在施工方案基础上按照施工的要求，对施工方案进行细化和补充；二是要向操作者将安全注意事项讲清楚，保证作业人员的人身安全。安全技术交底工作结束后，所有参加交底的人员必须履行签字手续，施工负责人、生产班组、现场专职安全管理人员三方各留一份，并记录存档。

安全交底的主要内容为：

（1）本施工项目的施工作业特点和危险点；

（2）针对危险点的具体预防措施；

（3）应注意的安全事项；

（4）相应的安全操作规程和标准；

（5）发生事故后应及时采取的避难和急救措施。

20.3.2 安全检查

20.3.2.1 组织形式

项目建立月度、季度检查为主导，专项检查、不定期安全巡查为辅助的安全检查组织形式。总承包项目部每月 22 日左右组织一次月度安全检查，检查组由总承包项目部总经理带队，各分管领导、相关部门人员组成，各工区项目经理、生产副经理、安全总监等相关人员参加，形成月、季度安全检查通报；各工区每周进行一次全面的安全生产检查，检查情况报备项目部备案；专职安全管理人员每天对施工现场进行安全巡查，及时发现安全隐患并督促整改。

除了坚持定期的安全生产检查外，根据各级管理部门的统一安排和项目安全生产工作的需要，进行不定期的专项安全检查。如防洪、防汛、防台风、防雷击、防暑降温、夜间施工检查、用电安全、节假日和重大活动等的专项安全检查。

项目部和各工区建立领导带班作业制度和施工现场安全值班制度。每个施工现场，必须有领导现场巡视值班，专职安全员全天候现场巡查，发现违章、冒险作业行为要立即予以纠正。

20.3.2.2 整改闭合

检查后下发检查通报（限期整改通知书），明确整改要求、整改期限等；对整改回复要求明确措施、明确各级责任人员，并及时对其整改落实情况进行复查，力争将一切事故隐患消除在萌芽状态。

20.3.2.3 考核评比

每月中下旬，总承包项目部按照管理制度和考核办法，实行安全生产、环境保护以及文明施工管理工作综合考核、评比，实行奖优罚劣，及时下发检查通报文件，形成各参建单位比学赶超的氛围。

20.3.2.4 迎接外部安全检查

将外部检查作为提升安全管理工作的促进手段，先后迎接了国务院安委会、住建部、省市级大型检查共 8 次，福建省及厦门质量安全监督站"双随机"、消防安全、矿山法等安全专项检查，中国交建半年度信用评价检查、盾构施工安全专项督查、防台防汛工作及质量安全综合督查检查、业主对本项目各种检查等。针对检查发现的问题，查找安全管理中的漏洞，不断总结提高，取得了显著的管理提升效果。

20.3.3 日常安全隐患排查治理

国家安全生产监督管理总局 2007 年 12 月 28 日发布了第 16 号令《安全生产事故隐患排查治理暂行规定》，要求生产经营单位应当建立健全事故隐患排查治理和建档监控制度，逐级建立并落实从主要负责人到每个从业人员的隐患排查治理和监控责任制，建立事故隐患报告和举报奖励制度。

安全隐患排查是指对施工过程及安全管理中可能存在的生产安全事故隐患进行查证，确定它们的存在状态，以及隐患转化为事故的条件，并制定、落实整改措施，消除隐患和减少危险有害因素，确保施工安全。安全事故隐患指违反安全生产法律、法规、规章、标准、规程和安全生产管理制度的规定，或者因其他因素在生产经营活动中存在可能导致事故发生的物的不安全状态、人的不安全行为和管理上的缺陷。

　　本工程依托"安全管理信息系统"和"安全隐患排查治理系统"（图 20-12），由建设各主体的安全管理人员每日对现场进行安全质量隐患排查，排查中存在的问题通过系统平台及时发布，并定时、定人督促整改到位。管理人员可在 PC 端、手机端进行操作，做到安全生产信息实时更新、信息共享，实现责任分工到人、分级管控，工作进展动态及时调整，责任追溯到人，做到快速响应、处理及时、便捷高效。施工过程中，每周发布风险咨询周报，每天上传安全监测数据，实时提醒安全状态，超过预警值时第一时间预警，实现安全风险实时监控。

(a)管理信息系统界面

(b) 安全隐患排查系统界面

图 20-12　安全信息管理与安全隐患排查系统

20.3.4　安全应急管理

20.3.4.1　建立应急救援预案体系

总承包项目部编制《生产安全事故综合应急预案》，各工区项目部编制各自范围内的生产安全事故专项预案和各类事故的现场处置方案，形成项目总承包项目部和工区项目部两级管理、上下一体的应急预案体系，建立了完善的应急预案体系。

20.3.4.2　组建应急救援队

成立应急救援指挥领导小组，每个工区组建不少于 50 人的应急抢险队，抢险队专（兼）职人员接受了集中训练，提升了综合素质。各工点设置应急物资库，按预案配备应急物资。项目部组织安排现场管理人员参加急救培训，并取得急救培训证书，从而提高现场的应急救援能力。

20.3.4.3　定期开展应急演练

定期开展应急救援演练工作，按照工区每季度开展一次、总承包项目部每半年开展一次的频率。通过演练有效增强了项目在汛期应对突发事件的能力，检验了应急预案的可操作性，达到了锻炼队伍、熟悉程序、临危处置、观摩学习、总结提高的目的。为应对厦门沿海地区台风期长、受台风影响大的安全形势，总承包项目部把防台防汛工作作为日常安全风险防控的重点，制定相应的应急预案，并进行应急演练。

20.3.4.4　定期开展应急检查

为了加强应急管理，提高应急处置能力，总承包项目部联合抢险救援队定期组织人员进行应急管理工作专项检查。重点检查应急救援预案内容是否具有针对性、应急处置程序是否符合实际、应急抢险物资是否配备，以及演练活动开展等情况。

20.4　安全风险提升管理

20.4.1　安全生产标准

20.4.1.1　安全防护定型化、装配化

总承包项目部制定统一安全防护设施标准。施工现场基坑、高处作业临边安装定型安全防护栏杆，做到安全牢固，式样统一，易于安装拆卸；基坑统一采用装配式安全人行上下通道，确保施工人员上下安全；在各工点办公区、生活区分别采用钢管设置应急逃生杆，下部设置缓冲沙池，并设置醒目的"逃生杆"警示标识，以便紧急情况下使用，具体如图 20-13 所示。

现场基坑上下通道等设置了临边防护措施，采用刷警示漆防护栏杆，栏杆中使用钢丝网防护，防护栏杆下横杆与基础设置踢脚板，如图 20-14（a）所示；车站采用搭设支架、立模、现场浇筑的施工工艺，支架采用成型的钢结构式脚手架、扣件式钢管脚手架、碗扣式钢管脚手架和承插型盘扣式钢管支架等类型，顶面增设不小于 1.2m 的栏杆，每个作业层脚手板下方增设安全平网，整个结构外侧张挂安全绿网，并采取有效的防倾覆、防风措施，如图 20-14（b）所示。

(a) 基坑临时通道

(b) 龙门吊轨行区间防护

(c) 车站临时通道

(d) 预留洞口临边防护

(e) 预留槽安全防护

(f) 渣土坑安全防护

图 20-13　安全防护设施

(a) 基坑上下通道临边防护措施

(b) 成型栏杆

图 20-14　安全防护栏杆

20.4.1.2 临时用电专业化、模块化、规范化

1. 专业化

专业化指聘请专业化低压临时用电公司与项目部联合设计临时用电标准方案，确保临时用电的专业化。

2. 模块化

模块化指在施工用电设施现场布设时实行模块化布置，统一电缆维护工作井、电缆管沟、配电箱等各个模块的布设标准和要求。

（1）电缆维护工井：电缆工井由 M10 水泥砂浆砌 MU15 实心砖，外露部分刷黄黑相间油漆，宽为 1.2m，充分考虑到电缆的转弯半径，方便电缆连接；顶部设置高强度的防护盖板，起到保护电缆作用，既安全又方便电缆日常维护，如图 20-15（a）所示。

（2）电缆管沟：电缆管沟沿围挡敷设，外围刷黄黑相间醒目油漆；埋管根数根据现场用电配电线路统一规划，并预留一定的裕量备用；电缆穿管敷既能保护电缆不受外界损坏也能起到防水的作用，如图 20-15（b）所示。

（3）电缆接线头连接：电缆接头参考高压接头制作，采用电缆热缩套管以及电缆五指套，使电缆接头连接更加可靠、安全，如图 20-15（c）所示。

（4）三级箱布设：三级箱严格按照"一机、一闸、一漏、一箱"的标准配置；箱体中心离地面高 80cm；漏电保护器额定漏电动作电流为 30mA，额定动作时间 0.1s，如图 20-15（d）所示。

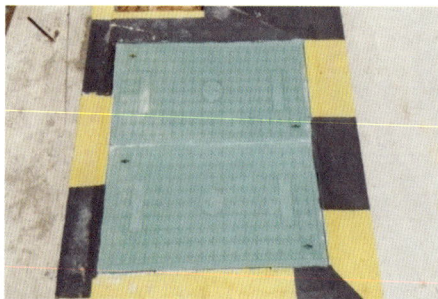
(a) 电缆工井

(b) 电缆管沟

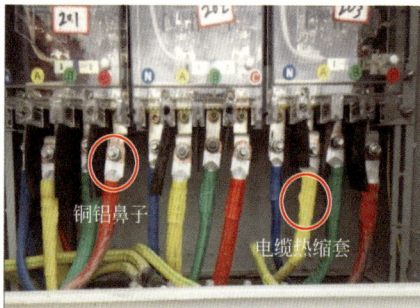
(c) 电缆接头

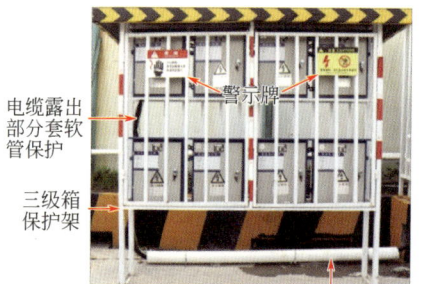
(d) 三级箱

图 20-15　模块化布置

3. 规范化

规范化指对于配电设施的基础设置严格按规范实施。

（1）配电柜基础：一、二级配电箱设置固定的水泥基础，减少配电箱的迁移带来现场供电的不稳定性，基础侧方预留孔位，便于接地线连接以及电缆进出，如图 20-16 所示。

图 20-16　配电柜基础

（2）配电柜接地：采用 3 根 40mm×4mm 镀锌角钢打入地下，埋深大于或等于 2m，作为配电箱重复接地的接地极；3 根镀锌角钢与 40mm×4mm 接地扁铁焊接作为接地母线；接地母线和电箱内的接地排采用螺丝连接，如图 20-17 所示。

图 20-17　配电柜接地

（3）配电箱统一标准：一级、二级、三级配电柜从设计、制作、安装源头上实现统一、标准化，保障临时施工用电使用安全。具体如图 20-18 所示。

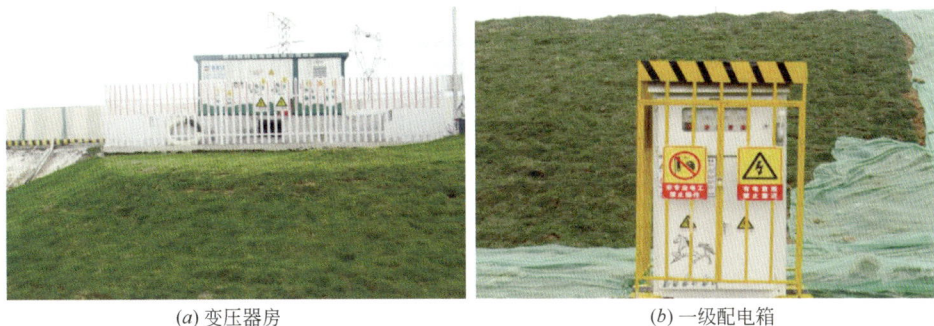

(a) 变压器房　　　　　　　　(b) 一级配电箱

图 20-18　配电箱（一）

(c) 二级配电箱   (d) 三级配电箱

图 20-18　配电箱（二）

（4）配电设施防护：配电设施采用遮雨设施防护，如图 20-19 所示。

(a) 电焊机防雨棚   (b) 切割机防雨棚

(c) 空压机遮雨棚

图 20-19　配电设施防护

20.4.1.3　安全标识、标牌标准化

在施工现场，各类安全警示标志标牌、宣传标语、公示牌、安全操作规程、风险提示牌等，实行统一大小，统一样式，做到标准化、规范化管理，如图 20-20 所示。

20.4.2　安全生产信息化

20.4.2.1　门禁系统与北斗信息系统

在各工区施工现场基坑开挖、隧道施工入口处设立门禁系统（图 20-21），对通过门禁系统的作业及管理人员利用磁条收集信息，准确把握现场作业人员的数量、工种、教育培训、进出时间等信息。

图 20-20　安全标识、标牌标准化

(a)隧道洞口门禁　　　　　　　　　(b)基坑施工场地门禁

图 20-21　门禁信息系统

　　在各工区盾构和矿山法隧道安装了北斗系统，通过人员—设备绑定，实现了隧道内人员准入、考勤、定位、监控、紧急情况下报警等一系列安全管理，更清晰地了解隧道内施工人员情况，并通过隧道网络全覆盖保证隧道内信息及时传输，将移动通信信号全面引入隧道，使得隧道内外通信得到有效保障。

20.4.2.2　视频远程监控系统

　　总承包项目部在会议室安装了远程视频监控系统（图 20-22），该系统能够及时查看每个隧道施工掌子面、每个深基坑现场情况，掌握动态信息，项目在深基坑、隧道掌子面等主要施工区域共安装摄像头 139 个，安全管理部门不定期对现场违章行为进行抓拍，将抓拍隐患形成检查通报，下发各工区整改闭合，大大提升项目安全管理效率。

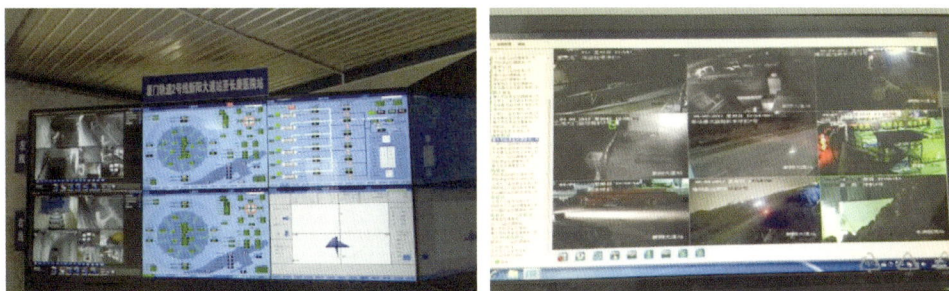

(a)隧道洞内实时监控　　　　　　　　　(b)车站施工监控

图 20-22　视频远程监控系统

20.4.2.3 运用二维码进行教育交底

利用二维码生成器，将各工种安全操作规程、各工序安全技术交底、安全施工要点等内容，制作成二维码，工人利用随身携带的手机扫描后即可再次接受教育培训和交底，方便快捷，如图 20-23 所示。

图 20-23　安全知识二维码牌

20.5　本章总结

安全风险管理总结如下：

（1）在安全风险基础管理方面

①建立安全生产管理体系，完善安全生产责任制；②重点强化重大危险源辨识及管控，进行风险评估；③制定阶段性安全培训教育计划，各工点设置安全质量讲评台，提高全员安全生产意识；引进"建筑工程从业人员多媒体安全培训工具箱"，以视频动漫的方式进行授课；通过建筑安全实体体验馆＋VR 虚拟安全体验，进行体验式安全教育；④消防设施严格执行"三化"管理（消防设施状态标识化，设施检查、记录规范化，设施维修、检测常态化）；⑤注意火工品和气瓶的使用。

（2）在安全生产过程管理方面

①及时向有关人员进行安全技术交底；②进行不定期的专项安全检查，检查后明确整改要求和期限，实行综合考核评比，迎接外部安全检查；③通过安全管理信息系统和安全隐患排查治理系统，对现场进行安全质量隐患排查；④建立应急救援预案体系，组建应急救援队，定期开展应急演练，定期开展应急检查，提高应急处置能力。

（3）在安全风险提升管理方面

①制定统一安全防护设施标准，于基坑、高处作业临边安装定型安全防护栏杆，各工点基坑统一采用装配式安全人行上下通道；专业化打造临时用电标准方案；模块化布置施工用电设施，统一电缆维护工作井、电缆管沟、配电箱等各个模块的布设标准和要求；标准化、规范化管理各类安全警示标志标牌、宣传标语、公示牌、安全操作规程、风险提示牌等。②在各工区施工现场基坑开挖、隧道施工入口处设立门禁系统，在各工区盾构和矿山法隧道安装北斗系统，有效保障隧道内外通信；安装视频远程监控系统能够及时查看每个隧道施工掌子面、每个深基坑现场情况，掌握动态信息，大大提升项目安全管理效率；运用二维码进行教育交底，方便快捷。

第 21 章　绿色施工管理

21.1　引言

21.1.1　绿色施工管理概述

绿色施工是指工程建设中，在保证质量、安全等基本要求的前提下，通过科学管理和技术进步，最大限度地节约资源与减少对环境负面影响的施工活动，实现"四节一环保"（节能、节地、节水、节材和环境保护）。同传统的施工相比，绿色施工主要区别在于"目标"要素中，除质量、工期、安全和成本控制之外，绿色施工要把"环境和资源保护目标"作为主控目标之一加以控制。此外，绿色施工所谈到的"四节一环保"中的"四节"与传统的所谓"节约"也不尽相同，绿色施工所强调的"四节"是强调在环境和资源保护前提下的"四节"，是强调以"节能减排"为目标的"四节"。因此，符合绿色施工做法的"四节"，对于项目成本控制而言，往往是施工成本的增加。这种局部利益与整体利益、眼前利益与长远利益在客观上的不一致性，增加了推进绿色施工的困难。

绿色施工在我国的发展最初从建筑工程开始，近几年在地铁施工中也逐步引起重视。在地铁工程的绿色施工中，存在以下问题：

（1）法律法规、评价标准尚不健全

地铁工程的绿色施工主要是参照建筑工程的，关于地铁工程的法律法规、评价标准尚不健全，政府层面的执法措施有待完善，执法力度有待加强。

（2）对绿色施工的理解狭窄

一般认为，绿色施工就是在工程施工中实施封闭施工，没有尘土飞扬，没有噪声扰民，在工地四周栽花、种草，实施定时洒水等这些内容。其实，绿色施工是一项系统工程，"四节一环保"内容涵盖项目施工的所有阶段和方面，涉及可持续发展的各个方面，如生态和环境保护、资源与能源利用、社会与经济发展等，包括减少场地干扰、尊重基地环境、节约水电材料等资源，采用环保健康的施工工艺、减少填埋废弃物的数量、实施科学管理、保证工程质量和施工安全等。真正的绿色施工应当是将"绿色施工技术要素"作为一个整体进行系统的规划和实施，整个施工过程作为一个绿色施工系统进行科学管理。

（3）参建各方认识不足、重视不够

绿色施工的推广离不开承包商、从业者意识的提高，这是推广绿色施工最基础、最根本的问题。但国内很多承包商注重按施工图纸、技术要求完成工程任务，追求短期经济效益，较少运用现有的高新技术作为绿色施工的基础和支撑，未充分运用科学的管理方法进行绿色施工管理。

（4）资金投入不足

绿色施工技术的运用一般需要增加一定的设施或人员投入，或需要调整施工作业时间,从而导致建筑成本的增加。由于在招标阶段,未充分考虑绿色施工费用,或者承包商自身重视不够,导致绿色施工资金投入不足。当然,绿色施工并不是都需要增加成本,如果能用更系统、更科学的管理方法,并采用绿色施工新技术,将使直接成本大大下降。

地铁工程是重大民生工程,其覆盖面广、专业多、工程造价高,因此地铁工程的绿色施工举足轻重,是建设绿色地铁在规划、设计、施工、运营的全寿命周期中的关键环节。

21.1.2 本章主要内容

本章主要结合厦门地铁 2 号线二期工程,论述依托工程项目目标、组织机构与制度以及评价等绿色施工管理方面的内容,着重从节能、节水、节地、节材和环境保护五个方面展开研究,并分析了各个工区的绿色施工经济效益,研究成果对日后轨道交通工程中进一步实施绿色施工,推动轨道交通工程绿色施工标准化工作具有重大的意义。

21.2 绿色施工管理

21.2.1 目标管理

1. 绿色施工总目标

实现经济效益、社会效益和环境效益统一;创建国家绿色施工示范工程。

2. 绿色施工总目标分解

(1) 环境保护目标见表 21-1。

环境保护各项主要指标对应目标值　　　　　　　　　　　表 21-1

序号	主要指标	目标值
1	建筑垃圾	加强建筑垃圾的回收再利用,力争建筑垃圾的再利用和回收率达 30%,建筑物拆除产生的废弃物的再利用和回收率大于 40%。对于碎石类、土石方类建筑垃圾,可采用地基填埋、铺路等方式提高再利用率,力争再利用率大于 50%
2	噪声控制	结构施工时昼间≤70dB,装修施工时昼间≤60dB,夜间施工≤55dB
3	水污染控制	施工现场污水排放应达到现行国家标准《污水综合排放标准》(GB 8978-88)的要求
4	扬尘排放	(1)土方作业阶段,采取洒水、覆盖等措施,达到作业区目测扬尘高度小于 1.5m,不扩散到场区外; (2)结构施工、安装装饰装修阶段,作业区目测扬尘高度小于 0.5m; (3)施工现场非作业区达到目测无扬尘的要求; (4)在场界四周隔挡高度位置测得的大气总悬浮颗粒物(TSP)月平均浓度与城市背景值的差值不大于 0.08mg/m³
5	光污染	达到环保部门规定,做到夜间施工不扰民,无周边单位或居民投诉
6	地下设施、文物和资源保护	(1)保证施工场地周边的各类管道、管线、建筑物、构筑物的安全运行; (2)保护现场文物不被破坏,同时通报文物部门并协助做好工作

(2) 节材及材料资源利用目标见表 21-2。

节材及材料资源利用目标　　　　　　　　　　　表 21-2

序号	主材名称	定额允许损耗率	目标损耗率
1	钢材	2.5%	2%
2	商品混凝土	1.5%	0.9%
3	木材	5%	3%

序号	主材名称	定额允许损耗率	目标损耗率
4	模板	平均周转次数4次	平均周转次数6次
5	围挡等周转设备（料）		重复使用率75%以上
6	其他主要建筑材料		比定额损耗率减少30%
7		就地取材≤500km以内的占总量的90%	
8		回收利用率达到40%	

（3）节水及水资源利用目标

办公区、生活区和现场施工节水器具配置率应达到100%；施工用水实行定额计量，其占工程总造价比例控制在0.2%以内；施工现场非市政供水的利用率不低于20%，雨水和施工废水的回收利用率不低于30%。

（4）节能及能源利用目标

严禁使用淘汰的建筑材料、设备、产品和机具设备，办公区、生活区和现场施工节能照明灯具的应用数量应大于80%；施工用电量占工程总造价的比例控制在1%以内。

（5）节地及土地资源利用目标

工程禁止使用黏土砖，平面布置尽量减少临时设施用地面积，充分利用原有建筑物和道路，临时设施占地面积有效利用率大于90%。职工宿舍应满足$2m^2$/人使用面积要求。

21.2.2 组织机构与制度

21.2.2.1 组织机构

总承包项目部成立以总承包项目部总经理为组长的绿色施工领导小组，工程技术部、安全环保管理部、计划合同部、财务管理部、物资设备管理部、质量管理部和党群综合办公室等部门配合落实组织实施，组织管理机构如图21-1所示。领导小组下设绿色施工办公室，设在安全环保管理部，具体负责日常管理工作。

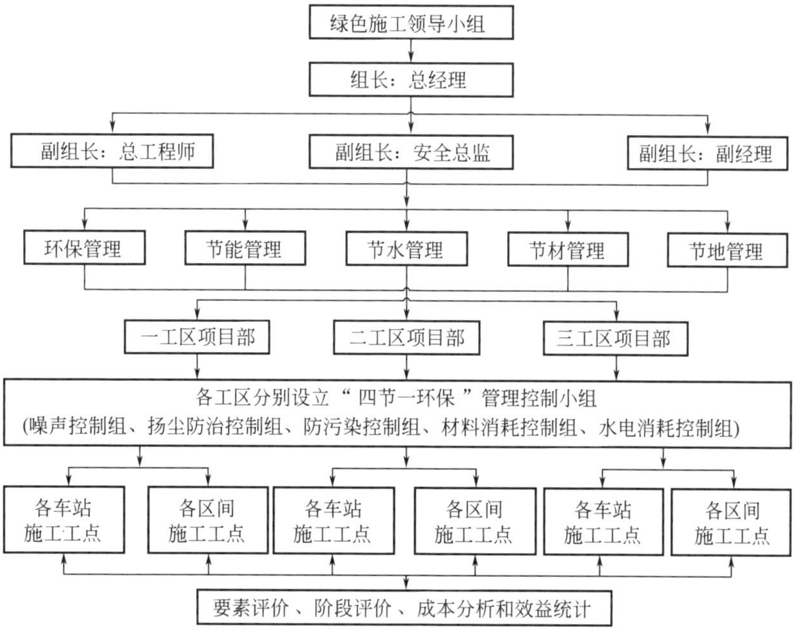

图21-1 绿色施工领导小组组织机构图

21.2.2.2 管理制度

总承包项目部建立绿色施工管理体系，包括思想保证、组织保证、技术保证、措施保证、制度保证和经济保证几个方面，详见图 21-2。为将绿色施工落到实处，总承包项目部根据目标、指标分解情况，结合中国交建和厦门轨道集团的管理要求和项目的特点，制定了《绿色施工管理办法》、《节能减排管理办法》、《节地管理制度》、《节水管理制度》、《节材管理制度》等 24 项绿色施工管理制度和相关管理办法。总承包项目部对制度及管理办法的学习，通过各种渠道宣传绿色施工的理念。

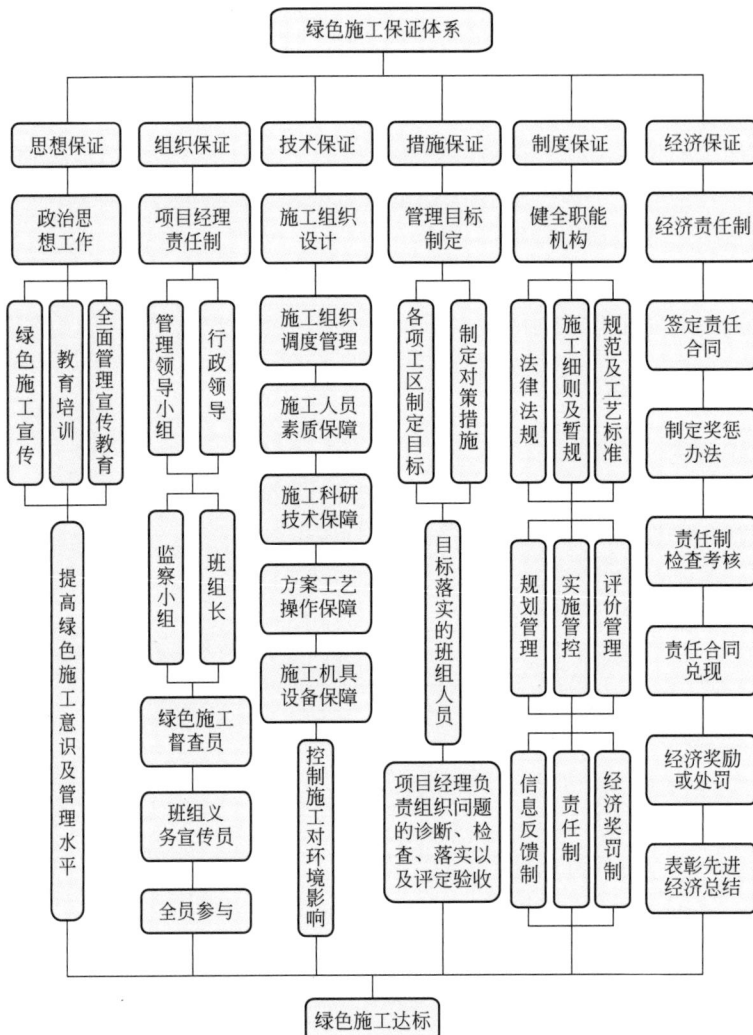

图 21-2　绿色施工保证体系

21.2.3　项目绿色施工评价管理

依据《绿色施工导则》、《建筑工程绿色施工评价标准》和"四节一环保"五个要素进行绿色施工评价，绿色施工评价要素均包含控制项、一般项、优选项三类评价指标，针对不同区域或工程进行分析，增减评价指标，并列入相应要素评价表。

评价阶段划分：根据轨道交通土建总承包项目特点，开展车站、区间两类单位工程的评价，车站类单位工程按地基与基础工程及结构工程阶段开展评价工作，区间类单位工程按结构工程阶段开展评价工作；目前共计 9 个车站单位工程（18 个子单位工程），9 个区间单位工程，阶段性评价共计 45 个。

评价频次划分：各工区分别开展相应单位工程施工阶段的绿色施工评价，要求每月不少于 1 次，每阶段不应少于 1 次。

绿色施工评价流程图如图 21-3 所示。

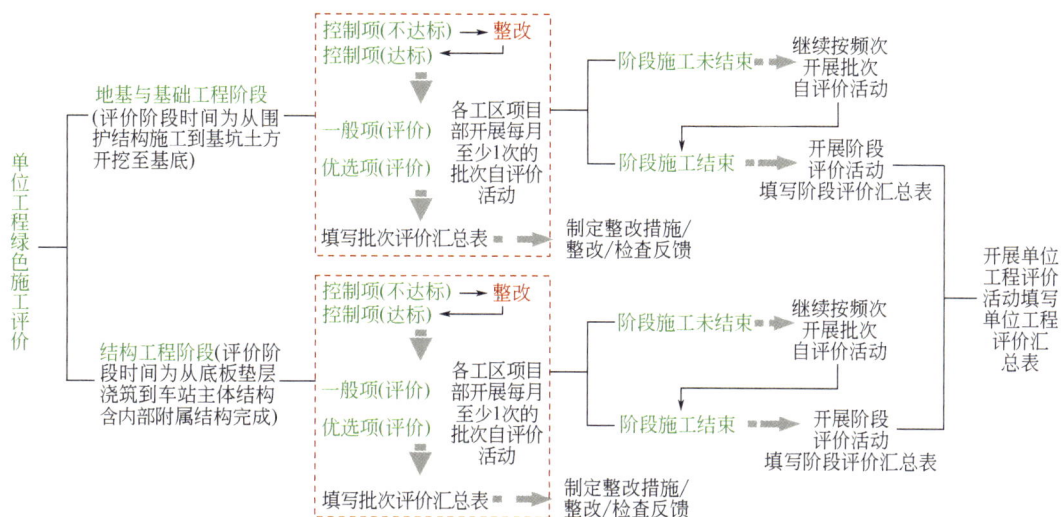

图 21-3　绿色施工评价流程图

21.3　环境保护实施情况

1. 环境保护标识

施工现场大门入口显著位置设置施工标牌，公示环境保护内容，如图 21-4 所示。包括工程概况牌、施工现场总平面图、消防平面图、保洁工作公示栏、文明施工记录墙（图 21-5）。施工现场出入口通道等醒目位置设置环境保护标识。

图 21-4　六牌两图

图 21-5　文明施工巡查记录墙

2. 资源保护

(1) 保护地下水

为保护好基坑开挖过程周边的地下水形态，制定详细的监测方案，在坑外设置水位孔，对坑外水位进行实时监控。

(2) 对危险物品的隔离

施工现场的危险品、化学品设置相应存放库房，并保持安全距离，如图 21-6 所示。

(a) 氧气库　　　　　　　　　　　　　(b) 乙炔库

图 21-6　氧气、乙炔专用库房

3. 人员健康

(1) 施工区与办公生活区分开

施工作业区和生活、办公区分开布置，生活设施远离有毒有害物质；生活、办公区设置办公室、厕所、开水房、文体活动室、吸烟室、密闭式垃圾站等临时设施。

(2) 生活区的卫生保洁

各工区现场食堂满足卫生许可的要求，取得卫生许可证，炊事员均持有效健康证件上岗，清洁食堂各类器具；定期消毒厕所、卫生设施、排水沟及阴暗潮湿地带。

(3) 危险地段做好安全警示

现场危险设备、地段、有毒物品存放地配置醒目安全标志；施工采取有效防毒、防污、防尘、防潮、通风等措施，加强人员健康管理。

（4）做好劳动保护工作

从事强光施工的人员都配备有相应的防护器具，并在现场设置相关宣传教育牌，防护用品使用展示，提高工人的安全防护意识。

4．扬尘控制

（1）对道路的硬化及绿化

施工现场主通道表面优先选择用硬化处理，非主要道路采用绿化或覆盖措施，如图 21-7 所示。

(a) 主通道硬化处理　　　　　　　　　　　　　　(b) 非主要道路处理

图 21-7　道路硬化、绿化

（2）施工作业阶段的扬尘控制措施

土方施工前，与承包土方运输单位签订环保协议，要求其遵守法律法规及相关环保要求。基槽开挖时土方及时清运并覆盖，四级风以上不进行土方作业；现场留土、土堆表面采取覆盖安全网的方法进行防尘控制，如图 21-8 所示；现场建立洒水清扫制度，配备洒水设备，专人负责，如图 21-9 所示。

图 21-8　裸土覆盖

图 21-9　洒水车清洗路面

有扬尘作业时，开启雾炮机辅助降尘。根据厦门市环保相关部门的要求，积极响应轻微污染天气，一级响应时减少燃油工程机械作业；一、二级响应时开启围挡喷雾和雾炮机（图 21-10）降尘，直至解除应急响应。

图 21-10　扬尘防治

土方外运时，专人旁站监督，每车控制土量不超过车辆两侧挡板；施工场区大门口设置冲洗车池和高压水枪，运土车辆到达大门口时，由专人对车辆轮胎、车体进行清理，避免带泥上路，如图 21-11 所示。洗车池与沉淀池、临建排水沟连接，污水经沉淀后排入市政管网。临时道路安排专人对零星掉落的土石进行清理，确保道路不被污染，见图 21-12。

施工现场进行混凝土拆除时，采用盘锯施工，减少机械破除的粉尘污染，见图 21-13；矿山法隧道采用洒水、通风进行降尘。

图 21-11　净车上路

图 21-12　土方运输掉渣清理

图 21-13　挡土墙拆除

（3）建筑材料的抑尘措施

施工现场易飞扬的细粒建筑材料及砂石料等封闭存放，设置专用库房，如图 21-14 所示。现场使用搅拌站预拌混凝土或预拌砂浆，搅拌机设置封闭式防护棚以抑尘。水泥、外加剂、白灰和其他易飞扬细颗粒材料入库存放，覆盖临时在库外存放的材料。

（4）生活垃圾的分类管理

各工区项目部根据厦门市生活垃圾四类回收的要求，在办公区、生活区设置可回收物、厨余垃圾、有害垃圾和其他垃圾等 4 个收集容器，定期分类清运至指定的垃圾场。如图 21-15 所示。

图 21-14　材料密闭存放

图 21-15　垃圾分类

（5）扬尘监测方法

沿现场围挡，在围挡内侧每 50m 设一测点，采用电子自动监测的方法。施工阶段对扬尘监测的控制标准为：现场全天 $PM_{2.5}$ 一级平均浓度限值 $35\mu g/m^3$，二级平均

浓度限值 $75\mu g/m^3$；全天 PM_{10} 一级平均浓度限值为 $50\mu g/m^3$，二级平均浓度限值为 $150\mu g/m^3$。

每天在施工现场四周围挡高度位置进行大气总悬浮颗粒物浓度随机测试，扬尘控制小组成员负责整理该项数据，如发现颗粒物浓度与城市背景值差值大于 $0.08mg/m^3$ 时，立即分析原因并整改。

5. 废气排放控制

（1）施工车辆、机械设备等定期维护保养，使其保持良好的运行状态；施工车辆、机械设备的尾气排放符合国家和福建省规定的排放标准。

（2）电焊烟气的排放符合现行国家标准《大气污染物综合排放标准》（GB 16297）的规定。

（3）严禁在施工现场焚烧各类废弃物。

（4）安排专人定期对隧道内空气质量进行有害气体检测，确保密闭、有限空间作业有害气体控制符合要求。

6. 建筑垃圾处置

（1）建筑垃圾"减量化"

施工现场建筑垃圾分类存放、按时处置，分为可回收利用和不可回收利用两大类，回收利用应符合现行国家标准《工程施工废弃物再生利用技术规范》（GB/T 50743）规定，不小于 30%。废电池、废墨盒等有毒有害的废弃物应封闭回收且分类存放（图 21-16），分类率达到 100%，对二次污染的废弃物单独储存，并设置醒目标识。

（2）建筑垃圾"资源化"

在施工现场设置建筑垃圾临时存放点，将施工中产生的废渣，包括临时路面破除混凝土碎块、围护结构破除的混凝土渣块，运用到新修筑路面的垫层及施工场地内的软基换填。在现场设置垃圾房，短钢筋头等固体废弃物回收分类加工再利用，用于制作水沟盖板和马镫等。对混凝土退料，首先考虑降低标号使用。如商品混凝土无法利用，则用于制作砌块、水沟盖板等小构件。无法利用的废弃料，由砂石分离机分离（图 21-17）。

图 21-16 建筑垃圾存放

图 21-17 砂石分离机

7. 水污染控制

（1）污水的处理及排放

施工现场污水和试验养护水经过处理，达到现行国家标准《污水综合排放标准》（GB 8978）的要求后排入市政管网；现场厕所均设置成品化粪池，确保污水经过处理后排放，定期清理并做好相关记录。

（2）废油的收集及回收，防止污染土地

工地厨房设置隔油池，隔油池上设盖板，便于隔油池清掏。所有用油设备下方设置接盘，油品回收再利用，防止油品污染土地。

（3）废泥浆的沉淀处理

对施工中产生的废泥浆，在排入市政管网前先沉淀过滤，废泥浆使用专门的车辆运输，防止遗洒、污染路面。

8. 光污染控制

夜间施工时合理布置现场照明，合理调整灯光照射方向，通过定型的灯罩，能有效控制照明灯的灯光方向和范围，并选用节能型灯具。在保证施工现场作业面有足够光照的条件下，减少对周围居民生活的干扰。

9. 噪声与振动控制

（1）采用对环境影响比较小的施工方法或设备

本工程隧道采用土压平衡盾构机施工，大大减少了隧道爆破对周边环境的影响；基坑的混凝土结构拆除采用绳锯切割技术（图 21-18），降低噪声污染。车站施工现场选用低噪声振捣器；混凝土输送泵设置封闭防护棚（图 21-19），降低噪声的污染。

（2）加强管理，减少人为噪声

①吊装作业指挥采用对讲机传达指令，严禁在作业现场大喊大叫；

②合理安排施工生产时间，使产生噪声大的工序尽量在白天进行；

③夜间施工使用隔声布、低噪声振捣器等方法最大限度减少施工噪声；材料运输车辆进入施工现场严禁鸣笛，装卸材料轻拿轻放；

④清理维修模板时禁止猛烈敲打；

⑤脚手架的支拆、搬运、修理等轻拿轻放，上下左右有人传递，减少人为噪声。

图 21-18　绳锯切割混凝土支撑

图 21-19　搅拌站防护棚

（3）实时监测噪声并动态控制

现场设置环境监测系统，对现场噪声分贝进行实时采集，实现动态管理，当现场白天的噪声分贝值大于 70dB 时，立即停止相关施工作业，采取一定的降噪措施后重新实施。

21.4 节材与材料资源利用情况

1. 严格管理，控制材料的损耗

（1）采购环节

根据施工进度、材料周转时间、库存情况等制定材料采购计划，合理确定采购数量，避免采购过多，造成积压或浪费。

（2）运输环节

为减少散装水泥运输过程的损耗，采用专用的水泥罐车进行材料运输；材料运输工具装卸方法得当，防止损坏。

（3）保管环节

加强现场防盗检查。对价值较高的材料，如钢筋、型钢、电缆等进行重点监控。施工围挡密封严密，车辆出入均要进行检查，材料出场开具放行条。对水泥等易受潮、变质的材料，设立专用库房，库房底部用砖垫起，满铺脚手板防潮。

（4）使用环节

实行限额领料制度。每天根据施工任务及计划进度情况，安排班组按照消耗定额从仓库领取材料，避免浪费。

加强材料在使用过程中的控制。如管片在存放时采用专用的胎架，并设置橡胶垫；模板、木方严格按照配模方案施工，严禁随意切割；钢管扣件等周转材料及时回收并维修好，以便再次使用。

减少钢筋配料的损耗。编制线材下料优化方案，配置网片机、桁架机、数控弯箍机等钢筋加工设备，尽量采用盘条盘螺，减少钢筋头损耗。对于大直径线材，配套钢筋剪切弯曲中心及锯切套丝系统，并开发生产计划系统，在钢筋下料计划过程中优化长短筋配合，合理选用 12m 或 9m 的钢筋，提前做好材料计划，减小钢筋配料的损耗。充分利用短、废料钢筋做马镫、排水沟箅子、拉钩和预埋件锚固筋等构件，提高钢筋利用率。

减少防水板及土工布等贴面类材料的损耗。在施工前，对防水板及土工布等贴面类材料进行整体排版，减少非整块材的数量。

涂料类基层施工应符合要求，避免起皮、脱落。各类涂料及黏结剂随用随开启，不用时及时封闭。

2. 优化模板支架体系，减少材料用量

（1）主体结构侧墙采用拼装式组合钢模，同时将面板与主楞分离，使之既能满足单侧支模施工（图 21-20（a））又能满足双面模板的墙体施工（图 21-20（b）），提高模板的通用性和周转率。

（2）根据设计方案，选择 25a 的双拼工字钢，使墙体模板的拉杆优化为上下两道，同时减少拉杆的使用数量，减少材料损耗，模板的主楞可用于主体中板孔洞处支架的平台搭设。

（3）使用可拆卸三节式止水螺杆（图 21-21）。螺杆由分体的一段内拉螺杆和两段外拉螺杆（长 350mm）三部分构成，使用时通过螺帽将三节杆连接起来，剪力墙混凝土浇筑完后将两段外拉螺杆拆除调直，可重复利用。

(a) 单侧支模

(b) 双侧支模

图 21-20 单侧及双侧支模

（4）通过采用盘扣支架体系（图 21-22），利用型钢和方钢，同时对模板支架体系进行计算优化，使原有碗扣支架步距 600mm×900mm 优化为 1200mm×1200mm，大大减少了支架材料的投入，同时通过采用型钢和方钢，周转率高，损耗小，大大减少方木的使用量。

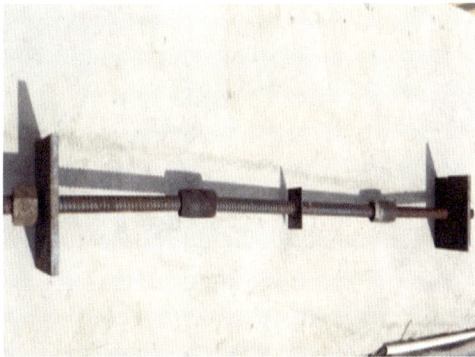

图 21-21 三节式止水拉杆

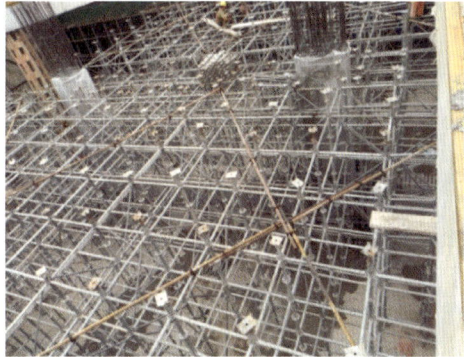

图 21-22 盘扣支架

3. 建筑余料的回收利用，减少浪费，保护环境

通过收集货物送货木托架，用于工程施工材料堆码，如图 21-23 所示；利用叉车等机械周转物料，减少重复搬运；利用废旧钢筋制作标养室试块胎架，如图 21-24 所示。

图 21-23 木托架回收利用

图 21-24 利用废旧钢筋制作标养室试块胎架

4. 采用装配式构件搭建临时设施，可重复利用

项目部对临时设施、防护的工具化、定型化、标准化以及工厂化十分重视，在施工现场一次性投入开发和使用了定型化的灯架、配电箱、防护棚、电梯井防护门，防护栏杆，悬挑脚手架立杆底座、外架工字钢加固预埋装置、板厚检测尺、上下基坑通道、预制混凝土板路面、预制钢板路面、移动厕所等。这些工具、用具均为一次投入，可多次重复使用。施工升降机操作平台防护门、电梯井防护门、防护栏杆、上下基坑通道、预制混凝土板路面、预制钢板路面等采用工厂化生产，既统一、美观又经济适用。

原有盾构门吊基础和渣坑都采用钢筋混凝土基础施工，本项目对门吊基础进行改进，采用贝雷片进行基础施工（图 21-25），盾构渣坑采用钢板焊接成型（图 21-26），这样可重复利用，节约材料。

图 21-25　龙门吊贝雷梁

图 21-26　型钢渣坑挡板

21.5　节水与水资源利用情况

水资源主要包括三个方面：（1）水资源的有效利用；（2）施工过程的安全用水；（3）非传统水资源的有效利用，从而减少水资源浪费，使水资源得到最有效的利用。

在水资源有效利用方面，尽量选择先进的节水施工工艺，以有效节约水资源；在进行绿色施工现场喷洒时，不宜用自来水对路面和绿化进行浇灌，应建立一套完善的废水回收再利用处理系统，使水资源得到循环利用，从而实现水资源的最有效利用。

在施工过程的安全用水方面，不断加强水质监测，采取相关安全卫生保障措施，避免施工人员因饮用有问题的水，对身体健康造成严重影响，进而影响绿色施工。

在非传统水资源的有效利用方面，可以通过采集雨水的方式，使非传统水资源得到合理利用，从而降低绿色施工成本，实现绿色环保目标。

1. 加强用水管理，提高用水效率

（1）制定用水定额指标并加强考核

制定用水定额，将节水指标纳入劳务分包合同条款，进行计量考核，根据合同规定每万元产值用水定额指标，定期安排专人对各分包队伍的水表进行抄表，与用水指标进行对

比分析，做出计量考核记录。施工用水和生活用水定额如表 21-3 和表 21-4 所示。

施工用水定额　　　　　　　　　　　　　　　　　　　　　　　　　表 21-3

用水对象	单位	一般耗水量	目标耗水量
混凝土养护	L/m³	200	140
冲洗模板	L/m³	5	3
砌体工程全部用水	L/m³	200	140
抹灰工程全部用水	L/m³	30	20
搅拌砂浆	L/m³	300	210

生活用水定额　　　　　　　　　　　　　　　　　　　　　　　　　表 21-4

用水对象	单位	一般耗水量	目标耗水量
生活用水(洗漱、饮用)	L/(人·d)	30	20
食堂	L/(人·次)	15	10
浴室	L/(人·次)	50	35

施工现场生活用水、工程用水由水电消耗控制组专人看管，实行用水计量管理，严格控制施工阶段的用水量。生活区与施工区分别计量，及时收集施工现场的用水资料，建立台账，并进行分析、对比，提高节水率。各工点均在工作场地内设置沉淀池和集水井，实现雨污分流，对施工废水进行沉淀净化，并二次用于场地内运输道路的洒水降尘。

（2）采用节水型器具

施工现场生产、生活用水使用节水型生活用水器具，盥洗室和卫生间采用节水型水龙头、低水量冲洗便器或缓闭冲洗阀等，在水源处设置明显的节约用水标志。

（3）管网和用水器具不应有渗漏

供水管网及其附属设施符合国家或地方相关标准和规范要求，设施状况良好，无跑、冒、滴、漏现象。供水管道连接处采用注射一定量的密封剂，使管道密封性得到较大的提升，从而降低水的渗漏，提高水资源的利用率，并有专人定期对渗漏情况进行检查。

（4）临建施工方案中的供排水系统布置合理适用

施工现场供排水系统编制专项的临建施工方案，布置合理适用。

2. 智能化喷淋技术

对现场喷淋系统进行改进，采用环境实时监测联动喷淋降尘系统，在施工现场设置 TCP7 寸工业用触摸屏，自带气象参数集中传感器及操作系统，实现系统画面自动提示状态、报警等信息。传感器包括温度、湿度、噪声、风速、风力、$PM_{2.5}$ 值、PM_{10} 值采集功能，系统根据气象参数传感器采集的信息及时反馈至电磁阀，自动开启喷淋系统，实施喷淋降尘，通过智能化喷淋，在满足施工现场扬尘防治要求的情况下，实现水资源不浪费，节约施工成本。

3. 地连墙泥浆的循环利用

在车站围护结构施工过程中，采用泥沙分离器（图 21-27），实现颗粒杂质与泥水分离，使地连墙泥浆可循环利用，节约水资源。

图 21-27　旋流分离器

4. 降水井抽排水回收利用技术

降水井抽排水回收利用流程图如图 21-28 所示，采用地铁车站明挖基坑降水井自动抽排装置，随着基坑水位标高变化，深井潜水泵通过感应器装置，将基坑内的水及时抽排，降低坑内水位，基坑降水用水泵抽到地面上储存起来（图 21-29），经集水井、三级沉淀池收集后，通过沉淀净化二次利用。经过净化的水可用于场地文明施工、消防用水及厕所冲洗，这样在保证基坑开挖安全性的同时，解决了现有降水井抽排水排放造成的水资源浪费问题，达到循环节约用水的目的。

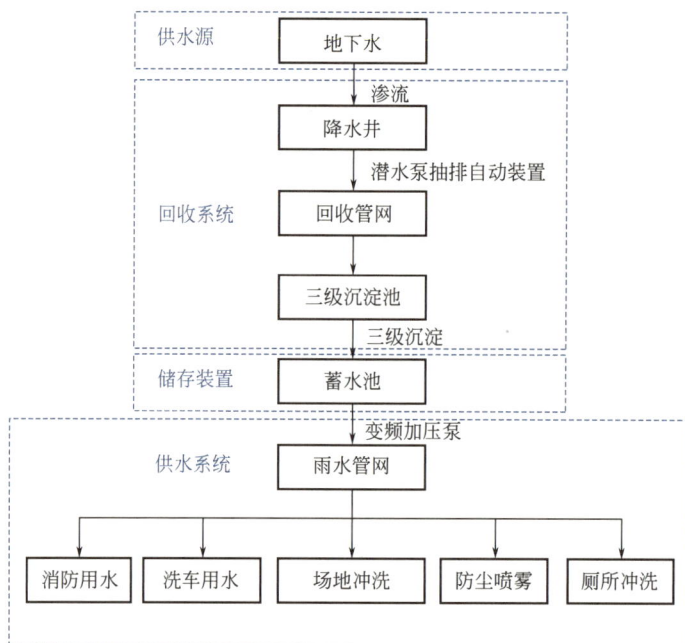

图 21-28　降水井抽排水回收利用流程图

图 21-29　基坑降水存储

5. 混凝土养护和砂浆搅拌节水措施

（1）加强养护用水管理

柱构件拆模后朝表面喷水，再用塑料膜覆盖包紧达到养护目的，如图 21-30（a）所示；对于墙构件，在普通薄膜＋土工布滴淋养护工艺的基础上进行技术创新，发明出一种地铁车站侧墙喷淋养护系统（图 21-30（b）），包括养生膜、蓄水箱和连接于蓄水箱出口上的管体，管体位于侧墙上方，减小人为因素影响，节约水资源；结构顶板采用冷却管循环水养护，实现水循环利用，见图 21-30（c）。

(a) 独立柱混凝土养护　　　　　(b) 侧墙混凝土养护　　　　　(c) 顶板养护

图 21-30　混凝土养护

（2）节约搅拌用水

搅拌站生产商品混凝土时，通过系统控制，根据施工配合比计算出最佳用水量，有效地节约施工用水；采用气泵反洗技术进行泵管洗管，减小用水量。

6. 用水安全

在非传统水源和现场循环再利用水的使用过程中，制定有效的水质监测与卫生保障措施，现场循环再利用的废水，严禁人员饮用，以避免对人体健康造成影响。水质经具有资质的单位检验合格后方可用于砂浆搅拌等作业。

21.6　节能与能源利用情况

1. 加强日常的节能管理，减少能源消耗

（1）规定合理的温、湿度标准和使用时间，提高空调和采暖装置的运行效率。夏季室内空调温度设置不得低于 26℃，空调运行期间关闭门窗。

（2）生活区、办公区所有的照明开关处都设有"节约用电、随手关灯"的标志，并由专人负责，如发生有明灯的现象，除及时关灯外，还要追究负责人。

（3）现场所有电动力的机械，都由专人负责，并对节约电能负责，防止机械空转、不使用时及时关闭开关，拉掉电闸。

（4）加强用电管理，做到人走灯灭。宿舍区根据时间进行拉闸限电，在确保参建人员休息、生活所用电源外，减少不必要的消耗。办公区严禁长明灯，空调、电暖器在临走前要关闭，实行分段分时使用，节约用电。

（5）根据施工现场情况编制详细的施工现场临时用电方案，使施工现场供电网络根据用电量进行设计布置，采用合理的电缆直径、简捷的线路，有效地减少线路和电缆的浪费。

（6）实行用电计量管理，严格控制施工阶段的用电量。装设电表，生活区与施工区分别计量，用电电源处设置明显的节约用电标志，同时施工现场建立照明运行维护和管理制度，及时收集用电资料，建立用电统计台账，提高节电率。施工现场分别设定生产、生活、办公和施工设备的用电控制指标，定期进行计量、核算、对比分析，并制定预防与纠正措施。

2. 开发利用新能源

现场办公区、休息区配套用电设备及照明，采用太阳能离网发电系统（图 21-31）发电、供电。通过利用可再生能源供电替代传统的煤电，不仅减少工业用电高昂的费用，节约施工成本，而且减少树木砍伐及二氧化碳排放，符合地铁围绕环保施工的主题，为实现文明施工标准化建设迈出坚实的一步。

图 21-31　太阳能离网发电系统

3. 优选节能的材料、施工设备、机具

（1）选用节能材料，利用天然条件采光

临时用电优先选用节能电线和节能工具，合理规划临电线路布置。在隧道、出入口、主要道路上设置 LED 灯（图 21-32）或太阳能路灯（见图 21-32），减少照明用电。临时设施结合日照和风向等自热条件，合理采用自然采光、外窗遮阳和通风措施。

图 21-32　隧道 LED 灯

图 21-33　太阳能路灯

（2）选用合适的施工机械及工艺

深基坑开挖中长臂挖掘机（小斗）改为电动抓斗机（大斗），见图 21-34，大幅提高施工效率。矿山法隧道初支湿喷机（图 21-35）喷射混凝土，施工效率高，环保效益好。龙门吊采用自动夹轨器装置（图 21-36），降水井采用自动抽水设备（图 21-37）。

图 21-34　电动抓斗机替换长臂挖掘机

图 21-35　湿喷机的使用

图 21-36　龙门吊自动夹轨器

图 21-37　降水井自动控制开关

21.7　节地与施工用地保护情况

1. 施工场地布置

施工总平面布置应能充分利用和保护原有建筑物、构筑物、道路和管线等，职工宿舍应满足 $2m^2$/人的使用面积要求；项目施工场地布置合理、紧凑，并应尽量减少占地。各施工阶段均进行场地规划，绘制施工场地平面布置图实施动态管理；盾构管片存放场地、渣坑布置、盾构油脂、防水材料合理利用车站结构顶板及中板场地，共节约用地约 $2180m^2$。

2. 临时便道与永久道路结合使用

在批准的临时用地范围内组织施工，根据现场条件，合理设计场内交通道路。施工现场临时道路布置应与原有及永久道路兼顾考虑，并充分利用拟建道路为施工服务。

3. 保护施工用地，防止水土流失

采取防止水土流失的措施，对场地内边坡进行喷混凝土防护和植草绿化，见图 21-38。针对施工过程对原地貌产生的破坏应及时进行植被恢复，防止水土流失，见图 21-39。

图 21-38　植草防护

图 21-39　施工便道边坡绿化

21.8　绿色施工实施效益分析

本项目划分为三个工区项目部，由于绿色施工实施效果各异，故将三个工区的绿色施工经济效益分析单列，如表 21-5～表 21-7 所示。

1. 一工区项目部

一工区绿色施工经济效益　　　　　　　　　　　　　　　　表 21-5

序号	项目	目标值	实际值
1	实施绿色施工增加成本	130 万元	83 万元　一次性耗损成品 32 万元　可多次使用成本为 51 万元

续表

序号	项目	目标值		实际值
2	实施绿色施工节约成本	400 万元	493 万元	环境保护措施节约成本 22 万元 节材措施节约成本 82 万元 节水措施节约成本 4 万元 节能措施节约成本 250 元 节地措施节约成本 135 万元
3	综合成本和节约的经济增加值	270 万元,占总产值(7.77 亿元)比重为 0.34%	410 万元,占现阶段产值(7.77 亿)比重为 0.52%	

2. 二工区项目部

二工区绿色施工经济效益 表 21-6

序号	项目	目标值		实际值
1	实施绿色施工增加成本	120 万元	90 万元	一次性耗损成本 15.5 万元 可多次使用成本为 74.5 万元
2	实施绿色施工节约成本	1000 万元	1107.4 万元	环境保护措施节约成本 5 万元 节材措施节约成本 847.3 万元 节水措施节约成本 50.2 万元 节能措施节约成本 84.1 万元 节地措施节约成本 121.0 万元
3	综合成本和节约的经济增加值	880 万元,占总产值(9.98 亿元)比重为 0.88%	1017.4 万元,占总产值(9.98 亿元)比重为 1.02%	

3. 三工区项目部

三工区绿色施工经济效益 表 21-7

序号	项目	目标值		实际值
1	实施绿色施工增加成本	160 万元	117 万元	一次性耗损成品 420000 元 可多次使用成本为 750000 元
2	实施绿色施工节约成本	200 万元	430.8 万元	环境保护措施节约成本 65000 元 节材措施节约成本 864000 元 节水措施节约成本 57000 元 节能措施节约成本 2256000 元 节地措施节约成本 1066000 元
3	综合成本和节约的经济增加值	40 万元,占总产值(4.8 亿元)比重为 0.08%	节约 313.8 万元,占总产值(4.8 亿)比重为 0.65%	

项目综合成本和节约的经济增加值：389+1067.76+313.8＝1770.56 万元。

占总产值（4.53＋5.51＋4.8＝14.84 亿元）比重为 1.19%。

21.9 本章总结

本章主要从地铁 2 号线二期工程环境保护实施、节材与材料资源利用、节水与水资源利用、节能与能源利用以及节地与施工用地保护情况等绿色施工管理方面展开论述，主要得出以下结论：

（1）环境保护的实施主要围绕环境保护标识、资源保护、人员健康、扬尘控制、废气排放控制、建筑垃圾处置、水污染控制、光污染控制、噪声与振动控制等方面。通过将施工区与办公生活区分开、生活区卫生保洁、危险地段的安全警示以及劳动保护工作等做好，以保障人员健康；扬尘控制方面，分别在施工作业过程、建筑材料、高空垃圾清运等方面制定抑尘措施，结合电子自动监测方法共同控制；水污染控制方面，主要注意污水的处理及排放，收集回收废油防止其污染土地，以及废泥浆的沉淀处理。

（2）节材与材料资源利用主要从采购、运输、保管和使用各个环节严格管理，控制材料的损耗；优化模板支架体系，减少材料用量；回收利用建筑余料，减少浪费，保护环境；采用装配式构件搭建临时设施，可重复利用，如集装箱活动房、龙门吊基础、护栏及临边防护、定型化楼梯等。

（3）节水与水资源利用情况方面，最重要的是加强用水管理，提高用水效率。主要措施包括：制定用水定额指标并加强考核，采用节水型器具，合理布置临建施工方案中的供排水系统，保证管网和用水器具不渗漏。此外，还可以对现场喷淋系统进行改进，采用环境实时监测联动喷淋降尘系统；利用泥沙分离器循环利用地连墙泥浆；采用降水井抽排水回收利用技术，将经过净化的水用于场地文明施工、消防用水及厕所冲洗；加强养护用水管理和节约搅拌用水。

（4）在节能与能源利用上，应加强日常的节能管理，减少能源消耗；开发利用新能源，如采用太阳能离网发电系统发电、供电；充分利用天然条件通风和采光，优选节能的材料、施工设备、机具，如LED灯或太阳能路灯、自动抽水设备等。

（5）对于节地与施工用地的保护，应能充分利用和保护原有建筑物、构筑物、道路和管线，根据各施工阶段进行场地规划，动态管理施工场地；施工现场临时道路布置应与原有及永久道路兼顾考虑，并充分利用拟建道路为施工服务。针对施工过程对原地貌产生的破坏应及时进行植被恢复，防止水土流失。

（6）本项目划分为三个工区项目部，绿色施工实施效果各异，项目综合成本和节约的经济增加值共计1770.56万元，占总产值的1.19%，取得了一定的经济和社会效益。

第 22 章　项目资源管理

22.1　引言

22.1.1　项目资源管理概述

项目资源既是项目目标得以实现的物质基础，也是项目管理赖以针对的主要对象，包括项目使用的人力资源、材料、施工机具与设施、技术、资金和基础设施等。项目资源管理是指为了降低项目成本，而对项目资源进行计划、组织、指挥、协调和控制等活动。由于工程所需的资源种类多、需求量大；工程项目建设过程是个不均衡的过程；资源供应受外界影响很大，具有复杂性和不确定性，资源经常需要在多个项目中协调；资源对项目成本的影响很大等原因，导致项目资源管理极其复杂。其目标是通过生产要素管理，实现生产要素的优化配置，做到动态管理，降低工程成本，提高经济效益。

项目资源管理的全过程包括项目资源的计划、配置、控制和处置。

(1) 计划，是优化配置和组合的手段，目的是对资源投入量、投入时间、投入步骤做出合理安排，以满足项目实施的需要。在资源管理中，分析项目整体的资源状态是十分重要的过程。这里的分析是针对项目的需求，分析项目现有资源的情况，包括资源数量、质量、种类、分布等，关注工程项目需要的资源的状态，以及资源提供能力的匹配水平。只有充分分析，项目资源管理的程序才能具有价值，资源提供的效率与效益才能满足规定的要求。

(2) 配置，是指按照计划，从资源的供应到投入再到项目实施，保证项目需要。优化是资源管理目标的计划预控，通过项目管理实施规划和施工组织设计予以实现。包括资源的合理选择、供应和使用，既包括市场资源，也包括内部资源。

(3) 控制，是指根据每种资源的特性，设计合理的措施，进行动态配置和组合，协调投入，合理使用，不断纠正偏差，以可能少的资源满足项目要求，达到节约资源的目的。动态控制是资源管理目标的过程控制，包括对资源利用率和使用效率的监督、闲置资源的清退、资源随项目实施任务的增减变化及时调度等，通过管理活动予以实现。

(4) 处置，是根据各种资源投入、使用与产出核算的基础上，进行使用效果分析，总结管理效果，找出经验和问题，评价管理活动，同时为管理提供储备和反馈信息，指导下一阶段的管理工作，并持续改进。

地铁土建工程涉及专业种类多、需要投入的资源多，合理配置资源，并对资源进行有效管理，对提高项目经济效益，加快工程进度具有重要意义。

22.1.2　本章主要内容

本章项目资源管理主要从人力资源管理、工程材料管理、施工机具管理以及项目资金管理等方面展开论述。在人力资源管理方面，介绍了项目部人力资源的特点及配置、开发的劳务管理系统的功能及应用效果；在工程材料和施工机具方面，主要表述材料、机具的配置及管理；在项目资金方面，主要讲述对上计量管理及对内结算管理。

22.2 人力资源管理

22.2.1 项目人力资源的特点

项目人力资源指项目部包括不同层次的管理人员和参与的各种工人。人力资源管理是一切对组织的员工构成直接影响的管理决策及利用人力资源实现组织目标的实践活动，包括工作分析、组织规划、员工招聘和选拔、培训和开发、机理机制、工作绩效、沟通等一系列劳动关系的过程。工程项目人力资源管理与企业一般人力资源管理有差异，在内容上有自己的侧重点，在方法上也有一定的独特性，即建设项目人力资源管理在一定的生命周期内，表现为满足项目任务的需求；组织机构具有灵活性和多样性，根据项目的分类，在不同的项目阶段可采用多种形式的组织视图，以便适应项目的不同需要；项目人员的获取和解聘具有非常规性，具有一定的权变性和随机性；对人员仅进行短期考核，评价指标以业绩、能力、态度为主。

22.2.2 项目部人力资源配置

本工程项目部分两级，即总承包项目部和各工区项目部。总承包项目部由中国交建直接派出，设置 6 个职能部门：工程技术部、安全质量环保部、物资设备管理部、计划合同部、财务室、综合办公室，连同项目部领导，共配置 36 名管理人员。各工区项目部的组建由参建单位（二级公司）派出，根据所承担的工程任务，调集施工信誉好、具有丰富地铁施工经验的专业队伍参加本工程施工，配备具有多年地铁施工和管理经验的人员进行施工管理

22.2.3 劳动力资源配置

根据本标段特点，按照"结构合理、分工明确、突出专业化、满足工期要求、确保质量和安全、略有富余"的原则分阶段、分专业进行劳动力配置，与技能、数量、资信、专业相匹配。根据总体施工部署，本工程分三个工区组织施工，每个工区根据工作任务、施工部署合理设置班、组，各工区相对独立开展工作，接受总承包项目部的统一协调管理。

根据各工点施工进度安排及工法、工艺要求，安排合理工种比例的劳动力，各工序劳动力工种配置结构合理、分工明确，突出专业化；与有资质、有信誉、有多年地铁施工经验的专业劳务公司签订劳务合同，确保施工质量及安全；按照施工计划，提前按工程量所需的工日数合理安排劳动力，并略有富余，满足抢工、赶工需要，确保节点工期及总工期的要求。

劳动力配置计划在标段及各工区开工前 14 天内按标段分专业、分批次，并按月列出工种及人数，分别报监理工程师。劳动力计划满足施工进度计划的需要，确保项目节点工期及总工期、质量和安全生产的要求。若甲方调整关键工期，总承包项目部将根据甲方新的"关键工期"项目要求，结合工期预警制度，从大局出发，调整项目总体策划，并积极采取措施，整合劳动力资源，调整相关工种劳动力配置，制定新的劳动力计划，确保完成

新确定的关键工期项目，满足整体工期目标。

厦门地铁 2 号线二期工程劳动力资源投入见图 22-1。

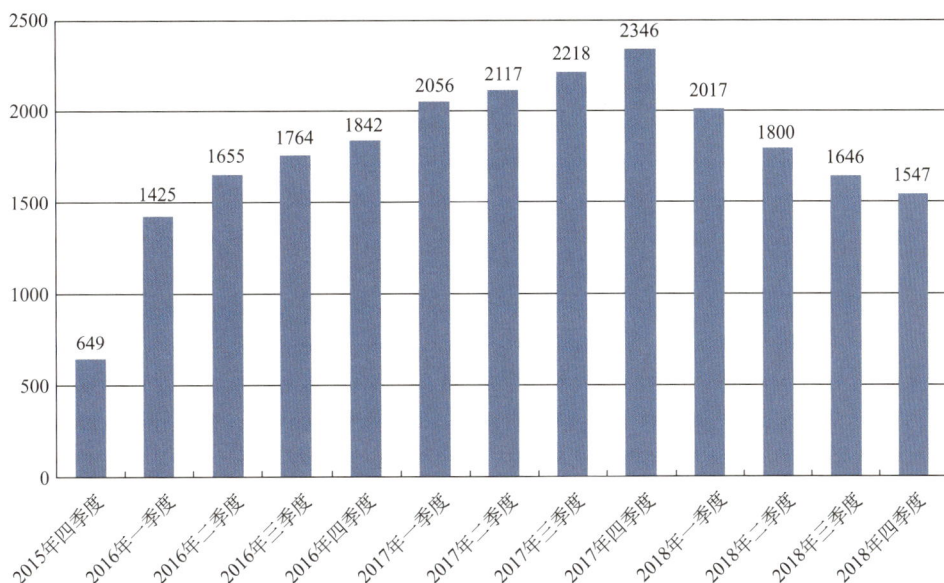

图 22-1　厦门轨道交通 2 号线二期工程劳动力资源投入

22.2.4　劳务管理系统的开发及应用

22.2.4.1　加强劳务管理的意义

随着我国现代化进程的加快和市场化经济的运行，我国建筑施工企业开始推行项目法施工和项目承包，实行决策层和管理层、管理层和劳务作业层两层分离，明确了项目管理班子的责、权、利，建立企业内部市场机制。此时的劳务作业层是由企业内部的劳务管理处或劳务分公司来具体管理和统筹安排，工人在企业的各项目间被有序地组织施工和流动。在项目实施中，工程质量的优劣、安全运行的好坏、进度的有效控制等归根结底是由基层工人决定的。因而，劳务管理的成败决定着项目管理的成败。

大量事故案例证明，90％以上的事故发生在作业班组，安全质量事故的受害者大多是一线的作业人员，而大多数事故都是由于违章指挥、违章操作和违反劳动纪律等人为因素造成的。因此，规范班组作业人员安全生产行为，落实作业场所安全管理措施，严格落实班组长、员工岗位安全生产责任制和现场安全管理的各项制度，是减少和杜绝"三违"，有效遏制重特大事故、压减事故总量的重要保障。目前项目部对施工班组有的是直接实施管理、组织施工，有的要通过中间层（协作队伍）来转达、落实各种规章制度、管理要求，作业班组管理存在以下问题：

（1）班组临时组建，对工人施工水平要求低。劳务人员人数近几年一直在下降，有经验的劳动力资源紧缺。临时招收未经系统培训教育的新工人成为现场施工质量安全的隐患重点。

（2）工人老龄化突显，对现代管理手段落实难度加大。老龄化问题突显，给班组管理带来难度，如工作任务分配、思想观念转变、安全管理、新技术新工艺的贯彻实施等。

（3）承包合同价较低，对现场规范化管理不愿投入。

（4）过度追求经济利益，对施工质量安全责任心不强。计件工资，部分工人一味追求效率，偷工（工序）减料，或加班加点，疲劳施工，造成较大安全隐患。

（5）工人大局意识不强，对规章制度存在抵触心理。工人干活赚工资，只听包工头的指令，对总包项目部管理存在抵触，制度落实在管理层和施工班组之间出现脱节。

（6）班前教育、交底趋于形式化，针对性不强，工人参与积极性不高。

由此可见，规范劳务队伍管理及劳务用工管理，切实保障劳务人员的合法权益，对有效控制工程质量、安全、进度，具有重要的意义。

22.2.4.2 劳务人员管理系统研发背景

地铁项目由于其自身工程特点，系统性复杂，参建人员众多，厦门地铁 2 号线二期工程高峰期共有 2346 名在场劳务人员，25 支劳务分包队伍，有钢筋工、混凝土工、模板工、架子工、电焊工、盾构班组等 112 个施工班组。为扎实开展对劳务作业人员的管理，把好劳务作业人员进入工地审核关，夯实劳务作业人员的技能及安全知识培训、考核力度，实现劳务作业人员实名制管理，并切实解决劳务人员工资拖欠问题，杜绝项目上出现劳务纠纷，确保管理制度落地。对施工班组及劳务人员进行行为记录，建立信用评价体系，通过大数据分析，筛选符合中国交建施工作业标准的劳务人员。厦门地铁 2 号线总承包项目部自主开发"中交劳务人员管理系统"，本系统涵盖劳务人员档案、岗前培训情况、工作经验技能审核、作业场所安全风险提醒、工资发放、行为记录五大版块，系统分网页版及手机 App 版，如图 22-2 所示。

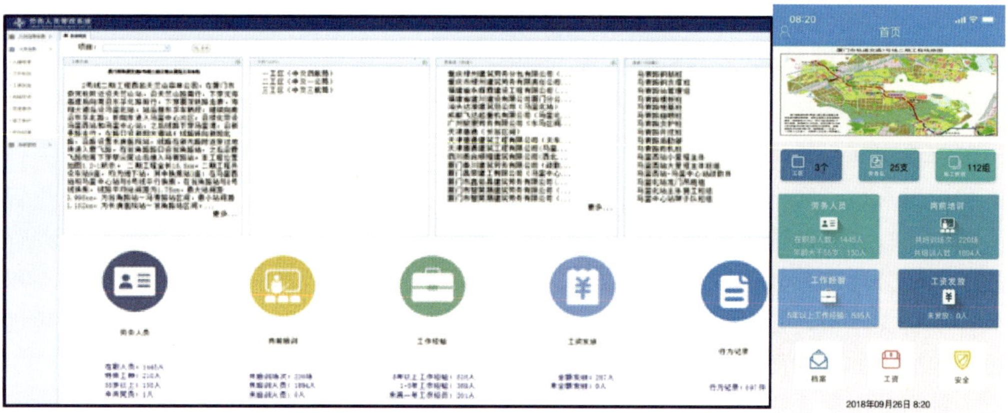

(a) 网页版操作界面   (b) App 版操作界面

图 22-2　网页版、App 版操作界面

22.2.4.3 劳务人员管理系统功能

总承包项目部结合 2018 年 5 月住建部《建筑工人实名制管理办法（征求意见稿）》及《全国建筑工人管理服务信息平台数据标准（征求意见稿）》的要求，对劳务人员管理系统进行 2.0 版升级，主要新增功能有：①增加前端设备，将劳务人员考勤情况实时导入系统；②通过前端设备，将深基坑、隧道内作业人员情况实时导入系统；③增加人员信息处理分发、审核功能，将原系统资料一人录入变为多部门联动处理，提高工作效率及数据录入时效性；④结合实际使用，完善各版块功能，优化系统操作性。

1. 人事档案版块

系统该版块对个人户籍信息、政治面貌、健康情况、工种及持证情况、所属劳务队伍等进行录入存档与信息化管理；健康情况统计、高龄作业人员（55 岁以上占比 11.2%）提醒；重点关注特殊工种及持证情况（特种人员占比 19.5%）。人事档案版块界面如图 22-3 所示。

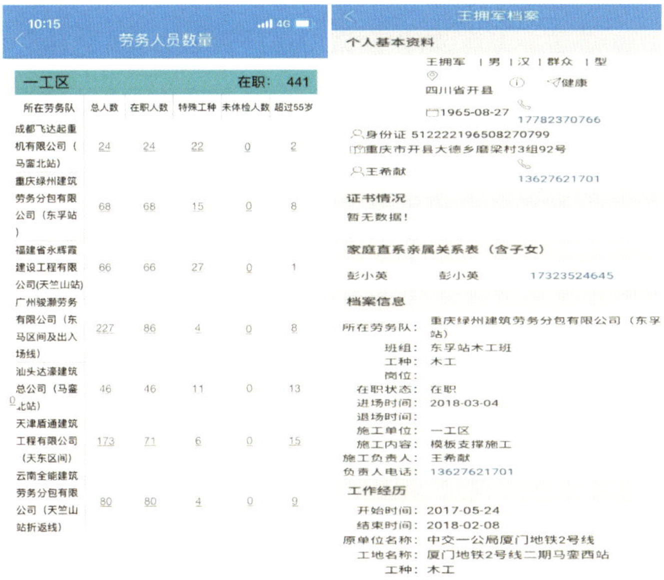

图 22-3　人事档案版块界面

2. 工作经验版块

工作经验版块可关注就业时间短劳务人员（1 年以下占 19.4%），在作业过程中对其安全、工作状态进行监控；识别同一工种工作 5 年以上（5 年以上占 30.5%）劳务人员，将其作为群众安全员挑选及培养对象。版块界面如图 22-4 所示。

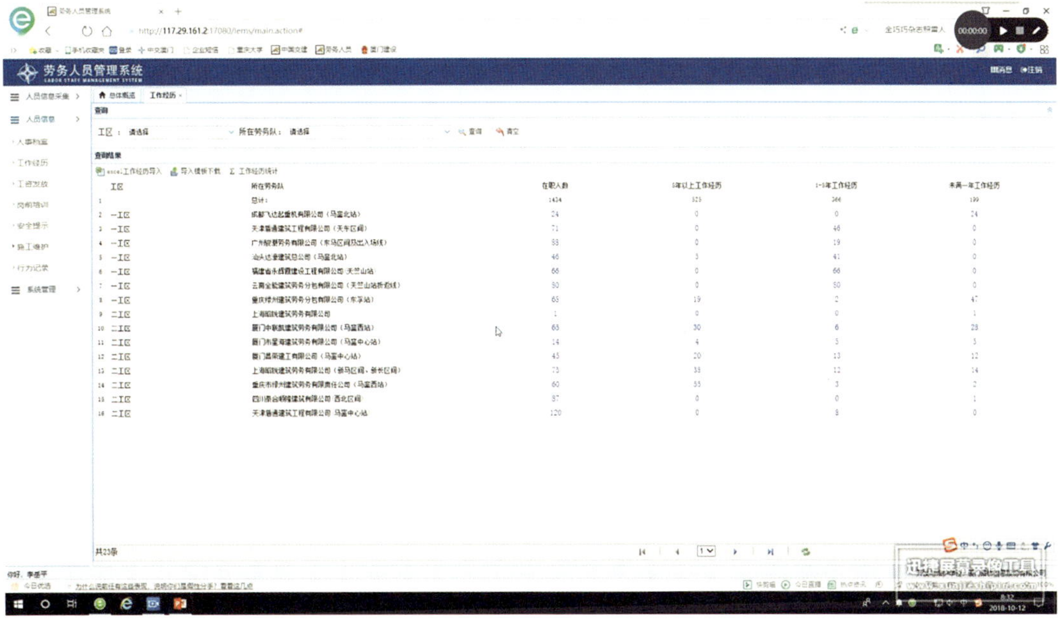

图 22-4　工作经验版块界面

3. 工资发放版块

工区劳务专管员每月将各劳务队工资发放情况、工资签认表附件上传至系统；总承包项目部及工区领导对劳务人员工资发放情况进行附件核查、电话或短信抽查，杜绝弄虚作假现象，掌握是否存在劳务人员欠薪问题。工资发放版块界面如图 22-5 所示。

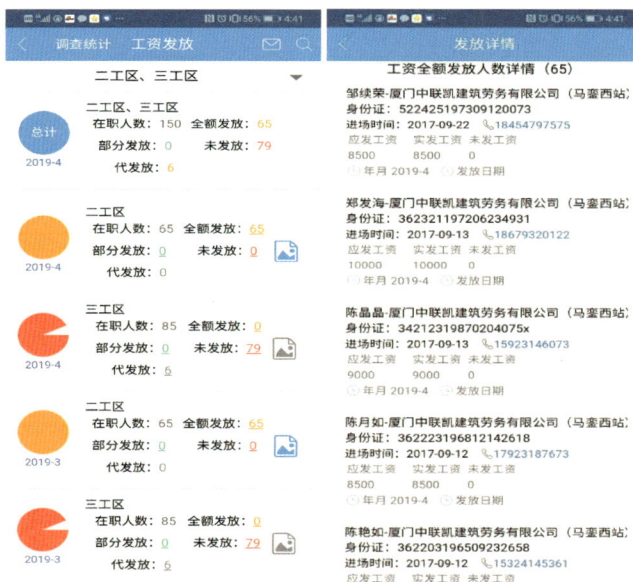

图 22-5　工资发放版块界面

4. 行为记录版块

对存在恶意讨薪、现场安全文明施工、工程质量等方面问题的劳务人员在系统中进行记录；对现场作业情况良好的劳务人员进行登记；将良好及不良行为记录作为今后劳务人员二次进场作业的重要评判标准，就对应行为进行适当的奖惩。

5. 岗前培训版块

项目通过多媒体工具箱对进场劳务作业人员进行岗前培训，培训完成后将所有人员岗前培训内容、课件及考核情况导入系统；检查是否存在上岗人员未培训、培训内容与其工种不对应；及时对相应单位培训不规范问题进行纠偏。

6. 风险信息三级推送

每周各工区总工进行三级风险源辨识（施工班组、工区管理层、总承包项目部管理层），工区安全总监进行各工点及施工班组风险信息编制，经总承包项目部劳务人员管理办公室汇总编辑后交由总承包项目部安全总监审核；工区劳务专管员将审核通过的施工班组风险提示信息通过本系统上传，总承包项目部管理员审核通过后，将信息发送给对应作业班组人员，提醒在施工过程中存在的作业风险，有效避免安全事故的发生；总承包项目部及工区管理人员风险信息由总承包项目部劳务人员管理办公室直接发送。

22.2.4.4　劳务人员管理系统应用效果

总承包项目部设劳务人员管理办公室，1 人专职负责劳务人员及系统使用管理，主要工作如下：就系统使用与开发升级问题协调工区及开发单位，定期开展劳务人员管理各项检查工作等；各工区分设 1 名劳务专管员，工区安质部、工程部、计合部、财务部等部门配合劳务专管员进行系统日常数据更新及维护工作；目前本项目共 4 人专项负责劳务人员管理相关工作。总承包项目部在职员工及各工区项目部职工均注册各自的系统账号，可随时登录系统查看在场劳务人员信息，监督系统中各项数据的真实性。

通过本系统的全面推广使用，节约本项目劳务人员管理工作人力成本：总承包项目部及工区项目部由原来至少各 3 人完成劳务人员全过程（进场教育培训资料管理、工资发放情况管理等）管理，减少为各 1 人完成即可，减少 8 人次，年节约人力成本超过 100 万元人民币。系统的使用还完善了劳务人员档案、现场作业管理、创建"无欠薪项目部"等方面工作；同时，有效地提升了项目管理深度（多部门参与，共同监管）、提高工作效率（信息化办公，避免纸质版材料归档、查阅繁杂问题）。

22.3　工程材料管理

22.3.1　工程材料配置

22.3.1.1　材料采购配置原则

根据招标文件对本项目甲供材料、甲控乙购材料、乙购材料的分类要求，本工程甲供材料主要包括涉及结构安全及重大质量影响的主要材料钢材（Ⅰ级钢筋、Ⅲ级钢筋、Ⅲ级钢筋）、钢板、型钢（不含相关配件）等；甲控乙购材料主要包括涉及结构安全及重大质量影响的各类防水材料；除上述外的其他材料为乙购材料。各类材料的采购及配置原则如下：

（1）总承包项目部严格执行招标文件有关甲供材料的管理要求，及时与甲方、材料供应单位签订三方《钢材供应合同》，并根据项目施工进度安排，提前计算各施工阶段需用的材料数量，经监理单位审核确认后，按要求向甲方报送甲供材料用量汇总表及季度、月度专项材料计划。

（2）本工程防水材料实行甲控乙购，总承包项目部按照统一采购、集中供应的原则，从甲方推荐的品牌库中择优选择厂家，通过招标选择信誉好、实力强、质量稳定的防水材料供应厂家，有力的保证防水材料采购质量。

（3）乙购材料根据材料的特点及重要性分为集中采购材料与工区自购材料，集中采购材料由总承包项目部统一组织进行招标采购，工区自购材料由各工区自行组织采购，集中采购材料主要包括对工程质量影响较大的混凝土、盾构管片、水泥、接地材料等。混凝土将严格按照招标文件要求选择厦门市预拌混凝土专业二级以上资质的商品混凝土生产企业；水泥选择规模大、质量好、供应稳定的全国知名水泥生产企业；盾构管片将通过提前策划生产、加强过程监控、保持合理储备的方式，确保管片生产加工进度及质量满足要求。对于工区自购材料，严格按照材料设计及规范要求，选择信誉好，价格合理的材料供应厂家，确保乙购材料供应及时、质量可控。

22.3.1.2　材料供应保障措施

总承包项目部将采取以下管理方法及管理措施来保障材料供应：

（1）建立管理组织机构：总承包项目部成立由项目主要领导牵头的物资采购管理领导小组，决定各项材料的管理目标、管理机构、采购权限等重要事项，批准招标文件、采购方案、招标结果；总承包项目部成立物资设备部，负责总承包项目部物资计划、招标策划、供应组织、质量控制、协调各方关系等管理工作；工区设置独立的物资管理部门负责各工区的物资管理工作。

（2）健全管理各项制度：遵循"充分讨论、事前明确、事中修正"的原则。总承包项目部根据甲方要求及管理规定编制本工程各类管理办法及制度，明确各种材料的采购权限、采购方法、供应流程、结算方式等，并以文件的形式下发给各工区，各工区根据总承包项目部的文件要求编制符合工区管理要求的制度办法并下发到各施工作业队。

（3）配足材料管理人员：按照甲方及施工进度要求配备足够的材料管理人员，确保材料采购及管理各流程都有专人负责，同时加强对管理人员的培训，提高材料管理人员的业务水平，以达到控制材料质量、保障材料供应的目的。

（4）加强材料计划管理：根据施工进度计划，密切与生产组织、成本定额等部门协作，制定合理的材料采购计划，确保物资供应计划严谨、周密，并在施工过程中及时进行调整完善，最大限度保证物资计划与施工进度相匹配，确保材料按照施工进度要求按时进场。

（5）加强材料质量控制：采取"采购源头把关"和"使用过程监控"的方式对材料质量进行管理。在材料采购阶段，通过招标对材料供应商进行详细的技术评审和商务评审，选择技术能力强、生产规模大、质量相对稳定、价格合理的材料生产厂家；在材料使用阶段，按照"先检后用，先到先用"的原则进行管理，所有材料在进入现场后，先按照规范要求进行相关试验，检测合格后方可使用，对检测不合格材料须在监理单位的见证下全部清场，并停止该供应商的供货。

（6）保障货款按时支付：对于集中采购的甲控乙购及乙购重要材料，通过总承包项目部直接将材料款支付给供应厂家，确保主要材料按时供应；对于工区采购的一般乙购材料，总承包项目部采取措施对货款支付进度进行监控，避免因材料款支付不及时影响材料供应。

（7）确保节假日期间的材料供应：提前做好充足准备，并多方考虑，以最不利情况进行采购工作确保材料库存量能满足节假日期间施工正常需要。

22.3.2 工程材料管理

22.3.2.1 物资进场验收

现场材料验收应包括资料验收、数量验收和质量验收。对照采购合同或材料计划，检验随车发料凭证、运料单（发票）中的材料品名、规格是否与技术要求、进料计划相符；检验材料的外观、包装、材质单、合格证、质量保证书、装箱单与实际是否相符；按照规定对数量进行称重、检尺、点件，看是否与票据相符。

22.3.2.2 材料保管

材料验收合格后，应根据现场平面图和材料性能正确选择存放场所，合理码放，统一标识，维护材料的使用价值，确保储存安全。原材料和半成品堆放示意图见图 22-6。

22.3.2.3 材料发放

材料的领发必须采用正式的领发凭证，严格按限额领料制度发料。材料发放时，按照限额发料的原则，现场材料员应与领料单位核对材料品种、规格、数量和质量，并确认使用位置，点交无误后，办理签认手续，进行账务处理，填写可追溯性材料管理台账。

(a)原材堆放　　　　　　　　　　(b)半成品堆放

图 22-6　材料保管

22.4　施工机具管理

22.4.1　施工机具配置

贯彻执行国家、上级有关机械设备管理的方针、政策、法规、制度。坚持"先进性、适用性、可靠性、经济及环保性"的原则，综合分析对比设备性能、型号、选用形式，确定设备配置方案。

(1) 满足招标文件要求，符合设计要求，生产能力满足施工强度原则；

(2) 统筹规划、分批进场的原则；

(3) 秉承"技术先进、安全可靠、节能高效、自动化程度高"原则；

(4) 优先选用内部调配、就近配置的原则。

结合厦门地质条件并根据本工程的任务特点和施工进度计划要求，本项目除投入 $\phi6480mm$ 盾构机 15 台外，还投入大型专用设备液压槽壁机 8 台、旋挖钻 4 台、50～80t 大型吊机 6 台、大型龙门吊 20 台、螺杆式空压机 16 台、全断面液压整体钢模衬砌台车 10 台以及相应基坑围护、开挖支撑、结构施工等专业施工机械设备，以充足的设备资源保证土建工程施工进度。

盾构机是全线投入资金最大的设备，也是关系到施工是否安全顺利的主要设备，因此总承包项目部对盾构机选型进行了专题会，在多方参与的情况下进行了严格筛选分析，制定了设备选型五原则（生产使用安全、技术上先进、经济上合理、生产上适用、设备通用性强）。在盾构机选型上，对同类型的生产厂家进行配置、价格、关键部件的产地、进口件率、功率、主要特点、售后服务、环保等方面进行对比分析，统筹兼顾，确定最合适的厂家产品。

22.4.2　施工机械的管理

1. 对施工机械定期维修保养

为了降低故障率延长机械设备使用寿命，应根据机械设备的使用情况，按照设备规定的运转周期，定期做好各项保养与维修工作，科学合理地使用，杜绝以修代养，大大降低维修次数、规模和成本。总承包项目部提出了设备安全运行四个坚持："坚持持证上岗，坚持交接班制度，坚持日、周、月检、维修保养记录，坚持安全生产第一方针"。

2. 机械设备的安全管理

项目使用的龙门吊、桥吊、塔吊、架桥机等起重机械均在福建省工程项目监管信息系统登记备案后方可使用。轨道式起重机械行走止档设置在距轨道端头不小于1m的安全距离，高度与车体上的缓冲器高度相适应，并设置停车固定装置（液压自动防风铁鞋）、风速仪和缆风绳等；在轨行区设置了人机隔离护栏，停用后将起重机械停放在轨道中间停车线内，并挂设好缆风绳。

3. 对操作人员的培训

加强培训教育，提高设备管理人员、维修人员和使用人员的业务水平，做到"三好"（管理好、使用好、维修好）、"四懂"（懂原理、懂构造、懂性能、懂用途）、"四会"（会使用、会维修、会检查、会排除故障），使机械设备发挥最佳效能，降低施工成本，提高经济效益。

22.5　项目资金管理

项目资金管理应以保证收入、节约支出、防范风险和提高经济效益为目的。通过对资金的预测和对比及项目奖金计划等方法，不断地进行分析和对比、计划调整和考核，以达到降低成本、提高效益的目的。主要环节有：资金收入、支出预测，资金收入对比，资金筹措，资金使用管理等。其中资金收入，即工程计价是最主要的环节，下面主要介绍本工程的计价管理。

总承包项目部坚持"及时验工、工完账清"的计量结算管理，针对厦门轨道交通合同管理的特点，及时成立量价核算工作小组，由总经理（工区经理）担任组长，邀请有经验的人员对业主的《量价管理制度》进行集中培训交底，各工区专人负责量价核算工作，已完工的工程当月验工。

对业主计价基本流程分为两步：

量价核算：核对蓝图工程量→编制组价资料→形成量价核算初稿→报监理、咨询、业主核对、财审→形成定案的量价核算四方核对终稿→录入业主计价系统。

月度计量：工区编制本月已完工程数量计算表→上报给监理、业主确认→将本月已完工程量数量录入业主计价系统中进行各方会签→完成会签后打印月度支付报表并报送业主→支付。

计量计价工作量大，流程冗长，沟通压力大，具体管理措施如下：

（1）增加与设计单位沟通，加快出图速度；

（2）加强与咨询、业主、财审的沟通力度，加快量价核算定案；

（3）组织计量软件学习，加快审批速度；

（4）研究计量流程找出时间重叠，缩短流程时间；

（5）通过对材料价格的预判，把控计价节奏，适时计价；

（6）成立设计变更领导小组及工作小组，推进设计变更工作的开展；

（7）制定设计变更考核办法，按季度进行考核；

（8）每周编制设计变更台账、汇总需要协调解决的问题；

（9）依据"谁主管谁负责"的原则，协调解决存在的问题。

对上计量管理流程图如图 22-7 所示。

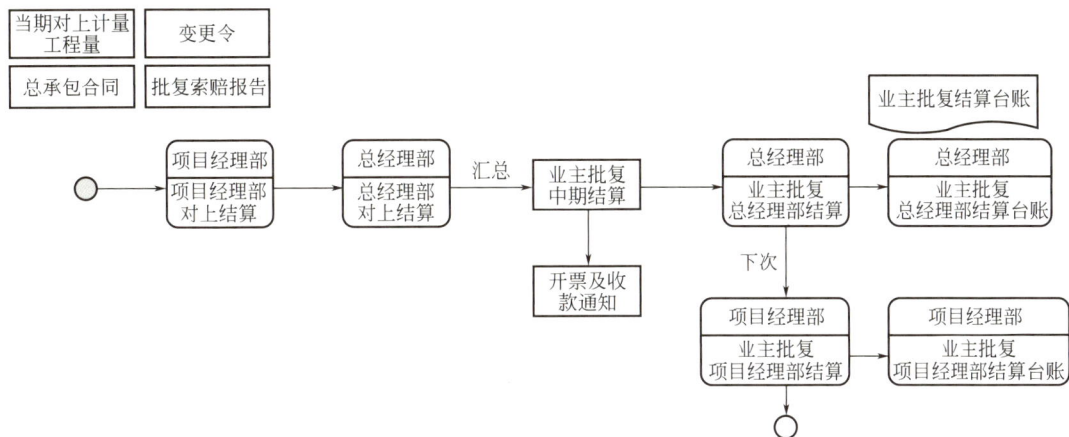

图 22-7　对上计量管理流程图

计量结算管理是项目开源增收的核心环节，坚持以工程承包合同为源头，以现场工况为基础，以变更索赔为抓手，在保证计量结算的及时性、准确性的同时，实现项目经济效益最大化。

对内结算管理流程图如图 22-8 所示。

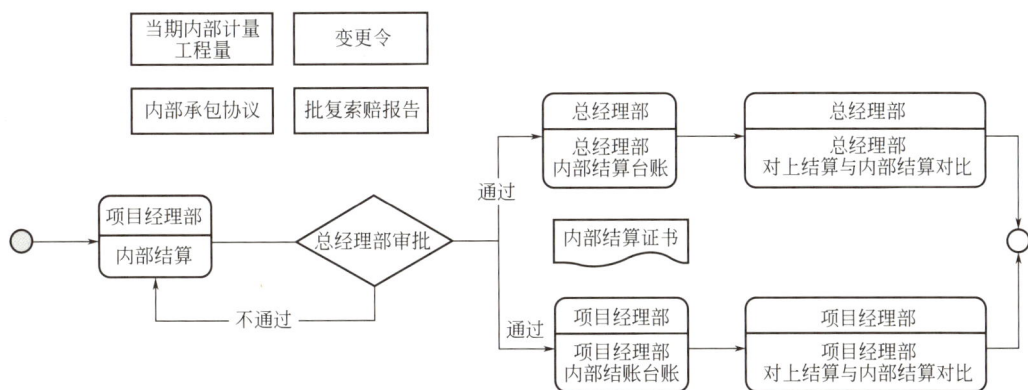

图 22-8　对内结算管理流程图

计划合同部每年从 10 月份便已筹划年底的验工计价及资金筹措，统一部署；定期向业主申报计量，及时反映项目进度情况，这样提高了项目资金保障，保证了各项施工管理的顺利进展。总承包部对工期的资金拨付也非常及时，有效保障了施工的顺利进行。

22.6　本章总结

项目资源管理总结如下：

（1）工程项目人力资源管理与企业一般人力资源管理有差异，在内容上有自己的侧重点，在方法上也有一定的独特性。本次依托项目部分两级，即总承包项目部和各工区项目部。按照"结构合理、分工明确、突出专业化、满足工期要求、确保质量和安全、略有富余"的原则分阶段、分专业进行劳动力配置。规范劳务队伍管理及劳务用工管理，自主开发"中交劳务人员管理系统"，该系统涵盖劳务人员档案、岗前培训情况、工作经验技能审核、作业场所安全风险提醒、工资发放、行为记录五大版块，系统分网页版及手机 APP 版。通过系统的全面推广使用，节约了项目劳务人员管理工作人力成本，有效地提升了项目管理深度，提高工作效率。

（2）在工程材料管理方面，严格按照各类材料的采购及配置原则进行配置；建立管理组织机构，健全管理各项制度，配足材料管理人员，加强材料计划管理，加强材料质量控制，保障货款按时支付，确保节假日期间的材料供应。现场材料验收应包括资料验收、数量验收和质量验收；材料验收合格后，应根据现场平面图和材料性能正确选择存放场所，合理码放，统一标识；材料的领发必须采用正式的领发凭证，严格按限额领料制度发料。

（3）在施工机具管理方面，坚持"先进性、适用性、可靠性、经济及环保性"的原则，综合分析对比设备性能、型号、选用形式，确定设备配置方案。为了降低故障率延长机械设备使用寿命，对施工机械定期维修保养，安全管理机械设备，对操作人员加强培训教育。

（4）通过对资金的预测和对比及项目奖金计划等方法，不断地进行分析和对比、计划调整和考核。项目资金管理主要环节有：资金收入、支出预测，资金收入对比，资金筹措，资金使用管理等。针对厦门轨道交通合同管理的特点，及时成立量价核算工作小组，进行量价核算和月度计量。

第 23 章　信息化与智能化施工管理

23.1　引言

23.1.1　信息化与智能化施工管理概述

随着计算机技术、通信技术、网络技术的不断发展，信息技术已渗透到社会经济领域的各个方面，产生了巨大而深刻的影响。从建筑业的未来发展看，信息技术必将成为建筑业持续健康发展的关键支撑，在项目信息管理中充分利用信息技术对提升项目管理水平和效益具有重要作用。住房和城乡建设部发布的《2016～2020 年建筑业信息化发展纲要》明确提出："全面提高建筑业信息化水平，着力增强 BIM、大数据、智能化、移动通信、云计算、物联网等信息技术集成应用能力"，实现"建筑业数字化、网络化、智能化"的突破性发展。

智能化技术主要是将计算机技术、精密传感技术、自动控制技术、GPS 定位技术、无线网络传输技术等综合应用于工艺工法或机械设备、仪器仪表等施工技术与生产工具中，提高施工的自动化程度及智能化水平。智能化技术的应用可大大改善操作者作业环境，减轻了工作强度，提高了作业质量和工作效率，特别是可有助于解决重点和危险的施工环节和场合问题。

地铁信息化管理是在互联网飞速发展的前提下进行的，即地铁施工管理人员利用先进的网络技术对地铁建设的各个系统实行自动化地管理，以便及时、准确地掌握地铁的整体情况，实现全面、科学的管理。目前地铁施工阶段的信息化管理主要包括 BIM 协调管理，以及针对安全、财务、监测开发相应的管理平台。

随着人工智能的发展，在地铁施工中也逐渐引入智能手段，主要体现在对施工安全的智能预警、对施工手段（措施）的智能控制。钱七虎（2017 年）介绍基于大数据技术的 TBM/盾构施工控制技术；李洋（2019）介绍地铁隧道盾构的智能纠偏控制技术；蒋斌（2018 年）介绍基于智能算法的盾构安全施工参数优化研究成果。

地铁工程的项目管理具有涉及面广、周期长、参与者多、制约性强、信息流量大等特点，基于及时、准确、有效的信息对项目进行有效的计划、组织、控制和协调管理工作是保证项目实现进度、成本、质量、安全、环保等管理目标的重要保证。地铁工程的信息化和智能化管理目前还处于探索阶段，应用尚不成熟。研究信息化技术与智能化技术在地铁施工管理中的应用具有重要的意义。

23.1.2　本章主要内容

本项目信息与智能化施工管理主要从 BIM 协同管理平台、盾构管片生产和盾构管理系统等 4 个系统展开。在 BIM 协同信息化管理方面，论述了 BIM 协同管理平台开发方案及其功能，并分析了该系统的推广前景。在智能化施工技术应用方面，从精细化和信息化管理两个角度讲述了盾构管片的智能化生产技术；在盾构管理系统方面，梳理了盾构集群化监控与异地决策管理系统的架构，介绍其主要功能及系统模块，分析其应用效果。

23.2 BIM 协同信息化管理平台开发及应用

23.2.1 研发背景

城市地铁项目"投资高，建设要求高，管理难度高"的"三高"特点使引入先进的信息管理技术非常必要。随着城市地铁建设板块规模的持续扩张，资源相对匮乏、项目管控能力不足等问题日益突出。项目管理水平与经营规模的扩张不匹配，给企业的生产经营带来了众多不确定因素和潜在风险。随着经济进入新常态，宏观经济面临较大下行压力，市场竞争也趋于白热化，企业间也到了比拼"内功"的时代，具体来说，就是降低成本、提升效率，比拼的是精益管理能力。BIM 数字化技术的出现，改变了传统的项目管理理念，大大提高地铁建设精准快的速度，为城市地铁开启了新的建设模式。采用基于 BIM 技术的工程协同管理平台，将各参建方信息进行可视化互通互联，不仅提高了数据交互的及时性和准确性，而且还提高了各部门之间的协同效率。本项目以厦门地铁 2 号线二期二工区为依托开展地铁工程 BIM 协同管理平台的应用研究。

23.2.2 开发方案

23.2.2.1 应用目标

建立地铁车站基础模型，利用基础模型及管理平台进行可视化交底、进度管理、工程量统计、施工 4D 模拟及信息保存、任务派发等各方面应用，建立手机及 ipad 客户端进行现场数据采集、实现地铁车站生产信息完整保留。

23.2.2.2 应用软件

Autodesk Revit、Navisworks、其他。

23.2.2.3 平台开发

开发基于 B/S 架构的网络管理平台，直接通过网页端进行访问，无须安装任何软件，并开发手机终端 APP 应用管理平台。通过手机移动端 BDIP 平台的开发，利用移动端设备所有项目参建人员随时随地即可查阅所有的项目文件、日程安排、数据模型、施工方案、施工规范等工程信息，相当于现场技术人员将整个"档案室"搬到了现场去进行施工管理，为工程质量控制提供有力的数据库支持，极大程度地拓展了信息共享的覆盖面，将BIM 技术推向深层次应用，切实做到 BIM 技术落地式的应用。

采用手机终端进行现场管理后，施工技术人员可以直接通过手机端进行车站施工信息的采集、录入及查询，极大地方便了现场施工管理，提高了 BIM 应用的便捷程度，解决现场可以直接利用手机终端进行资料的采集、录入、查询及施工过程的管理，方便了现场施工管理，较大程度提高了地铁施工信息化管理水平。

23.2.3　平台功能

23.2.3.1　文档

1. 资料管理

在地铁项目建设过程中，所产生的信息体量巨大，每天都有大量的文件需要共享及存储。利用 BIM 交互平台的"文档"建立项目电子文档，既是数据交流中心，又是数据存储空间。本工程通过 BDIP 平台对施工文档资料进行管理，按照项目需求定制，不同部门不同岗位设置专用文件夹，明确地进行文档资料的分类，将项目上的所有文件及数据进行电子归档，同时还可根据不同项目的需求以不同的形式进行资料管理；解决了纸质资料容易丢失难查找的问题；按时更新资料可确保项目竣工的同时竣工资料同步完成，保证资料的安全高效完成；对于后期文件查找，打印成册，非常方便。

马銮中心站利用 BDIP 平台，根据项目部组织机构的特点，将"文档"部分的内容分为"测控部"、"工程部"、"实验室"、"材设部"及"安质部"，以部门为单位进行文件分类梳理。各部门根据日常工作内容，将工作形成的资料上传，以工程部为例，工程部分为"航拍图片"、"施工图片"、"会议纪要"、"施工方案"、"首件制资料"、"施工前条件验收资料"、"规范"、"图纸会审"、"施工交底"、"其他"等类目进行分类整理，浏览时可自动形成阅读记录，亦可对文件进行回复，实现各部门间的文件数据共享，加强各部门之间的交流。资料管理界面如图 23-1 和图 23-2 所示。

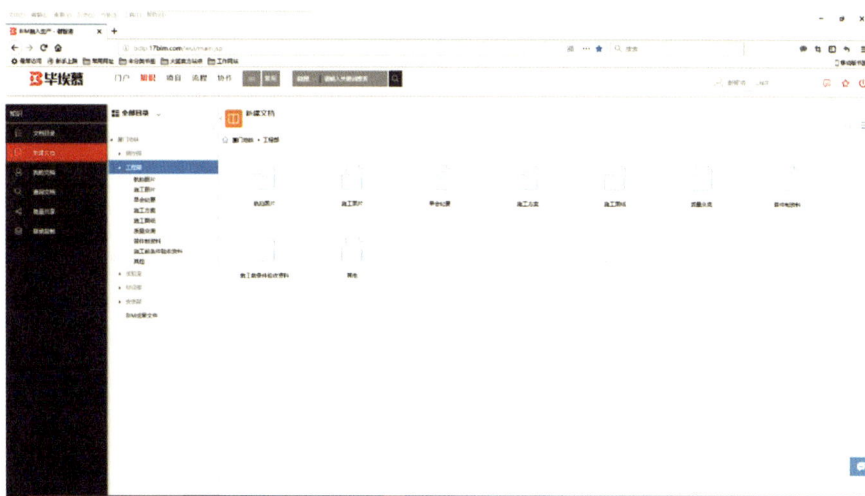

图 23-1　资料管理界面 1

2. 日程管理

利用 BDIP 平台进行日程管理，将计划的"工作安排"、"会议日常"、"项目日程"、"目标计划"、"目标绩效"、"任务安排"等日程类型进行上传，提前告知工程参建人员工作计划，帮助进行工作梳理，提高了项目管理信息化程度，进一步促进项目协同工作。同时亦可形成记录，方便查阅；BDIP 平台还会在开会之前进行邮件提醒，同时可以对所有会议议程在平台上进行完整的保存，通过该手段对项目会议进行有效的管理。日程管理界面如图 23-3 所示。

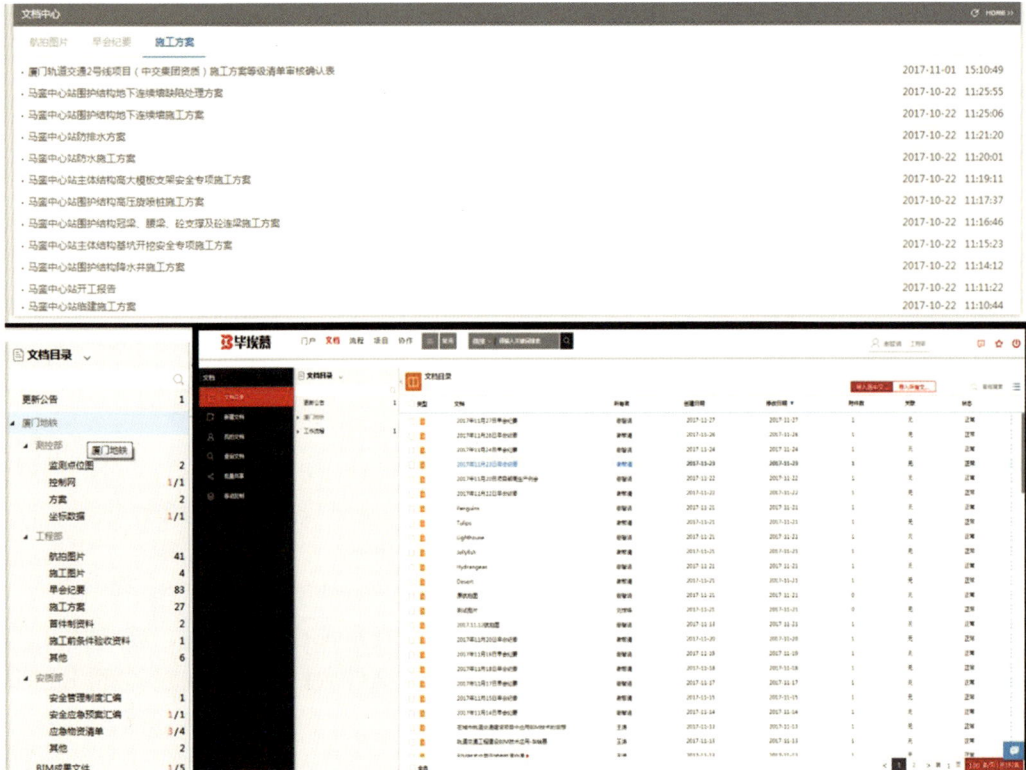

图 23-2　资料管理界面 2

图 23-3　日程管理界面

23.2.3.2　流程

1. 工作流程

"文档"里的文件信息上传后进行分类归档，如果说将"文档"部分的内容比喻成项目上的"静态资料"，那么"流程"这一部分的内容就相当于项目上的"动态资料"。是信息在传递流动中所形成的资料，是一种动态管理方式。马銮中心站项目的"流程"部分内容亦为"测控部"、"工程部"、"实验室"、"材设部"及"安质部"，以部门为单位进行文件分类梳理。

以"流程"中的质量安全隐患整改为例，在项目施工过程中，可以对现场存在的质量、安全问题进行随手拍，将施工现场发生的质量问题通过拍照上传平台的方法传达给相应的负责人，责令限时整改，整改后拍照回复留存归档形成闭环。应用该办法可以有效地把工作的责任明确化，提高相关现场人员责任意识，并且形成完整的资料归档。质量安全管理界面图 23-4 所示。

图 23-4　质量问题管理界面

BDIP 管理平台可以将施工日志流程化，每日更新，每日归档，顺应国家无纸化办公，节约纸张，并且避免了纸质施工日志丢失，污染的风险，需要时也可以打印成纸质版。在 BIM 管理平台中设置质量安全文明施工巡查问题记录回复表，将甲方或监理单位发现的问题公布出来，并由专人对相应的问题做出整改回复，并且上传整改图片。该办法明确了责任，更把资料整合在一起，方便资料员收集并统一回复。

2. 数据处理

平台还可以进行一定的信息处理。在"流程"中有关于项目夜间加班人员统计，通过对每一天每一时段的加班人数进行统计，最终收集汇总成月度的加班柱状及折线统计图，直观地显示加班人数的波动性变化。每日更新，柱状图及折线图随之更新，有效地反映了施工过程中人员的变化，对施工的进度及人员调度提供有力的支持。"量变引起质变"，通过长期的数据积累汇总，形成折线柱状统计图，直观反映在较长时间内加班人数变化，这不仅是进行功效分析与施工队伍谈判的依据，也是为企业之后其他的项目积累经验。夜间加班月度统计柱状图及折线图如图 23-5 所示。

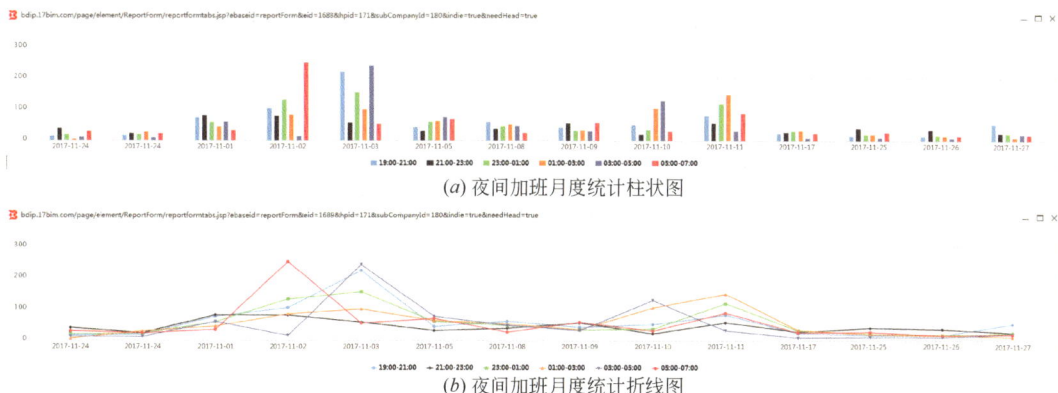

(a) 夜间加班月度统计柱状图

(b) 夜间加班月度统计折线图

图 23-5　夜间加班月度统计柱状图及折线图

23.2.3.3 模型

如果说 BDIP 平台只是单纯地进行数据集成和数据处理，那它和其他的系统并没有太大区别，不能算是真正意义上的 BIM 技术，关键在于 BDIP 平台可以将数据信息与结构模型（图 23-6）进行结合，利用参数化建模实现构件级的信息管理。

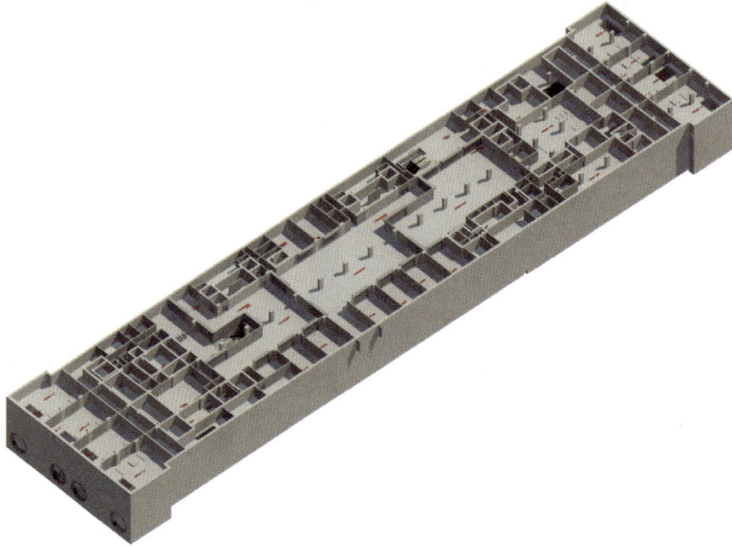

图 23-6　马銮中心站主体结构模型

1. 信息模型

为解决 Revit 建立的 BIM 模型的查看需要电脑配置高并需安装建模软件的问题，项目对 Revit 建立的 BIM 模型进行轻量化后上传至 BDIP 管理平台，在该平台上进行 BIM 模型的查看对于电脑要求低且不需要安装相关软件，工程参与各方都可以直接通过网页端登录后使用上传的模型进行查看和相关编辑工作，极大地提高了使用的方便性和使用效率，如图 23-7 所示。

图 23-7　BDIP 管理平台模型查看

　　将上述"文档"及"流程"中的文件与数据和"模型"中的构件进行绑定。通过给 BIM 模型添加共享参数，现场工作人员录入构件的生产信息，达到信息的及时性、准确性以及后期导出明细表的易获取的特性的要求。只要在模型中点击构件，不但可以查询到该构件的结构尺寸、混凝土强度等级、配筋情况、混凝土浇筑时间、浇筑负责人等基本信息，亦可查询到相关的规范、施工方案、CAD 图纸、钢筋检测报告、混凝土强度报告、施工总结等文件，反之点击文件亦可查询对应的是模型中的哪一部分的构件。在深化运用 BIM 技术之后，只需要点击模型上的某个构件，即可查询到整个项目上关于这个构件的所有资料，如图 23-8 所示。

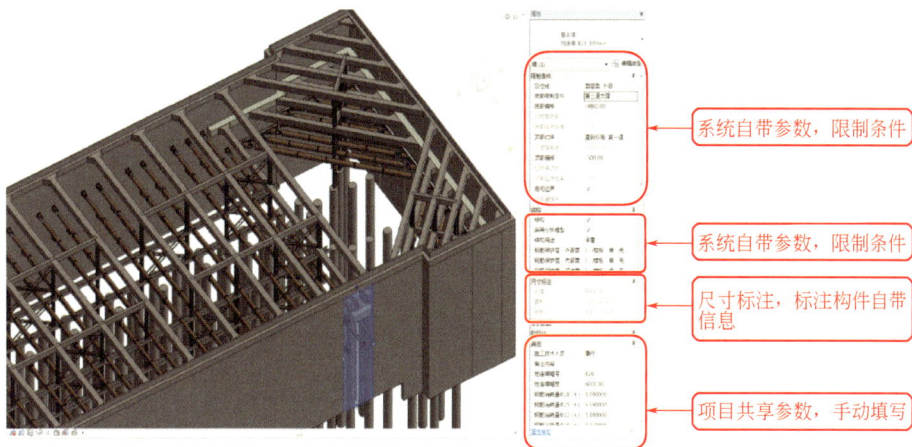

图 23-8　施工构件信息完整保存

　　通过任务详情中定位，可以查看任务在模型中的位置，实时定位，直观快捷。帮助施工技术人员更方便地找到相对应的构件，如图 23-9 所示。现场工作人员录入构件的生产信息，可以在模型中随时查看某一构件的信息，也可以根据需要将相同属性的构件以明细表的形式汇集信息，并且可以导出生成 Excel 汇总表。

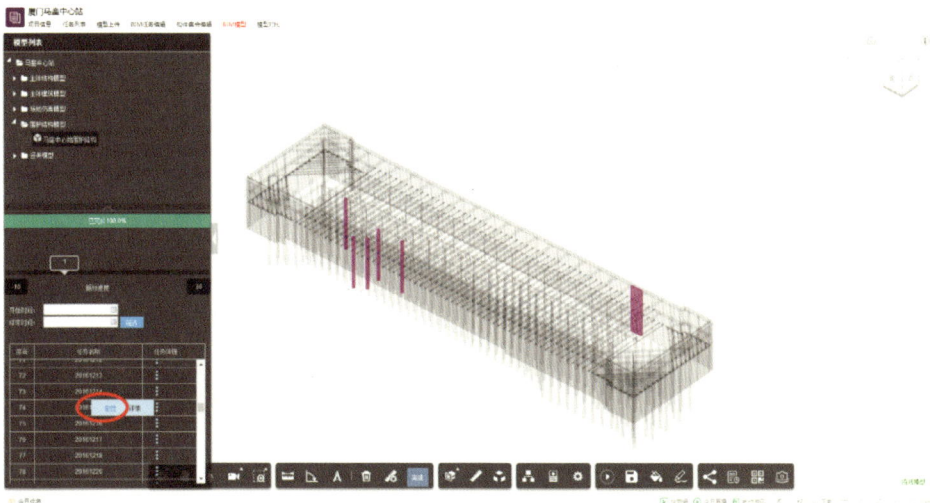

图 23-9　施工构件的定位查询

通过赋予开始时间和结束时间进行筛选，BDIP 管理平台可以对选定的这一时间段的工作内容和工作量进行一个集中显示，这对于工程进度可以有一个直观清晰的把控，如图 23-10 所示。

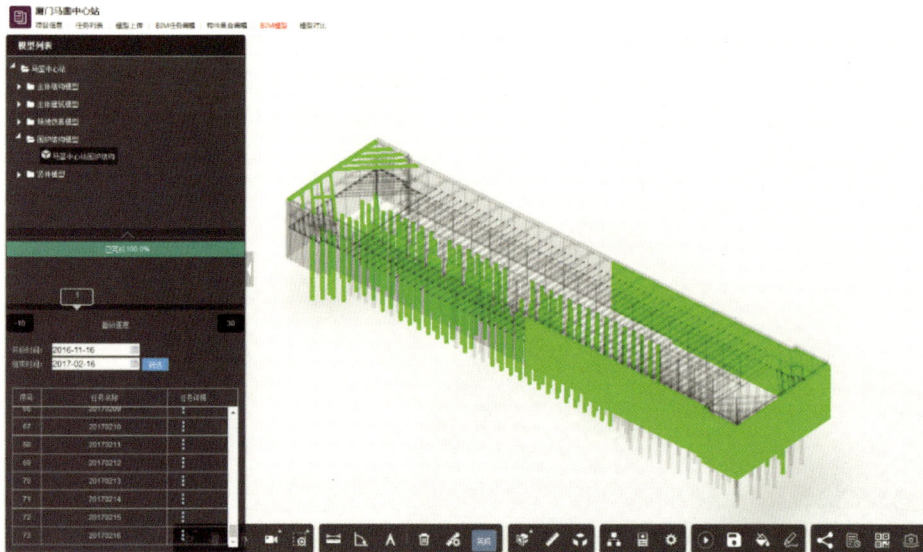

图 23-10　施工构件的集中查询

通过信息的自动更新，保证了施工过程中资料的完整归档，对后期竣工资料，分包结算等工作提供了准确的信息保障。

2. 工程量统计

利用 BIM 技术进行工程量统计，在完成建模的同时，即完成项目工程量的统计，且精确度高可信度强，条理清晰。可根据需要，快速导出工程量明细表。同时，当设计发生变更，工程量亦会随着模型的变化而变化，无须再行重新计算，如图 23-11 所示。

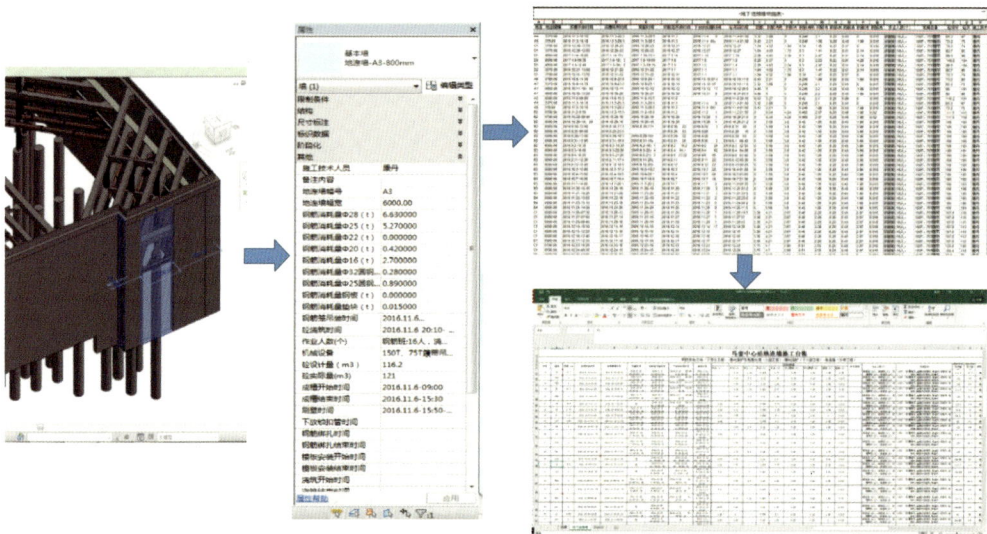

图 23-11　施工构件工程量统计

3. 4D 工程进度管理

通过 BIM 管理系统对施工形象进度进行 4D 模拟，按照施工时间，相同时间内施工的构件可以逐步亮显并实体化。按流水方式将整个施工过程进行模拟播放，可以控制施工过程模拟的快慢，通过该方式可以形象地反映出整个车站的施工进度流程，使得施工过程更加直观，如图 23-12 和图 23-13 所示。

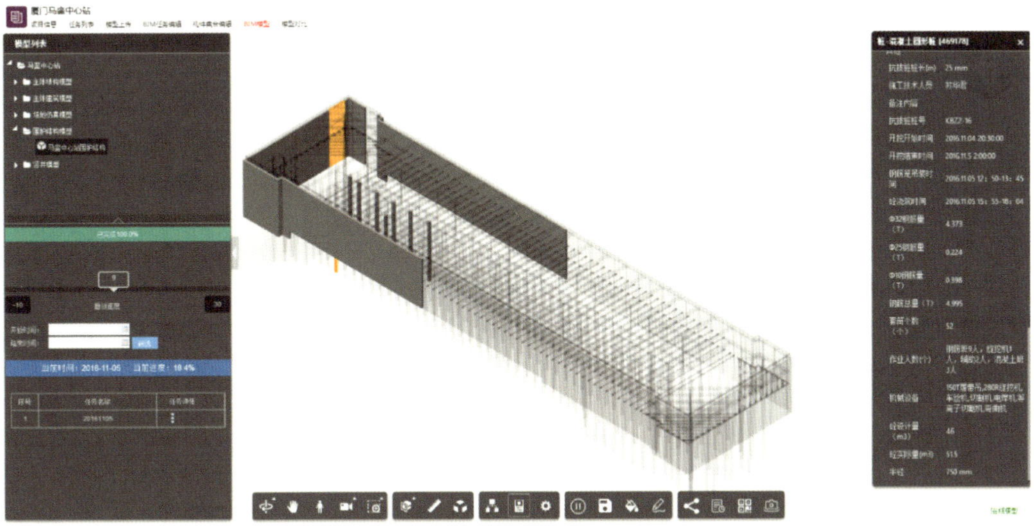

图 23-12　施工过程 4D 模拟

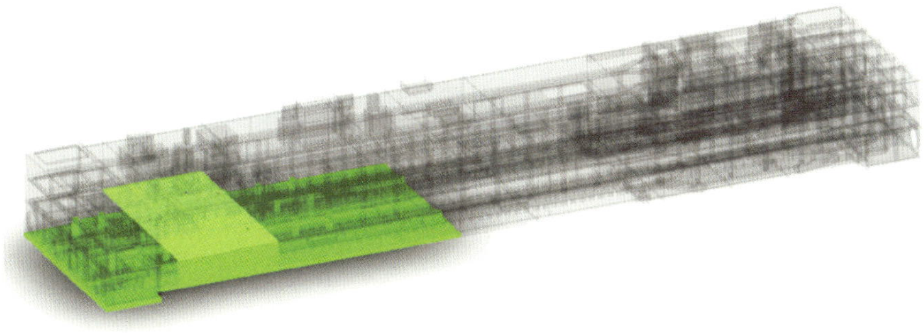

图 23-13　马銮中心站施工过程 4D 模拟

4. 场地漫游及三维技术交底

利用 BIM 可视化的功能，进行车站施工过程场地布置模拟，并通过对车站场地布置进行漫游浏览，优化车站施工场地布置，加强现场施工管理，如图 23-14 所示。

参数化建模进行三维仿真模拟，场地漫游作为工程宣传的直观载体，更具有表现力，在进行技术交底时，利用三维模型进行交底有效避免理解上的歧义，降低各单位间的沟通成本。

23.2.3.4　移动端应用

BIM 技术应用的核心部分在于"信息"，信息共享程度的大小是衡量 BIM 技术应用深度的重要指标之一。提高信息传递效率和扩大信息传递的覆盖面，可以长足增加项目管理的协同性，上传下达，使项目管理更加高效。

图 23-14　马銮中心站场地三维布置图

　　手机、平板电脑等移动端 BDIP 平台的开发，利用移动端设备所有项目参建人员随时随地即可查阅所有的项目文件、日程安排、数据模型等工程信息，如图 23-15 和图 23-16 所示。这相当于现场技术人员将整个"档案室"搬到了现场去进行施工管理，为工程质量控制提供有力的数据库支持。极大程度上地拓展了信息共享的覆盖面，将 BIM 技术推向深层次应用，切实做到 BIM 技术落地式的应用。

图 23-15　移动端界面功能区

图 23-16　移动端模型、流程、文档查看

利用 BIM 模型，结合场地布置，建立项目场地 720°全景浏览图，通过手机扫码即可实现项目 VR 全景浏览，加强项目人员真实体验感，如图 23-17 所示。

图 23-17　项目 720°全景浏览

同时项目进一步对 BIM 模型的浏览方式进行创新，建立模型浏览二维码，不需要安装任何软件，直接通过扫一扫即可实现项目模型浏览，真正让每个人员均能直观地对项目情况进行三维查询。推动了 BIM 技术全员化的进程，如图 23-18 所示。

图 23-18　模型浏览二维码

对每个施工构件建立对应的二维码，通过扫码即可快速定位该构件在模型中的位置，并进行相关构件信息的查询，如图 23-19 所示。

23.2.4　应用效果

23.2.4.1　经济效益

应用 BIM 技术在施工图优化设计阶段发现了多处碰撞问题，并对设计进行了提前优化，减少现场施工过程返工率达到 85% 以上，为项目创造了较大效益，同时通过 BIM 协

名称 KZ1-21

构件ID 561667

类型 结构柱

楼层 站厅层

位置 第八段

图 23-19　模型定位二维码

同管理平台也提升了项目管理水平，降低管理成本，通过综合分析，该工程应用 BIM 技术共节约生产及管理费用共计 80 万元。

23.2.4.2　社会效益

1. 施工管理优化

（1）使用 BIM 信息化管理平台可以采用 PC 端、移动端（手机、平板电脑）随时随地以文字或照片的形式录入突发的施工信息，避免了信息遗漏的发生，信息采集效率极大提高。

（2）创新施工信息的交互方式，实现数据多人共享，地铁建设过程中，从前期准备到最后的运营，其中涉及的参与方是一般项目所不能及的，参与方的协同无疑成为影响建设质量的关键因素。传统项目的沟通和信息管理主要通过合同来形成网状信息流通。但地铁建设过程中如果采用传统的信息流通方式，就会导致两种严重的后果：一是出现信息堵塞；二是出现信息孤岛。BIM 通过构建一个平台，各参与方都通过平台交互，使得信息流畅地、有序地、及时地在参与方之间流通。传统和基于 BIM 的项目信息交互方式如图 23-20 所示。

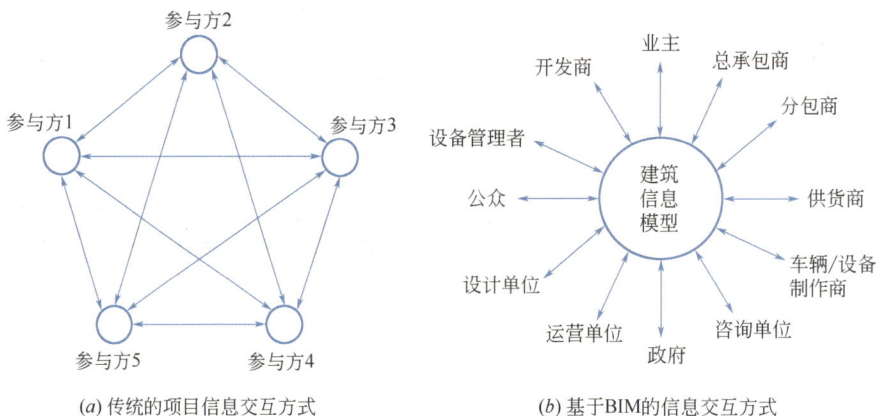

(a) 传统的项目信息交互方式　　(b) 基于BIM的信息交互方式

图 23-20　信息交互方式

（3）BIM 信息化数据管理平台采用大数据统计和自动分析的工作模式，实时获取现场数据，实时产生相应的数据分析，以图表的形式直观地显示，数据可实时获取，从根本上提高工程信息化和现场精细化管理水平。

2. 施工工期优化

BDIP 生产管理系统施工进度管理包括施工进度计划和施工进度控制两部分。BIM 包括了全生命周期工程产品组成、功能和行为数据等信息，将 BIM 与进度计划相结合，形成基于 BIM 技术的 4D 施工模拟，丰富了信息的集成和表现形式，可以实现施工进度、资源、成本及施工现场信息化、集成化和可视化管理，能有效解决传统进度管理的不足。该平台系统实时获取准确数据的能力大为提升，协同能力提高，加快了工期推进，降低了资源消耗。同时项目利用 BIM 模型在三维模式下进行交底，既直观又非常便于理解，提高交底效率，大大减少因交底不明确产生的做错而返工的现象。经过与以往地铁车站施工工期进行比较，该工程单个地铁车站应用 BIM 技术进行现场施工进度信息化管理节约施工工期 30 天。

基于 BIM 地铁施工信息化应用研究，采用 BIM 技术进行信息化管理效果明显，实现了项目构件级的精细化管理。在与各方单位的工作交接过程中，项目信息传递效率高，信息损失低，很大程度地提高了与各个单位间的信息共享程度及工作协同性。在安全管控、质量管控、成本管控和工期管控等方面有突出的贡献。该技术有效地降低了项目管理费用，提升项目整体质量，取得了良好的经济和社会效益。

23.3　盾构管片智能化生产技术

23.3.1　管片的精细化生产

23.3.1.1　生产方式、设备的选取

在生产方式及设备选取上，具备前瞻性考虑，通过方案详细比选，采用智能自动化流水线生产，气动振捣及常压蒸养的方式。管片专用搅拌站还设有加温系统，保证冬季施工混凝土的入模温度，并在搅拌主机上安装监控系统，实时监控混凝土拌和情况。在模具选择上，通过精心比选，最终选择了法国 CBE 厂家的模具，见图 23-21。

图 23-21　法国 CBE 模具

23.3.1.2　原材料检测

在试验检测方面，中交三航局管片厂实验室为保证原材质量，引进了火焰光度计检测外加剂的碱含量、分光光度计检测水泥氧化镁含量、氯离子测定仪检测水泥的氯离子含量、高倍光学显微镜检查粉煤灰的质量，采用多种手段从源头保障管片产品的实体质量。

23.3.1.3　钢筋制作

采用定型的绑扎胎膜，保证骨架尺寸和钢筋间距的准确性；验收时，制作了 1∶1 的弧度检测台进行管片钢筋骨架弧度的比对，很好地控制了骨架的弧度和保护层。同时钢筋车间配置智能调直切断机、数控剪切机、数控弯箍机等钢筋加工设备（图 23-22（a）），钢筋下料长度准确，制作精度有大幅度提高。对于大直径线材，在钢筋下料计划过程中优化长短筋配合，减少损耗。利用钢筋放样软件，优化线材下料方案，确保放样准确。自主研发焊接机器人可通过专门的夹具夹紧并固定住弯箍后，利用焊接机械手内置程序按设定的焊接长度、焊接速度进行焊接，见图 23-22（b）、（c），保证焊缝长度、高度和焊接质量，可实现集中大批量焊接，节能减材，减少工人劳动强度，又提高半成品标准。管片生产线如图 23-22（d）所示。

(a) 数控钢筋加工设备　　　　　　　　　(b) 焊接机器人

(c) 自动焊接机器人　　　　　　　　　(d) 管片生产线

图 23-22　相关智能设备和管片生产线

23.3.1.4　管片外观质量把控

管片外观质量控制上，管片混凝土是进入密闭的振捣房通过附着式振捣器进行浇筑振捣（图 23-23（a）），工人在振捣室监控混凝土料斗的下料情况及振捣情况，有效避免了噪声及废料污染；浇筑完成后，混凝土要经过 3 次的抹面、压光后进入蒸养房蒸养（图 23-23（b）），提高早期的强度。同时进行严格的温控措施，拆模时，管片温度与大气温度，管片温度与养护水温度均控制在 20℃以内，避免出现温度裂缝。

管片在脱模后，进入养护水池进行 7d 的水养（图 23-24），水养池添加适量生石灰（CaO），以维持碱的平衡度，进一步避免管片混凝土裂纹的产生。出养护池后还要进行喷淋养护 7d，增加后期强度，减少混凝土通病的发生。

(a) 振捣房　　　　　　　　　　　　　　　　(b) 管片蒸养

图 23-23　振捣房和管片蒸养

23.3.1.5　管片专用搅拌楼

为保证下料精度，配置精称螺旋及液体精称箱等精称系统，并配置螺杆空压机集中供气灌送粉料。为实验室精细化配合比提供基础。通过 ERP 对混凝土强度进行收集分析，不断优化配合比，减少原材不必要的损耗。管片专用搅拌楼如图 23-25 所示。

图 23-24　管片养护

图 23-25　管片专用搅拌楼

23.3.2 管片的信息化管理

管片质量管理系统（图 23-26）凭借 RFID 芯片和二维码作为信息载体，为每一片管片赋予唯一的识别编码，通过各项信息识别、处理和传递，将管片生产过程中各项关键参数和资料映射到信息网络中，储存在数据库中，再传输到信息系统 ERP 和其他可视化设备中，形成了一整套基于管片全生命周期各生产要素的实时监控系统，实现对管片信息的实时自动采集、追溯、分析和自动处理。

图 23-26　管片生产信息化管理系统

整个流水线除了自身所包含的 PLC 自动化控制系统以外，还嵌入了管片信息管理系统中的智能温度控制系统、RFID 处理系统、管片标识管理系统和身份备案及验证系统。全过程信息管理系统如图 23-27 所示。

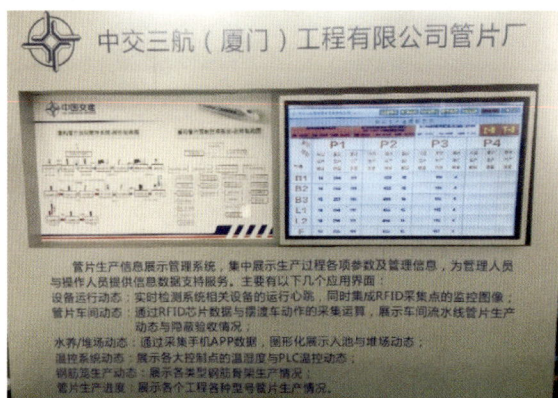

图 23-27　全过程信息管理系统

生产过程管理采用集中控制，技术员在中央控制室即可通过监控界面实时掌控流水线生产动态、温控状态、钢筋笼及管片成品生产进度、堆场及水养池堆存动态、各工位操作实况。现场管理设置触摸屏式人机交互界面，信息实时更新、操作更便捷。管片查询系统和标识系统如图 23-28 所示。

(a) 管片查询系统　　　　　　　　　　　　(b) 管片标识系统

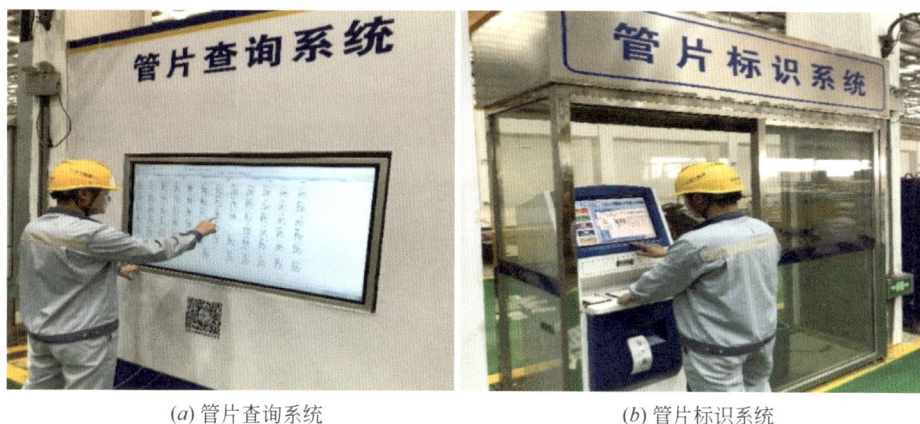

图 23-28　管片查询系统和标识系统

1. 钢筋骨架生产管理

钢筋笼骨架生产信息化管理是通过管片建档一体机确定所生产钢筋笼骨架类型、型号，并分配标识，再通过一体机读取 RFID 芯片，让芯片与标识牌序号关联，最后打印出标签，使得每一个钢筋笼都拥有与之对应的身份信息，并能够通过 RFID 芯片读取或通过标签确认钢筋笼骨架信息，如图 23-29 所示。

配置网片机、桁架机、数控弯箍机（图 23-30）等钢筋加工设备，尽量采用盘条盘螺，减少钢筋头损耗。对于大直径线材，配套钢筋剪切弯曲中心及锯切套丝系统，并开发生产计划系统，在钢筋下料计划过程中优化长短筋配合，减少损耗。利用钢筋放样软件，优化线材下料方案，确保放样准确。充分利用短、废料钢筋，做马镫、排水沟篦子、拉钩和预埋件锚固筋等构件，提高钢筋利用率。

图 23-29　钢筋笼骨架信息确认　　　　　　　图 23-30　数控弯箍机

骨架生产完，质检人员用 PDA 手持机对钢筋骨架标签进行信息读取，并进行质量验收。检查后在 PDA 手持机上录入验收结果，通过 WIFI 将结果上传到后台数据库中，如图 23-31 所示。

图 23-31　钢筋骨架验收

2. 管片流水线生产管理

在钢筋骨架入模之后，现场技术人员用 PDA 手持机，对钢筋骨架进行相关内容隐蔽工程的验收。若是验收不合格时，系统将对应的不合格项目数据转载至不合格需整改记录。设定系统，钢筋骨架验收不合格或未验收的，不得进入下一到工序流程。检查若是合格的产品，在 PDA 手持机上录入验收结果并将 RFID 卡转移至模具上。主要验收项目包括：清理模具、涂刷脱模剂、安装预埋件、安装钢筋笼、合模等。

3. 动态监控系统

管片进入流水线生产后是通过动态监控系统进行监控，通过该监控系统观察其浇筑时间，隐蔽验收人，对应模具编号，现存在的位置，确保流水线的运行处于有效受控状态，并对流水线设备进行监控管理，对管片生产相关数据采集涉及的设备的运行状态进行实时监控，确保设备处于良性运行中。

4. 设置中心监控系统

车间技术人员在车间内中心控制室对整个生产过程进行监管控制，而中心控制室是根据生产车间布置，充分利用办公空间，节约占地空间，如图 23-32 所示，统一设置集成中央控制室，包括调度室、控制室等。

图 23-32　中心监控系统

5. 推广构件二维码标识

管片生产出模后打印与之对应的二维码标识，每一片管片都有自己的"身份证"，可通过二维码追溯该管片从原材料进场到成品间的每一道工序及责任人，充分体现了质量动态监管的信息水平，如图 23-33 所示。

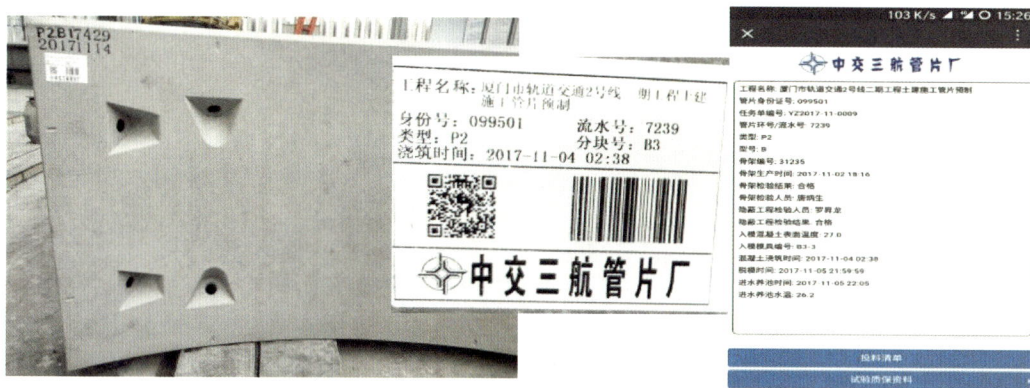

图 23-33　管片质量动态监管

6. 引进 PLC 温控系统

为了解决原蒸养系统温度设置滞后，导致管片脱模强度不够等问题，引进了 PLC 智能温控系统，蒸养室内设立多路温度传感器自动采集的温度数据传输到后台，由 PLC 温控系统自动控制蒸养温度变化。只需要在系统上设置好温度范围，程序自动控制三个温区的温度。提高管片蒸养效率，体现降本增效，柴油成本节约 30 元/环。蒸养智能温控系统如图 23-34 所示。

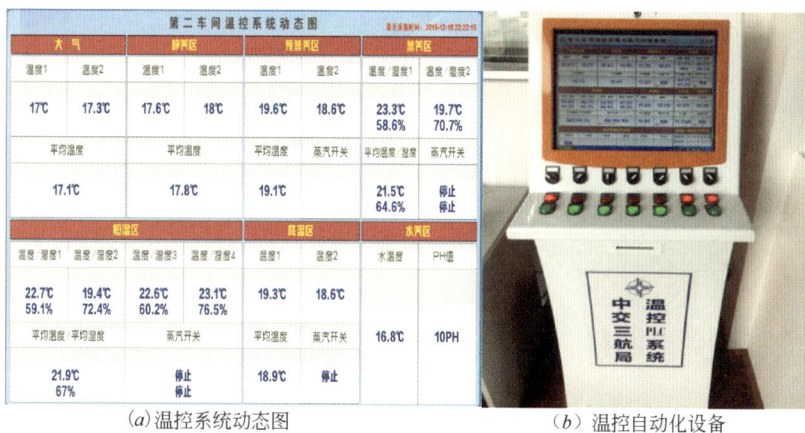

（a）温控系统动态图　　　　　　（b）温控自动化设备

图 23-34　蒸养智能温控系统

7. 设置拌和水加热系统

在施工过程中发现，冬季施工水温较低，混凝土凝固时间比夏季长，无法及时合模进入升温区域，影响整条流水线生产效率。为了解决这个问题，设置拌和水加热系统，由 PLC 温控系统采集数据并自动控制加热水温，热源由蒸养锅炉提供加热水温可以达到 60℃ 以上，既节约电量，也每天节省 1 个多小时的停顿。拌和水加热系统如图 23-35 所示。

图 23-35　拌和水加热系统

8. 喷雾降温系统

根据管片流水线生产过程中存在的养护后温差太大，导致无法及时脱模影响整个流水线的生产效率问题，根据管片蒸养特点，在降温区增加喷雾降温系统，水经加压通过喷嘴雾化，产生微雾颗粒，能够迅速从空气中吸收热量完成气化并扩散，从而完成加湿、降温的目的。该系统根据养护参数要求开启喷雾，及时准确降温。既满足养护要求，又提高整个生产线效率，减少流水线等待过程的产生的水、气、电、人各种消耗。喷雾降温系统如图 23-36 所示。

(a) 超细微雾喷嘴　　　　　　　　(b) 喷雾效果图

图 23-36　喷雾降温系统

23.4　盾构集群化监控与异地决策管理系统的开发与应用

23.4.1　系统架构

盾构管理系统分为数据采集及信息管理两大子系统，分别采用 Client/Server 模式及 Browser/Server 模式，整个系统的架构如图 23-37 所示。

23.4.1.1　数据采集子系统

数据采集子系统包括盾构机实时记录数据及人工采集数据，盾构机实时采集数据通过安装数据采集器于盾构机 PLC，数据采集客户端通过 OPC server 与盾构机 PLC 进行数据交换。盾构机实时施工参数搜集后，通过项目局域网发至项目地面监控室内，再通过地面

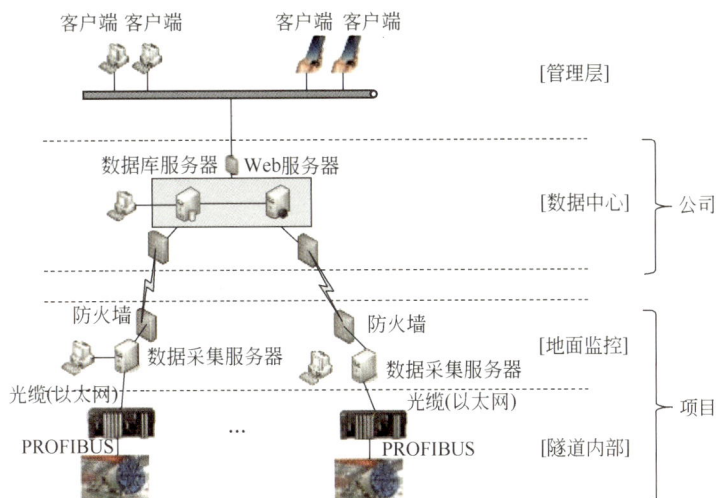

图 23-37　盾构管理系统架构图

监控室的网络发送至数据中心进行储存及分析，数据通过两段发送，保证数据传输的安全性。OPC（OLE for process control，用于过程控制的 OLE）是嵌入式过程控制标准，是用于服务器/客户机连接的开放式接口标准和技术规范，是一种开放的、与应用程序无关的系统接口标准，能够实现从不同品牌 PLC 中读取数据。

　　人工采集数据包括地面监测数据、管片拼装数据、成型隧道质量数据、出土量数据等。人工采集数据由值班工程师进行采集，在交接班（一天两班）后，汇总至系统管理员处进行录入。

23.4.1.2　信息管理子系统

　　信息管理子系统采用 Browser/Server 模式，管理层通过手机、PC 电脑、平板电脑等智能终端登录系统，在所授予的权限范围内进行数据的查看、管理及修改。系统的管理设置了三级权限，第一级为管理员级，可以对系统的所有数据进行查看、修改及下载；第二级为管理级，可以对所有数据进行查看及下载，无修改权；第三级为员工级，可以对限定内容进行查看及下载，无修改权。

23.4.2　主要功能

23.4.2.1　盾构实时监控功能

　　盾构管理系统的实时监控功能借助于关联隧道内的 PLC，将储存在盾构机内的相关施工参数发送至系统，从而实现盾构系统的实时监控。通过模拟盾构结构图，主监视系统可以直观显示盾构机的允许状态，以及施工过程中的各项工作参数的最新数据，包括注浆系统、盾尾油脂、泡沫系统、视频系统等，使管理层在任意地方均可查看盾构施工数据，实现异地盾构施工管理及决策。盾构实时监控功能包括以下三部分：

　　1. 推进参数实时监控

　　完成盾构机推进参数的实时采集，将盾构推进数据发送至盾构管理系统。系统平台用户通过账号登录查看，实现对盾构推进参数的实时监控，如图 23-38 所示。

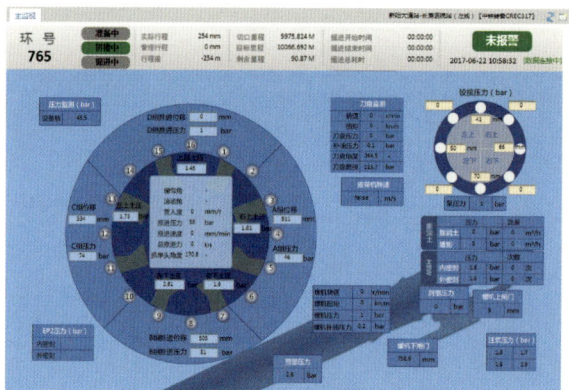

图 23-38　推进参数监控界面图

2. 导向数据实时监控

完成盾构机导向数据的实时采集，将导向数据发送至盾构管理系统。实现对盾构导向数据的实时监控，如图 23-39 所示。

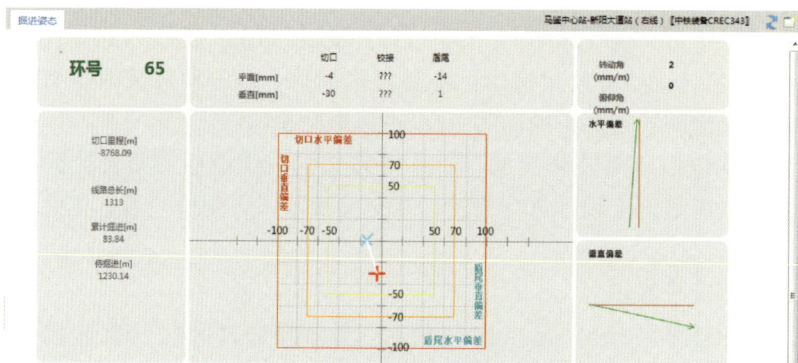

图 23-39　导向数据监控界面图

3. 施工现场视频监控

将施工现场的监控视频发送至数据中心，满足管理层随时调取或存储现场视频，并可将视频投放至监控大屏的需求。现场视频监控界面图如图 23-40 所示。

图 23-40　现场视频监控界面图

23.4.2.2 数据储存分析功能

数据储存分析功能将施工过程中的各项数据永久储存于数据中心，为工后总结提供分析依据，为后续施工项目提供最为基础的经验数据，为施工考核及薪酬发放提供有力的科学依据；在质量管理上，分析影响从管片进场到成环的主要因素，寻找影响成环工序环节的问题，为提高效率提供方向。结合地质数据、掘进数据、地面监控数据、设备数据等，进行综合分析，为不同地质条件下的盾构选型提供有力的数据支撑。数据储存分析功能包括以下部分：

(1) 施工参数实时储存；

(2) 自动统计每日、每周、每月施工进度，与目标进度对比；

(3) 施工参数历史数据导出；

(4) 施工参数历史数据的曲线分析；

(5) 盾构机施工效率查询与分析；

(6) 盾构机故障原因与解决方法录入与查询；

(7) 隧道质量信息录入与展示；

(8) 盾构机保养信息编辑与查询。

数据储存导出、分析界面图如图 23-41 所示。

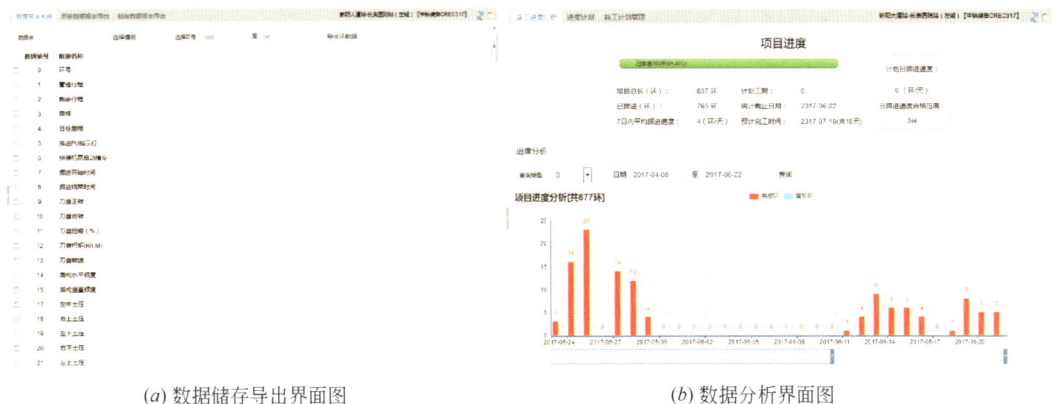

(a) 数据储存导出界面图　　　　(b) 数据分析界面图

图 23-41　数据储存导出、分析界面图

23.4.2.3 施工安全预警功能

施工安全预警功能可依据施工过程不同阶段的关注点进行建模，对不同对象进行不同层级的预警发送，包括可通过短信、微信、中控语音进行预警。比如对刀盘扭矩、推力、轴承振动、地表沉降等参数进行三级预警推送。根据不同的警情进行不同级别的预警推送，第一级预警通过中控语音进行预警，第二级预警通过微信预警，第三级预警通过短信预警。风险源在施工前确认及录入，风险源识别后施工接近风险点时也依据距离预警推送。

23.4.2.4 项目安全评估功能

项目安全评估功能基于全方位的数据分析，提供管理层异地决策。通过汇总状态监测、进度效率分析数据、风险管理、监测量测数据、隧道质量数据等自动生产每日、每周安全评估报告，交互式提供领导层批示、审阅、打印及输出等功能，实现领导层异地决策，为每一步决策提供有效依据。安全预警界面图如图 23-42 所示。

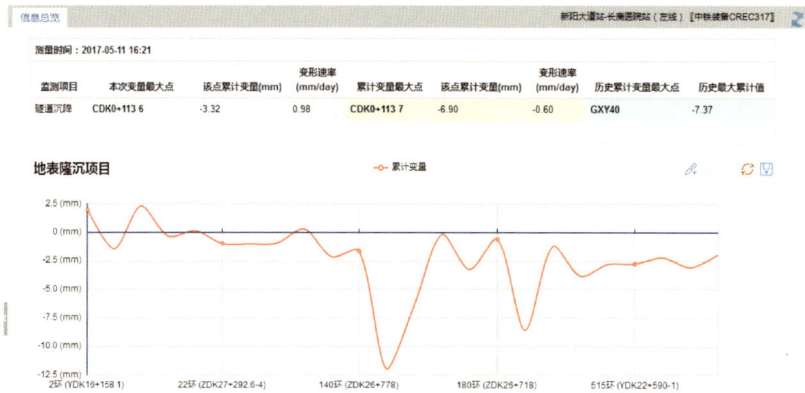

图 23-42　安全预警界面图

23.4.3　系统模块

盾构管理系统由设备监控、进度管理、风险管理、设备管理、隧道质量管理、监测分析管理、材料消耗、分析决策及项目数据维护 9 大模块组成。

（1）设备监控模块主要用于监控与管理盾构机的设计轴线、盾构机参数、盾构机报警信息、掘进姿态、项目实时视频、区间走向航拍图及平纵断面图。

（2）进度管理模块主要用于监控与管理各项目的进度周报、进度月报、施工进度分析与周进度通知。

（3）风险管理模块主要用于监控与管理各个盾构区间的风险源、风险点提前预警、预警记录管理、手动预警记录等。

（4）设备管理模块主要用于监控与管理各台盾构机的保养方案、盾构全国分布位置、盾构资产、项目台账、台账报告、保养信息编辑、保养记录查询、后配套设备管理、部件管理与保养文件管理。

（5）隧道质量模块主要用于监控与管理各区间的隧道质量总览、隧道质量列表与成型隧道轴线偏差。

（6）监测分析管理模块主要用于监控与管理各区间的监测数据导出、每日 20 环分析、第一方数据分析。

（7）材料消耗模块主要用于监控与管理各项目的材料消耗、出入库及材料信息管理。

（8）分析决策模块主要用于监控与管理各项目的施工参数建议值、数据报表系统、加水流量设定值分析、历史曲线分析、工效分析、用户故障经验、专家故障经验。

（9）项目数据维护主要用于监控与管理盾构管理系统的人工数据录入与系统内各数据的导出。

23.4.4　应用效果

盾构集群化监控与异地决策管理系统（图 23-43）首先应用于中交一公局厦门工程有

限公司盾构中心厦门地铁 2 号线 TJ-2 标盾构区间与福州地铁 2 号线 2 标盾构区间，现盾构管理系统共管理 6 台盾构机，后续将增加至 8 台，包括 7 台中铁装备盾构机与 1 台德国海瑞克盾构机。

盾构中心借助盾构管理系统，实现了盾构机的集群化监控及领导层的异地决策，避免了盾构中心管理层过多，福州、厦门两地奔波，提高了管理效率，通过系统提供的数据分析提高盾构安全、质量、生产、设备等多方面的管理水平，具有极高的应有推广价值。

图 23-43　盾构集群化监控与异地决策管理系统界面图

该系统支持手机端登录，通过掌控盾构系统可进行远程办公、实时掌握所有盾构工区施工现场的盾构掘进参数及姿态，管理人员可在远程通过生产调度员对值班工程师重新下达掘进指令及管片拼装点位，通过信息化突破传统异地决策的限制，如图 23-44 所示。

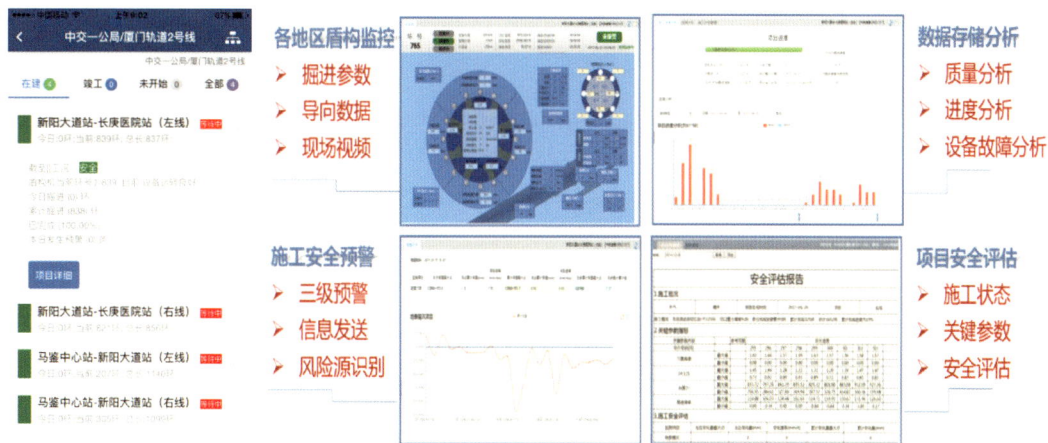

图 23-44　盾构掌控系统

23.5　本章总结

本章主要从 BIM 协同管理平台、智能化施工的盾构管片生产和盾构管理系统等方面展开介绍，主要得出以下结论：

（1）BDIP 建筑数据集成平台能够应用于文档（资料管理和日程管理）、流程（工作流程和数据处理）、模型（信息模型管理、工程量统计、4D 工程进度管理、场地漫游及三维技术交底、移动端平台管理）等方面。通过应用 BIM 技术，在施工图优化设计阶段发现了多处碰撞问题，减少现场施工过程返工率达到 85％以上，加快了工期推进，降低了资源消耗，极大提高信息采集效率，从根本上提高工程信息化和现场精细化管理水平，取得了良好的经济和社会效益。

（2）盾构管片智能化生产技术主要从管片的精细化生产和信息化管理入手。在生产方式和设备的选取、原材料检测、钢筋制作、管片外观质量把控、管片专用搅拌楼等方面实现管片的精细化生产；在钢筋骨架生产管理、管片流水线生产管理、动态监控系统、设置中心监控系统、构件二维码管理、引进 PLC 温控系统、设置拌和水加热系统、设置喷雾降温系统等方面实现管片的信息化管理，形成一整套基于管片全生命周期各生产要素的实时监控系统，实现对管片信息的实时自动采集、追溯、分析和自动处理，有效提升产品质保资料组织效率，加强产品质量管控和追溯。

（3）盾构管理系统分为数据采集及信息管理两大子系统，主要功能包括：盾构实时监控功能（如推进参数实时监控、导向数据实时监控、施工现场视频监控）、数据储存分析功能（如盾构机施工效率查询与分析）、施工安全预警功能、项目安全评估功能。盾构集群化监控与异地决策管理系统的开发是跨专业的科技应用，通过互联网及软件开发的应用，解决盾构施工的集群化监控与管理层的异地决策问题，具有数据化、自动化的优点，对盾构施工大数据库的建立有很好的支持，具有极高的推广应用价值。

参 考 文 献

[1] 周顺华. 城市轨道交通施工力学的新挑战 [J]. 中国科学：技术科学，2016，46（6）：560-569.

[2] 北京城建勘测设计研究院有限责任公司. 城市轨道交通工程地质风险分析与对策 [M]. 北京：中国建筑工业出版社，2015.

[3] 许恺，季昌，周顺华. 砂性土层盾构掘进面前土体改良现场试验 [J]. 土木工程学报，2012，45：147-155.

[4] 代仁平，宫全美，周顺华，等. 土压平衡盾构砂卵石处理模式及应用分析 [J]. 土木工程学报，2010，43：292-298.

[5] 宋顺龙，章晓鹏，李文波. 新型盖挖法在上海地铁车站的应用 [J]. 都市快轨交通，2009，22（6）：71-75.

[6] 何川，封坤，方勇. 盾构法修建地铁隧道的技术现状与展望 [J]. 西南交通大学学报，2015，50（1）：97-109.

[7] 张红耀，刘东亮. 敞开式 TBM 在重庆轨道交通 6 号线的应用分析 [J]. 隧道建设，2013，33（2）：76-80.

[8] 朱文会，翁承显，陈静. 重庆轨道交通六号线敞开式 TBM 过站技术研究 [J]. 隧道建设，2012，32（5）：133-142.

[9] 刘卡丁，张永成，陈丽娟. 基于 BIM 技术的地铁车站管线综合安装碰撞分析研究 [J]. 土木工程与管理学报，2015，32（1）：53-58.

[10] 叶飞，夏永旭，徐帮树. 地下空间利用概论 [M]. 北京：人民交通出版社，2014.

[11] 陈馈，杨延栋. 中国盾构制造新技术与发展趋势 [J]. 隧道建设，2017，37（3）：31-39.

[12] 李建光. 城市轨道交通施工技术发展与展望 [J]. 城市轨道交通研究，2018，21（05）：83-86.

[13] 钱七虎. 隧道工程建设地质预报及信息化技术的主要进展及发展方向 [J]. 隧道建设，2017，37（3）：6-18.

[14] 范晓臣. 论述复杂地质条件下地铁盾构施工风险 [J]. 城市建筑，2019，16（05）：190-192.

[15] 杨书江. 复杂地质条件下厦门地铁盾构施工风险及对策 [J]. 现代隧道技术，2016，53（05）：188-193，207.

[16] 林树枝，黄建南. 厦门地铁工程建设的若干岩土工程问题探讨 [J]. 福建建筑，2013（03）：1-3，26.

[17] 陈中天，王飞，陶力铭，等. 下穿黄河砂卵石地层盾构隧道管片结构受力特征现场测试 [J]. 隧道建设（中英文），2017，37（S2）：147-153.

[18] 王俊，何川，封坤，等. 砂卵石地层中大断面泥水盾构泥膜形态研究 [J]. 现代隧道技术，2014，51（06）：108-115，153.

[19] 陈建福. 厦门轨道 2 号线跨海段盾构适应性分析 [J]. 施工技术，2019，48（12）：64-67，79.

[20] 俞文生，翁贤杰，刘军，等. 富水断层隧道突水突泥注浆治理关键技术研究 [J]. 公路工程，2019，44（01）：23-31.

[21] 杨青莹. 富水断层破碎带对隧道围岩稳定性的影响 [J]. 煤矿安全，2019，50（08）：148-153.

[22] 周思峰，任祥瑞，王知远. "上堵下排、泄水降压" 注浆在高富水断层隧道施工中的应用 [J]. 公

路，2019，64（06）：294-298.

[23] 翁贤杰．富水断层破碎带隧道突水突泥机理及注浆治理技术研究［D］．济南：山东大学，2014.

[24] 刘彦杰．长距离多断层破碎带巷道超前探测关键技术［J］．煤炭科学技术，2018，46（S2）：199-205.

[25] 张伟杰．隧道工程富水断层破碎带注浆加固机理及应用研究［D］．济南：山东大学，2014.

[26] 杨晓东．强风化混合花岗岩断层破碎带隧道涌水处治措施研究［D］．西安：长安大学，2015.

[27] 万飞．关角特长铁路隧道不良地质致灾机理及控制技术研究［D］．北京：北京交通大学，2014.

[28] 谭卓英，蔡美峰，岳中琦，等．钻进参数用于香港复杂风化花岗岩地层的界面识别［J］．岩石力学与工程学报，2006，25（增刊1）：2939-2945.

[29] 李向南．大断面矩形盾构开舱处理障碍物技术［J］．隧道建设（中英文），2017，37（S2）：249-253.

[30] 竺维彬，鞠世健．复合地层中的盾构施工技术［M］．北京：中国科学技术出版社，2006：81-87.

[31] 徐佩芬，侍文，凌苏群．二维微动剖面探测"孤石"：以深圳地铁 7 号线为例［J］．地球物理学报，2012，55（6）：2121-2128.

[32] BERES M，M LUETSCHER，R OLIVIER．Integration of Ground-penetrating Radar and Micro-gravimetric Methods to Map Shallow Caves［J］．Journal of Applied Geophysics.，2001，46（4）：249 - 262.

[33] 康健，韦庆海，周琳，等．利用地震台阵观测资料研究大庆地区深部构造［J］．吉林大学学报（地球科学版），2016，46（3）：900-910.

[34] 李术才．基于跨孔电阻率 CT 的地铁盾构区间孤石探测方法及物理模型试验探究［J］．岩土工程学报，2015，37（3）：446-456.

[35] 许宏发，钱七虎，王发军．电阻率法在深部巷道分区破裂探测中的应用［J］．岩石力学与工程学报，2009，28（01）：111-119.

[36] 刘斌，李术才，聂利超．隧道含水构造直流电阻率法超前探测三维反演成像［J］．岩土工程学报，2012，34（10）：1866-1876.

[37] 刘宏岳．复杂场地条件下的地球物理探测方法选择与工程实例［J］．工程地球物理学报，2014，（03）：52-57.

[38] LING S Q．Research on the estimation of phase velocitie of surface waves in microtremors［M］．Hokkaido：University，1994.

[39] OKADA H．The microtremor survey method［J］．Society of Exploration Geophysicists，2003，（12）：1-13.

[40] 郑礼均．孤石地层盾构推进施工技术［J］．铁道建筑技术，2014（07）：11-13，22.

[41] 陈梦，冯少孔，车爱兰．面波勘探和台阵地脉动观测相结合的地基调查法及其在松江古照壁保护中的应用［J］．上海交通大学学报，2013，47（10）：1557-1561.

[42] 刘宏岳．地震反射波 CDP 叠加技术在海域花岗岩孤石探测中的应用［J］．工程地球物理学报，2010，7（6）：714-718.

[43] 路耀邦，刘洪震，游永锋，等．海底盾构隧道孤石爆破预处理关键技术［J］．现代隧道技术，2012，49（5）：117-122.

[44] L YAMAGUCHI，L YAMAZAKI，and Y．Kiritani，Study of ground-tunnel interactions of four shield tunnels driven in close proximity，in relation to design and construction of parallel shield tunnels［J］．Tunneling and Underground Space Technology，1988，Vol. 13，No. 3，pp. 289-304.

[45] 王明年，李志业，刘智成，等．软弱围岩 3 孔小间距平行浅埋隧道施工力学研究［J］．铁道建筑技术，2002（4），11-14.

[46] 杨健康. 北京地铁十号线超近长距离平行盾构隧道施工 [J]. 施工技术，2010，39（3）：59-62.

[47] 刘效成，陈寿根，张超，等. 重叠盾构隧道施工中两隧道相对位置变化的影响模型试验研究 [J]. 铁道建筑，2018，58（1）：107-109.

[48] CHI TE CHANG, CHIEH WEN SUN, S W DUANN, and RICHARD N. Hwang. Response of a Taipei Rapid Transit System Tunnel to adjacent excavation [J]. Tunneling and Undergroun Space Technology. 2001，16（1）：151-158.

[49] 姚爱军，管江，赵强，等. 大间距双线地铁隧道矿山法施工引发地表沉降的规律 [J]. 岩土工程界，2009（04）：38-41.

[50] 佘芳涛，韩日美，刘庚，等. 西安地铁双线隧道地表沉降预测模型研究 [J]. 防灾减灾工程学报，2011（05）：96-102.

[51] 施有志，高轩能. 深埋马蹄形隧道开挖围岩应力与位移的复变函数解 [J]. 土木建筑与环境工程，2014，36（1）：101-105.

[52] 施有志，高轩能. 半无限空间隧道应力与位移的解析延拓法求解 [J]. 厦门大学学报（自然版），2013，52（5）：722-727.

[53] 阳军生，刘宝深. 城市隧道施工引起的地表移动及变形 [M]. 北京：中国铁道出版社，2002.

[54] 祝志恒，阳军生，董辉. 双洞隧道施工引起地表移动的多参数反分析研究 [J]. 岩土力学，2010（01）：297-302.

[55] 崔蓬勃，朱永全，陶祥令，等. 软土地层小净距叠交盾构隧道施工方案研究 [J]. 铁道建筑，2018，58（11）：88-91.

[56] 万涛，林刚，习淑娟. 超小净距地铁三洞隧道群施工动态数值模拟 [J]. 铁道工程学报，2016，33（12）：93-98.

[57] 金大龙，袁大军，韦家昕，等. 小净距隧道群下穿既有运营隧道离心模型试验研究 [J]. 岩土工程学报，2018（8）：1507-1514.

[58] 陶连金，孙斌，李晓霖. 超近距离双孔并行盾构施工的相互影响分析 [J]. 岩石力学与工程学报，2009（09）：133-139.

[59] 李宗. 软土条件下地铁小净距盾构隧道变形控制技术 [J]. 铁道标准设计，2012（6）：112-116.

[60] GB 50652-2011 城市轨道交通地下工程建设风险管理规范 [S]. 北京：中国建筑工业出版社，2011.

[61] 金鑫. 盾构无障碍始发与接收施工力学行为及施工工艺 [D]. 北京：北京建筑大学，2017.

[62] 刘金峰. 武汉轨道交通 6 号线马钟区间盾构分体始发施工技术 [J]. 石家庄铁路职业技术学院学报，2015，14（1）：45.

[63] 张志鹏，方江华，张智宏. 小半径隧道中盾构分体始发施工技术 [C] //2011 中国盾构技术学术研讨会论文集. 北京：北京盾构专业委员会，2011.

[64] 卜星玮，曾波存，万飞明，等. 狭小空间条件下盾构分体始发施工技术研究 [J]. 隧道建设（中英文），2018，38（S2）：292-297.

[65] 李大立，孙维，余天庆. 欧式建筑清水混凝土施工技术 [J]. 施工技术，2015，44（03）：40-43.

[66] 陈伟. 港珠澳大桥大体积清水混凝土施工质量控制技术研究 [D]. 天津：天津大学，2018.

[67] 张菊萍. 我国清水混凝土技术现状和发展趋势 [J]. 建筑施工，2012（3）：222-224.

[68] 王国富，周立民，路林海，等. 轨道交通清水混凝土应用技术研究 [J]. 混凝土，2017（03）：146-149.

[69] 覃娟，罗慨，陈意. 地铁车站地下侧墙清水混凝土施工技术 [J]. 施工技术，2017，46（07）：116-119.

[70] GB/T 50476-2008 混凝土结构耐久性设计规范 [S]. 北京：中国建筑工业出版社，2008.

［71］谭谨．地铁车站主体结构混凝土开裂温度场数值分析［D］．株洲：湖南工业大学，2015.

［72］王铁梦．工程结构裂缝控制［M］．北京：中国建筑工业出版社，1998.

［73］SEO T S，KIM S S，LIM C K. Experimental Study on Hydration Heat Control of Mass Concrete by Vertical Pipe Cooling Method［J］. Journal of A-sian Architecture & Building Engineering，2015，14 (3)：657-662.

［74］周萍．基于响应面法的车内结构噪声控制研究［D］．长沙：湖南大学，2011.

［75］DBJ/T 13-42-2012 预拌混凝土生产施工技术规程［S］．北京：中国建筑工业出版社，2012.

［76］GB 50496-2018 大体积混凝土施工规范［S］．北京：中国建筑工业出版社，2018.

［77］崔庆宏，王广斌，刘潇，等．2008～2017 年国内 BIM 技术研究热点与演进趋势［J］．科技管理研究，2019，39 (04)：197-205.

［78］冀程．BIM 技术在轨道交通工程设计中的应用［J］．地下空间与工程学报，2014，10 (S1)：1663-1668.

［79］马小玲．BIM 技术在地铁工程中的应用研究［D］．沈阳：沈阳建筑大学，2017.

［80］蒋宗发，毛强硕，杜峰，等．深圳地铁 9 号线深化设计中 BIM 的应用及效果探讨［J］．隧道建设，2016，36 (04)：433-438.

［81］曾绍武，李昌宁，张学钢．BIM 技术在地铁车站施工管理中的应用［J］．现代隧道技术，2018，55 (03)：18-27.

［82］DG/TJ 08-2202-2016 城市轨道交通信息模型技术标准［S］．北京：中国建筑工业出版社，2016.

［83］DG/TJ 08-2203-2016 城市轨道交通信息模型交付标准［S］．北京：中国建筑工业出版社，2016.

［84］住房城乡建设部．城市轨道交通工程 BIM 应用指南［EB/OL］．(2018-05-30) [2019-10-9]. http://www.mohurd.gov.cn/wjfb/201805/t20180531_236262.html.

［85］GB 50500-2013 建设工程工程量清单计价规范［S］．北京：中国计划出版社，2013.

［86］GB/T 50328-2014 建设工程文件归档整理规范［S］．北京：中国建筑工业出版社，2014.

［87］JGJ/T 185-2009 建筑工程资料管理规程［S］．北京：中国建筑工业出版社，2009.

［88］GB/T 19000-2016 质量管理体系基础和术语［S］．北京：中国建筑工业出版社，2016.

［89］GB/T 50326-2017 建设工程项目管理规范［S］．北京：中国建筑工业出版社，2017.

［90］陈楚琳，石磊．基于价值工程的地铁施工成本管控实证研究［J］．建筑经济，2018，39 (04)：35-40.

［91］祝志恒，阳军生，董辉．双洞隧道施工引起地表移动的多参数反分析研究［J］．岩土力学，2010 (01)：297-302.

［92］陈庆章，钱应苗．地铁工程施工成本费用作用机理研究［J］．铁道科学与工程学报，2018，15 (01)：247-254.

［93］于冬梅．城市轨道交通车站施工安全评估研究［D］．北京：北京交通大学，2019.

［94］钱七虎．中国土木工程建设安全风险管理体系的战略与对策［R］．北京：中国工程院，2012.

［95］熊自明，卢浩，王明洋，等．我国大型岩土工程施工安全风险管理研究进展［J］．岩土力学，2018，39 (10)：3703-3716.

［96］GB 50652-2011 城市轨道交通地下工程建设风险管理规范［S］．北京：中国建筑工业出版社，2011.

［97］李洋．地铁隧道盾构智能纠偏优化控制研究［D］．西安：长安大学，2019.

［98］蒋斌．基于智能算法的盾构安全施工参数优化研究［D］．重庆：重庆科技学院，2018.

［99］杨翼，窦宝明，吴文涛，等．盾构机铰接密封模拟台架的设计及应用［J］．润滑与密封，2011，36 (8)：122-124.